U0940172

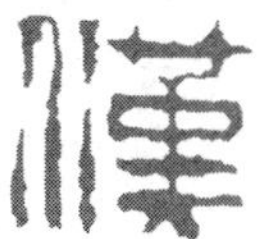

王立群　著

汉高祖刘邦

大风起兮云飞扬

（上册）

中原出版传媒集团
中原传媒股份公司

大象出版社
·郑州·

图书在版编目(CIP)数据

大风起兮云飞扬：汉高祖刘邦：全2册 / 王立群著. — 郑州：大象出版社，2019. 1（2020. 12 重印）
ISBN 978-7-5347-9154-3

Ⅰ. ①大… Ⅱ. ①王… Ⅲ. ①中国历史-汉代-通俗读物 Ⅳ. ①K234. 09

中国版本图书馆 CIP 数据核字(2017)第 026101 号

大风起兮云飞扬：汉高祖刘邦（全2册）

DAFENG QI XI YUN FEIYANG：HANGAOZU LIUBANG

王立群　著

出 版 人　汪林中
封面题字　王刘纯
责任编辑　李小希
责任校对　毛　路　张迎娟　安德华
装帧设计　张　帆

出版发行　大象出版社(郑州市开元路 16 号　邮政编码 450044)
发行科　0371-63863551　总编室　0371-65597936
网　　址　www.daxiang.cn
印　　刷　北京汇林印务有限公司
经　　销　各地新华书店经销
开　　本　787mm×1092mm　1/16
印　　张　33.75
字　　数　510 千字
版　　次　2019 年 1 月第 1 版　2020 年 12 月第 2 次印刷
定　　价　69.00 元(全 2 册)

印厂地址　北京市大兴区黄村镇南六环磁各庄立交桥南 200 米(中轴路东侧)
邮政编码　102600　　　　电话　010-61264834

他是中国历史上第一位由平民登上帝位的皇帝。

他是中国历史上用最短时间统一天下的皇帝。

他是中国历史上第一位实行郡国并行制的皇帝。

他是中国历史上第一位善于利用宣传战打击政治对手的皇帝。

他是中国历史上第一位善于夺取政治制高点制造政治优势的皇帝。

他是中国历史上第一位创作楚声短歌的皇帝，其《大风歌》被誉为“千古人主第一词”。

目录

这个皇帝很有料

汉高祖刘邦是中国历史上最具传奇色彩的皇帝之一，“草根也能当皇上”的奇迹就是他开创的。

在他之前的历代君王们，大多拥有显赫的家世，春秋五霸、战国七雄，无不如此。千古一帝秦始皇，如果没有一位身为秦王的父亲，也不可能继位秦王，更不可能兼并六国、一统天下。

刘邦不具备这样的先天条件。他的职业生涯始于秦帝国的一个基层贱吏（亭长），后误打误撞而成为一名在逃犯。可就是这么一个草寇，只用了短短七年时间就折腾成大汉帝国的开国皇帝。

后人对这位布衣天子的一生充满好奇。从他的出生到早年经历，再到他的婚姻与日常生活，无不引人想要一探究竟。

这位布衣天子究竟有着怎样的传奇人生？他为什么会有如此多姿多彩的人生际遇？今人应当怎样看待他的一生呢？

传奇何止一个：多了去了

秦昭襄王五十一年（前 256），刘邦出世，大幕开启，他的传奇人生开始演绎。这位后来的布衣天子至少拥有五大传奇：一是出生传奇，二是喝酒传奇，三是婚姻传奇，四是面相传奇，五是经历传奇。

出生传奇。

刘邦的出生十分奇特。《史记·高祖本纪》和《汉书·高帝纪》都说，刘邦并不是刘太公的亲生儿子。刘母当年在一大湖旁歇息时，不知不觉睡了过去，做起了春梦，梦见自己和一位神仙哥哥巫山云雨。当时，雷电交加，天色昏暗。刘太公眼见天气突变，急忙外出寻找刘媪，竟发现刘媪身上盘桓着一条蛟龙。回家不久，刘媪怀上了孩子，这孩子就是刘邦。（其先刘媪尝息大泽之陂，梦与神遇。是时雷电晦冥，太公往视，则见蛟龙于其上。已而有身，遂产高祖。《史记》卷八《高祖本纪》，中华书局 2014 年修订本，第 435 页。以下凡引《史记》皆为此本，不再一一注明）

刘邦出世之后，长得挺像条“蛟龙”：鼻梁高挺，眉骨圆起，美须飘逸，左边大腿上还有七十二颗黑痣。（隆准而龙颜，美须髯，左股有七十二黑子。《史记·高祖本纪》）

喝酒传奇。

刘邦年轻的时候贪杯，好喝两口小酒，但手头并不宽裕。钱，我所无也；酒，我所欲也。怎么办呢？刘邦有他的办法：赊！他向开酒店的武负、王媪两位女老板赊酒，喝醉了，就躺在酒店里呼呼大睡。这一睡不得了，武负、王媪竟然经常看到熟睡的刘邦身上隐约有蛟龙盘桓，不禁大为惊讶。更让人不解的是，每次刘邦在她们两家赊了酒，这一天的生意往往就会特别好。年底结账的时候，两家干脆将刘邦欠的酒债一笔勾销了。（好酒及色。常从王媪、武负贳酒，醉卧，武负、王媪见其上常有龙，怪之。高祖每酤留饮，酒雠数倍。及见怪，岁竟，此两家常折券弃责。《史记·高祖本纪》）

婚姻传奇。

刘邦的结发之妻是吕雉。刘邦称帝，吕雉后被史书称作“吕后”。刘邦下世，吕雉掌控汉代朝政长达十五年，成为汉代政坛的“女一号”，和武则天、慈禧被合称为中国历史上的三大女主。

吕雉怎么会嫁给刘邦呢？这桩婚姻也充满了传奇。

刘邦当泗水亭长时，沛县县令的老友“吕公”举家移民至沛县。吕公原是单父县（今山东单县）人，为躲避仇家，逃到了沛县。县里的乡绅、官吏听说县令的好友来了，都赶来凑热闹喝酒。主持宴会的萧何宣布：凡交纳礼金不够一千钱者只能坐在堂下。刘邦是当亭长的，平日和县里这些乡绅、官吏们混得很熟，也来凑热闹。他进门后递了一张帖子，上面赫然写着“贺钱万”三个大字，实际上他一个子儿都没掏。（单父人吕公善沛令，避仇从之客，因家沛焉。沛中豪桀吏闻令有重客，皆往贺。萧何为主吏，主进，令诸大夫曰：“进不满千钱，坐之堂下。”高祖为亭长，素易诸吏，乃绐为谒曰“贺钱万”，实不持一钱。《史记·高祖本纪》）

吕公看了“贺钱万”的帖子，大吃一惊，立即起身到门口相迎。这位吕公善于看人相面，他一眼就注意到刘邦的相貌非同一般，因此格外敬重，请刘邦入了上座。（谒入，吕公大惊，起，迎之门。吕公者，好相人，见高祖状貌，因重敬之，引入坐。《史记·高祖本纪》）

萧何知道刘邦一个子儿都没拿，还是让他进了堂屋，但萧何担心刘邦惹出是非，赶紧进屋打了个圆场：刘季（刘邦原无名，兄弟以伯、仲、季为名）这个人爱吹牛，不能成事，大家别太在意啊。（刘季固多大言，少成事。《史记·高祖本纪》）

酒过数巡，吕公见大家都喝得有点高了，便用眼神示意刘邦，散场后别急着走。刘邦会意，耐心等候到酒宴结束。吕公语重心长地对刘邦说：我这个人从年轻时就喜欢给人相面，我相过面的人不计其数，从来没见过哪个人有你这么好的面相，希望你好好珍重。我呢，有一个女儿，希望她能成为你的妻子，一辈子侍奉你。刘邦原来只想腆着脸涮一顿霸王餐，再混几口酒喝，这可好，一句“贺钱万”，白吃白喝一顿不说，还用三个字捞了个老婆。天下竟有这等好事，刘邦自然是满口答应。

谁料吕公的夫人死活不同意这桩婚事，她抱怨吕公说：你常说要把咱女儿嫁给“贵人”，沛县县令和你关系那么好，他来提亲你都没答应，为什么这么轻易地把女儿许给了刘季？吕公不屑一顾地说：这不是你妇道人家能明白的事。最终还是执意把女儿嫁给了刘邦。（酒阑，吕公因目固留高祖。高祖竟酒，后。吕公曰：“臣少好相人，相人多矣，无如季相，愿季自爱。臣有息女，愿为季箕帚妾。”酒罢，吕媪怒吕公曰：“公始常欲奇此女，与贵人。沛令善公，求之不与，何自妄许与刘季？”吕公曰：“此非儿女子所知也。”卒与刘季。《史记·高祖本纪》）

吕夫人为什么坚决不同意这桩婚事呢？主因只有一条：刘邦、吕雉年龄相差太大。

此话怎讲呢?

我们先考察吕雉的年龄。

《史记·高祖本纪》中记载了沛县县令向吕公求婚一事:“沛令善公,求之不与。”这两句有三种理解:一是“沛令”自己向吕公提亲,二是“沛令”为自己儿子向吕公提亲,三是“沛令”为他人之子向吕公提亲。

无论县令是为自己提亲,还是为他人提亲,都证明吕雉绝非“剩女”,她的婚姻是正常的。如果这一点得到证实,那么吕雉当时的年龄应当不足二十岁。

再考察刘邦与吕雉结婚时的年龄。

刘邦生于公元前256年,他和吕雉生刘盈时是公元前211年,此时刘邦已经四十六岁。刘盈还有一位姐姐鲁元公主,鲁元公主如果与刘盈相差一两岁的话,吕雉生鲁元公主时,刘邦应该已有四十四五岁了。据此推算,刘邦和吕雉结婚时应当是四十三四岁。两人的年龄相差如此之大,这应是吕雉母亲坚决反对的主因。

一位已过不惑之年的小吏,凭一句“贺钱万”的大言,白赚了一位不到二十岁的妙龄少女为妻,这不能不说是天下传奇一件啊!

面相传奇。

刘邦的传奇婚姻已经涉及刘邦与众不同的面相。

刘邦当亭长时,因为底层“公务员”的薪酬不高,经常要回家种地维持家用。吕雉也得带着自己的儿子、女儿下地干活。

有一天,一位老人偶然路过,向正在地里干活的吕雉讨口水喝。吕雉不但请这位老人喝了水,还招待他吃了饭。老人吃完喝完,看了看吕雉的面相说:“夫人天下贵人。”吕雉一听,赶快请老人“相两子”。老人看过吕雉的儿子刘盈的面相说:“夫人所以贵者,乃此男也。”看过吕雉女儿的面相说:也是贵人。

老人刚走,刘邦晃晃悠悠来到自家田里,吕雉就把老人的话讲给刘邦,刘邦一听,赶忙问:走多长时间了?吕雉说:时间不长。刘邦立马去追。追上老人后,他便问起刚才听闻的话。老人回答说:“夫人、婴儿皆似君,君相贵不可言。”刘邦一听，兴奋地对老人说：“诚如父言，不敢忘德。”后来，刘邦当了皇帝，吕雉当了皇后。儿子刘盈继位为帝，史称汉惠帝。姐姐是鼎鼎大名的鲁元公主。当年那位预言刘邦一家大福大贵的老人始终未再露面。

经历传奇。

有一年，亭长刘邦奉命押送一批犯人到骊山修秦始皇陵。当时，被征发到骊山修皇陵的刑徒，叫作“骊山徒”。刘邦一行出发不久，就有部分“骊山徒”开始逃跑，走到丰邑西边的大湖“丰西泽”时，“骊山徒”已逃亡过半。“丰西泽”在沛县境内，离骊山远着呢。刘邦心想，按这个逃亡速度，到不了骊山，这些“骊山徒”就逃光了。自己押送的犯人逃个精光，那是失职，按大秦律法，自己这个亭长肯定吃不了兜着走。与其到骊山去送死，不如自己也逃吧。就这样，刘邦一不做二不休，把剩下的“骊山徒”全放了，还对他们说：你们走吧，我也就此逃亡了。刘邦的纵徒之举得到剩下的“骊山徒”们的盛赞，有十几位“壮士”表示愿意跟着刘邦干。（高祖以亭长为县送徒郦山，徒多道亡。自度比至皆亡之，到丰西泽中，止饮，夜乃解纵所送徒。曰：“公等皆去，吾亦从此逝矣！”徒中壮士愿从者十余人。《史记·高祖本纪》）

关于刘邦“丰西泽”纵徒的确切时间史书无载，史学界有人推测此事在始皇三十五到三十七年之间。总之，事发于秦始皇的晚年了。

“丰西泽”纵徒后，刘邦和随行之人一块儿喝了场酒，开始寻找落草之处。经过一个大湖时，刘邦命一人前去打探，那人回来说：前面有一条大蛇挡着路，过不去。刘邦醉醺醺地说：壮士前行，有什么可怕的！拔出佩剑，挥剑将大蛇斩为两段。又走了几里路，刘邦的酒劲儿越发上头，便靠在路边睡了过去。后面的人路过此处，看见一个老太太在哭，问她哭什么，老太太只说：有人杀了我的孩子。众人又问她：您儿子为什么被杀？老太太说：我儿子是白帝子，化为一条蛇，挡住了赤帝子的路，结果被赤帝子杀了，所以我哭。听老太太这么一说，大家都感到奇怪，有人认为她在胡说八道，散布谣言，想到官府告她。谁知就在此时，老太太竟然突然消失了。路人继续前行，遇到刘邦一行人，把刚才见到的这一幕当作笑话说了一下。刘邦一听，内心暗自高兴，那些跟随他的人也一天天对刘邦敬畏起来。（高祖被酒，夜径泽中，令一人行前。行前者还报曰："前有大蛇当径，愿还。"高祖醉，曰："壮士行，何畏！"乃前，拔剑击斩蛇。蛇遂分为两，径开。行数里，醉，因卧。后人来至蛇所，有一老妪夜哭。人问何哭，妪曰："人杀吾子，故哭之。"人曰："妪子何为见杀？"妪曰："吾子，白帝子也，化为蛇，当道，今为赤帝子斩之，故哭。"人乃以妪为不诚，欲告之，妪因忽不见。后人至，高祖觉。后人告高祖，高祖乃心独喜，自负。诸从者日益畏之。《史记·高祖本纪》）

刘邦在芒、砀山泽间落草之后，吕雉和其他人常常来找他，神奇的是居然每次都能找到。刘邦感到奇怪，询问吕雉，吕雉说：你在的地方上空总有一团云气，只要循着这股云气，就一定能找到你。刘邦一听，心中一阵大喜。此事慢慢传开了，沛县的年轻人听说了，很多人表示愿意跟随刘邦。（亡匿，隐于芒、砀山泽岩石之间。吕后与人俱求，常得之。高祖怪问之。吕后曰："季所居上常有云气，故从往常得季。"高祖心喜。沛中子弟或闻之，多欲附者矣。《史记·高祖本纪》）

为什么吹得那么神：需要

《史记》中的几位重量级的帝王，如秦皇、汉武，都没有像刘邦这样富有传奇色彩，为什么唯独刘邦的人生伴随着这么多奇闻异事呢？

概而言之，主要有两个原因：

一是政治需要。

二是时代限制。

刘邦布衣出身，草莽起家，三年亡秦，四年灭项，七年得天下，成为大汉帝国的开国之君。如果不搞一场造神运动，让天下百姓知道他刘邦绝对不是平常之人，那后果就会相当严重。眼看着何等强大的秦帝国仅仅维持了十五年便轰然坍塌，一介草民堂而皇之地开辟新朝，天下千千万万的人都会做起皇帝梦来！如果真是这样，刘邦就悲催了。天下布衣何止千万，是不是人人都可以像刘邦那样，夺过他人江山过一把皇帝瘾？被逼反秦的陈胜就曾呐喊："王侯将相，宁有种乎？"大汉帝国除了要抵御匈奴入侵、诸侯王分裂，还得应对时不时冒出来企图武力篡位夺权的"张邦"

和“李邦”们。所以，刘邦夺取天下后，大力宣传君权神授之说，极力演绎自己真龙天子的身份，潜台词无非就是：不是任何人都可以凭借武力夺得天下的！

历史在大汉帝国之前的进程中通常是这样的状况：秦庄襄王、秦始皇等历代君王，本来就是君位的合法继承人，原始身份是公子，继位程序是通过“法律”途径。他们的继位合情、合法、合理，公开、公平、公正，容不得他人说三道四，也不怕他人觊觎君位。即使如此，秦始皇正式掌权后还需平定嫪毐的叛乱，铲除吕不韦的势力呢。

所以，对于汉高祖刘邦的神化，是大汉帝国建立之后的一种必然的政治需要。所谓的出生传奇、喝酒传奇、婚姻传奇、面相传奇、经历传奇，这些说法在刘邦生前就已经传得沸沸扬扬了。刘邦下世后，这些传奇故事更是广泛流传，当然也少不了民间百姓的附会，最终被司马迁一起写进了《史记》。

司马迁作为一位史学家，为什么要将这些今天看来非常荒诞的传奇故事写进史书之中呢？据《史记》的相关记载，我们可以推测，司马迁生活的西汉中叶，也就是武帝时期，诸多此类的传奇故事充斥在有关高祖刘邦的文献记载中，司马迁正是根据这些文献的记载撰写《史记》的。

刘邦是大汉帝国的开创者，要求司马迁对这些传奇故事完全视而不见，未免太强人所难了。司马迁对待它们只能有两种态度：信，或者不信。信，肯定要大书特书；不信，也不能不写。司马迁可以在行文中有意暴露刘邦的某些卑微之处，但是，他绝不能将这些广为人知的传奇故事完全摒弃在《史记》的《高祖本纪》之外。

这是时代的制约，我们不能对当时的学者过于苛求。历史上真实的刘邦肯定不是这个样子，不过很多事情在他身后都成了谜，后人要了解刘邦，只能靠史学家的记录，根据《史记》《汉书》这些史料还原他的形象。

布衣天子的正名：谁也别想学我

我们现在看到的所有历史记载都是史学家们筛选整理后所记录的。刘媪与龙相合而生刘邦的故事在司马迁那个时代相当盛行，而且被西汉政府认可。当然，这个美丽的传说只是自我神化以威慑天下的骗局，它和刘邦酒后睡着身上浮现龙形的谎言都在影射着他真龙天子的身份。

人龙相配生子的感生说，是古人对生育无知的表现。通过感生而出现的帝王，被称为“感生帝”。中国古代典籍明确记载的“感生帝”共有七例：其一是炎帝，其二是黄帝，其三是颛顼，其四是尧，其五是舜，其六是禹，第七例就是所谓人龙交配而生的刘邦。这七位都不是一般人，在中华民族历史上都有着崇高的地位。炎、黄二帝被称为华夏民族的人文始祖，尧、舜、禹三帝被儒家视为圣人。七人中只有刘邦是西汉王朝的开创者，这证明刘邦与人文始祖炎、黄二帝，圣人尧、舜、禹一样，都是非凡之人，司马迁的《史记·高祖本纪》便采用了这种说法。

话说回来，刘邦神化自己起于何时？是起于刘邦称帝之后，为了威慑天下，还是起于隐匿芒、砀之时，为以后的造反服务？我个人认为：关于出生传奇的故事产生于刘邦称帝后的可能性比较大。面相的奇异之说，《史记》有记载，但是，这些记载并不能让今人相信刘邦当皇帝和他的面相有什么必然的联系。吕公相面嫁女一事也值得斟酌，吕公如果确有高超的相面术，他对两个女儿吕雉和吕媭婚姻的不同做法就令人费解了。

据《史记·樊郦滕灌列传》记载，樊哙是一个“以屠狗为事”的卖狗肉的屠夫，他的妻子是吕公的二女儿吕媭。樊哙这么一个卖狗肉的屠户也娶到了吕公的女儿，而历史文献并没有记载樊哙的面相有什么贵不可言之处。吕公总不能给大女儿吕雉找了个面相大福大贵之人，二女儿就马马虎虎嫁给个卖狗肉的屠夫吧？樊哙后来的确因追随刘邦而功封舞阳侯，但吕公当年嫁女时，是绝对想不到樊哙还能有这出息的。可见，吕公避难沛县之时，其实只想在沛县安顿下来。两个女儿，一个嫁了刘邦，一个嫁了樊哙，均是当时社会底层之人。不想后来两人竟然都成了气候，当皇帝的当皇帝，当大臣的当大臣。这是时势所造，看面相哪能看得出来呢？所以，吕公相面嫁女的传说大可不必深究。

说到刘邦的面相，真会让吕公如此惊为天人吗？估计也不大可能。相貌堂堂和其貌不扬确实有区别，但一个人长什么样儿绝不会成为决定一生事业、成就的主要因素。看看清朝的历代皇帝，也都是普通人的长相，谈不上相貌堂堂。可见，当皇帝并非一定生有异相。

如果不是因为相面，那吕公究竟为什么看中了刘邦呢？

我认为，“吕公大惊，起，迎之门”的重要原因是刘邦“贺钱万”三个字！谁能在这种场合拿出一万钱来喝个份子酒呢？没有人！吕公作为一个远逃异乡躲避仇家的人，急需在他乡找一个能依靠的女婿，他看中的正是刘邦这种当面忽悠而面不改色心不跳的从容与胆略。

刘邦凭着一点小伎俩进了堂屋，坐了上座。入席之后，不但毫无羞怯之态，还一个劲儿戏弄在座的其他客人。你想想，能够拿出一千钱以上的人会是些什么人？肯定都是县里的大腕儿。刘邦能浑水摸鱼靠的是什么？胆略！当然，我们也不排除参加宴会的人对刘邦都非常熟悉，知道这位泗水亭长不是个省油的灯。

至于要水喝的老人为刘邦、吕雉和两个孩子相面这件事，有两种可能：一是确有此事，二是富贵后的附会。假如真有此事，老人是出于感谢还是当真会相面，这也很难说。老人从吕雉那儿得到水喝，还意外地得到一顿饭，说两句好听话，是人之常情。这类好听话我们现代人也常说，其中有多大的可信度，不言自明。不过，这件事倒是给了刘邦极大的自信心。如果是富贵后的附会，那和龙种说一样，既是炫耀，又是对他人的威慑。

赤帝子斩杀白帝子的故事显然太玄幻。斩蛇可能会有，但赤帝子斩白帝子简直是瞎掰。可这种玄幻故事对刘邦来说很实用：一是搞得人人怕他，二是让刘邦深感自命不凡。

“丰西泽”纵徒是个什么性质的事件？有人说是刘邦自觉反秦的开始。真是这样的吗？《史记·高祖本纪》有一条明确记载：

> 秦始皇帝常曰“东南有天子气”，于是因东游以厌之。高祖即自疑，亡匿，隐于芒、砀山泽岩石之间。

这里说的是，秦始皇认为东南方出现了天子气，于是采用巡游的方式以压制这股天子气；刘邦觉得这可能是指自己，便“亡匿，隐于芒、砀山泽岩石之间”。其实，刘邦隐匿的唯一原因是解纵刑徒触犯了严酷的秦律。至于秦始皇认为“东南有天子气”，“东游以厌之”，应该属于胡诌之词。刘邦“亡匿，隐”在芒、砀山泽之中，仅仅如此而已，他并没有高举反秦大旗。秦末首义者是陈胜，不是刘邦。

如果刘邦在被卷入秦末大起义之前对自己进行艺术包装和神化，那也只是一种威慑众生的手段，为自己撑腰壮胆而已，并不是为反秦大起义做什么准备。

总之，刘邦身上的各种传奇，一是制造舆论争取认同，二是自我暗示，强大内心。这时的刘季，已经开始向刘邦“变形”。

不论刘邦如何包装自己，隐于芒、砀山泽之间终究不是长远之计。此时的一介草莽接下来又将怎样谋划自己的人生道路呢？

被逼出来的沛公

无论刘邦的人生充满多少传奇色彩，毕竟“丰西泽”纵徒事件将他逼进了人生的死胡同，他只能用“亡匿，隐”的方式，蛰伏在芒、砀山泽之中，开始了亡命天涯的生活。

恰在此时，中国历史上一个值得大书特书的大事件发生了。

因为这个突发事件，刘邦凭空得到一块垫脚石，从死胡同里翻墙而出，迎来了他人生中重见天日的重大转机。

那么，这个改变刘邦人生命运的重大事件是什么？刘邦将怎样利用这一意外的机遇改变自己的人生命运呢？

一声惊雷：大泽乡反了

秦二世元年（前209）七月，戍卒陈胜、吴广在大泽乡首举义旗，一场大规模的全国性的起义开始了。这场政治飓风来势之凶猛，连陈胜、吴广自己也始料未及。他们最初做的是被杀的思想准备——大雨造成的误期已经成为无法回避的死穴。现实逼得他们下了决心：为国事闹腾一番再死又能怎样？反正造不造反都是一个死，不如死个痛快。（二世元年七月，发闾左适戍渔阳九百人，屯大泽乡。陈胜、吴广皆次当行，为屯长。会天大雨，道不通，度已失期。失期，法皆斩。陈胜、吴广乃谋曰：“今亡亦死，举大计亦死，等死，死国可乎？”《史记·陈涉世家》）

大泽乡起义的消息一经传出，举国震惊，令人不可思议的是各地民众纷纷效仿，揭竿而起。（斩木为兵，揭竿为旗，天下云会响应，赢粮而景从。《史记·陈涉世家》）一时间，大秦帝国乱成了一锅粥。

大秦帝国到底乱成了什么样子呢？

《史记·陈涉世家》记载：“当此时，诸郡县苦秦吏者，皆刑其长吏，杀之以应陈涉。”《史记·高祖本纪》记载：“诸郡且皆多杀其长吏以应陈涉。”《史记·秦始皇本纪》载：“山东郡县少年苦秦吏，皆杀其守尉令丞反，以应陈涉。”各地百姓杀死地方长官响应陈胜，竟成为一股时代热潮。

一场政治飓风以雷霆万钧之势登陆了中华大地。

秦国律法的严苛，大家都知道。大泽乡起义之后出现这样的局面，而且这种局面还成为了一种大趋势，那可是蔚为壮观啊！按照秦律，就算只杀死一个平民百姓也罪不可恕，更何况是杀死地方长官！显然，“目无法纪”的局面背后正酝酿着一场来势汹汹的政治风暴。

这场风暴给“亡匿，隐”的刘邦带来了一个英雄用武之地。

如果没有这场突如其来的机遇，刘邦可能还得乖乖地蛰伏在芒、砀山泽之间，最终被秦帝国剿灭。以其个人之力和其手下的百十号人，想要倾覆强大的秦帝国，成为新帝国的开国皇帝，谈何容易！

有时候，机遇就是这么不讲道理。在历史的转角处，上天给予了刘邦恩赐，使其绝地逢生、柳暗花明。他从不自觉地反抗变为自觉参加大起义，从一位逃犯摇身一变成为了义军领袖，这真是天赐良机！

变身沛公：力量与胆量

各地百姓纷纷杀死地方长官响应陈胜的宏大气势，吓坏了沛县县令。为了自保，他便想要举兵反秦，加入起义联盟。

当然啦，这只是一种革命投机行为。

此时，沛县县令身边有两个人，一个是萧何，一个是曹参——两位七年后成为刘邦旗下排名第一和第二的开国功臣。此时萧何是主管人事、总务的“主吏掾（yuàn）”，曹参是辅助主管狱讼的“狱掾”。在沛县，他们两人都算是有势力的官员（豪吏）。萧、曹二人对沛县县令说：你原本是秦朝的官员，现在却要带领沛县百姓反秦，我们担心你驾驭不了大局，大家不听你的怎么办？不如召集流亡在外的逃犯，一下子就有了几百人的队伍，再利用他们的力量劫持众人。众人看你势力大，不敢不听，岂不更好？县令一听，是个办法。此前刘邦“亡匿，隐”的消息早已传开，萧何、曹参提出的主张其实就是想把蛰伏的刘邦明正言顺地召回来。陡然开窍的县令立即派人找樊哙，再通过樊哙去找连襟刘邦。（掾、主吏萧何、曹参乃曰：“君为秦吏，今欲背之，率沛子弟，恐不听。愿君召诸亡在外者，可得数百人，因劫众，众不敢不听。”乃令樊哙召刘季。《史记·高祖本纪》）

此时，经过一段时间的折腾，刘邦的手下已经有了好几百号人。一听樊哙说县令召自己回城，刘邦乐坏了，这真是想瞌睡就有人递枕头啊！

殊不知，樊哙领着刘邦回城时，县令却起了变化。

原来这位县太爷本打算自保，所以才听了萧何、曹参的建议。樊哙走后，他思来想去，还是担心自己这个秦国县令的身份到时候不被造反者们承认。刘邦手下数百之众也让他深感恐惧，一旦刘邦来到沛县，自己寡不敌众，恐怕驾驭不了这个逃犯。所以，他改变主意，下令关闭城门，并想杀掉萧何、曹参。萧何、曹参可不是等闲之辈，他俩当初提出建议时早做好了联手刘邦的充分准备。县令一变卦，他俩立即翻城而逃，投奔刘邦去了。（沛令后悔，恐其有变，乃闭城城守，欲诛萧、曹。萧、曹恐，逾城保刘季。《史记·高祖本纪》）

刘邦面对突如其来的变化，当即写了一封信，用箭射到城墙上。信里说：你们还在为沛县县令守城，殊不知天下形势已是“诸侯并起”。一旦诸侯杀到沛县，必然屠城。如果你们此时杀了沛县县令，选一个可以胜任领袖的人，响应天下诸侯，则可保家室完整。要不然，只能全家一起等死了。这封信一传到城里，即刻得到沛县百姓的积极响应，沛县的年轻人一齐动手，杀了沛县县令，打开城门，迎接刘邦，并一致推选刘邦担任沛县县令。（刘季乃书帛射城上，谓沛父老曰：“天下苦秦久矣。今父老虽为沛令守，诸侯并起，今屠沛。沛今共诛令，择子弟可立者立之，以应诸侯，则家室完。不然，

父子俱屠，无为也。”父老乃率子弟共杀沛令，开城门迎刘季，欲以为沛令。《史记·高祖本纪》）

刘邦心中暗爽，面子上却推辞说：当前天下纷纷，诸侯并起，如果选择的领袖不合适，则会一败涂地。我不是自私，而是担心能力有限，不能担当父老兄弟的重托。此等大事，希望推举更合适的人。（刘季曰：“天下方扰，诸侯并起，今置将不善，一败涂地。吾非敢自爱，恐能薄，不能完父兄子弟。此大事，愿更相推择可者。”《史记·高祖本纪》）

刘邦这番谦让显然是个姿态，他早就对皇帝宝座垂涎三尺了。想当年，“高祖常徭咸阳，纵观，观秦皇帝，喟然太息曰：‘嗟乎，大丈夫当如此也！’”（《史记·高祖本纪》）现在有了当领袖的机会，还能真心辞让？逗你玩儿呢！

平时颇有些威望的萧何、曹参都是文官，懂得自保，深知一旦起兵不成功，秦国必定会灭他们全族。于是两人联袂力荐刘邦做领袖。（萧、曹等皆文吏，自爱，恐事不就，后秦种族其家，尽让刘季。《史记·高祖本纪》）

沛县百姓平日早就听说过诸多有关刘邦的传奇故事，而且占卜的结果刘邦最吉。所以，尽管刘邦屡次推让，还是没人敢做领头的，于是立刘邦为沛公（沛县县令，依楚国习俗县令称“公”）。

就这样，刘邦牢牢抓住了机遇，凭着萧、曹的力荐，自身的胆识，百姓的拥戴，百把人的力量，成了沛县义兵的头儿。（诸父老皆曰：“平生所闻刘季诸珍怪，当贵，且卜筮之，莫如刘季最吉。”于是刘季数让。众莫敢为，乃立季为沛公。《史记·高祖本纪》）

这是刘邦人生命运正式转变最为关键的一步！

每个人生来都带着一份特殊的历史使命，他是否能在有限的人生中完成使命，则需要综合各种因素与条件。时代的大趋势和个人的小宇宙必然是不可或缺的。没有天时地利的大环境，再生猛的人也无法成为时代的弄潮儿，这是机缘不到；相对应的，如果这个人没有足够强大的内心，自然也无法驾驭时代的大趋势传递给他的力量。

汹涌澎湃的反秦浪潮无疑是时代的大趋势，“沛公”的身份就是个人小宇宙的表征。刘邦成功完成了大趋势与小宇宙的结合，实现了他人生的第一个目标：利用秦末大起义拉起一支队伍。

那么，历史为什么选择了刘邦呢？

首先，手下有人就有力量。刘邦已有了百十号人，这百十号人的队伍虽然暂时未成大气候，但毕竟有一支队伍，总比一无所有之人能占先机。

其次，坚实的左膀右臂辅佐。刘邦得到了沛县“豪吏”萧何、曹参的拥戴。要知道萧、曹都是当地的名吏，有他们辅佐，刘邦的势力自然不可小觑。

再次，胆识确有过人之处。此时反秦浪潮虽已成汹涌之势，但是，秦国依然保持着强大的军事力量，很多人心中仍存在着强烈的畏惧。反秦起义的前景如何，其实谁也说不清。按理说，萧何、曹参此前的社会地位都比刘邦高，他们和事件的发生地沛县的关系也深，都比刘邦更有资格当这个头儿。但是，萧何、曹参有一个共同的弱点——胆小！他们怕，怕起义失败后遭到秦朝政府的疯狂报复，落得个满门抄斩。他们此前都是清白之身，无劣迹、无案底，从没有到“局子”里挂过号。一旦族诛，损失太大！刘邦就不同，他已经是帝国的逃犯，当不当沛公抓住都是个死。既然如此，倒不如置之死地而后生，一个死刑犯只有灭了秦国才有活路，刘邦怎么可能拱手相让呢？萧、曹瞻前顾后，刘邦泼皮胆大，这两种性格倒是很互补，一起创业挺不错。

最后，兼具自信心和政治手段。自信心给刘邦铸了一道强大的心理防线，让他有足够的力量迎难而上，并在日后多次失败也不放弃。政治手段让刘邦处处受到拥护，深得民心。所以，刘邦绝不会辞掉沛公职位，更不会错失这个千载难逢的历史机遇。

人类文明的历史进程始终存在一个真理：时势造就英雄，时代玉成大业。秦末大乱，必然要有一个收拾乱局的人，刘邦在这个时候脱颖而出，那是必然中的偶然，偶然中的必然啊！

投靠项梁：抓住了机遇

但，这只是开始！

接下来的形势并不乐观，不幸的消息相继而来。

首先便是陈胜兵败。

陈胜举事之后，曾派周文率军进攻关中。入关之前，周文军所向披靡，一路凯歌高奏，没想到入关后却兵败骊山，节节败退，周文终为秦将章邯所杀。陈胜、吴广直接灭秦的计划瞬间破灭。与此同时，所有义军均面临着各地秦军的围剿，而且章邯的主力兵团也开始出关对各路义军进行大规模的军事围剿。不久，陈胜败亡，这似乎意味着天下大势开始逆转。面对眼下这样的被动局面，刚刚起事的刘邦坐立不安。

随后，丰邑失守。秦末大起义举旗之时，义军并非一个团结的整体。每一支义军都面临着两股敌对力量，一是秦军，二是其他义军。秦军被义军视为天敌，义军之间也存在着弱肉强食的竞争。

刘邦初起之时最大的挫折是丰邑守将雍齿率丰邑子弟投了魏国。后来刘邦经过三次进攻，才将丰邑夺了回来。虽然这三攻丰邑费尽周折，但是，丰邑失守也给刘邦带来了一个重要机缘——投靠项梁。

话说陈胜、吴广首举义旗后，天下积极响应的人那是相当多。数以千计的武装集团，大体有三种选择：

一是自立为王。

陈胜起兵后自立为陈王。现在看来，自立为王者，都有贪恋权力之心，但树大招风，更容易成为秦军和其他武装力量攻击的对象。于是，陈胜在位六个月即被杀。

短命的自立为王者不止陈胜。

武臣受陈胜之命，被派往赵地，秦二世元年（前209）八月，自立为赵王。同年十一月，武臣为其部将李良所杀，在位三个月。

秦二世元年十月，田儋在狄城自立为齐王。秦二世二年（前208）六月，田儋救魏咎时为章邯所杀，在位十个月。

也有个别命大的。秦二世元年九月，韩广为赵国略地至蓟，自立为燕王。韩广在位时间长达三十七个月，这位命最长者后被臧荼灭了。

秦二世元年十二月，前任魏国公子魏咎被立为魏王。秦二世二年六月，魏咎被章邯围困，自杀，在位十个月（魏咎初被立为魏王之时，他正在辅佐陈胜，陈胜不放他回国。所以，魏咎当魏王实际只有六个月）。

二是立人为王。

比如项梁，立楚怀王的孙子熊心为王。这样做的好处是可以充分利用原诸侯国王族的影响力，在六国原有的地盘上号召当地百姓加入反秦斗争。可如此一来，弊端也显而易见，失去了最高领导权，或者说至少在名义上把领导权授给了他人。一旦遭遇不测，自己所立之“王”就会变成自己头上的一把利剑。比如项梁所立的楚王熊心，日后终成项羽的一大政治障碍。

三是加盟连锁。

刘邦没有走前两条路，因为他一起兵就遇到了一个大麻烦：大本营丰邑失守。此后一段时间，为了收复丰邑，刘邦不得不两次投奔他人。

先投靠景驹。

屈、昭、景三氏都是楚国王族。景驹是楚国王族的后人，秦末大起义开始之后，被陈胜的旧臣宁君、秦嘉立为假王。刘邦投靠景驹，当然是想借其力收复丰邑。但是，秦军很快杀到，景驹自顾不暇，无力再帮刘邦。于是，刘邦果断放弃景驹。离开景驹后，刘邦马上投奔项梁集团，这是刘邦一生中最明智的选择。

刘邦离开景驹集团是一大幸事。不久，景驹集团驻扎彭城，想阻挡项梁集团，结果被项梁集团击败，秦嘉、景驹双双被杀。若刘邦尚依附景驹，必将与景驹集团一样灰飞烟灭。

项梁集团是楚地义军中最强大的集团，深得楚地民众之心。据史书记载，刘邦投奔项梁是因为“闻项梁兵众，往请击丰”（《史记·秦楚之际月表》），收复丰邑仍然是刘邦当时最现实的目标。

除刘邦外，也有其他义军陆续投奔项梁集团，比如东阳县令陈婴。此人原是一个普通官员，秦末大起义开始后，东阳县令被杀，县里聚集了几千人，想推举一个首领，但没有合适的人选。于是，他们找到陈婴，要陈婴当头儿，陈婴不干，众人不从，强迫陈婴当了东阳义军的首领。没想到这支武装很快聚集起两万人。这帮年轻人想立陈婴当王，不从属任何集团。说实话陈婴心里肯定还是有几分悸动的，但是他母亲说：从我嫁到你们家，从未听说过你们家祖上有人富贵过。现在突然得此富贵，恐怕不吉利，不如投奔一个集团，成功了可以封侯，失败了也容易逃亡，至少不显眼，不会成为众目睽睽的首犯。陈婴听母亲这么一说，不敢称王了，他劝手下的人说：项家世世代代为楚国名将。现在要想成就一番大事，非他们不行。如果我们依靠项氏名族，一定可以灭了秦国。大伙被他说动，采纳了他的意见，“以兵属梁”。其实，项梁此时刚刚渡江西进，听说陈婴占了东阳，原打算和陈婴联手西进，没想到陈婴竟会投奔自己，自是意外之喜。像这样机缘巧合加入项梁集团的还有猛将黥布等。于是，项梁集团的兵力很快达到六七万人之众。（陈婴者，故东阳令史，居县，素信，为长者。东阳少年杀其令，相聚数千人，欲立长，无适用，乃请陈婴。婴谢不能，遂强立之，县中从之者得二万人。欲立婴为王，异军苍头特起。婴母谓婴曰：“自吾为乃家妇，闻先故未曾贵。今暴得大名，不祥。不如有所属，事成犹得封侯，事败易以亡，非世所指名也。”婴乃不敢为王，谓其军吏曰：“项氏世世将家，有功于楚，今欲举大事，非将其人，不可。我倚名族，亡秦必矣。”其众从之，乃以其兵属梁。梁渡淮，英布、蒲将军亦以其兵属焉。凡六七万人，军下邳。《汉书》卷三十一《陈胜项籍传》，中华书局 1964 年版，第 1797—1798 页。以下凡引《汉书》，皆为此本，不再一一注明）

陈婴投奔项梁是为了避开成为首犯，刘邦投靠项梁则是为了借兵收复丰邑。

刘邦投靠项梁集团，不但得到了项梁资助的十员战将、五千士兵，而且成为项梁集团的组成部分。能够加盟一个强大的军事集团，对于刚刚起兵、势单力薄的刘邦来说，等于有了一个“核保护伞”。无论对其他义军还是对秦军，他都不再是孤军作战。

这是刘邦在个人小宇宙爆发之时作出的最令人击节赞赏的决定。更重要的是，加盟项梁集团给刘邦带来了两大机遇。

一是立楚王熊心。

项梁得知陈胜遇害的消息后，在薛邑召开了一次重要会议。刘邦有幸参与了这次重要会议。这次会议项梁做出了一个重量级的决定：立原楚怀王的孙子熊心为王，号楚怀王。原楚怀王当年上了秦国的当，入秦被扣，最后客死秦国，楚地百姓都非常怀念他。这次立他的孙子为楚王也是为了借助楚王的影响。说到这个熊心，在楚国灭亡后竟沦落为放羊娃，项梁费了好大劲儿才找到他，旋即立他为楚怀王。

其实，立熊心为楚王的执行者是项梁，建议者乃是范增。范增是项梁、项羽集团唯一的谋士，他极力游说项梁接受自己的建议，并提出了三点理由：一是陈胜的失败在于他没有立楚王之后而自立为王，成为众矢之的；二是项梁起兵之后，楚地义军相继加入项军的重要原因是项氏代代为楚将，这样的家庭背景让众人怀有再立楚王后代为王的一线希冀，如果迟迟不表态，日久势必生变；三是就现阶段的局势而言，立楚王后人是顺从楚地民众的心愿，有利于笼络人心，增强项梁集团的凝聚力。范增这三条理由打动了项梁。（“今陈胜首事，不立楚后而自立，其势不长。今君起江东，楚蜂午之将皆争附君者，以君世世楚将，为能复立楚之后也。”于是项梁然其言，乃求楚怀王孙心民间，为人牧羊，立以为楚怀王，从民所望也。《史记·项羽本纪》）

说实话，如果项梁不立楚王熊心，那么他战死后，项羽就成了名副其实的集团领袖，刘邦就是项羽的属下。项梁立了楚王熊心，等于在他之上又设了一个“领导”，虽然这位“领导”眼下不会对自己有任何威胁和制约，可名义上的领导也是领导啊！自己活着的时候，熊心不可能对他有任何掣肘，但万一自己遭遇不测，凭项羽的资历、实力还不足以代替他。那么，楚王熊心就获得了相当大的权力，而且，项羽和刘邦在其面前也成了平起平坐的战友。

二是项梁战死。

薛邑之会后，项梁集团形势一片大好。先是项梁攻下东阿。然后，刘邦、项羽合兵攻下城阳，并在雍丘大败秦军，还杀死了秦国丞相李斯的儿子、三川郡守李由。此后，项梁又在定陶大破秦军。

章邯虽然暂时受到挫折，但他的军团能很快得到秦帝国源源不断的补充，而且大胜之后的项梁集团骄傲轻敌。于是章邯在一个月黑风高之夜，于山东定陶成功偷袭了项梁。此役楚军大败，项梁阵亡。（秦果悉起兵益章邯，击楚军，大破之定陶，项梁死。《史记·项羽本纪》）

项梁战死对项军来说无异于晴天霹雳，但对刘邦而言却是一个千载难逢的大机遇。那么，刘邦抓住这个机遇了吗？那是必须的。

对于项梁的战死，其实楚怀王熊心的心情非常复杂。

一是担心招来杀身之祸。失去了项梁这个强大的依靠，章邯穷追不舍，痛击楚军，保不齐会将他这个楚王干掉。

一是想趁项梁之死树立自己的权威。

怎么办呢？削弱项羽，扶植他人。

他这个楚王要想做久，就不能让手下的人一家独大，必须形成牵制。楚王迅速“从盱台之彭城”，将项羽的军权和将军吕臣的军权全都收归己有，同时封刘邦为“砀郡长”，统领砀郡（今河南商丘南）军队。刘邦纵身一跃成为独当一面的军团首领，远比项羽更有实权。（楚兵已破于定陶，怀王恐，从盱台之彭城，并项羽、吕臣军自将之。以吕臣为司徒，以其父吕青为令尹。以沛公为砀郡长，封为武安侯，将砀郡兵。《史记·项羽本纪》）

俗话说，高人指路、贵人相助、个人努力、小人监督是成就人生的四项基本原则。

综观刘邦此期有点应接不暇的一连串机遇，竟然都和项梁息息相关，不能不说项梁实在是刘邦打拼生涯中的第一位贵人。

项梁欣赏刘邦，要不然不会赞助刘邦十员战将、五千士兵以帮助他收复大本营丰邑。

更重要的是，项梁的赏识助刘邦参与了薛邑之会。这让刘邦成为拥立楚王熊心的功臣之一，并因此受到楚王熊心的欣赏与支持。这也标志着刘邦从此正式登上楚国政坛，注定将在历史的卷轴上书写下自己的名字。

纵观历史，项梁是最具才华的反秦斗士。他的反秦意识极强，而且早在反秦大起义前就已经做好了各种准备。他利用当地丧葬的机会以兵法调度人马，并从中发现人才；他培养项羽，教会项羽“万人敌”的兵法，使项羽成为日后灭秦的领袖；他慧眼识英雄，最早发现了刘邦，提拔刘邦、支持刘邦。可历史是残酷的，项梁如果没有战死，刘邦不可能西入秦关，更不可能成为大汉帝国的开国皇帝。当时的天下大势，完全在项梁的掌握之中。若项梁坚定地支持熊心，楚王熊心将会成为秦亡之后的新一代国君；若项梁有一天会改变想法，可能他会取代楚国自立门户。只能说，历史放弃了项梁而成全了刘邦。

而此时，秦军主力章邯军团也犯了一个不可饶恕的错误：“楚地盗名将已死，章邯乃北渡河，击赵王歇等于巨鹿。”（《史记·秦始皇本纪》）

章邯误以为楚地义军的两个名人陈胜、项梁均已被杀，楚地已不值得再关注，于是挥师北上，攻击赵地义军。这给了遭受重创的刘邦、项羽整顿喘息的机会。虽说历史没有假设，但假设章邯此时选择乘胜追击，相信历史又将会是另外一番模样了。

此后，刘邦受命入关灭秦，项羽作为宋义的副将，北上救赵。刘邦此次西入秦关可谓占尽了先机。这一点，我们将在下一章重点讲述。

总之，“骊山徒”的大量逃亡逼得刘邦不得不“丰西泽”纵徒，“丰西泽”纵徒逼得刘邦“亡匿，隐”于芒、砀山泽之间，成为逃犯。大泽乡起义后，沛县县令先召他，后又不准入城，逼得刘邦号令沛县父老杀县令，并借机“被”立为沛公。刚刚做上沛公，刘邦就遭到雍齿丰邑叛变，被逼得先后投靠景驹、项梁，借兵收复丰邑。加盟项梁集团让他获得了一连串机遇，特别是立楚王熊心和项梁战死，刘邦从中获益匪浅。

刘邦开始并不是一位自觉地反暴政的英雄，也不是首举义旗的先行者，他是被时代潮流裹挟着前进的成功者，或许带着点投机的意味。

他对秦王朝行将灭亡并无远见，但他在时代大潮中终于走上了一条机遇与风险并存的道路，成就了他因缘际会的风云人生。

刘邦将怎样走过机遇和风险并存的人生道路呢?

入秦关，谋江山

陈胜、项梁相继战死之后，楚地义军的实力大打折扣。秦军章邯军团遂将主攻目标锁定为北面的赵国，并与秦军的另一主力长城兵团联手，在巨鹿城下和义军形成大会战之局。

赵王歇不得不放下身段，向各地诸侯王发出求救信号。一时间，多地义军从四面八方向巨鹿围拢而来。

楚王熊心此前没做过什么大事，此时却做出了两项重要决定：北上救赵，西进灭秦。这两件大事，谁敢去？派谁去？谁又能去？

历史又一次将机会降临到幸运的人头上。

幸运、倒霉：各有各的命

此时的楚王熊心压力很大。他面前的两件大事——救赵和灭秦同等重要。

一方面，如果不救赵，赵军必败，一旦赵军覆灭，整个反秦义军将遭受重创，并呈瓦解之势，秦军两大主力定会乘胜追击，逐一扫清各地义军，自己目标那么大，必定会成为优先打击的对象。再往深了想，救不救赵还关乎自己能否成为诸侯盟主的大问题。如果反秦之势逆转，秦军占得先机，秦国便有条件东山再起，再次称雄天下。而如果这次义军能够在巨鹿一战定乾坤，将秦军彻底打入万劫不复之地，至少可以让自己坐上诸侯盟主的交椅。

另一方面，灭秦之事时不我待，须赶紧派兵西进，趁秦军主力汇集于巨鹿，派奇兵西入关中，直捣秦都。义军起兵旨在亡秦，陈胜手下的周文败退出关中之后，时局召唤着一支新军入关。此事若成，则一劳永逸。即使不成功，亦可牵制巨鹿秦军，缓解赵国危局。

北伐和西征都势在必行，那么，派谁北伐？谁能西征呢？

北上救赵，必将和秦军两大主力章邯军团、长城军团决一雌雄，楚地将领无人不怕。

特别是要和章邯对决，更是凶多吉少。章邯横扫周文、陈胜、项梁等义军顶级高手，从关中打到关外，所向无敌。可是，赵国可怜兮兮地困在两大军团的夹击之中，危在旦夕。

相比之下，西入秦关虽然也有凶险，但其危险性小了许多。加上“怀王之约”，谁先入关谁可以成为“关中王”，和北伐相比，算是个美差了。

但关中是虎狼之秦的老巢，秦军一向凶狠无常，打得义军丢盔弃甲，谁敢孤军深入秦都？（当是时，秦兵强，常乘胜逐北，诸将莫利先入关。《史记·高祖本纪》）

但楚军中有两位将领例外，一是刘邦，二是项羽，他们都愿意西入秦关。

为什么呢？

项羽心中充满叔父项梁被杀的血海深仇，这让他热血喷涌。（怨秦破项梁军，奋，愿与沛公西入关。《史记·高祖本纪》）

刘邦敢于入关一是胆大，二是想当关中王，因为出“这趟差”的“利”够大。

楚怀王及诸大臣最终决定：刘邦西入秦关，项羽北上救赵。

后来的历史证明，刘邦此次西入秦关的确是他人生中的又一个重大机遇。那么，为什么获准西入秦关的是刘邦而不是项羽呢？其中有什么潜规则吗？

刘邦获准西入秦关其实是各种因素综合制衡的结果。

第一，刘邦是长者。

楚怀王熊心和他手下的大臣认为：秦地百姓受秦国暴政伤害太久，如果派一位长者西行入关，不骚扰秦地百姓，应当可以顺利拿下关中。（秦父兄苦其主久矣，今诚得长者往，毋侵暴，宜可下。《史记·高祖本纪》）

此处的“长者”包含两个层面的意思：一是年纪比较大，二是宽厚仁爱。

据此标准，楚怀王及诸大臣认为，项羽性格强悍、残暴，不是理想人选。刘邦乃“宽大长者”，可以西入秦关。于是，拒绝项羽之请，独派刘邦西略秦地，聚集陈胜、项梁旧部。（“今项羽僄悍，今不可遣。独沛公素宽大长者，可遣。”卒不许项羽，而遣沛公西略地，收陈王、项梁散卒。《史记·高祖本纪》）

说项羽残暴，有证据吗？

当然有。“项羽尝攻襄城，襄城无遗类，皆坑之。”（《史记·高祖本纪》）此事，《史记·项羽本纪》中也有记载：“项梁前使项羽别攻襄城，襄城坚守不下。已拔，皆坑之。”而且，项羽屠的可不是一个城，而是“诸所过无不残灭”（《史记·高祖本纪》）。的确血腥恐怖。

可是话又说回来，刘邦就真的“仁厚”吗？翻开刘邦的履历，也有血腥的屠城印迹，《史记·项羽本纪》记载有刘邦与项羽联合屠城一事：“项梁使沛公及项羽别攻城阳，屠之。”同时，这次屠城，《史记·高祖本纪》也有记载：“使沛公、项羽别攻城阳，屠之。”

如此说来，项羽是真残暴，刘邦是假慈悲。不过，正是这样的假慈悲，为刘邦赢得了众多部将的支持，并为其蓄积了强大的人脉资源。

令人不可思议的是，刘邦的“长者”形象，在秦末汉初竟深入人心。

刘邦未发迹之时，沛县有一位豪强王陵，刘邦对待他像对待自己的兄长一样。刘邦起兵时，王陵也聚集了几千人。但是，王陵的社会地位远高于刘邦，他并不愿意跟从刘邦。刘、项之争开始后，王陵归汉。项羽抓了王陵的母亲，安置在自己军营中，逼王陵就范。王陵派使者前来斡旋此事，王陵的母亲私下对使者说：“谨事汉王，汉王，长者也，毋以老妾故，持二心。”说完，当着使者的面自杀了。王陵的母亲以死激励王陵当善事刘邦，理由是刘邦乃“长者”。（王陵者，故沛人，始为县豪，高祖微时，兄事陵。陵少文，任气，好直言。及高祖起沛，入至咸阳，陵亦自聚党数千人，居南阳，不肯从沛公。及汉王之还攻项籍，陵乃以兵属汉。项羽取陵母置军中，陵使至，则东向坐陵母，欲以招陵。陵母既私送使者，泣曰：“为老妾语陵，谨事汉王。汉王，长者也，

无以老妾故，持二心。妾以死送使者。”遂伏剑而死。《史记·陈丞相世家》）

刘邦手下最重要的说客郦食其，在通观各路义军后，曾对人说：“诸将过此者多，吾视沛公大人长者。”（《史记·高祖本纪》）于是，郦食其“求见说沛公”。郦食其投奔刘邦，理由亦是刘邦乃“长者”。

后世的戏剧、小说中，对刘邦有太多的污词，也许使我们一时很难接受刘邦“长者”的形象。但，历史就是历史，不能等同于戏剧、小说。

第二，怀王心里的小算盘。

项羽和刘邦都有屠城劣迹，为什么“怀王、诸老将”只反对项羽西入秦关呢？这里的“诸老将”是怀王被立之后投奔怀王的原楚国老臣。

其实，最重要的决策人应当是楚怀王熊心。他为什么反对楚国世代将门之后的项羽西征呢？

这和一个盟约有关。

楚王熊心和诸将订了一个盟约：先入关者为关中王。

这一决定当然是为了激励军队的士气。由此看来，楚怀王熊心倒是颇懂管理之道，“关中王”这块蛋糕对楚军将领们的诱惑力实在不小。

不过，这一貌似公平公正的约定背后却暗藏玄机。事实上，楚怀王熊心绝对不会让项羽先入关中的。关中王的头衔，绝对不能落在项羽头上。理由很简单：楚怀王熊心是项氏家族所立，受制于项氏。如今项梁战死，项羽尚不成气候，熊心的心理压力减轻了不少，总算过上了几天“当家做主”的日子。如果项羽借入关之机当上关中王，项氏家族的势力必将再度膨胀，卷土重来，自己这个楚王之位就不好待了。若是刘邦当了关中王，不仅暂时不会对自己有太大威胁，还会牵制项羽的势力，岂不是一举两得？

楚怀王熊心是刘邦人生中第二个贵人。他像项梁一样，欣赏刘邦、提携刘邦，在关键时刻帮助刘邦拨开满天乌云，安排他走上一条康庄大道。话虽如此，但历史的机遇毕竟只青睐有准备的人，刘邦酝酿了那么久的野心只等这一刻安然接招。表面上他只是奉命行事，心里少不了多多盘算。

但是，项梁和熊心看刘邦的出发点大不一样。项梁是为了反秦大业，熊心是为了保住自己的楚王之位。

楚怀王熊心确实是一位具有帝王之智的人，也是此期天下最重要的诸侯王。

司马迁在《史记·秦楚之际月表》首列的是秦帝国纪年，秦亡之后列的是“义帝”熊心的纪年，此时的“义帝”熊心就是天下默认的共主。项梁战死之后，熊心抓住各种机会千方百计地抑制项羽，努力摆脱傀儡君王的身份，希望获得实际的权力。我们无法定义这样的企盼是否出自本能，是否徒劳无用，但无疑，刘邦成功扮演了楚怀王心腹的角色，并使自己成为最终受益人。

此时的项羽只能忍气吞声，跟随宋义北上。

宋义原本是一位熟读兵书的书生，他能被熊心任命为北伐的主帅，颇有点误打误撞之嫌。

为什么这样说呢？这要从项梁活着的时候说起。

原来，项梁在定陶打败秦军主力章邯兵团之后，项羽、刘邦又合兵杀了三川郡守、秦丞相李斯的儿子李由，连续的胜利冲昏了项梁的头脑，他竟一时飘飘然起来。宋义很敏感，他最早觉察到项梁身上滋生出的骄纵情绪，他劝项梁：打了胜仗，将领骄傲，士兵懈怠，一定会失败。秦军一天天在增兵，我们却盲目自大，这种局面令人担忧。心高气傲的项梁哪里听得进书生之论，反而嫌宋义太唠叨，直接将宋义打发到齐国去，求个耳根清净。碰巧，宋义在出使齐国的路上，意外撞见了齐国使者高陵君显，得知他去见项梁，便说：项梁这次死定了。您要是悠着点走，也许还能逃过一劫，走快了，必死无疑。（项梁起东阿，西，比至定陶，再破秦军，项羽等又斩李由，益轻秦，有骄色。宋义乃谏项梁曰：“战胜而将骄卒惰者败。今卒少惰矣，秦兵日益，臣为君畏之。”项梁弗听。乃使宋义使于齐。道遇齐使者高陵君显，曰：“公将见武信君乎？”曰：“然。”曰：“臣论武信君军必败。公徐行即免死，疾行则及祸。”《史记·项羽本纪》）

果然，连吃几回败仗的秦帝国调集重兵增援章邯，章邯率兵偷袭楚军，在定陶大败楚军，项梁兵败被杀。

项梁死了，楚王熊心先是开心，很快就又开始纠结了。开心的是，压在自己头上的大山最终倒了。纠结的是，项梁一死，自己手下的项羽还是项氏家族的人，难道自己还要任命项羽为大将军？难道自己此生都无法摆脱项氏家族的压制吗？

恰在此时，有一个人求见，此人正是侥幸逃过一死的高陵君显。

高陵君显是一位有福之人，作为齐国使者，早一天晚一天面见楚怀王熊心并不重要，乱世之中保全性命才是最重要的。果然，项梁大败，他意外地躲过一劫。额手相庆的高陵君显见到楚王熊心，极力称扬宋义的军事远见：仗还没打，就能预见到失败，“此可谓知兵矣”！楚王熊心一听，心中一动，莫非自己的机会来了？马上召见宋义，一番谈话，楚王熊心的心情豁然开朗，立即下诏任命宋义为大将军，项羽为次将，范增为末将，北上救赵。（宋义所遇齐使者高陵君显在楚军，见楚王曰：“宋义论武信君之军必败，居数日，军果败。兵未战而先见败征，此可谓知兵矣。”王召宋义与计事而大说之，因置以为上将军；项羽为鲁公，为次将，范增为末将，救赵。《史记·项羽本纪》）

楚怀王熊心终于迈出了培养自己干部的关键一步，希望能从项梁的意外中获得自己政治上的主导地位。

楚怀王熊心为什么与宋义谈话后如此亢奋？到底是心血来潮还是真遇良才呢？我以为，熊心此时手下并不乏良将，项羽就是最好的将领。熊心心喜的是在这个节骨眼上，凭空冒出来一个可以替代项羽的“军事奇才”来解他的燃眉之急。可惜人算不如天算，楚怀王熊心百密一疏。这位“奇才兄”毕竟手无缚鸡之力，终究逃不过项羽的利刃。

预见项梁兵败是宋义一生中最为精彩的时刻，华彩到此而止。不久，项羽袭杀宋义，理由是宋义“私通”齐国，出卖楚国利益。实质上，项羽用武力夺了北上救赵大军的军权，部分恢复了项氏家族在楚地义军中的地位。

此后，项羽破釜沉舟，鏖战巨鹿。先灭王离，再破章邯，消灭了秦帝国赖以生存的两大主力兵团，一跃而成为天下诸侯的领袖。这是楚王熊心始料不及的。再后来，项羽西入秦关，自称“西楚霸王”，分封十八路诸侯王。先入秦关的刘邦亦不敢与其争锋，避入汉中。楚怀王熊心被项羽“尊”为“义帝”，放逐南方，终被其派人袭杀。

回顾楚怀王熊心的一生，他一直都希望通过压制项羽，恢复家族旧时的荣耀，可是，这种想法、做法在当时并不现实。因为，他没有可以凭借的资本。他唯一的优势是他是楚怀王的孙子。但乱世中，据第一位的永远是实力！项羽的实力，使他不可能永远被他人压在五指山下。就这样，楚王熊心走完了他匆匆而又悲情的一生。

实际上，当时六国后裔被拥立为王者，除齐王田儋是自立外，其余都是义军的权宜之计，是当时各路义军的一种政治需要。所以，这些六国后裔注定都是政治傀儡，成为秦汉之际历史洪流中一颗颗流星。

项羽斩杀义帝让自己提前登上了中国历史的政治舞台，但是，他也为此付出了很大的代价。他的对手刘邦将项羽杀“义帝”列为“十大罪状”之首。

由于楚怀王熊心的私心，刘邦幸运地率兵西入秦关，避开了与秦军主力决战的凶险。但是，北上救赵的项羽却在逆境中杀出了一条血路，成为诸侯联军的霸主：历史注定了刘、项二人必有一争。

胸怀：帮了大忙

刘邦西入秦关的情况又如何呢?

出发之前，刘邦驻兵砀郡。从砀郡西入秦关有两条路可走：一是西进，走函谷关进入关中，陈胜的部将周文走的就是这条路线。二是南下，从陕西武关进入关中。据《史记》的《高祖本纪》《秦楚之际月表》《曹相国世家》《樊哙列传》等文献记载，刘邦行军的路线是先北上，再西进至洛阳，然后南下宛城，从陕西武关进入关中。

刘邦为什么这样走呢?

《史记》《汉书》都没有交代原因，我们只能作一些猜测：刘邦率兵首先北上是为了解除楚王熊心所在的彭城（今江苏徐州）受到的秦军威胁，同时也策应了宋义、项羽军的北伐，为其解除了后顾之忧。此后，为了能尽快入关，便选择向洛阳进发。

万事开头难。西征之始，刘邦并不顺利，但此后越战越勇。从南取宛城开始，几乎是顺风顺水，高歌猛进，一路打到咸阳。

刘邦为什么能够越打越顺手呢?

刘邦之所以能够扭转局面，绝非靠一己之力。攻取陈留时，他有幸得到了一位贤士的相助，顺利攻取重镇陈留，成为西征的转折点。

这位贤士是谁？他怎样帮助了刘邦呢？

这位贤士是高阳酒徒郦食其。

郦食其是一位家境贫穷但胸怀大志的“落魄”书生。秦朝末年，读书人无法生存，他只好做了个里巷看门人。地位虽卑下，但他狂放豁达又博学雄辩，因此，县中有权势的人都不敢小瞧他，称他为“狂生”。（郦生食其者，陈留高阳人也。好读书，家贫落魄，无以为衣食业，为里监门吏。然县中贤豪不敢役，县中皆谓之狂生。《史记·郦生陆贾列传》）

秦末大起义开始之后，郦食其蠢蠢欲动，开始暗自寻找机会。像他这样的读书人，自己无法拉起一支军队去打拼，要想出头，唯一的办法是寻觅一个值得自己“智力投资”的潜力股。当时，陈胜、项梁手下的将领在陈留一带扩充地盘，经过高阳的有好几十人，郦食其经过多方了解，个个都是些自以为是的家伙。他一个也没看上，继续等待时机。（及陈胜、项梁等起，诸将徇地过高阳者数十人，郦生闻其将皆握齱好苛礼自用，不能听大度之言，郦生乃深自藏匿。《史记·郦生陆贾列传》）

刘邦从西征开始就在各地招贤纳士，当他一路攻城略地来到陈留城时，他手下有一位“骑士”和郦食其是一条街上的邻居。等这位“骑士”回家的时候，郦食其亲自拜访他，说：我听说沛公为人傲慢，但胸怀大度。他就是我一直在寻找的主公，你帮我介绍一下，让我见他一面。你就对他说，我们街坊有位郦先生，六十几岁，身长八尺，大家都叫他“狂生”，但是，郦先生自己说“我非狂生”。骑士说：沛公不喜欢儒生，来客只要带着儒生的帽子，沛公总是解下儒生的帽子尿尿。和人说话，常常破口大骂，你可千万别说你是“儒生”，那要坏事儿的。郦食其说：你只管照我说的话去说，我自有办法！（后闻沛公将兵略地陈留郊，沛公麾下骑士适郦生里中子也，沛公时时问邑中贤士豪俊。骑士归，郦生见，谓之曰：“吾闻沛公慢而易人，多大略，此真吾所愿从游，莫为我先。若见沛公，谓曰‘臣里中有郦生，年六十余，长八尺，人皆谓之狂生，生自谓我非狂生’。”骑士曰：“沛公不好儒，诸客冠儒冠来者，沛公辄解其冠，溲溺其中。与人言，常大骂。未可以儒生说也。”郦生曰：“弟言之。”

《史记·郦生陆贾列传》）

后来，这位“骑士”找个机会，把这些话都给沛公说了。刘邦到了高阳旅馆，召见郦食其。郦食其应命而来，递上名帖，瞥见刘邦正坐在那儿，大大咧咧叉开两条腿，让两个女人为他洗脚。（骑士从容言如郦生所诫者。沛公至高阳传舍，使人召郦生。郦生至，入谒，沛公方倨床使两女子洗足，而见郦生。《史记·郦生陆贾列传》）

郦食其看到此番场景，没有下拜，只作了一个长揖，便问刘邦：足下是想助秦灭诸侯呢，还是想率领诸侯破秦呢？刘邦一听，破口大骂：该死的儒生！天下百姓长期受秦祸害，各地诸侯才相继起兵反秦，怎么能说我是助秦灭诸侯呢？郦食其淡定地回答：既然要破秦，一定要聚义兵、诛无道，不应当这么没有礼貌地见长者吧。刘邦听他这么一说，立即停止洗脚，站起身来，整了整衣服，恭敬地请郦食其上座，并向他道歉。郦食其趁机为刘邦讲了战国末年六国纵横之事。（郦生入，则长揖不拜，曰：“足下欲助秦攻诸侯乎，且欲率诸侯破秦也？”沛公骂曰：“竖儒！夫天下同苦秦久矣，故诸侯相率而攻秦，何谓助秦攻诸侯乎？”郦生曰：“必聚徒合义兵诛无道秦，不宜倨见长者。”于是沛公辍洗，起摄衣，延郦生上坐，谢之。郦生因言六国从横时。《史记·郦生陆贾列传》）

郦食其自幼饱读诗书，能言善辩，一席话将刘邦忽悠得心悦诚服。刘邦大喜，立即请其共同进餐，席间悄悄问道：你有什么好计谋吗？郦食其回答：足下初起，收聚散兵，不足万人，就想直接进攻强大的秦国。这好比虎口拔牙，非常凶险。陈留这个地方四通八达，城高粮多。我和陈留的县令私交不错，不如派我出使陈留，劝他投靠您。如果他听从，则大功告成，如果他不听，您再派兵攻打也不迟，我还可以为你做内应。刘邦一听，决定依郦食其之计行事，立即派其出使陈留，自己则亲率大兵尾随其后。陈留县令不愿向刘邦投降，刘邦便趁其未加戒备，闪击陈留，大获成功。（沛公喜，赐郦生食，问曰：“计将安出？”郦生曰：“足下起纠合之众，收散乱之兵，不满万人，欲以径入强秦，此所谓探虎口者也。夫陈留，天下之冲，四通五达之郊也，今其城又多积粟。臣善其令，请得使之，令下足下。即不听，足下举兵攻之，臣为内应。”于是遣郦生行，沛公引兵随之，遂下陈留。《史记·郦生陆贾列传》）

智取陈留是刘邦西入秦关打的第一个大胜仗，意义非凡，更重要的是，这次行动让刘邦获得了大量的粮草物资，解除了后顾之忧。此役之后，刘邦封郦食其为广野君。这正如曹操在《短歌行》中吟唱的：“月明星稀，乌鹊南飞，绕树三匝，何枝可依。”这场明主求贤、贤士择主的华丽演出，预示着刘邦集团人才济济的时代已拉开了序幕。

郦食其又向刘邦推荐自己的弟弟郦商。刘邦任命郦商为将军，率领数千人跟随自己南下。

善听：人生的大本领

拿下陈留之后，刘邦又顺利拿下宛县，这是他西征史上的第二场关键之战。

宛县是秦帝国南阳郡政府所在地（郡治）。刘邦占领陈留后，直接攻打洛阳，失利后率兵南下，在犨（chōu，秦县，今河南鲁山）大败南阳郡守齮（qí），迫使南阳郡守齮退守宛县。刘邦没有乘胜追击，准备绕过宛县西进。刘邦想得很简单，一切以率先入关灭秦为目标。只要宛县秦军不挡自己西入秦关的道，不拖自己的后腿，可以不予理会。（南，战雒阳东，军不利，还至阳城，收军中马骑，与南阳守齮战犨东，破之。略南阳郡，南阳守齮走，保城守宛。沛公引兵过而西。《史记·高祖本纪》）

刘邦的这种西征态度，遭到一位重量级人物的极力反对。

此人是谁?

大名鼎鼎的张良。

张良是刘邦从布衣至皇帝的传奇人生中屡建奇功、协助刘邦夺取天下的重要谋士之一。有关张良其人，我们将在本书中专节详细讲解，此处暂且不表。

陈胜起义之时，张良聚集了数百年轻人起兵。后来听说楚国王族后裔景驹被陈胜部下立为代理楚王（楚假王），驻扎在留（今江苏沛县东南），张良便打算投奔景驹。路遇刘邦，便阴差阳错地跟了刘邦，担任了掌管马匹的将领。（后十年，陈涉等起兵，良亦聚少年百余人。景驹自立为楚假王，在留。

良欲往从之，道还沛公。沛公将数千人，略地下邳西，遂属焉。沛公拜良为厩将。《史记·留侯世家》）

此后，张良时不时用《太公兵法》劝诫刘邦，刘邦听了非常高兴，常采用张良的计策。奇怪的是，张良为其他人谈《太公兵法》，其他人都听不懂。张良感慨地说：沛公真是天命所授啊！从此，他一直忠心耿耿跟随刘邦，不去见景驹了。（良数以《太公兵法》说沛公，沛公善之，常用其策。良为他人者，皆不省。良曰："沛公殆天授。"故遂从之，不去见景驹。《史记·留侯世家》）

当刘邦率兵绕过宛县，直取武关之时，张良劝告刘邦：沛公就是再急着入关，也不能放过宛县。目前秦军的兵力十分强大，又据守险地，如果我们不拿下宛县就直接西进，到时候宛兵在后，强秦在前，我们腹背受敌，那就太危险了。（张良谏曰："沛公虽欲急入关，秦兵尚众，距险。今不下宛，宛从后击，强秦在前，此危道也。"《史记·高祖本纪》）

刘邦一听，恍然大悟，连夜率兵从另一条路撤回，并更换了旗帜，以免宛县守军认出自己。天亮之时，刘邦率军已将宛县县城围了个水泄不通。南阳郡守听闻又有大军围城，立即崩溃，要自杀。门客陈恢拦住他说：您这时候求死，岂不是太早了？等我去游说对方，说不成再自杀也不晚。（于是沛公乃夜引兵从他道还，更旗帜，黎明，围宛城三匝。南阳守欲自刭。其舍人陈恢曰："死未晚也。"《史记·高祖本纪》）

陈恢翻城而下，求见刘邦：我听说足下之前与人有过约定：谁先入关灭秦谁就是"关中王"。现在您正攻打宛县，但是，宛县是一个大郡的郡治，下辖十多个县城，百姓多，"积蓄多"。如果现在大家都认为投降是死路一条，就一定会死守城池。您全力进攻，会有重大伤亡。率兵绕过宛城西进，宛兵将会尾随攻击，您将失去先入关中为王的机会。我为您提供第三个选择：不如双方"约降"。"约降"之后，让原来的郡守继续驻守本地。您带上他的士兵西进。此事一传开，那些您尚未攻打的城池，一定会对这种解决办法感兴趣，都会争着大开城门欢迎您，您的入关之路将会通行无阻。（臣闻足下约，先入咸阳者王之。今足下留守宛。宛，大郡之都也，连城数十，人民众，积蓄多，吏人自以为降必死，故皆坚守乘城。今足下尽日止攻，士死伤者必多；引兵去宛，宛必随足下后：足下前则失咸阳之约，后又有强宛之患。为足下计，莫若约降，封其守，因使止守，引其甲卒与之西。诸城未下者，闻声争开门而待，足下通行无所累。《史记·高祖本纪》）

陈恢的这一招很给力，刘邦立即表示采用“约降”的建议，封南阳郡守为殷侯，并封陈恢千户。此后，西征之路一路绿灯，所到之处，守军无不闻风而降。

刘邦起义之初，萧何、曹参、周勃、灌婴等一批人就追随刘邦，最后都成为名扬天下的开国元勋。但在此时，这批人的才情尚未得到完全展现。刘邦西入秦关途中，分别采纳了郦食其、张良、陈恢三人的谋略，迅速打开了局面，对他顺利地西入关中发挥了重要作用：郦食其之计让刘邦的西征军获得了充足的军粮，张良之策让刘邦认识到安全入关的重要，陈恢的和平解放政策有效瓦解了秦帝国的基层政权、军队对中央政府的忠诚度。

一个好汉三个帮，大家的努力大大加快了刘邦西入秦关的速度，为刘邦清扫了不少障碍，缩短了西入秦关的时间。

刘邦经过这阶段的历练，其政治心态和军事智慧不断成熟，显示出了强大的判断力和分析能力。这些品质和能力，保证了他在面对诸多才能之士献计献策的时候，能够做到游刃有余。

西征军智取南阳，为刘邦西入秦关打下了坚实的基础，也让刘邦认识到，西行之路没有捷径！刘邦还将怎样克尽时艰，实现先入秦关的企盼呢？

抢先入关的秘诀

秦二世二年（前208）七月，刘邦采纳秦帝国南阳郡守舍人陈恢的建议，以“约降”的方式争取到南阳郡守的投诚。

此后，秦帝国多处地方政府皆以“约降”的方式投诚，大大减少了刘邦西入秦关的阻力。

按照“约降”之策的权利义务界定，当地政府须交出军队跟随刘邦西征，这为刘邦的西征军提供了源源不断的兵源。

刘邦在南阳郡遇到陈恢这么一位智者，实乃三生有幸。此后的西征之路，尚有层层关隘，刘邦将怎样步步化险为夷呢？

三计取峣关：兵不厌诈

秦二世三年（前207）八月，刘邦的西征军战至武关。

武关，自古以来便是从河南西南进入关中的必经之路，春秋时被称为少习关，战国时更名为武关。它和东面的函谷关、北面的萧关、西面的大散关合称“秦之四塞”，皆是兵家必争之地。武关北依高峻的少习山，南濒险要，出关东行，盘山路曲折陡峭，崖高谷深。古人尝云：“武关一掌闭秦中，襄郧江淮路不通。少习虚声能慑晋，却怜拱手送商公。”但是，刘邦进入武关后，并未遭遇想象中的顽强抵抗，竟然轻松破关，顺利进驻关中。

刘邦在攻取南阳郡之后曾派宁昌到秦都咸阳和赵高密谈。赵高杀了秦二世后，也私下勾搭过刘邦，想与他共分关中。但赵高的“共分”显然填不饱此时刘邦的胃，刘邦在这份合约下面签了个大大的“不同意”，继续进军峣（yáo）关。赵高被无情拒绝后还没缓过劲儿来，就被秦王子婴夺了性命。子婴派出大量军队，驻守峣关，企图阻挡刘邦。

子婴带着点视死如归的悲壮心境，摆出一副拼死也要捍卫都城的架势，但在刘邦眼里是小菜一碟，刘邦打算以两万兵力与秦军正面决战。这个直白的想法再一次遭到张良果断“叫停”。张良对刘邦轻敌的做法不无担心，劝说道：秦军现在还很强大，千万不可轻敌。张良每次出场的时候情节总会很精彩，那么，这一次他的智囊里又能变出什么样的妙计呢？一共三招：

第一，设置疑兵。

在前线大张旗鼓地准备五万人的军粮，并在附近山上遍插汉军旗帜，设置疑兵。刘邦的西征军在当时绝无五万之众，大张旗鼓地准备五万人的军粮，并在附近山上插满汉军旗帜，目的只有一个，虚张声势，放个烟雾弹，让秦军雾里看花心神迷离，瓦解峣关秦军的斗志。（使人先行，为五万人具食，益为张旗帜诸山上，为疑兵。《史记·留侯世家》）

第二，贿赂秦将。

张良听说秦军的将领原是屠夫的儿子，马上意识到这种家庭的人容易被利益驱动，于是派郦食其携财宝前去贿赂。（臣闻其将屠者子，贾竖易动以利。《史记·留侯世家》）果然不出张良所料，这个峣关秦将见钱眼开，被郦食其忽悠得云里雾里，忙不迭地收下重礼，满口答应愿意协助刘邦攻取咸阳。

第三，发动突袭。

虽说峣关秦将打了白旗，并答应协助刘邦进军咸阳，但他一人不能够代表秦军士兵，不如趁其懈怠的良机，突袭峣关。（良曰：“此独其将欲叛耳，恐士卒不从。不从必危，不如因其解击之。”《史记·留侯世家》）刘邦听从了张良的话，果断出兵，一举击溃峣关秦军。

原本已和郦食其谈好条件的秦将万万没有想到刘邦竟会暗地里玩儿阴的，措手不及的秦军被打得落花流水。刘邦乘胜追击，一路杀到蓝田。子婴慌乱中赶忙调兵遣将，在蓝田和刘邦又进行了一场恶战，秦兵毫无悬念地再次大败。（沛公乃引兵击秦军，大破之。逐北至蓝田，再战，秦兵竟败。《史记·留侯世家》）

至此，刘邦入关途中该打的硬仗都打完了。三招智取峣关几乎是灭秦的最终乐章。此役结束，秦国关中兵力消耗殆尽，子婴已经毫无还手之力，再无抗衡关东义军的筹码。

峣关之战最值得品味的莫过于张良之计、郦食其之舌及刘邦之耳。

刘邦并不是天生的军事家，他的军事才能需要量变到质变的长期积累。幸运的是，刘邦灵慧过人，一点就透，一听全解，这就是所谓的“从善如流”。在这个问题上他也颇有自知之明，于是，“以他人之长补一己之短”成为其一生信奉的教条。此一役，刘邦便是借了张良的锦囊妙计，借了郦食其三寸不烂之舌，为自己谋得了关键性的胜利。

当然，我们不能不承认，刘邦这次赢得不太光明正大。不过，换个角度来看，这样也有其合理性。要知道这一仗其实很危险，如果刘邦真有五万兵力，为何要临时派人，到前方大张旗鼓地准备五万人的粮草呢？又何必满山遍野地插上汉军的军旗呢？张良也不会绞尽脑汁想出这么个背信弃义的办法来。刘邦原打算以两万兵力攻关，这应当是他的全部兵力。张良先以和谈麻痹对手，后以武力暗算对手，过程有点阴暗，但是，贵族出身的张良早已抛弃了贵族做派，反倒将“兵者诡道”用得十分娴熟。

刘邦一心想着快速入关，抢先进入咸阳，捞到称王关中的资格。因此，目的就是一切，为了达到目的不择手段。当然他也为此付出了代价，在人生的道德簿中添上了不太光彩的一笔，并为此后与他相交之人引以为鉴。

至于峣关守将，那个屠夫之子，见利忘义，被张良玩弄于股掌之间，彻底沦为失败的背景布。

蓝田大战结束后，刘邦“约降”秦王子婴。子婴深知大势已去，穿上素服，驾乘白马，颈系丝带，手捧皇帝玉玺、符节，在轵道（今西安市东北）旁向刘邦投降。（子婴即系颈以组，白马素车，奉天子玺符，降轵道旁。《史记·秦始皇本纪》）

中国历史上的第一个帝国——秦帝国终于走下神坛，正式成为历史，成为后人永恒的话题。

此时，正好是公元前 206 年的 10 月，是秦帝国历法中新一年开始的第一个月。刘邦历时二十七个月完成了灭秦的历史使命。司马迁在《史记》中将此年称为“汉元年”，这意味着，一个时代结束了，一个时代开启了。

三招定秦地：为了关中王

刘邦抢先入关成功，仅是“万里长征”迈出了第一步。入关以后应该怎么做？这才是考验刘邦政治智慧、政策水平和政治气度的关键时期。

第一，放弃复仇。

秦帝国的覆亡，是天怨人怒的集中爆发，是历史的必然。秦王子婴，不幸成为秦帝国的替罪羊。胜利进入咸阳后，刘邦面临着一系列亟待解决的问题。其中最棘手的是如何处理秦王子婴。

秦帝国一统天下的十五年间，横征暴敛，民不聊生。原楚国子民愤怒地呐喊出“楚虽三户，亡秦必楚”的口号。刘邦集团的主要成员多是楚地百姓，他们纷纷要求处死秦王子婴，复仇情绪非常强烈。但是，刘邦此时非常冷静，他劝阻大家说：当初怀王派我西入秦关，就是因为我待人宽容。况且，秦王子婴已经投降了，杀降不吉利。最终，刘邦仅仅拘押了秦王子婴，自己进入咸阳。（诸将或言诛秦王。沛公曰：“始怀王遣我，固以能宽容；且人已服降，又杀之，不祥。”乃以秦王属吏，遂西入咸阳。《史记·高祖本纪》）

刘邦用“宽容”要求自己，说服部下，不杀秦降王子婴，理由有八个字：“人已服降”，“杀之不祥”。这样的处理方式，充分展现了他的政治智慧。若说处理秦王子婴是刘邦必须作答的答卷，那么不得不承认，刘邦的这一答卷，无疑是最完美的。

回顾刘邦西入秦关的一场场战争，刘邦在军事上几乎没有任何功绩。偷袭陈留计出郦食其之谋，智取南阳郡缘于张良劝其回师和陈恢献计“约降”，破峣关亦因张良出谋、郦食其游说。

但是，刘邦在政治上比较成熟。在众人皆曰可杀的局面下，他不杀秦降王子婴，放弃复仇。此项意见没有谋士的掺和，仅是他自己的决定。这种政治远见，非一般人所能为也。

第二，还军霸上。

处理好秦王子婴一事，刘邦进入咸阳秦宫。时年五十一岁的刘邦，第一次见到了秦帝国金碧辉煌的宫殿，琳琅满目的奇珍异宝，数以千计的绝色美女，价值不菲的良马、猎狗，令人眼花缭乱、目不暇接。难以抑制激动之情的刘邦，决定当晚就在秦宫下榻。（沛公入秦宫，宫室帷帐狗马重宝妇女以千数，意欲留居之。《史记·留侯世家》）

樊哙见状，立即急了眼，极力劝说刘邦搬出秦宫。可此时的刘邦，哪里还耐得下心听樊哙的忠言。张良看樊哙劝不住刘邦，便对刘邦讲了三点：第一，沛公您是怎样进入秦宫的呢？因为秦王无道，您今天才能出现在这里。第二，为天下清除暴君的人，应该怎么做？应该以俭朴为准则才对，如果刚刚进入秦都，就想着寻欢作乐，这不是“助桀为虐”吗？第三，“忠言逆耳利于行，毒药苦口利于病”，希望沛公听樊哙的话。（夫秦为无道，故沛公得至此。夫为天下除残贼，宜缟素为资。今始入秦，即安其乐，此所谓“助桀为虐”。且“忠言逆耳利于行，毒药苦口利于病”，愿沛公听樊哙言。《史记·留侯世家》）

张良这三句话，句句金玉良言。刘邦终于清醒了，若非秦王的无道激怒了天下百姓，像自己这样的基层贱吏、帝国罪犯，怎么能进得了秦宫？如果自己再像秦王一样放纵欲望，难免重蹈秦帝国的覆辙啊！于是刘邦下定决心，为了自己的长远利益，离开秦宫，还军霸上。

第三，争取民心。

秦帝国的灭亡，根本原因是民心尽失。刘邦入关后，把争取民心作为他刻不容缓需要攻克的首要课题。

汉元年（前206）十一月，刘邦召集关中豪杰，宣布说：关中父老饱受秦朝苛法之害，“诽谤者”要被灭族，两个人在一起说话就要被处死。我和诸侯们约定：第一个进入函谷关者做关中王。现在，我以关中王的身份，与大家“约法三章”：“杀人者死”；伤害他人及偷盗者，按情节轻重处以相应的处罚；其他秦代苛法，一律废除。各级政府官吏应当恪尽职守，让百姓过上安居乐业的好日子。我此番来到咸阳，是除害，不是祸害，大家不要怕。而且，我已经驻军霸上，等天下诸侯齐集咸阳，再定大计。（吾与诸侯约，先入关者王之，吾当王关中。与父老约法三章耳：杀人者死，伤人及盗抵罪。余悉除去秦法。诸吏人皆案堵如故。凡吾所以来，为父老除害，非有所侵暴，无恐！且吾所以还军霸上，待诸侯至而定约束耳。”《史记·高祖本纪》）

“约法三章”为刘邦加分甚多。他深知打铁还需趁热，又派人和秦帝国的官吏一起，到各县各乡发布安民告示。百姓高兴极了，争相以酒肉慰劳刘邦的军队。刘邦一律拒绝说：我们的军粮多，不需要麻烦大家了。关中百姓听说后，更高兴了，唯恐刘邦不做秦王。（乃使人与秦吏行县乡邑，告谕之。秦人大喜，争持牛羊酒食献飨军士。沛公又让不受，曰：“仓粟多，非乏，不欲费人。”人又益喜，唯恐沛公不为秦王。《史记·高祖本纪》）

暴政和苛法是秦帝国失去民心、分崩离析的最重要的两大原因。暴政使天下百姓无以生存，苛法使天下百姓无法忍受。大泽乡起义就是被苛法所逼才演变成一场全民大起义。刘邦从社会底层一步步爬到现在，深知百姓所思所想，所以，他及时颁布政策，顺利争取到民心。得民心者，势必得天下。

刘邦走了一步好棋。

“约法三章”的价值在于：

第一，化繁为简。

秦法苛细，“诽谤者族，偶语者弃市”，动辄得咎，百姓无以生存。而刘邦的“约法三章”却大而化之，繁而简之，一下子让关中的老百姓从困境中解放出来。重压之下，一点点的自由，就足以让普通百姓感念良久。

第二，双向制约。

“约法三章”既对关中百姓有约束力，又对关中的义军有约束力。改朝换代的大动荡时期，最容易出现社会秩序无法无天。“约法三章”要求关中的义军亦须遵守，社会秩序得到保证，这对关中百姓来说无疑是一大福音。

第三，废止连坐。

“约法三章”规定犯法者自己承担应得之罚，并不涉及家属。这样的设定，无疑更为人性化，也更能得到民心。

其实，当初智取峣关时，刘邦就下令：“所过毋得掠卤。”可见，刘邦在争取民心方面，可谓一以贯之。当然，在争取民心的同时，刘邦亦从中受益多多，为后来得天下打下了坚实的群众基础。

一招犯大忌：想得多了

在一派歌颂声中，刘邦飘飘然了，轻率地做出一项决定。就是这项决定，差点儿毁掉他两年多来所有的努力！

这是怎么一回事儿呢？

原来，有人向刘邦建言：关中是块宝地，富甲天下，易守难攻。项羽已封秦降将章邯为雍王，称王关中。等到项羽大军一到，这关中就不是您能掌控的了。所以您应该赶快派兵把守函谷关，不要让诸侯军入关，同时加紧征集关中兵员，补充自己的兵力。（秦富十倍天下，地形强。今闻章邯降项羽，项羽乃号为雍王，王关中。今则来，沛公恐不得有此。可急使兵守函谷关，无内诸侯军，稍征关中兵以自益。《史记·高祖本纪》）

刘邦并非军事奇才，虽然他善听明断，但是，这次不知哪里出现短路，觉得这话很有道理，立即下令派兵把守函谷关，并从关中征调大批兵员补充自己的军队。

之前我们说过，刘邦在军事上还处在成长期，虽然在政治上有比较强的判断力，但是这一次的政治决断犯了三个大错：

第一，公开与项羽为敌。

不论是政治斗争，还是军事斗争，核心都是实力的比拼。刘邦此时具备和项羽对抗的实力吗？项羽统率的是天下诸侯联军，实际兵力四十万。刘邦呢，进入咸阳后，“稍征关中兵以自益”，总兵力也不过十万，完全不是项羽的对手。双方军力如此悬殊，一旦开打，可以说胜负毫无悬念。此时刘邦派兵封关，企图拒强大的项羽于函谷关外，自认为是正当防卫，但项羽肯定认为这是公开向自己宣战，这不是自己挖坑往里跳吗？

第二，忽略了此时关中王的决定权完全取决于项羽。

众人皆知，关中王之约是当年楚怀王熊心所许，但是，巨鹿大捷后，项羽晋升关东诸侯盟主，手握重兵，拥有绝对权力，楚怀王熊心已失去控局能力。乱世之中，实力为尊。所以，谁来做这个关中王，现在完全取决于项羽的一念之间。

项羽是怎么打算的呢？

据《史记·项羽本纪》记载：巨鹿之战，章邯败降，“项羽乃立章邯为雍王，置楚军中”。《史记·高祖本纪》亦载有此事。可见，巨鹿之战后项羽确实封了章邯为雍王。项羽封章邯为雍王，意味着什么呢？第一，项羽已经取代怀王分封“关中王”。第二，项羽在封自己喜欢的人当“关中王”。第三，项羽将要在关中地区分封若干个王。第四，项羽不会封刘邦为“关中王”。

事实证明，项羽入关后分封十八诸侯王，章邯被封雍王，都废丘（今陕西兴平）；司马欣被封塞王，都栎（yuè）阳（今陕西西安）；董翳被封翟王，都高奴（今陕西延安）；刘邦被封汉王，都南郑（今陕西汉中）。令人垂涎三尺的“关中王”被分成了四个诸侯王。

第三，忽略了项羽敌视怀王之约的心态。

当年的怀王之约是“先入定关中者王之”。因为立约之时楚怀王熊心是天下共主，刘邦、项羽名义上都是楚怀王熊心的臣子。但此一时彼一时，秦末大乱，天下局势瞬息万变。如今，楚怀王不是当年的楚怀王，刘邦、项羽亦不是当年的刘邦、项羽了。刘邦西行入关，率先进入秦都，成就了大业；项羽北伐，一举歼灭秦军主力，成为诸侯总盟主：两人的社会地位迅速上升。这意味着天平那端怀王的地位迅速下降，怀王之约形同虚设。

另外，项羽早就对怀王之约有意见了。当年，项羽愿意和沛公一道西入秦关，被怀王否定，羽翼未丰的他未敢轻率发声，只得服从命令北上救赵。现在，项羽成为天下诸侯新盟主。前任领导的承诺，他会承认吗？

当然不会。

项羽对这个约定早已视若无睹，因此才会在巨鹿之战后封章邯为雍王。但是，他又不愿承担“负约”的名声，众叛亲离。所以，项羽在分封十八诸侯王前，希望怀王能够改变“先入定关中者王之”的约定。怀王熊心可不傻，“怀王之约”是自己权力的象征。废弃约定，等于向项羽交出自己的权力。所以，怀王坚持按照当年约定办。项羽呢，也没有指望怀王有何积极响应，充其量是礼节性地“告知”罢了。

面对一心违约的项羽、一心死守盟约却权力尽失的楚王熊心，刘邦要靠当年的“怀王之约”当关中王已是一厢情愿。

刘邦不明白这些道理，反而派兵守关，企图拒项羽于函谷关外，执意要当关中王。项羽能够答应吗？刘邦又将如何应对呢？

在劫『可』逃

刘邦依仗楚怀王熊心的支持获得了西入秦关的通行证，历时一年，早于项羽两个月进入咸阳，成功灭秦。此时，陶醉在楚怀王“先入定关中者王之”许诺之中的刘邦，贸然接受了“急使兵守函谷关，无内诸侯军”的建议，封锁函谷关，企图阻止项羽和其他诸侯进入关中，以便自己在关中顺利称王。刘邦的这一决定将会引发各路诸侯，尤其是项羽怎样的反应呢？

灭了他：恼了

汉元年（前206）十一月，刘邦在关中“约法三章”以收拢民心的同时，巨鹿之战中大获全胜的项羽率领四十万诸侯联军浩浩荡荡向西开拔。当他率军到达函谷关时，只见关门紧闭，关内重兵严守。又得知刘邦已经先于自己进入函谷关，并安定了关中。项羽勃然大怒，派猛将黥布等人强行攻破函谷关，进入关中。（行略定秦地。函谷关有兵守关，不得入。又闻沛公已破咸阳，项羽大怒，使当阳君等击关。项羽遂入，至于戏西。《史记·项羽本纪》）项羽轻易攻破函谷关，不仅显示了项羽军的勇猛，而且暴露了刘邦的无知和轻率。

十二月中旬，项羽到达戏水之西。此时，刘邦仍驻军霸上，两人还没机会照面。刘邦的左司马曹无伤向项羽密报：刘邦想称王关中，并计划让子婴担任丞相，而且还要将秦宫中的全部珍宝、美女据为己有。（沛公军霸上，未得与项羽相见。沛公左司马曹无伤使人言于项羽曰：“沛公欲王关中，使子婴为相，珍宝尽有之。”《史记·项羽本纪》）

项羽顿时火冒三丈，气不打一处来。这时候，范增上前对项羽说：刘邦这个人过去贪财好色，但入关后财物不贪，美色不近，说明他野心勃勃、志向高远啊！我找人看了看刘邦头上的气，说是好得出奇，形若龙虎，灿如五彩，乃是天子之气。得赶紧把他降住，千万别错失良机！（范增说项羽曰："沛公居山东时，贪于财货，好美姬。今入关，财物无所取，妇女无所幸，此其志不在小。吾令人望其气，皆为龙虎，成五采，此天子气也。急击勿失。"《史记·项羽本纪》）

项羽本来就怒火难平，听了范增这番话，更加坚定了要消灭刘邦的决心，于是下令：让兄弟们吃好吃饱，明天早上替我灭了刘邦那小子！（旦日飨士卒，为击破沛公军！《史记·项羽本纪》）

随着项羽一声令下，一场大战迫在眉睫。而此刻的刘邦，还在大营中做着关中王的黄粱美梦，他无论如何也想不到，一场灭顶之灾正朝自己悄然逼近。

项羽的决定其实并不突然，不能说双方生来就是死对头，但积怨已久却是有目共睹的。两个人原本不在一个空间体系却被命运强扯到一块儿共伺一主，那种明争暗斗的纠结和成王败寇的野心，岂是一般人能了解的呢！这次刘邦唐突地驻兵函谷关，一不小心提前点燃了导火线，迅速激化了两人之间的矛盾，这从项羽两次"大怒"的强烈反应中不难看出。

函谷关前的第一次"大怒"，项羽怒的是刘邦不但抢先进驻了关中，还把自己挡在了关外。对于项羽来说，在这两个表象背后深藏着三个深刻的本质问题：一是自尊受伤；二是怀王伤痛；三是破坏战略部署。

先说自尊受伤。

巨鹿之战大败秦军之后，前来救援的各地义军将领对项羽佩服得五体投地，一进项羽辕门，个个"膝行而前"，人人"莫敢仰视"，项羽也因此一战而成为"诸侯上将军"，天下诸侯都尊项羽为盟主。可谓威风八面，叱咤风云！项羽的虚荣心得到了极大的满足，不但渐渐习惯天下诸侯对他的唯命是从，还越来越享受这一礼遇。在他眼中，刘邦也应当和其他诸侯一样对他毕恭毕敬才对。没想到刘邦一点儿面子也不给，竟敢派重兵把守，以武力阻拦自己进入函谷关。项羽能不恼羞成怒吗？

再说怀王伤痛。

刘邦抢先入关且驻兵于此，意在向世人昭示：按照“怀王之约”，只有自己才有资格做这个关中王。这难免会让人觉得有故意挑战之嫌。谁都知道项羽对楚怀王的处处压制已隐忍多年，北上救赵时，项羽以副将身份斩杀主将宋义，就是对怀王还以颜色。项羽杀的不是宋义，而是怀王的权威。更何况项羽此时已经取得巨鹿大捷，成为名副其实的诸侯盟主：老子拼死拼活歼灭了秦帝国主力，竟然还抵不上一个“怀王之约”？关中王岂是怀王能说了算的？你刘邦也太不识时务了！项羽的内心独白其实都写在了脸上。

三说破坏战略部署。

项羽入关之前已封章邯为雍王，负责管辖咸阳以西地区。这说明什么？说明项羽对灭秦后如何分封天下诸侯是有通盘考虑的。封章邯是一个试验也是一个示范，给众诸侯吃颗定心丸。而项羽封章邯为雍王时，说的是“王关中”，而非封章邯为“关中王”，此处用心绵细，既笼络了章邯，又不让章邯日后坐大，为以后省去不少麻烦。在项羽的政治规划中，关中之地将被分为几个片区，避免出现一王独大的局面，以危及自己的总盟主地位。

刘邦想做关中王的野心不是一天两天，项羽不是不知道，但这次刘邦如此大胆地付诸行动，已然严重触犯了项羽的既定战略部署。

人非圣贤。面对这样的状况，料谁都会心中不爽一阵。至于这些情绪该不该表露在外，那就需要顾及身份及场合。虽说项羽把怒气全都写在脸上是其秉性所致，但这样的举动发生在诸侯盟主身上，的确有些欠妥。

刘、项两人曾经在反秦斗争中互为盟友，为着灭秦的共同目标而奋斗；但随着秦帝国的覆灭，刘、项两人的关系正悄然转化，逐渐成为相互对立的两大军事集团，毕竟各自的利益需求有着根本性的冲突。

从宏观历史的角度来看，无论是项羽想做的霸主还是刘邦想当的皇帝，只能是一个人说了算。因此，刘、项之争必然是水火不容。刘邦早于项羽认识到了这一点，因此，他怎么针对项羽都有合理之处，同样，认识落后于刘邦的项羽最终也会明白：消灭刘邦是迟早的事儿。当然，沉浸在巨鹿之战大胜之中的项羽对眼下态势发展的认识横竖还达不到这个高度。他仅仅因为自尊受伤、怀王伤痛、被刘邦破坏了自己战略而随性“大怒”，这说明项羽的政治思想水平尚有待提高。

项羽到达鸿门后，刘邦左司马曹无伤的告密引发了项羽第二次“大怒”，并促使项羽立即决定武力解决刘邦问题。如果说项羽第一次“大怒”是随性，那么这第二次“大怒”就太过任性，总之是达不到理性。

曹无伤的告密让项羽下决心对刘邦诉诸武力。诉诸武力解决问题本身并没有错，错的是这个决定的基础太脆弱：刘邦要当关中王，要将秦宫珍宝、美女据为己有，要任用子婴为丞相，在项羽看来，这都是刘邦太自以为是，冒犯了自己，但他却没有认识到，引发两人关系变化和各种表象冲突的根本原因是利益对立，这才是项羽最致命的问题。

灭火宝典：说谎

项羽最终决定以武力解决刘邦集团。此战若真打起来，中国的历史或将改写。然而，这一战最终却无疾而终。

为什么没有打起来呢？因为刘邦平息了项羽的一腔怒火。

刘邦究竟用什么方法让怒火冲天的项羽冷静下来了呢？这就要感谢关键时刻杀出来的一个人，他的出现改变了项羽的决定，救了刘邦一命。

这个人就是项羽的叔叔（季父）项伯，此时任项羽的左尹，也就是项羽的左丞相。

项伯听闻项羽的决定之后，连夜赶往刘邦大营找张良，他不是想向刘邦通风报信，只因自己的生死之交张良现正在刘邦的大营中。项伯有一种信念：人要知恩图报！他无法忘记当年自己杀人，是张良救了自己。所以，哪怕付出泄露机密的代价，也要救张良于水火之中，不能让他跟着刘邦一块儿玉石俱焚。

项伯来到张良帐中，将项羽第二天一早就要动手的消息和盘托出，然后让张良赶快跟自己走，免得到时候跟刘邦一块儿葬身战场。（素善留侯张良。张良是时从沛公，项伯乃夜驰之沛公军，私见张良，具告以事，欲呼张良与俱去。曰：

"毋从俱死也。"《史记·项羽本纪》)

张良听完，心里咯噔一下，但依然佯装镇静。他对项伯说：我是替韩王护送沛公入关的，今天沛公有难，我要是只顾着自己逃跑不就成了不义之人吗？那怎么行，我必须把这件事告诉沛公。

张良这番话颇有讲究，打出"义"字旗号，令项伯无言以对。项伯救张良是出于"义"，张良通知刘邦也是"义"，项伯不得不妥协，同意张良将这个绝密情报告诉刘邦。从两人这番你来我往之中不难看出，张良的确比项伯高深莫测得多，他看出项伯是只认个人之"义"而不顾集团之"利"的糊涂人，便以此攻心，顺利拿下。（张良曰："臣为韩王送沛公，沛公今事有急，亡去不义，不可不语。"良乃入，具告沛公。《史记·项羽本纪》)

就这样，刘邦提前得知了项羽的大战计划，幸亏还有点时间来酝酿化解的招数。刘邦实在没有想到项羽真会痛下杀手。自己一时糊涂，竟然忽略了项羽这只出山猛虎！现如今，人家项羽不跟你玩儿约定，要跟你玩儿实力。

面对突如其来的毁灭性打击，几乎一路顺风顺水的刘邦被狠狠地打了一闷棍，急吼吼地问张良：怎么办？怎么办呢？其实，张良早已心中有数，但他并没有立即直抒己见，而是皱着眉头问刘邦：谁给您出的扼守函谷关，不让诸侯入关的馊主意？刘邦急于得到张良的解危之策，因此毫不隐晦地"招供"：自己是听了一个笨蛋（鲰生）的意见。（沛公大惊，曰："为之奈何？"张良曰："谁为大王为此计者？"曰："鲰生说我曰'距关，毋内诸侯，秦地可尽王也'。故听之。"《史记·项羽本纪》)

张良又问：您觉得您这点兵力能抵挡得住项羽吗？此话一出，空气瞬间凝固，刘邦深觉难堪，沉思了一会儿，不得不承认：我不是项王的对手，那现在该怎么办呢？（良曰："料大王士卒足以当项王乎？"沛公默然，曰："固不如也，且为之奈何？"《史记·项羽本纪》)

这两问，表面上看来是在了解情况，实际上是在引导刘邦认清形势：项强、刘弱是客观事实。

张良见刘邦已有悔意，便娓娓道出破敌之策：你去告诉项伯，说你刘邦不敢背叛项王。（请往谓项伯，言沛公不敢背项王也。《史记·项羽本纪》）张良的应急之策，概括一下就是四个字：政治欺骗！缩简为两个字就是：欺骗！说白了就是一个字：骗！

张良的话，犹如黑夜中大海上的灯塔，为刘邦指明了方向。不就是“骗”嘛，刘邦心领神会，没再多问。这一招他是不用人教的，老练得很呢！刘邦定了定神，突然问张良说：你怎么会有关系如此深厚的旧交呢？

刘邦的这番问话看似突兀，其实不然。刚才他急得跳脚，那是真蒙了，一心只想着该如何应对危机，脑子里想不了别的。现在有了对策，心里安稳不少，便将事情前前后后细细琢磨了一番。在刘邦看来，大战在即，项伯夜闯敌营，将绝密军情通告张良，这实在不合情理，其中必有蹊跷，所以单刀直入地询问张良和项伯的关系。由此可见，刘邦的政治警觉性是很高的。

张良回答：我和项伯在秦朝就是密友。有一次，项伯杀人，犯了死罪，我想办法救了他。如今我有了危难，他就来救我。（秦时与臣游，项伯杀人，臣活之。今事有急，故幸来告良。《史记·项羽本纪》）

刘邦幸运地提前得知即将到来的重大危机，并从张良那里得到了化解之法，那么，他将如何开展这场危机公关呢？

危机公关：继续说谎

刘邦对张良的回答并没有提出异议，而是转移了话题，将重点放到了项伯身上。他问张良：你和项伯谁的年龄大？张良说：项伯比我大。刘邦说：赶快替我请项伯进来，我会像对待兄长一样接待他。张良随即将项伯引入。项伯一进来，刘邦便举杯向他敬酒，祝其身体康健，并结了儿女亲家。（沛公曰：“孰与君少长？”良曰：“长于臣。”沛公曰：“君为我呼入，吾得兄事之。”张良出，要项伯。项伯即入见沛公。沛公奉卮酒为寿，约为婚姻。《史记·项羽本纪》）

刘邦从张良口中得知明早的灭顶之灾后，立即意识到，此次危机公关成败的关键在于项伯。利用项伯欺骗项羽才能立即化解危机。此时只有项伯能在战前见到项羽，也只有项伯才能说服项羽放下屠刀。因此，他必须得先忽悠住项伯，然后通过项伯忽悠项羽。

刘邦第一次见项伯便“约为婚姻”！

这里面必须得说说“约为婚姻”的过程了。两家定亲究竟有多少个环节，我们可以粗略地梳理一下：一是双方相识；二是了解对方有没有儿女并询问年纪和婚配状况；三是介绍自己儿女的情况；四是提出儿女婚配的建议；五是促使对方允诺。刘邦究竟用了多长时间来考虑呢？项伯通风报信这件事是在一夜之间发生的，可想而知，刘邦考虑的时间不会长。见到项伯，刘邦敬敬酒、聊聊天就把两个素昧平生、分处敌对阵营的人，搞得融洽到结为亲家，真是匪夷所思！

刘邦与项伯结为儿女亲家一事，非张良所教，乃刘邦原创。了不得！两个人第一次见面就结为儿女亲家，在这么短的时间内完成，不是奇迹吗？且不说古代那些繁文缛节，就是搞清对方子女的情况，那也不是三言两语能完成的啊！刘邦这套与生俱来的本事项羽没有，而且也学不来。能大能小，能屈能伸，能远能近，能亲能疏。这就叫随机应变。这才叫危机公关。

在这样的博弈中，谁认真了，谁就输了。约为婚姻这事儿最后自然是打了水漂儿。事实上，项羽自杀后，项伯被刘邦赐姓刘，封为侯。刘邦当了皇帝，缄口不谈所约婚事，项伯再笨，也不敢有半句怨言，谁敢强攀皇亲啊？这就叫此一时彼一时。

既然拉近了关系，还结成了亲家，刘邦就可以通过项伯给项羽一个说法。这个说法的关键是要解释自己为什么要驻兵函谷关，当然，刘邦的说辞自然不会是事情真相。刘邦对项伯说：我入关之后，一样东西都不敢动。登记官吏、百姓户口，封存仓库，只等待项王入关。我派人封闭函谷关其实是为了防止盗贼出入，同时随时应对一些突发事件。我和我手下的人，都日夜盼望着上将军赶快到来，又怎会有谋逆之心呢？希望您代为向项王解释解释，不枉我一片赤诚之心。（吾入关，秋豪不敢有所近，籍吏民，封府库，而待将军。所以遣将守关者，备他盗之出入与非常也。日夜望将军至，岂敢反乎！愿伯具言臣之不敢倍德也。《史记·项羽本纪》）

实际上，不取关中财宝本来是为了争取民心，登记户口、封存仓库本来是为了维护社会秩序，派兵驻守函谷关本来是拒诸侯于关外，现在这一切都被刘邦巧舌如簧地说成是为迎接项羽入关而做的准备，自己只是暂时为其守卫而已，绝对没有背叛项羽的意思。

这番话被刘邦说得情深意切，项伯很是受用。项伯是个单纯的人，他心想，刘邦既已与自己结为儿女亲家，没必要对自己撒谎，再加上刘邦的解释听上去的确有理有据。在刘邦看来，对于上述事情自己从未公开表态，现在项羽和诸侯们所闻之事都是旁人之言，真实情况只有自己知道，只要自己死不承认，别人也不能拿他怎么样。

刘邦这段即兴表演用心良苦，当然也效果显著。第二天的鸿门宴上，项庄拔剑起舞意在沛公，项伯紧紧相随以身相护，俨然已经认定了这位未来亲家。这就是政治，服务于现实利益的政治！

项伯一听，大为放松，他明白，这番话足以“说服”项羽了。于是，对亲家公说：明天一早千万别忘了亲自到鸿门向项王解释一下。刘邦暗爽，大功告成！关键人物项伯被忽悠住了，下面忽悠项羽就好办了。所以，连连答应。（项伯许诺。谓沛公曰：“旦日不可不蚤自来谢项王。”沛公曰：“诺。”《史记·项羽本纪》）

项伯回到项羽大营之后，赶紧面见项羽，把自己在刘邦大营所见所闻之事都详述了一番，还特别强调说：如果刘邦不先入关灭秦，大将军您怎么能如此轻松地入关呢？刘邦立了大功，我们现在却要灭了他，这实在是不仁不义的作为啊。不如趁这个机会好好招待一下他，缓和下双方关系。万万没想到，项羽听后竟欣然同意。（于是项伯复夜去，至军中，具以沛公言报项王。因言曰：“沛公不先破关中，公岂敢入乎？今人有大功而击之，不义也，不如因善遇之。”项王许诺。《史记·项羽本纪》）

事已至此，倒是愈发微妙起来。项伯这一夜在两个大营之间的一来一往，凭空给项羽引来了灾祸，项羽竟浑然不知。其实此时事情还尚存一线挽回的余地，最终决定权依然在项羽手中。只要他坚持己见，刘邦几乎就只能坐以待毙。可项羽偏偏如此轻信项伯，令人哭笑不得。

就在几个时辰之前，刘邦缓过神儿来之后还知道问一句：“君安与项伯有故？”而项羽此时却对项伯一系列离奇的举动毫无怀疑，显然脑子里少了这一根筋，真是可惜之前白白大怒了两次。

项羽这般轻率大意，根本原因在于他还没有意识到刘邦已经成为自己的最大政敌，而且，不是将要，不是正在，而是已经。但凡有点心眼儿、有点全局观的人，都不会容忍项伯夜见张良、刘邦，绝不会轻信“今人有大功而击之，不义也”的说辞，绝不会接受“善遇之”的建议。废话少说，直接开打，这才是项羽应该做出的正确选择。可他一不追究项伯通敌，二不询问项伯和张良的关系，三不与人商议就擅自取消了第二天的军事行动。看来项羽终究还是会拘泥于世俗的“义利”之见，无法正确分析判断秦亡之后的天下大局，无法正确看待和处理与刘邦之间的关系。

历史走到这个特殊时刻，还为项羽保留着最后的机会，第二天一早他就可以见到自己送上门来的刘邦。如果他扣押或者斩杀刘邦，仍然可以保持胜利者的身份。于是，考验刘邦忽悠功力的关键时刻到来了，他将怎样当面忽悠项羽呢?

命悬一线的一顿饭

刘邦凭借张良的“坑蒙拐骗”之计，利用项伯的糊涂“义气”，暂时缓解了迫在眉睫的军事危机。但是，问题并没有得到彻底解决。第二天清早，刘邦须亲自来到鸿门面见项羽。他将怎样面对这位盛气凌人的诸侯盟主？怎样让心怀怨气的项羽消消气呢？

项庄舞剑：意在沛公

第二天清早，刘邦带了一百多名骑兵赶到鸿门拜见项羽。一见面，刘邦就恭恭敬敬地说：我与将军您全力攻秦，将军在黄河之北作战，我在黄河之南作战。实在没想到，我有幸能先入关灭了秦，又在此地与将军重逢。可惜现在有小人挑拨离间，使将军与我之间产生了隔阂。（臣与将军戮力而攻秦，将军战河北，臣战河南，然不自意能先入关破秦，得复见将军于此。今者有小人之言，令将军与臣有隙。《史记·项羽本纪》）

刘邦这番话很见功力，可以说是中国历史上最出色的说辞之一，短短的几句话蕴含了三层深意：

第一，模糊敌我。

刘邦明白自己封堵函谷关已经是在和项羽争天下，而项羽未必真正明了两人关系在秦亡之后的逆转。所以，他必须模糊当前的敌我关系，以便躲过这一劫。于是刘邦巧妙地利用了项羽政治上的“懵懂”，以当年并肩作战的战友情为突破点，将自己在项羽心里的定位拉回到反秦统一战线的阶段，这样便让项羽的认识继续落后于形势的变化。

第二，既打又拉。

项羽决定动武的重要原因是自尊心受到了伤害，诸侯“老大”的身份受到威胁，所以，抚平项羽的心理伤害是这次会面的重中之重。刘邦在言辞间一再表明，自己先入关灭秦实属无心插柳之举，根本没有想到自己能先入关而且在关中见到上将军项羽。这灭秦大业就该项羽来担当，自己就应该是“配角”。刘邦不愧是实力派演员，纵然是如此虚情假意之话，从他嘴里说出来也成了真心实意，在项羽听起来，刘邦简直就是“一片冰心在玉壶”，能不高兴吗？这是让项羽消火釜底抽薪的一招，的确管用。但在积极拍马屁的同时，刘邦也不忘暗示项羽，毕竟是我刘邦先入的关，依照先前的“怀王之约”，这关中王理应是我的，这是绵中有刚。在力捧项羽的同时，利用“怀王之约”打击项羽的锐气，为开脱自己制造条件。

第三，化必然为偶然。

刘、项之间的矛盾显然不是人为造成的误会，而是刘、项两大集团根本利益的冲突，最终只能是你死我活。刘邦硬将这种对抗性矛盾刻意说成是小人挑拨所致，掩盖其真实的对抗性，这就是政治游戏，也是政治策略，把必然性的矛盾说成是偶然性的冲突，用心实在良苦。

这番鸿门说辞在中国历史上很少被人关注，其实刘邦的这次演出堪称完美。不过，演员卖力是一回事儿，观众买账才是硬道理。项羽到底被刘邦精心炮制的谎言忽悠住了吗？

那是当然。何以见得？看看项羽的反应就知道了。

项羽听完刘邦的“真情表白”之后，说：那些话都是你的左司马曹无伤说的，否则的话，我怎么可能这样对待您？

项羽这番话岂不是把曹无伤给卖了吗？而且卖得很彻底，一点不剩地全卖了！他为什么要出卖自己的“卧底”曹无伤呢？因为此刻的项羽感到有些无地自容，自己听信外人的一番话，竟然打算攻打一心一意对自己好的哥们儿，这也忒对不起好哥们儿了吧。他需要曹无伤为他的“对不起”承担责任，所以，曹无伤就倒霉了。

政治从来都是这样的冷酷。

项羽的反应说明他对刘邦已经毫无芥蒂了，对刘邦的话也已经深信不疑了：刘邦的目的达到了。此后，大家就可以放下包袱，从容地吃饭喝酒，畅叙友情了。这才有了极负盛名的鸿门宴。

谈起鸿门宴，大家都很熟悉，这可是中国历史上千年难遇之酒无好酒、饭无好饭、惊心动魄、斗智斗勇的一幕好戏，也是中国历史上最为凶险的一场饭局了。

既然项羽完全听信了刘邦的谎言，那刘邦的性命应该就无忧了，怎么还会有惊心动魄的局面呢？其实接下来一幕幕的画面，均出自大导演范增的手笔，精彩不容错过。

范增是项羽集团唯一的智囊，眼界和见识远在项羽之上。他之前已经注意到刘邦对项羽的威胁，因此极力劝说项羽斩杀刘邦。此时冷眼观看，见刘邦通过简单的几句话，竟能如此挽回局面，这实在是太可怕了。鸿门宴是除掉刘邦最好的时机。如果放虎归山，只恐后患无穷。

范增不愿意错失铲除刘邦的最后机会。席间，范增多次给项羽使眼色，让项羽在席间杀掉刘邦。可项羽呢？也不知是真的没见到，还是假装没见到。无奈之下，范增又多次拿出自己佩带的玉玦，“玉玦”的“玦”和“决心”的“决”同音，以此暗示项羽快下决心。项羽呢，仍然是毫无反应。范增一看这架势，知道这事儿指望不上项羽，只能是自力更生了。他趁着大家在喝酒，起身走出大帐，召见项庄，对项庄说：项王心太软，不愿意杀刘邦。这样啊，你现在进去敬酒，敬完酒就说给大家舞剑，趁机把刘邦宰了。否则，你们这些人都将成为刘邦的阶下之囚。项庄领命，进入大帐敬酒。敬完酒后，他对项羽说：项王和沛公在一起饮酒，这军中没有丝竹歌舞可以助兴，不如让我为大家舞剑，权作娱乐了。项羽没有多想，他不怀疑项庄舞剑另有他意，立即表示同意。于是，项庄拔剑起舞，刀光剑影不时指向刘邦，刘邦那叫一个心惊胆战。项伯一见，赶快拔剑起舞，用自己的身子挡住项庄，项庄无法出招击杀刘邦。（范增数目项王，举所佩玉玦以示之者三，项王默然不应。范增起，出召项庄，谓曰：“君王为人不忍，若入前为寿，寿毕，请以剑舞，因击沛公于坐，杀之。不者，若属皆且为所虏。”庄则入为寿。寿毕，曰："君王与沛公饮，军中无以为乐，请以剑舞。"项王曰："诺。"项庄拔剑起舞，项伯亦拔剑起舞，常以身翼蔽沛公，庄不得击。《史记·项羽本纪》）

项庄舞剑是刘邦在鸿门宴上遇到的最为凶险的一劫。此劫刘邦本难逃脱，因为在座只有项羽、项伯、"亚父"范增、刘邦、张良五人。随同刘邦而来的樊哙等四员大将，均不得入席。关键时刻，幸亏项伯出手相救，挽狂澜于既倒，才使刘邦幸免于难。话说这个项伯，大战前夜为了私情而泄露军机，糊涂到了家，此时却机警非常，项庄一舞剑，他立即明白其"意在沛公"。所以，"拔剑起舞，常以身翼蔽沛公，庄不得击"。范增的精心策划，就这样被刘邦的"亲家"给搅黄了。

刘邦此次遇险，完全是范增一手策划，项羽全然不知情。试想一下，如果项羽知道"项庄舞剑，意在沛公"，他能同意项庄舞剑吗？绝不可能！刘邦和他这次见面时的一番说辞已经让项羽深感对不起自己的兄弟了，此时怎么可能同意一场谋杀呢？那么，其他参加宴会的人呢？他们知道吗？

刘邦是猎物，凭他的悟性和敏锐的直觉，当早已经在项庄剑芒的吞吐之间，明白其目的是刺杀自己。张良那么精明的人，对此更是洞若观火。范增呢？他是这场谋杀案的主谋，当然知道下面要发生什么。项伯呢？他是刘邦的"亲家"，他要是看不出来，干吗起来陪舞，搅黄范增的谋杀呢？项庄，更不用说了，他是受命杀人的刺客，焉能不知道要刺杀谁？

所以，中国历史上大名鼎鼎的鸿门宴，说穿了，就是五位明白人（刘邦、张良、范增、项庄、项伯）陪着一个糊涂人（项羽）吃了顿饭罢了。

项伯护驾，只能解一时之困，但是，这个"饭局"怎么破，尚需要智慧。谁有这个智慧？他会怎么破这个凶杀"饭局"呢？

解围：樊哙闯帐

眼见情况不妙，张良立即离席来到营门。樊哙看见张良，忙问：里面情况怎么样？张良回答说：非常紧急！现在项庄正在舞剑，想要借机刺杀沛公。樊哙说：那太危险了！我得进去，我要和沛公同生共死。说完，便提剑拥盾来到帐前。守门的卫士以双戟拦住樊哙，只见他侧着盾牌一撞，卫士扑通倒地。樊哙闯入大帐，面西而站，怒发冲冠，瞪着项羽，眼珠都快迸出来了。（哙即带剑拥盾入军门。交戟之卫士欲止不内，樊哙侧其盾以撞，卫士仆地，哙遂入，披帷西向立，瞋目视项王，头发上指，目眦尽裂。《史记·项羽本纪》）

项羽正喝着酒，陡然看见大帐中冲进来这么一个杀气腾腾的彪形大汉，腾的一下立起身来，手随势按于佩剑之上，这一系列紧急戒备的动作一气呵成，迅猛到位。项羽大声问道：你是谁？张良赶紧代为回答：这是沛公的保镖樊哙。项羽难得提起来的心又落回原地，他打量着樊哙的威武之躯，情不自禁地说：好一位壮士！赐酒。侍者给了樊哙一杯酒，樊哙道了谢，一饮而尽。项羽又说：再给他一个猪腿！于是樊哙又得到一整条猪腿。他把盾牌反扣在地，将猪腿放在盾牌上，拔出佩剑切好，大口大口地吃起来。项羽看他吃猪腿的架势，禁不住赞叹地问：壮士，还能再喝吗？樊哙一听，知道时机已到，便借题发挥说：我死都不怕，还怕再喝一杯酒吗？秦王狼心狗肺，杀人不眨眼，滥用酷刑，所以天下人才会群起叛乱。当年楚怀王和各位将军有约，第一个进入咸阳灭了秦王的人功封关中王。如今我们沛公虽然先入了关，也灭了秦，可什么东西都不敢动，下令封了皇宫、仓库，驻军霸上，都是为了等将军您来主持大局。至于派兵把守函谷关，也是为了防盗防贼，应对非常事件。沛公那么辛辛苦苦地为您着想，不但没有得到封侯之赏，还差点招来杀身之祸。大王您若是轻信了小人之言，杀了有功之人，这不是在走亡秦的老路吗？当然，我相信大王如此英明仁义，绝不会这样做。（项王按剑而跽曰：“客何为者？”张良曰：“沛公之参乘樊哙者也。”项王曰：“壮士，赐之卮酒。”则与斗卮酒。哙拜谢，起，立而饮之。项王曰：“赐之彘肩。”则与一生彘肩。樊哙覆其盾于地，加彘肩上，拔剑切而啖之。项王曰：“壮士，能复饮乎？”樊哙曰：“臣死且不避，卮酒安足辞！夫秦王有虎狼之心，杀人如不能举，刑人如不恐胜，天下皆叛之。怀王与诸将约曰‘先破秦入咸阳者王之’。今沛公先破秦入咸阳，豪毛不敢有所近，封闭宫室，还军霸上，以待大王来。故遣将守关者，备他盗出入与非常也。劳苦而功高如此，未有封侯之赏，而听细说，欲诛有功之人。此亡秦之续耳，窃为大王不取也。”《史记·项羽本纪》）

樊哙闯帐是鸿门宴的一个重要转折点。他刚进来的时候，项羽非常警觉。当得知这位彪悍大汉其实是刘邦的保镖时，项羽便立刻放松下来了。

人以群分，物以类聚，樊哙以他一介武夫特有的粗鲁、豪爽轻易地赢得了项羽的好感，所以项羽才会一口一个“壮士”叫个不停。在粗犷外表的掩护下，樊哙继而上演了一场精彩绝伦的鸿门畅饮，并获得项羽由衷的赞美。人不可貌相，粗中有细的樊哙找准时机配合着刘邦，旁敲侧击，为其说好话，最后还明贬暗捧，“窃为大王不取也”。这番话出自粗野武夫之口，更具独特的攻心效果。本来就心怀内疚的项羽此时更是无言以对，只能尴尬地说：坐，坐。

项羽在政治上的低智商此时已表现得非常充分了，这和刘邦形成了鲜明的对比。刘邦一看情况稳定下来了，便借口上厕所，趁机叫樊哙出来。

逃席：三十六计走为上

刘邦出了营帐，对大伙说：看来现在得赶紧走，只是没有机会告辞，怎么办？樊哙立即顶回一句：做大事不顾细节，行大礼不拘小节。人家现在是刀和案板，我们现在是案板上的鱼肉，逃命都来不及，还告什么辞？刘邦听完，立即决定三十六计走为上。（大行不顾细谨，大礼不辞小让。如今人方为刀俎，我为鱼肉，何辞为！《史记·项羽本纪》）

刘邦让张良留下善后，张良问道：沛公来的时候有带什么礼物吗？刘邦说：我带了一对白玉璧，想献给项羽；一对玉斗，想送给范增。不过看着气氛不对，没敢拿出来，要不你替我送了吧。张良回答：好。（乃令张良留谢。良问曰：“大王来何操？”曰：“我持白璧一双，欲献项王，玉斗一双，欲与亚父，会其怒，不敢献。公为我献之。”张良曰：“谨诺。”《史记·项羽本纪》）

刘邦的确很机警，他明白虽然摆平了项羽，但那位范老先生可不好糊弄，还是尽快离开这个是非之地为妙。就是走当然也不是一走了之，逃席也不能怠慢，特意部署了一下，安排得滴水不漏。

为了不打草惊蛇，惊动范增，再生枝节，刘邦毅然舍弃了来时的全部车马及一百多名随从，自己骑马，樊哙、夏侯婴、靳强、纪信四员大将手持佩剑和盾牌紧随其后，步行而出。

当时，刘邦驻军霸上，项羽大军在新丰鸿门，两军相距四十里。但刘邦一行放弃车马后便可抄小路返回，大大缩短了行程。临别之际，刘邦告诫张良说：从小路回到我军驻地，只不过二十里地，你估摸着我差不多已经回到军中，再入帐向他们道别吧。（从郦山下，道芷阳间行。沛公谓张良曰："从此道至吾军，不过二十里耳。度我至军中，公乃入。"《史记·项羽本纪》）

刘邦一人骑马，四员大将拿着剑和盾牌在地上走，最大限度地减少了动静；同时，四员大将无马可骑，一旦有意外，他们只能反身格斗，这对刘邦来说是最好的防火墙。如此刘邦还不忘叮嘱张良："度我至军中，公乃入。"

真是心细如发啊！

张良估计刘邦已经赶回大营，方才入帐致歉：沛公酒量有限，不能再喝了，无法进帐道别，特意命我呈一对白璧献给将军，一对玉斗献给范先生。项羽问道：沛公现在在哪儿？张良回答说：我家主公听说大王要罚他喝酒，刚刚已经离开，此时已经回到军营。刘邦已经逃回驻地，项羽还在问"沛公安在"，一个精明过人，一个糊涂绝顶。虽然一时的表现还不能决定二人最终的胜负，可是，二人政治上的成熟与幼稚，实在是对比鲜明啊！（沛公已去，间至军中，张良入谢，曰："沛公不胜杯杓，不能辞。谨使臣良奉白璧一双，再拜献大王足下；玉斗一双，再拜奉大将军足下。"项王曰："沛公安在？"良曰："闻大王有意督过之，脱身独去，已至军矣。"《史记·项羽本纪》）

项羽此时还没有意识到后果的严重性，痛痛快快地接过张良呈上的厚礼，放在自己的座位上。范增听张良说刘邦已经回营，气得七窍生烟，把玉斗扔到地上，拔出佩剑朝着玉斗猛挥下去，一击即中，玉斗应声而碎。他怒不可遏地冲着项伯喊道：小子！真不值得和你共谋大事啊，将来夺项王天下的一定是沛公。我们这些人最终都会被刘邦收了的！（亚父受玉斗，置之地，拔剑撞而破之，曰："唉！竖子不足与谋。夺项王天下者，必沛公也，吾属今为之虏矣。"《史记·项羽本纪》）

范增的气极败坏说明他比项羽看得清，他看到了刘邦对项羽集团的巨大威胁，预计到刘邦最终将会灭掉项羽。不过，他这样明骂项伯暗讽项羽的行为，也表现出这位"年七十，素居家，好奇计"的老人家少了点自控力，此时又何必这么不理智呢？既然刘邦已经成功逃席，骂人又有什么用？

这样不加掩饰地指责，只会加深自己和项羽之间的矛盾，更何况，还当着张良的面。俗话说，家丑不可外扬，此时显出集团内部的不团结，特别是暴露了自己与项羽之间的不合，后患无穷。事实上，后来陈平归汉之后使的反间计，便是利用了项羽对范增的不信任。

“沛公至军，立诛杀曹无伤。”刘邦为鸿门宴画上了一个完美的句号。

我们不妨回顾一下刘邦从鸿门顺利脱险都使出了哪些招式。

一是鸿门说辞，骗取项羽信任；二是项伯陪舞，躲过项庄刺杀；三是逃命要紧，忽略颜面；四是识人本性，利用项羽政治上的不开窍。

有人推测项羽和刘邦在鸿门宴上可能达成了战略交易：刘邦让出关中之地，项羽放弃对刘邦的军事打击。有没有这种可能性呢？绝对不可能！项羽的霸主地位是打出来的，不是交换换来的。除了后来杀韩王成，项羽没有因为对哪个诸侯产生怀疑就去攻击哪个诸侯，因为他需要大大小小的诸侯来支持、成就他的“霸业”。没有臣服于他的诸侯，他的“霸业”就会变成海市蜃楼，美不胜收却遥不可及。

刘邦凭借众人相助，成功从鸿门脱险。但是面对项羽的霸业野心，他还能做关中王吗？项羽将会怎样安置刘邦呢？

弯下腰做汉王

鸿门宴之后，项羽自封西楚霸王，同时根据两项标准，分封了十八位诸侯王。这两项标准分别是：第一，尊楚为盟主；第二，救赵入关。只要符合这两条就算是“有功”。也就是说，项羽分封的对象主要是两类人：一是随他救赵、入关的将领，二是反秦起义初期时已被确立的诸侯王。

关中之地被项羽一分为三。司马欣当年在栎阳任“狱掾”时曾救过项梁的命，被封为塞王，建都栎阳，管辖咸阳以东地区；董翳因为劝章邯降楚有功，被立为翟王，建都高奴，管辖陕北地区；章邯此前已被立为雍王，建都废丘，管辖咸阳以西地区。

关中之地被三位秦降之将瓜分完了，刘邦怎么办呢？他可是最先入关灭秦的楚军领袖啊，依照“怀王之约”，整个关中之地理应都分封给他才对。那么，项羽到底想要如何分封刘邦呢？

权力法则：多一郡是一郡

刘邦机关算尽，终于在鸿门宴之后，狼狈逃回自己的大本营。可是，接下来的日子并不好过。刘邦驻兵函谷关曾令项羽火冒三丈，依然是心中抹不去的痛；而他还动不动就高举“怀王之约”暗压项羽，这让项羽一想起来就头痛。

项羽、范增在鸿门宴后对刘邦的疑心并没有完全解除，但在外人看来，刘、项二人的关系已经缓和，项羽、范增担心落下一个“负约”的恶名，惹得诸侯叛变，因此两人私下密谋：巴、蜀路遥，路途艰险，秦朝的罪犯都安置在那里，干脆就把巴、蜀封给刘邦，并告诉他说，巴、蜀也属于关中地区就是了。（项王、范增疑沛公之有天下，业已讲解，又恶负约，恐诸侯叛之，乃阴谋曰：“巴、蜀道险，秦之迁人皆居蜀。”乃曰：“巴、蜀亦关中地也。”《史记·项

羽本纪》)

就这样，汉元年（前206）正月，刘邦正式被封汉王，辖巴、蜀二郡。

听说自己被封到巴、蜀之地，刘邦极为恼怒，立即要和项羽玩儿命。周勃、萧何、灌婴、樊哙等人纷纷劝解，千万别冲动。萧何对刘邦说：到汉中之地当个汉王，情况再差也比自寻死路强吧？刘邦反问萧何：你怎么知道我不当汉王就是死路一条？萧何回答：就眼下的状况，若真和项羽打起来，肯定是每战必败，到最后可不就是死路一条？再者，《周书》里有句话是这样说的：上天给的你不要，肯定会遭报应。况且，“天汉”这个称号多好啊。历史上能屈于一人之下，伸于万乘之上的只有商汤与周武王。希望主公能够像商汤和周武王那样，有朝一日，“还定三秦”，这样，天下才会真正有希望。（汉王曰：“何为乃死也？”何曰：“今众弗如，百战百败，不死何为？《周书》曰‘天予不取，反受其咎’。语曰‘天汉’，其称甚美。夫能诎于一人之下，而信于万乘之上者，汤武是也。臣愿大王王汉中，养其民以致贤人，收用巴蜀，还定三秦，天下可图也。”《汉书·萧何曹参传》)

萧何的话语重心长，刘邦静心听他说完，连连点头称是，决定以大局为重，接受分封：好，汉王就汉王吧，大丈夫能屈能伸。

话是这样说，刘邦心里到底还是不甘心。此次分封，刘邦失了关中的地盘，被排斥到偏远的巴、蜀，虽有“汉王”之封，但只有巴、蜀二郡归自己，换谁能轻易咽下这口气？

屈居巴、蜀让刘邦又动起了脑子。

先是，刘邦赐给张良“金百溢，珠二斗”，张良转手全送给了项伯。此后，刘邦自己也准备了一份大礼，令张良送给项伯，拜托项伯想办法劝劝项羽，将汉中郡加封给自己。

收人钱财替人消灾，刘邦毕竟是自己的“亲家公”呢，项伯很上心，伺机劝解项羽说：凡事不宜做得太绝，不如再给刘邦加封个汉中郡，以示安慰吧，免得他生了怨恨之心。项羽听了项伯的劝告，心想也是啊，把人家的关中之地夺走了，就补偿他个汉中郡吧。于是，刘邦得到了巴、蜀、汉中三郡之地，建都南郑。（汉王赐良金百溢，珠二斗，良具以献项伯。汉王亦因令良厚遗项伯，使请汉中地。项王乃许之，遂得汉中地。《史记·留侯世家》）

得到汉中郡，不仅大大扩展了刘邦的辖地，增强了刘邦集团各方面的实力，而且汉中与关中仅隔一个秦岭，有了汉中，刘邦就有了重返关中的桥梁。汉中郡成为刘邦日后“还定三秦”的桥头堡。

更重要的是，土地与百姓是国之根本。在农耕社会，有了土地与百姓，就有了税收（钱）和兵员（人），打仗靠的就是这两条。多一个郡就多一个郡的税收和兵员，刘邦很现实，政治很现实，依据权力法则，多一地是一地，多一郡是一郡。

谋圣走了：另有苦衷

这年四月，各路诸侯王陆续告别咸阳，返回封国。刘邦也准备起程，此时，张良递上一份辞呈。张良的辞归，对刘邦是一个重大打击。想当初，轻取南阳，智取峣关，多亏了张良献计献策，刘邦受益良多。

可是，一直尽心尽力辅佐刘邦的张良为什么要在这时候辞归呢?

此事说来话长。原来，张良的祖父、父亲相继担任过韩国五任君主的国相，当年韩国灭亡之时，张良还年幼，没来得及担任一官半职，但他对故国始终难以割舍。刘邦加盟项梁集团后，项梁立熊心为楚王，张良趁机劝项梁，顺便立韩国国君后裔韩成为韩王。张良的解释是，这样做可以多树党羽，培植反秦势力。其实，他是想趁机促成韩国复国。项梁从扩大反秦武装的角度考虑，接受了张良的建议，并派他找到公子韩成，立其为韩王，任命张良担任司徒，率一千多人西取韩地。

此后，韩成和张良也率兵占领了几座城池，但不久又被秦兵夺走，只好在颍川郡附近打起游击。(及沛公之薛，见项梁。项梁立楚怀王。良乃说项梁曰:“君已立楚后，而韩诸公子横阳君成贤，可立为王，益树党。”项梁使良求韩成，立以为韩王。

以良为韩申徒，与韩王将千余人西略韩地，得数城，秦辄复取之，往来为游兵颍川。《史记·留侯世家》）

恰好此时刘邦西入秦关攻打洛阳不顺利，经轘辕山南下。正在这一带驻军的张良听说刘邦经过，立即率兵跟随，借刘邦的军力攻下了韩国故地十几座城池。刘邦让韩王成留守阳翟（dí，今河南禹州），管辖这十几座城，同时让张良跟随自己南下攻打宛城。韩王成为了报恩，派张良一路护送刘邦入关灭秦。（沛公之从雒阳南出轘辕，良引兵从沛公，下韩十余城，击破杨熊军。沛公乃令韩王成留守阳翟，与良俱南，攻下宛，西入武关。《史记·留侯世家》）

这次项羽分封诸侯王，韩王成虽没有参与救赵，也没跟项羽入关，但他是当年项梁分封的诸侯王，所以顺理成章地被封为韩王。至此，张良奉命护送刘邦入关的任务已经完成，返回故国成为他的心愿。

刘邦前往汉中之时，张良亲自来到褒中（古地名）相送，并谏言：汉王为什么不烧绝褒斜栈道？这样可以向天下人昭示，您没有争霸天下的野心，也可以使项羽消除对您的戒心。刘邦再次采纳了张良的建议，烧毁了栈道。（汉王之国，良送至褒中，遣良归韩。良因说汉王曰："王何不烧绝所过栈道，示天下无还心，以固项王意。"乃使良还。行，烧绝栈道。《史记·留侯世家》）

张良口中的栈道，乃是蜿蜒于秦岭山脉中一条贯穿关中平原与汉中盆地山谷中的褒斜栈道，南端因在褒水上，故曰"褒"，地属汉中；北端曰"斜"，地处眉县，长二百三十五公里。自战国起，人们在谷中凿石架木，修筑栈道，历代踵继，多次增修，后人名此道为"褒斜道"。在秦汉之际，褒斜栈道是汉中通往关中最重要的道路，一旦烧毁，关中与汉中的联系就极为不便。虽然联系关中与汉中的古栈道尚有子午道、傥骆道、陈仓道、武关道等，但是，褒斜道是沟通关中与汉中最重要的古栈道。

项羽听到刘邦一路将褒斜栈道烧尽的消息，大松了一口气，就放心地回老家彭城去了。

话说两头，当各路受封诸侯王各回自己的封国时，韩王成却被项羽禁止回国。为什么呢？难道是韩王成有什么地方得罪了项羽吗？其实不然。项羽表面上是禁锢韩王成，其实针对的乃是韩王成的臣子张良。

这又作何解释呢？

《史记·留侯世家》里的解释是："以良从汉王故，项王不遣成之国。"

《汉书·张良传》也记载，张良回到韩地，听说"项羽以良从汉王故，不遣韩王成之国，与俱东，至彭城杀之"。

韩王成当年为报答刘邦的恩情，派张良护送刘邦西入秦关。这护送的任务完成得太到位，张良一路上真是太敬业，频频为刘邦出谋划策，立下大功，鸿门宴前后更是救刘邦于大难之中。项羽心中积怨已久，却无法直接责难张良，只得迁怒到韩王成了。

当然，《汉书·魏豹田儋韩王信传》还有另外的记载，说项羽认为韩王成没有跟随自己救赵入关，没有功劳。所以，不但不允许他回诸侯国，而且降其为"穰侯"，不久又杀了他。（项籍之封诸王皆就国，韩王成以不从无功，不遣之国，更封为穰侯，后又杀之。《汉书·魏豹田儋韩王信传》）

但是，没有随项羽救赵、入关的原诸侯王，被项羽再次封王的并非韩王成一人。现在拿"无功"说事儿，当初又何必封他呢？所以，这一理由不能成立，项羽杀韩王成主要还是因为张良。

韩王成的封地是秦帝国的颍川郡，此乃中原腹地，杀了韩王成，就等于项羽在自己的九郡之外多得了一个郡。这有点儿算小账的意思。当然，项羽还不会公然将颍川郡划到自己名下。直到后来，项羽听说刘邦派人抢占韩地，便马上立自己部将郑昌为韩王。

这些都是后话，暂且不表。

汉中对策：定鼎大计

在失地、失人的双重打击之下，刘邦的心情本就郁郁，再加上项羽只许他带领三万军队前往南郑，这更显狼狈。但是，项羽显然没料到，刘邦在楚军和其他诸侯军中的威望很高，部分士兵纷纷随行。于是，刘邦集团很快就又增加了"数万人"。

前往南郑的路程遥远且艰辛，尤其让刘邦心生寒意的是，一部分将领和士兵陆续逃亡，而剩下的士兵，也时常唱起思念家乡的歌曲。（诸将及士卒多道亡归，士卒皆歌思东归。《史记·高祖本纪》）

刘邦的部下多是随他自沛县而来的江苏兵，大家原以为等刘邦当上了关中王，自己也可以捞个一官半职，衣锦还乡。现在可好，被发配到了距家千里之外的巴、蜀之地。关中三秦王虎视眈眈，加上关外的河南王申阳（都洛阳）、西魏王魏豹（都平阳）、殷王司马印（都朝歌），刘邦被结结实实地困死在秦岭以南的巴、蜀、汉中地区。还会有什么前景？

就在这一片逃亡之势与哀唱之声中，刘邦幸运地迎来了他生命中的又一个贵人，一个真正的军事天才——韩信。

韩信在陈胜、吴广起义之前，本是一个无业青年。由于家境贫寒，生活也不检点，不能被推举为吏，无法走官道，又不会做生意，走不了商道。那怎么办呢？韩信只好到别人家去蹭饭吃，惹得人人唯恐避之不及。

他曾经连续几个月在淮阴县城西一位亭长家蹭饭，亭长的妻子实在忍无可忍，某日，她一大早就做好饭，让全家人提前吃了早餐。到韩信按照正常时间来蹭饭的时候，她死活不再做饭了。韩信知道亭长之妻因为讨厌自己才这样，于是一怒之下和亭长绝交而去。（常数从其下乡南昌亭长寄食，数月，亭长妻患之，乃晨炊蓐食。食时信往，不为具食。信亦知其意，怒，竟绝去。《史记·淮阴侯列传》）

有一次，韩信在淮阴城外垂钓，旁边有好多老妈妈在河边漂洗棉絮。其中一位不忍心看韩信挨饿，便把自己的饭让给韩信吃，一连几十天都这样。韩信非常感谢，他对这位老妈妈说：我将来一定要厚报你。老妈妈听了这话非常生气，便训斥韩信说：男子汉不能自食其力，我是同情你才给你饭吃，怎会指望你有所回报？（信钓于城下，诸母漂，有一母见信饥，饭信，竟漂数十日。信喜，谓漂母曰："吾必有以重报母。"母怒曰："大丈夫不能自食，吾哀王孙而进食，岂望报乎！"《史记·淮阴侯列传》）

不久，项梁率兵经过淮阴，韩信提三尺长剑参了军。项梁帐下，猛将如云，韩信当时只是一个无名小卒。项梁战死，韩信又归项羽指挥。这次还不错，项羽任命韩信担任了侍从。韩信感觉机会来了，多次献策，但项羽均没有采用，自然也没有发现韩信的才华。

刘邦前往南郑时，韩信主动申请"转会"到汉王集团。这次"转会"，韩信本想打个主力，却因为知名度不够，仅做了管仓库粮饷的小官。更没想到的是，他很快就因犯法而要被判处死刑。

同案犯十三人都已被杀，韩信是最后一个。韩信犯了什么罪？史书没有记载。为什么他最后一个被杀？应该是偶然。但，这种偶然却意外地救了韩信一命。

眼看就要砍头了，这时滕公夏侯婴出现了。韩信知道此公乃汉王刘邦的亲信，且身为太仆，便大声对滕公喊道：汉王不是想得到天下吗？那为什么还要杀掉壮士呢？如此口出大言，吸引滕公的注意，其实是一次赌博，若成功，就可保全性命。

滕公一听韩信这话，觉得此人有点见识啊，还知道汉王想争霸天下呢？再将韩信上下这么一打量，只见他高大魁梧，气宇不凡，于是下令先别杀，走上前和韩信随意聊了几句——此人的见识不得了啊，立即报告刘邦。于是，刘邦提拔韩信做了管粮饷的中级军官。但是，一直到这时候，刘邦并没有真正重视韩信这个人。（信乃仰视，适见滕公，曰："上不欲就天下乎？何为斩壮士！"滕公奇其言，壮其貌，释而不斩。与语，大说之。言于上，上拜以为治粟都尉，上未之奇也。《史记·淮阴侯列传》）

经过滕公的力荐，韩信一跃从死囚变为中级军官。这要是发生在普通人身上，还不得乐翻了天去。韩信是普通人吗？明显不是啊。韩信的胃口大得很，非大将军无以施展自己的才华。这次，韩信决心找一个在刘邦面前说话更有分量的人，此人就是萧何！萧何与刘邦，一是老同乡，二是老同事，三是老战友，深得刘邦信任。

韩信主动找萧何深谈了几次，萧何也非常惊讶韩信的才华。这时刘邦大军终于到达南郑，一路上大大小小逃跑的将领已达数十位。韩信估摸着萧何已经多次向汉王推荐过自己，汉王还是毫不在意，大概没指望了，不如另谋出路。于是，在一个月光皎洁的晚上，韩信走了。

萧何听说韩信开溜，来不及向汉王报告，上马就追。这便是后世有诸多演绎，尤其是京剧和许多地方戏种直到现在仍然保留着的节目，大名鼎鼎的"萧何月下追韩信"的故事。（信数与萧何语，何奇之。至南郑，诸将行道亡者数十人，信度何等已数言上，上不我用，即亡。何闻信亡，不及以闻，自追之。《史记·淮阴侯列传》）

萧何没给任何人打招呼，致使消息讹传到刘邦耳朵里就成了萧丞相也“逃了”。刘邦大怒之余心疼如绞，没了张良、萧何，如同失去左右手。停了几天，萧何返回军中，第一时间前来拜见。刘邦见了他，那是又恼又喜，骂道：你为什么逃跑？萧何解释说：我可不敢逃跑，我这是追逃跑的人去了。刘邦问：你这是去追谁了？萧何回答：我追的是韩信。刘邦破口大骂：这一路上逃亡的将领几十个，你谁都不追，偏偏追什么韩信，骗谁呢！萧何坚定地说：若是其他将领，逃也就逃了，很容易再找人补上。可韩信这个人，“国士无双”！您要是只想稳当当地做个汉王，那是用不着韩信；如果您要争夺天下，没有韩信，您成不了事儿！我现在可是把韩信追回来了，该怎么做就看汉王您的了。（人有言上曰：“丞相何亡。”上大怒，如失左右手。居一二日，何来谒上，上且怒且喜，骂何曰：“若亡，何也？”何曰：“臣不敢亡也，臣追亡者。”上曰：“若所追者谁？”何曰：“韩信也。”上复骂曰：“诸将亡者以十数，公无所追；追信，诈也。”何曰：“诸将易得耳。至如信者，国士无双。王必欲长王汉中，无所事信；必欲争天下，非信无所与计事者。顾王策安所决耳。”《史记·淮阴侯列传》）

刘邦说：谁甘心长期待在这个鬼地方？我当然要东进争霸天下。萧何说：那就必须留下韩信。韩信这个人呢，有点怪毛病。您重用他，他才会留下来；如果不重用，他最终还会逃走。刘邦说：今儿看在你的面子上，就让他当个将军吧。萧何心里有了底儿，慢悠悠地说：我想即使您任命他为将军，他也不愿留下来！刘邦一瞪眼，说：我任命他为大将军总可以了吧！萧何答：如果能这样，真是太幸运了。（王曰：“吾亦欲东耳，安能郁郁久居此乎？”何曰：“王计必欲东，能用信，信即留；不能用，信终亡耳。”王曰：“吾为公以为将。”何曰：“虽为将，信必不留。”王曰：“以为大将。”何曰：“幸甚。”《史记·淮阴侯列传》）

刘邦说到做到，这就欲召见韩信，任命他为大将军。萧何赶忙阻止说：汉王您现在是任命大将军，怎么像传呼个小孩儿似的。您向来这样傲慢，这就是韩信逃亡的主要原因。大王您如果真心想任命他为大将军，就应该选择良辰吉日，斋戒，设立拜将台，安排相应的仪式，这才正式。刘邦一听，嗯，有道理，便答应了。汉军的将军们听说刘邦要任命大将军，人人心中窃喜，都觉得自己是大将军的人选。等刘邦在拜将台正式任命名不见经传的韩信为大将军时，一军皆惊。（何曰：“王素慢无礼，今拜大将如呼小儿耳，此乃信所以去也。王必欲拜之，择良日，斋戒，设坛场，具礼，乃可耳。”王许之。诸将皆喜，人人各自以为得大将。至拜大将，乃韩信也，一军皆惊。《史记·淮阴侯列传》）

仪式结束之后，刘邦请韩信上座，对韩信说：萧丞相多次向我力荐将军，不知道将军有什么可以教导我的吗？

韩信感谢了刘邦的任命，直言不讳地提了两个问题：汉王是不是打算和项王争天下？刘邦说：是啊！汉王估计自己的勇悍和项王相比如何呢？刘邦沉默了半晌，说：我不如项王。

韩信接着说：我也认为汉王您不如项王。但是，臣在项王手下做过事儿，让我来告诉您项王的三大弱点吧：第一，匹夫之勇。项王嗓门特大，一声怒吼能让上千人吓瘫在地。但他不会用将用人，这只能算“匹夫之勇”。第二，妇人之仁。项王对自己人心慈手软、恭敬有礼，他见将士有病，就会掉眼泪，有时哪怕自己吃不饱，也会把食物分给大家吃。但部下立了功，该加封爵位的时候，项王把大印的棱角都磨圆了，还握在手里舍不得给人。这是“妇人之仁”。第三，不得民心。项王虽然称霸天下，臣服诸侯，但他经过的地方无不生灵涂炭，天下百姓对他是敢怒而不敢言，实际上已失去了民众基础。（项王喑噁叱咤，千人皆废，然不能任属贤将，此特匹夫之勇耳。项王见人恭敬慈爱，言语呕呕，人有疾病，涕泣分食饮，至使人有功当封爵者，印刓敝，忍不能予，此所谓妇人之仁也。项王虽霸天下而臣诸侯，不居关中而都彭城。有背义帝之约，而以亲爱王，诸侯不平。诸侯之见项王迁逐义帝置江南，亦皆归逐其主而自王善地。项王所过无不残灭者，天下多怨，百姓不亲附，特劫于威强耳。名虽为霸，实失天下心。《史记·淮阴侯列传》）

针对项羽这三大弱点，韩信建议刘邦不妨从以下三方面入手做些准备：

第一，以仁义昭示天下，这叫反其道而行之。第二，以城邑封赏功臣，充分调动大家的积极性。第三，以老兵为表率，以渴望打回老家去的沛县老兵来影响和引导其他士兵。（今大王诚能反其道：任天下武勇，何所不诛！以天下城邑封功臣，何所不服！以义兵从思东归之士，何所不散！《史记·淮阴侯列传》）

最后，韩信还为刘邦分析了“平定三秦”的有利条件。

第一，三秦王尽失民心。三秦王乃秦朝旧将，随其战死的士兵极多，特别是为了自保，向项羽投降，致使项羽坑杀了二十万的秦朝降兵。关中父老对三秦王无不恨之入骨，只是因为现在项羽的诸侯联盟人多势众，关中父老才不敢轻举妄动。（且三秦王为秦将，将秦子弟数岁矣，所杀亡不可胜计，又欺其众降诸侯，至新安，项王诈坑秦降卒二十余万，唯独邯、欣、翳得脱，秦父兄怨此三人，痛入骨髓。今楚强以威王此三人，秦民莫爱也。《史记·淮阴侯列传》）

第二，汉王深得民心。汉王入关后，“秋毫”不取，且和关中父老“约法三章”，深得关中百姓的信赖和支持。

第三，汉王失职关中。关中父老都知道，按照“怀王之约”，“大王当王关中”，也深知“大王失职”的原因。

做了以上分析之后，韩信对刘邦说：汉王您要是进军关中，只需在“三秦”大地，发一张布告就能搞定了。刘邦听完韩信这番“汉中对策”，“大喜”，后悔自己没能早点提拔韩信。

在鸿门宴上，刘邦勉强保住性命，此后连连受挫，先失关中，再失张良，失地失人，人生事业一时跌到谷底。可就在这时，韩信的“汉中对策”，为刘邦送来了黑暗中的第一抹曙光。此番“汉中对策”的价值，或堪比后世诸葛亮的“隆中对策”。

韩信通过对双方战略条件的综合比较，预见出刘邦由弱转强、由守而攻，最终将赢得天下的乐观前景。同时，他还提出了先入关中再争天下的总策略，高屋建瓴，总揽全局。

在滕公和萧何的相继推荐下，秦汉之际最杰出的军事家韩信登上了那片广阔的历史舞台。他，注定将为楚汉之争添上一道最闪光的色彩。

得到军事奇才韩信，无疑是刘邦天大的福分。此后，刘邦的军事实力和心理状态都得到充分的调整。那么，在即将拉开帷幕的楚汉之争中，双方又将上演怎样的精彩博弈呢？

我刘邦又回来了

汉元年（前206）四月，刘邦从关中前往南郑就任汉王。同年八月，汉王刘邦倚重大将军韩信，杀了个回马枪，再次夺取关中。当时，雍王章邯受命紧锁秦岭关口“褒斜道”，为的就是防止刘邦杀回来。可是这褒斜栈道不是四个月前刘邦前往汉中时就已被烧毁了吗？刘邦大军是怎样越过秦岭天险还定三秦的呢？

暗度陈仓：忽悠

为了重回关中，刘邦决定重用韩信，并听从了他的建议，先派少数军队佯装修复栈道，以吸引章邯的注意力，然后悄悄地由韩信亲率汉军主力从南郑北面翻越秦岭，一路向北，突袭陈仓（今宝鸡陈仓区）。这便是历史上赫赫有名的“明修栈道，暗度陈仓”。

章邯的注意力全部被吸引在褒斜道上，他心想，修复这些烧毁的栈道，也不是一天两天的事儿，我就在这里守着，看看你刘邦到底能干什么。但章邯万万没有想到，此时的韩信正带精兵从现在的陕西勉县西入陕西留坝、凤县，越过秦岭，出大散关直逼陈仓。得到紧急通报时，章邯如梦方醒，赶紧调遣部队仓皇迎战，毫无悬念地败走陈仓，紧接着在右扶风好峙（今陕西乾县）再次大败，一路退守到废丘。

而这一边，刘邦大军已到达咸阳，兵分两路攻打塞王司马欣、翟王董翳。司马欣和董翳象征性地挣扎了两下，便相继投降。

此次还定三秦，刘邦仅仅用了四个月，关中之地几乎尽收囊中，可谓收获极丰。为什么汉军能够如此迅猛地获得胜利呢？

一是章邯战败。

章邯战败是刘邦还定三秦至关重要的因素，不过他败得这么难堪倒是谁都没有想到的。章邯乃秦汉之际杰出的军事家之一，虽然无法与韩信、项羽这些当时最顶级的军事家相媲美，但绝对算得上是一代名将、悍将。

他自秦二世那里获得兵权后，先败陈胜，后杀项梁，再戮田儋（齐王），又烧魏咎（魏王），在巨鹿之战前，几乎没打过败仗。就是巨鹿之战败于项羽之手，也是被赵高步步相逼，为求自保不得已而投降。

塞王司马欣、翟王董翳基本上没做抵抗就投降了，只有章邯被韩信偷袭后仍然坚守废丘达十个月之久。如果项羽当时能够发兵关中，刘邦大军将腹背受敌，苦不堪言。可项羽对此毫无反应，于是，章邯不得不独自面对自己的悲剧命运。章邯的悲剧在于，他遇到了“明修栈道，暗度陈仓”的军事家韩信。一位军事家的失败可以证明另一位军事家的更加优秀与伟大，章邯无奈地在韩信华丽的功绩簿上做了背景色。

二是刘邦兵盛。

刘邦手下的士兵们多是“山东之人”，归乡之情激励着大家勇往直前。刘邦巧妙地利用了这一点，一路上气势极盛，兵锋势不可当。这是刘邦的军队大败章邯的重要原因。（军吏士卒皆山东之人也，日夜跂而望归，及其锋而用之，可以有大功。《史记·高祖本纪》）

另据《华阳国志》记载，刘邦就位汉王后，阆中（今四川阆中）人范目认为刘邦将来一定会夺得天下，于是建议刘邦召募赍（cóng）民入汉军，共同平定三秦。这些赍民是土生土长的少数民族，走山路如履平地，作为前锋，战斗力很强。韩信暗度陈仓，打败章邯，其中就有这些巴蜀赍民的功劳。

以上两个方面固然都很重要，但还有一个不可忽视的因素，那就是项羽的坐视不救。项羽听任刘邦率军入关，大败章邯，却始终未出兵西征讨伐，让刘邦顺利实现了还定三秦的目标。

那么，为什么刘邦还定三秦的战役里看不到项羽的身影？项羽作为天下诸侯总盟主，眼看着刘邦迅速占领关中之地，为何置若罔闻呢？

田荣很添乱：遇上了能折腾的主

其实项羽并非稳若泰山，此时他是如坐针毡，恨不得把自己劈成两半，各自为战。

刘邦还定三秦是对项羽大分封的公开挑衅，如果各地诸侯都群起效仿，那岂不是又将天下大乱了吗？项羽再笨，也不至于连这个道理都不懂。无奈他此刻深陷齐地，实在是分身乏术。

项羽为什么会陷在齐地，无力脱身呢？这事儿说来话长了。

鸿门宴之后，诸侯求得封地的愿望非常强烈。天下诸侯起兵反秦，跟随项羽入关，目的很明确，就是想得到一块儿封地。如今秦朝已灭，人人都自诩有功，都想受封。那么，谁来主持此次分封呢？

此时怀王在名义上还是项羽的领导，本应由怀王来执行分封。我们前面已经讲过，项羽此时致信给楚王熊心，希望他可以改变之前的约定，可熊心的答复是："如约！""如约"的意思，就是照既定方针办。什么是既定方针？"先入定关中者王之。"若照此办理，刘邦当封关中王。

怀王坚持按自己的意见分封，意味着项羽与怀王之争已经完全明朗化。此时的项羽只有两个选择：一是听命于怀王，二是自己来主封。项羽毫不迟疑地选择了后者。他向天下诸侯宣布：怀王是我们项氏家族所立，他什么功劳都没有，怎么能够主持分封呢？推翻暴秦，平定天下是各位将领和我浴血奋战的结果。我提议：尊怀王为"义帝"。实际上，这就是罢了怀王的最高领导权。（乃曰："怀王者，吾家项梁所立耳，非有功伐，何以得主约！本定天下，诸将及籍也。"乃详尊怀王为义帝，实不用其命。《史记・高祖本纪》）

夺了怀王的主封权，项羽按照自己的标准和想法进行了分封，并自立为西楚霸王，占领了秦帝国四十一郡中的九郡，全是帝国的中心地带。（项羽自立为西楚霸王，王梁、楚地九郡，都彭城。《史记・高祖本纪》）

这样的分封，除了刘邦，还有一个人极端不高兴，那便是田荣。田荣是齐国最早起兵反秦的田儋的堂弟。田儋被章邯杀死后，田荣立田儋的儿子田市为齐王，田荣躲在幕后，实际掌控着齐地。然而这次田荣没能如愿受封为齐王，难道是跟项羽有什么过节吗？没错，确实如此。

原来当年项梁兵败之时，田荣没有增援相救，导致项梁身亡。后来，田荣不参与巨鹿之战救赵，又不随项羽入关。在项羽看来，前者是家仇旧恨，后者则有悖分封标准，当然不会给你面子了。

话说回来，作为反秦义军，当年田荣为什么不愿救援项梁呢？事情还挺复杂。田儋和他堂弟田荣攻占齐地后，田儋自立为齐王，在救魏时为章邯所杀。章邯乘胜率兵在东阿（今山东东阿）围攻田荣。项梁没有坐视不管，他带兵在东阿大败章邯，救出了田荣。章邯战败，向西逃窜，项梁带兵追击。

就在这时，田荣听说齐人趁田儋战死，新立了齐国亡国之君齐王建的弟弟为齐王。他十分恼火，于是扔下项梁，带兵杀回齐国。田荣兵盛，新立的齐王逃到了楚国，齐相、齐将逃到了赵国。（齐人闻儋死，乃立故齐王建之弟田假为王，田角为相，田閒为将，以距诸侯。荣之走东阿，章邯追围之。项梁闻荣急，乃引兵击破章邯东阿下。章邯走而西，项梁因追之。而荣怒齐之立假，乃引兵归，击逐假。假亡走楚。相角亡走赵。角弟閒前救赵，因不敢归。《汉书·魏豹田儋韩王信传》）

田荣随即立田市为齐王，自任相国，任命弟弟田横为将军，平定了齐地。

这头项梁与章邯的战斗如火如荼，章邯因为得到秦帝国不断增派的援兵，实力大增。项梁不得已通告田荣，希望他出兵共讨章邯。项梁是一位义士，不免头脑简单，他始终认为以德报德、以怨报怨，一人有难定当八方支援，更何况我项梁还刚刚救了你田荣，就算是作为报答，你也应该助我一臂之力。

可田荣不这么想，他开出了出兵参战的价码：楚国必须杀了新立的齐王，赵国必须杀了齐相、齐将，我才出兵。

楚怀王熊心觉得，这齐王走投无路才来投奔我，杀之不义。同时赵国那边呢，也不同意杀齐相、齐将的要求。

田荣认为，被蝮蛇螫了手就要壮士断腕，螫了脚就要断脚，付这么大代价为的是保命。现在逃到楚国的齐王和躲在赵国的齐相、齐将危害到齐、楚、赵三国，比蝮蛇螫手足还厉害。（蝮螫手则斩手，螫足则斩足。何者？为害于身也。田假、田角、田閒于楚、赵，非手足戚，何故不杀？且秦复得志于天下，则齮龁首用事者坟墓矣。《汉书·魏豹田儋韩王信传》）三方会谈未能达成一致，田荣因此坚决不出兵救助项梁。后来章邯在东阿大败楚军，孤立无援的项梁战死，从此项羽便与田荣结了仇。

项羽大封天下诸侯，将原齐王田市迁到胶东，封为胶东王；齐将田都参与救赵，又随项羽入关，被立为齐王；原齐王建的孙子田安曾协助项羽攻下济北几座城，然后率兵投靠了项羽，这次被封为济北王。田荣不救楚，不援赵，则不封王。田荣震怒。

汉元年（前206）五月，田荣率军攻打项羽新立的齐王田都，田都败，逃到楚国。另外，田荣不让田市去胶东做胶东王，齐王田市害怕项羽，私自前往胶东，惹得田荣大怒。六月，田荣追杀胶东王田市，自立为齐王。七月，田荣击杀了济北王。田荣一个人，独霸了三齐王的全部土地。（不肯遣齐王之胶东，因以齐反，迎击田都。田都走楚。齐王市畏项王，乃亡之胶东就国。田荣怒，追击杀之即墨。荣因自立为齐王，而西击杀济北王田安，并王三齐。《史记·项羽本纪》）

项羽当初将齐地一分为三，目的是让三齐王相互制衡，确保西楚的安定。这一计划现在被叛乱的田荣完全搅乱了。项羽很生气，后果很严重。

田荣也不是等闲之辈，你看他短短三个月便独并齐地，甚是强悍。不过强悍是一回事儿，他也担心遭到项羽的报复，便打算联络一些对项羽分封心怀不满的人。

于是，他找到了彭越。

彭越又是何方神圣？此人原是昌邑（今山东巨野县昌邑镇）一个渔民，后来沦为“群盗”，在当地混出了点儿小名气。陈胜、吴广起兵后，当地的年轻人对彭越说：天下豪杰叛秦，你为什么不干一场呢？彭越说：“两龙方斗”，再等等。一年后，当地聚集起数百年轻人，请彭越出山当头儿。彭越推辞。大家不愿意，非让他当头儿。彭越说：你们真要我当，明天一早集合，误期者斩！第二天太阳出来了，有十几个人迟到。彭越说，你们非要我当头儿，现在约了时间又不遵守。迟到的人那么多，不可能全杀了，就杀最后一个来的吧。大伙笑着说：何至如此？以后不迟到就是了。彭越可不是开玩笑，他拉出最后来的那位，咔嚓一刀下去，血光四溅，随后设祭坛，号令众人。这帮年轻人一看这阵势，全傻了，从此对彭越敬畏有加。彭越收聚散兵，手下有了千余人。（泽间少年相聚百余人，往从越，“请仲为长”，越谢不愿也。少年强请，乃许。与期旦日日出时，后会者斩。旦日日出，十余人后，后者至日中。于是越谢曰：“臣老，诸君强以为长。今期而多后，不可尽诛，诛最后者一人。”令校长斩之。皆笑曰：“何至是！请后不敢。”于是越乃引一人斩之，设坛祭，令徒属。徒属皆惊，畏越，不敢仰视。乃行略也，收诸侯散卒，得千余人。《汉书·韩彭英卢吴传》）

刘邦西入秦关时彭越曾协助其打过昌邑，没打下来。刘邦继续西进，彭越带着他的人在巨野（今山东巨野）一带潜伏。项羽分封诸侯时彭越手下已有一万多人，没有具体归属于谁。由于他与项羽未曾有过交集，项羽也就没分封他。（沛公之从砀北击昌邑，越助之。昌邑未下，沛公引兵西。越亦将其众居巨野泽中，收魏败散卒。项籍入关，王诸侯，还归，越众万余人无所属。《汉书·韩彭英卢吴传》）

田荣最早注意到彭越，还别有用心地派人送给他一枚将军印，希望他在梁地起兵反项羽。彭越是个有奶就是娘的人，得到田荣的将军印，立即起兵反楚。项羽派萧县县令（萧公角）前去应战，结果被彭越打得溃不成军。

田荣自己独霸了齐地，又煽动了彭越在梁地反楚，玩得不亦乐乎。没想到此时又出来了一个见风就是雨的陈餘！这个陈餘乃赵地名人、反秦功臣。项羽分封时，听说陈餘是个贤者，而且有功于赵，就在其仹地周围封了三个县给他。

但陈餘认为自己的功劳再怎么说至少和常山王张耳有一拼。张耳被封常山王，自己却只得了三个县，太不公平。此时又见田荣、彭越心有异想，便暗中派使者去游说田荣，说项羽作为天下掌门人，处事不公，把原来的诸侯王封到欠发达地区，跟随他的将领们封到发达地区，尤其是赵王歇，竟被封到边境去了，很是不妥。大王起兵不就是反对这种“不义”之事吗？希望您能赞助一下我的军队，帮我赶走常山王张耳，以恢复赵王歇的地盘。事成之后，赵国可以做大王的屏障。（项羽为天下宰，不平。今尽王故王于丑地，而王其群臣诸将善地，逐其故主，赵王乃北居代，餘以为不可。闻大王起兵，且不听不义，愿大王资餘兵，请以击常山，以复赵王，请以国为扞蔽。《史记·项羽本纪》）

田荣原来只注意到了彭越，真没注意陈餘，得到陈餘求兵的请求，便自认为又多了一位反楚斗士，真是天助我也！于是立即同意借兵陈餘。陈餘率领自己三县的军队，联合齐军，大败常山王张耳。而张耳，被迫逃到汉王刘邦处。陈餘的起兵，打乱了项羽安排的常山王、代王二分赵地的格局，而赵王歇被陈餘接回来后，为报答陈餘，遂封陈餘为代王。（齐王许之，因遣兵之赵。陈餘悉发三县兵，与齐并力击常山，大破之。张耳走归汉。陈餘迎故赵王歇于代，反之赵。赵王因立陈餘为代王。《史记·项羽本纪》）

项王日子很难过：顾此失彼

一个田荣，搅乱了齐、梁、赵、代四地。一个刘邦，搅乱了汉、雍、塞、翟四地。一个陈餘，搅乱了赵地。至此，天下大乱，西楚霸王项羽这些日子究竟都干吗去了呢？他到底怎么想的？又将会如何应对这样混乱的局面呢？

汉二年（前205）十二月，项羽终于出兵击齐。从田荣始乱到项羽出兵，时隔整整七个月。

项羽为什么不在田荣搅乱齐地初期（五月）就对田荣进行军事打击？为什么刘邦杀回关中时（八月）项羽不发兵西征？关中此时尚有章邯在废丘坚守，可以牵制刘邦，章邯的坚守就是在等待项羽杀回关中，项羽为什么不利用这一有利条件？《史记》《汉书》对此无一记载。我们只能猜测，项羽举棋不定！

项羽出兵平乱面临着三个选择：一是击齐伐田荣，二是击赵讨陈餘，三是击汉攻刘邦。

发兵齐地可以达到三个目的：一是恢复齐地秩序，二是镇压田荣叛乱，三是保证西楚安全。发兵关中可以达到三个目的：一是恢复关中秩序，二是镇压刘邦叛乱，三是阻止刘邦东进。击赵打陈餘，所得最少。击齐和伐汉相比，看来项羽是更加看重其西楚安全了。

项羽兵出齐地，田荣率兵应战，一仗就被项羽打得失了元气，大败而逃，逃到平原（今山东平原）时，“平原民杀之”。

田荣死后，项羽一路向北收复齐地，但一路烧杀抢掠的暴行激起百姓的集体反抗。这些百姓重新聚集起来，积极抵抗项羽。田荣的弟弟田横趁机收聚齐军“亡卒”，很快得到数万人，公开反叛，跟项羽玩起了持久战。项羽因此深陷齐地战场，一时不得抽身。（遂北烧夷齐城郭室屋，皆坑田荣降卒，系虏其老弱妇女。徇齐至北海，多所残灭。齐人相聚而叛之。于是田荣弟田横收齐亡卒得数万人，反城阳。项王因留，连战未能下。《史记·项羽本纪》）

项羽深陷齐地泥淖，对刘邦而言，乃是天赐良机。事不宜迟，刘邦利用这个机会，迅速吞并三秦。刘邦此举震惊了天下诸侯王，殷王司马卬见刘邦有独大之势，宣布归汉。司马卬的叛楚是一个偶然事件，这是介于楚、汉两大集团之间的诸侯王的一种现实选择——依附强势集团。对司马卬的叛楚，项羽派人予以平定，司马卬继而又宣布归楚。汉二年（前205）三月，刘邦兵出函谷关，司马卬再次叛楚归汉。

从后世人的角度看，若项羽选择先阻击汉王刘邦，结局势必是另一番模样，当时关中好歹还有章邯做内应，项羽没有抓住这一有利条件，很是可惜。至于当时项羽为何不出击刘邦却发兵田荣，史书中也无记载。综合各方面的信息，我们可以适当揣测一下项羽这样做的原因：

其一，项羽此时仍然没有意识到刘邦的可怕和危险。不是说项羽不拿刘邦当回事儿，其实从鸿门宴开始，项羽就处处提防刘邦。《资治通鉴》卷九记载，项羽听说刘邦率汉军向东杀来，想等灭了田荣的叛军再腾出手来解决刘邦。（虽闻汉东，既击齐，欲遂破之而后击汉。《资治通鉴》卷九《汉纪一》，中华书局1976年版，第317页）而且，项羽心高气傲，他始终以居高临下的态度看待刘邦，认为其成不了气候，自然无法真正领悟到面前这个敌人有多么可怕。

其二，田荣之乱近在咫尺，短期内对项羽的威胁甚于刘邦。这是地缘政治决定的。刘邦乃是长远之敌，而齐地离西楚都城彭城实在太近了，项羽自然不能怠慢。

其三，分身乏术，力不能及。项羽纵使再勇猛，也无法同时指挥应对两场战役，在田荣威胁更为直接的情况下，项羽只能将刘邦的问题暂缓解决。

其四，张良来信诱导项羽最终做出了伐齐的决定。项羽出兵之前，张良送来两封信。一封信是张良写给项羽的，此信称：汉王此次东进，只是想得到本该属于他的关中，达到怀王之约即适可而止，绝不敢再向东进发。一封信是齐地田荣、赵地陈餘写给各位诸侯王的，声称齐王想和赵王联手灭楚。项羽看了这两封信，肯定选择北上齐地讨伐田荣啊。（汉使张良徇韩，乃遗项王书曰："汉王失职，欲得关中，如约即止，不敢东。"又以齐、梁反书遗项王曰："齐欲与赵并灭楚。"《史记·项羽本纪》）

"张良来信"这件事儿，在《史记·项羽本纪》里有详细记载，这也是项羽最终伐齐的直接原因。张良将田荣、彭越致各诸侯王的公开信交给项羽，把刘邦还定三秦解读为"汉王失职"，无非是想诱导项羽做出有利于刘邦的判断，好为刘邦赢得更多的时间。

刘邦还定三秦之后，天下大局对他而言，可谓是天时地利人和，最大的敌人项羽看来暂时顾不上应付他。那么，接下来汉王刘邦东出函谷关的行程，会继续一路畅通吗？

战败的绝望和希望

汉二年（前205）春，刘邦东进伐楚。这次东征，鸟枪换炮，声势极大，与屈就汉王时相比，简直不可同日而语了。先拿人数来说，诸侯联军五十六万余人。自沛县起兵以来，刘邦从未统率过如此庞大的军队。然后是队伍的精神状态，出征以来所向披靡，势如破竹，军队士气大振。最重要的是，刘邦终于可以高举“正义”的大旗，理直气壮地讨伐项羽了。这面正义之旗究竟是什么呢？天时地利人和的汉军真的能够在西楚国都彭城给项羽致命一击吗？

“正义之旗”：政治利用

刘邦率军浩浩荡荡到达洛阳附近的新城（今河南伊川），遇到了一位乡间主管教化的基层吏员——“三老董公”。他拦住刘邦，大诉义帝之死一事。

项羽大封诸侯前，先将怀王熊心奉为义帝，然后把义帝迁到南方，又下令截杀义帝。汉二年冬十月，九江王黥布在郴地杀死义帝。

“董公”大讲义帝被杀，一下子提醒了刘邦。刘邦当即脱下一条袖子失声痛哭，并宣布：第一，全军将士为义帝举行隆重的丧葬仪式；第二，自己连续三天哭祭义帝；第三，昭告天下，项羽杀死义帝“大逆无道”！我刘邦誓与各位诸侯王一道铲除这擅杀义帝的罪人。（汉王闻之，袒而大哭。遂为义帝发丧，临三日。发使者告诸侯曰：“天下共立义帝，北面事之。今项羽放杀义帝于江南，大逆无道。寡人亲为发丧，诸侯皆缟素。悉发关内兵，收三河士，南浮江汉以下，愿从诸侯王击楚之杀义帝者。”《史记·高祖本纪》）

刘邦明白，这位“董公”为自己献了一件大宝。还定三秦时自己打着“怀王之约”的旗号，算是明正言顺。这次东征，又可以打着为义帝报仇的旗号，这真是天遂人愿啊！这面大旗是正义之旗，自己的军队也就是正义之师了。

天下诸侯百姓对义帝被杀很是在乎，一致谴责项羽的卑劣行径。刘邦紧紧揪住此事，公开声张，笼络人心，牢牢占领了道义上的制高点，无论从民心所向还是政治战略的角度，都已置项羽于被动。

刘邦明白，高举正义之旗是制胜法宝。义帝被杀自己早就知道了，刘邦对项羽杀义帝是什么态度，史书无载。但是，如果项羽不杀义帝，刘邦诛灭项羽后，会匍匐在义帝面前称臣吗？绝无可能！刘邦夺了天下，也会步项羽后尘，搬掉头上义帝这座大山。不同之处只在于搬山的手法不会像项羽这么笨拙，但是刘邦当皇帝的夙愿绝不会因为义帝而改变。项羽实在是提前做了刘邦将来需要面对而又十分棘手的事。

难道戕害义帝是项羽再一次犯傻了吗？非也。实在是因为项羽自封为西楚霸王后，义帝的存在成为项羽一大政治难题。除掉义帝，必然成为刘邦及其他诸侯王攻击自己的借口；不除义帝，指不定义帝将会成为自己这个霸王头上的霸王，或者会被别有用心之人利用，“奉义帝以令不臣”。无论哪种情况，都是大麻烦。杀还是不杀都是问题，权衡之下，项羽还是选择了干脆一点儿的做法——杀。

而刘邦高举这面所谓的正义之旗，好像真的得到了老天的庇护，一路顺风顺水，汉二年(前205)四月，更是攻入了西楚国国都彭城(今江苏徐州)。

彭城惨败：认识自己是要付代价的

项羽听说刘邦率领诸侯联军攻占了彭城，大怒，亲率三万精兵从山东胡陵（今山东鱼台）向彭城进军。

刘邦进入彭城后，将城里的金银珠宝、红颜美人统统没收。“货宝”

和“美人”，是刘邦当年攻入秦都咸阳垂涎三尺而又忍痛割爱的东西。现在攻占了项羽的都城，刘邦再无顾忌，毫不迟疑地全部收归已有了。这次顺利攻入西楚霸王项羽的都城是刘邦梦寐以求的大胜利，刘邦的兴奋甭提了，天天大摆酒宴。

当刘邦醉酒高歌的时候，却不知项羽已经绕过彭城的东、北两地，兵锋直插彭城西面的萧县（今安徽萧县）。

项羽选择了清晨的时候发动突袭，到了中午时分，彭城的汉军就已经顶不住了，开始溃败。此时，汉军战死的士兵已经高达十余万人。这还不算完，项羽率领楚军一直追到灵璧（今安徽灵璧）东面的睢水旁，汉军再次败退，十几万士兵无路可逃，跳入河中，出现了“睢水为之不流”的奇观。作为汉军主帅的刘邦，亦被楚军团团围住，不得脱身。据《史记》记载，之后的事情就有些传奇色彩了。一股沙尘暴从西北而起，一时飞沙走石，树木尽折，房屋皆倒，白天如同黑夜，楚军阵营大乱。刘邦趁机带领几十位随从逃走。（汉军却，为楚所挤，多杀，汉卒十余万人皆入睢水，睢水为之不流。围汉王三匝。于是大风从西北而起，折木发屋，扬沙石，窈冥昼晦，逢迎楚军。楚军大乱，坏散，而汉王乃得与数十骑遁去。《史记·项羽本纪》）

此前，刘邦无论怎么和项羽闹矛盾，项羽都没有动过刘邦的家人。但这一次，刘邦自己也知道做得太过火了，打算取道沛县，带着家人一块儿逃跑。不幸的是，愤怒的项羽已经早一步派人到沛县抓捕其家人了。刘邦的家人四散逃跑，没能与刘邦见上面。（欲过沛，收家室而西；楚亦使人追之沛，取汉王家；家皆亡，不与汉王相见。《史记·项羽本纪》）

接下来的事情，就有些令人心酸了。据《史记·项羽本纪》记载，刘邦在逃亡的路上，巧遇自己的儿子刘盈和女儿鲁元公主，那还有什么可说的，赶紧放到车上一块儿逃跑吧。哪知楚军骑兵穷追不舍，且越逼越近，刘邦急了，为了加快速度，一脚将儿子惠帝刘盈和女儿鲁元公主踹下车去。赶车的滕公赶紧下车，抱起孩子。逃亡途中，这种事情重复了许多次。滕公劝刘邦：再急，也不能把孩子扔下不管吧？（汉王道逢得孝惠、鲁元，乃载行。楚骑追汉王，汉王急，推堕孝惠、鲁元车下，滕公常下收载之。如是者三。曰：“虽急不可以驱，奈何弃之？”《史记·项羽本纪》）

而《史记·夏侯婴列传》还补充有一些细节，夏侯婴每每下车抱孩子，他先慢慢地走，等两个孩子抱紧他之后才纵马奔驰。刘邦恼了，十几次都想杀夏侯婴，还好最终总算是顺利脱身了。（汉王败，不利，驰去。见孝惠、鲁元，载之。汉王急，马罢，虏在后，常蹶两儿欲弃之，婴常收，竟载之，徐行面雍树乃驰。汉王怒，行欲斩婴者十余，卒得脱，而致孝惠、鲁元于丰。《史记·樊郦滕灌列传》）

刘邦弃子逃亡之事，成为他一生被人诟病之处，说明他当时也是真的被逼到了绝境。

那么，刘邦一行人最后究竟是如何脱身的呢？《史记·季布列传》所附丁公的事迹，对此有较为详细的交代：

> 丁公为项羽逐窘高祖彭城西，短兵接，高祖急，顾丁公曰："两贤岂相厄哉！"于是丁公引兵而还，汉王遂解去。

丁公是项羽手下的大将，他带兵追击刘邦，而且最终追上了刘邦。两军短兵相接，刘邦情急之下，回头对丁公说：你我都是贤人，何必对我如此相逼？丁公听刘邦称自已是"贤"，是英雄，英雄不应该惺惺相惜吗？便率兵退回，放了刘邦一马。刘邦及其儿女因此得以脱身。

然而，刘邦的父亲太公、妻子吕雉，就没有那么幸运了。他们抄小路，打算与刘邦会合，结果撞上项羽的士兵。楚兵将太公、吕雉一帮人全押到项羽大营中，就此扣为人质。

彭城大战是刘邦、项羽的第一次正式交兵，这一仗，刘邦统领的五十六万大军败给了项羽的三万精兵，而且败得非常惨。不但损兵折将，而且丢了父亲、妻子。诸侯联军就此瓦解。唯一的收获是，刘邦算是认清了自己在军事上根本不是项羽的对手。

胜败是有根据的：不在一个层级

我们前面讲过，刘邦此次进军西楚，真可谓是占尽了天时地利人和。那为什么彭城之战还会败得如此凄惨呢？

一是楚军士气高昂。项羽听闻刘邦攻占了自己的国都彭城，仅从齐地战场调回三万士兵。三万人虽少，可都是精兵，而且这次被人杀到了家门口，占了国都，三万楚军都铆足了劲儿，谁不玩儿命？战斗力强，士气高昂，打得极为勇猛。收复国都，驱逐入侵者，成为楚军自上而下的共同意志。而刘邦呢，自汉军攻入楚都彭城之后，日日饮酒高歌，天天庆祝，完全忘记了项羽率楚军主力正在齐地战场未归。一旦归来，岂能轻饶汉军？这可不像鸿门宴，三句话一忽悠，项羽心就软了。

楚军以怀着“愤激之气”的精兵进攻，汉兵以“怠惰之卒”应战，楚军大败汉军自然顺理成章。

二是项羽指挥得当。这一仗项羽指挥得相当有水平，他只带了三万精兵出征，为了避免打草惊蛇，攻击的方向选择了刘邦最为懈怠的萧县。在刘邦看来，这片区域是汉军从函谷关杀到彭城的必经之地，距离齐地又最远，汉军出兵易，楚军进兵难。项羽偏偏率领楚军就从这个最不可能出现的方向猛攻汉军。汉军被打了个措手不及，节节败退。

三是汉军谋士皆无预见。彭城大战的时候，张良、陈平等谋士皆在汉军大营，他们是当时最为杰出的谋略家，也对项羽兵出萧县毫无预见。可见，人无完人，天才亦有犯错的时候。

张良不是辞归了吗？怎么又出现在汉军大营中？原来，在得知韩王成被杀后，张良就秘密回到刘邦帐下，并被封为“诚信侯”，跟随刘邦东征伐楚。（项王竟不肯遣韩王，乃以为侯，又杀之彭城。良亡，间行归汉王，汉王亦已还定三秦矣。复以良为诚信侯，从东击楚。《史记·留侯世家》）

至于陈平，先是在魏王手下做事，干了一段时间，觉得没啥前途，投奔了项羽。殷王反叛的时候，陈平帮助项羽平定了叛乱，被拜为都尉。后来刘邦攻打殷地，殷王降汉，项王一怒之下便要杀掉之前平定了殷地的将领们。陈平害怕，再次出走，投靠了刘邦。刘邦相信陈平的能力，让他在汉军中继续担任都尉之职。此次刘邦顺利攻占彭城，熟悉楚军情形的陈平应该是功不可没的，可惜最终还是败了。（是日乃拜平为都尉，使为参乘，典护军。诸将尽谨，曰：“大王一日得楚之亡卒，未知其高下，而即与同载，反使监护军长者！”汉王闻之，愈益幸平。遂与东伐项王。至彭城，为楚所败。《史记·陈丞相世家》）

那么韩信呢？这么关键的时刻，他在做什么呢？《史记·淮阴侯列传》记载：

> 汉二年，出关，收魏、河南，韩、殷王皆降。合齐、赵共击楚。四月，至彭城，汉兵败散而还。信复收兵与汉王会荥阳，复击破楚京、索之间，以故楚兵卒不能西。

可见韩信当时也在彭城，他为什么没能阻止项羽呢？史载不详。不过可以确定的是，韩信在彭城不可能独掌兵权，最终的权力仍然在刘邦手中。

四是刘邦盲目乐观，疏忽大意。项羽作为当时超一流的名将，其名气早已传遍天下。刘邦面对项羽时，或智取，如鸿门宴，或退让，如屈就汉王，皆是竭力避免与其在正面战场上对抗。刘邦的这些策略，在一定程度上保全了自己的实力，但是不利之处也很明显，那就是他从未深切体验过项羽用兵的可怕。再加上，这次刘邦率领诸侯联军，一路高歌猛进、顺风顺水，被胜利冲昏了头脑，对项羽不免有些轻视了。彭城之战，无疑给刘邦当头浇下一盆冷水。项羽三万对刘邦五十六万，项羽胜，而且是大胜。

这次攻占彭城后，刘邦"收其货宝美人，日置酒高会"，并不像他当初在关中那样，保持着强烈的戒惧之心，也说明此时的刘邦认为天下大势已定，可以安心享乐了。这也可以解释，为什么刘邦直至逃亡时，才想起迎接沛县的家人。既然天下大势已定，那么早一天晚一天派兵迎接沛县的家人，不是很随意的事情吗？若刘邦在彭城时，对项羽哪怕有一丝的警戒之心，也应该先把沛县的家人接到自己身边，甚至派兵护送家人入关中。若有不测，先保证家人没有危险。无论如何不会置父亲、妻子、儿女的安危不顾，只顾自己天天"置酒高会"。

五是诸侯联军有组织无纪律，精神涣散，凝聚力差。刘邦从"和平解放"南阳郡后，便尝到了联众制衡的甜头。此次出关伐楚，他仍然采用了建立统一战线的方法，联络了五国诸侯，组成伐楚联军。至于这五路诸侯到底是哪些人，史书说法不一，我们取河南王申阳、韩王郑昌、魏王豹、殷王司马卬、赵王歇之说。

河南王申阳在汉二年（前 205）降汉，其封地改为河南郡。同年，刘邦派韩王信攻打项羽集团的韩王郑昌，郑昌战败投降，刘邦便改立韩王信为韩王。（使韩太尉韩信击韩，韩王郑昌降。十一月，立韩太尉信为韩王。《汉书·高帝纪》）刘邦渡过黄河，魏王豹降汉，并俘获殷王司马卬。这已经是四路诸侯了。（三月，汉王自临晋渡河。魏王豹降，将兵从。下河内，虏殷王卬，置河内郡。《汉书·高帝纪》）唯独第五路诸侯赵王歇的加入，让刘邦颇费周折。

刘邦伐楚之前专门派使者通报赵王，希望他能够加入伐楚联军。掌握赵国实权的陈餘开出条件：你刘邦杀了张耳，我赵国才出兵。刘邦左思右想，决定先把陈餘忽悠住再说，于是找到一个长相酷似张耳的人，“杀之”，然后把此人的首级打包送给陈餘。陈餘验明正身后，便出兵助汉。（汉二年，东击楚，使使告赵，欲与俱。陈餘曰：“汉杀张耳乃从。”于是汉王求人类张耳者斩之，持其头遗陈餘。陈餘乃遣兵助汉。《史记·张耳陈餘列传》）

刘邦组织起来的诸侯联军，代价小、时间短、见效快，总兵力更是达到五十六万之众。但是，这种临时凑到一起的联军，弱点也很明显，那就是凝聚力不强：五路诸侯军各有建制，难以统一调度；一旦受挫，只要有一路兵败或出逃，整个联军就极容易全线崩溃。

六是骑兵奔袭，步兵难逃。项羽率领的“精兵三万”到底是什么兵种？史载不详。但我们可以大致猜想一下：项羽仅带三万士兵，就有信心解围彭城之局，且又是远程奔袭，以少击多，是骑兵的可能性更大一些。若真如此，精锐骑兵对付刘邦拼凑起来的诸侯联军，胜算更大，优势更明显。

下邑画策：组建一个军事联盟

乱世之中，实力为尊。刘邦彭城大败后，各路诸侯见风使舵，纷纷倒戈，归顺西楚。

逃到下邑（今河南夏邑）的时候，刘邦心中产生了新的决断，他问张良说：我打算把函谷关以东的地方，都作为封赏，谁能帮我诛灭项羽成就大功？（至下邑，汉王下马踞鞍而问曰：“吾欲捐关以东等弃之，谁可与共功者？”《史记·留侯世家》）在这里，不得不佩服刘邦的大气。无论是春秋战国，还是楚汉之际，各路诸侯往往不免浴血奋战，才能夺取一座或几座城池，而刘邦却可以毫不心疼地放手这大片本属于自己的天下。然而，舍得舍得，不舍怎有得？刘邦最后能得到天下，实源于此时的放手。

张良回答：九江王黥布是楚国枭将，现在与项羽有了隔阂。彭越之前曾接受齐王田荣的指使在梁地反楚，这两个人可以利用一下。至于您手下的将领，只有韩信可以托付大事，独当一面。假如您真愿意把函谷关以东的土地拿出来封赏，那么就赏给这三个人吧，能充分利用他们三人的实力和能力，您就可以打败楚军了。这就是张良的“下邑画策”。下邑画策奠定了刘邦最终战胜项羽的基调：让韩信、黥布、彭越的部队成为汉军的三大军团。（九江王黥布，楚枭将，与项王有郄；彭越与齐王田荣反梁地：此两人可急使。而汉王之将独韩信可属大事，当一面。即欲捐之，捐之此三人，则楚可破也。《史记·留侯世家》）

刘邦这次拿“捐关以东”作为筹码，称得上是大手笔，彰显出君临天下的气魄。封赏土地共享天下的事儿，对世间豪杰的杀伤力不是一般的大。而能够有此气魄做出这样决定的人，在秦汉史上也只有两人：一是异人，二是刘邦。异人成为秦庄襄王，刘邦成为汉帝国创始人。

真说起来，函谷关以东的地盘可不是一点点，而是未来汉家天下的一半。刘邦这回是下了血本想要翻盘。和项羽真正交过一次手后才知道，“西楚霸王”不光是听起来厉害，打起来更厉害！但刘邦也不是等闲之辈，怎会轻易咽下这口气。

张良提到的九江王黥布本是项羽集团的核心将领，其勇猛无畏居项羽麾下众将之首，项羽的成名之战巨鹿之战便得益于黥布。当时黥布奉命率两万人先期进攻秦军，以弱胜强，以少胜多，黥布得手后，项羽才破釜沉舟，全军压上，大败秦军；坑杀二十万秦降卒之前，参与决策的只有黥布和蒲将军两人。后来分封十八诸侯，项羽手下楚将被分封的只有河南王申阳和九江王黥布，由此可见，项羽对黥布的信赖非同一般。（项籍使布先渡河击秦，布数有利，籍乃悉引兵涉河从之，遂破秦军，降章邯等。楚兵常胜，功冠诸侯。诸侯兵皆以服属楚者，以布数以少败众也。项籍之引兵西至新安，又使布等夜击坑章邯秦卒二十余万人。至关，不得入，又使布等先从间道破关下军，遂得入，至咸阳。布常为军锋。项王封诸将，立布为九江王，都六。《史记·黥布列传》）

然而，项羽出兵伐齐及之后的彭城大战，黥布都表现得十分消极，特别是彭城大战，竟然袖手旁观。这一切都被张良看在眼里，他知道，现在黥布和项羽之间已生嫌隙，而黥布驻守的位置恰是西楚国的后方，如果说服黥布倒戈，便可在西楚国以南，项羽大本营的后方开辟出新战场。

张良的下邑画策虽不甚具体，但刘邦听后心领神会，怦然心动。他环顾左右说：你们这些人都是不能商议天下大事的人啊。众人不敢吱声。这时一位侍从站出来对刘邦说：不知道大王您说的“天下事”是什么事？刘邦瞧了他一眼说：谁能替我出使淮南，说服九江王黥布叛楚，把项王困在齐地几个月，我夺取天下的计划就万无一失了。这位侍从说：那么，就让我出使淮南吧。这位侍从不是别人，正是巧舌如簧的说客随何。刘邦批准了随何的毛遂自荐，另派了二十人跟他一同出使淮南。（汉三年，汉王击楚，大战彭城，不利，出梁地，至虞，谓左右曰：“如彼等者，无足与计天下事。”谒者随何进曰：“不审陛下所谓。”汉王曰：“孰能为我使淮南，令之发兵倍楚，留项王于齐数月，我之取天下可以百全。”随何曰：“臣请使之。”乃与二十人俱，使淮南。《史记·黥布列传》）

到了淮南，随何通过九江王黥布的“太宰”（主管膳食）求见黥布，等了三日仍不得召见。随何直接对太宰说：九江王不见随何，一定是认为楚强汉弱吧。这恰恰是我这次出使淮南的原因，也是九江王最应了解的事情。请让我见九江王，如果九江王觉得我说的话没有道理，可以把我和二十位随从公开处死，以示九江王背汉归楚之决心。太宰把这番话转告了黥布，黥布立即召见随何。（随何因说太宰曰：“王之不见何，必以楚为强，以汉为弱，此臣之所以为使。使何得见，言之而是邪，是大王所欲闻也；言之而非邪，使何等二十人伏斧质淮南市，以明王倍汉而与楚也。”太宰乃言之王，王见之。《史记·黥布列传》）

一见面，随何劈头就说：我一直纳闷，大王和项王是什么亲戚呢？黥布回答说：我只是被分封在楚国之南，北面称臣，侍奉项王。随何又说：大王亦是诸侯王，但却向项王称臣，一定是认为西楚强大，可以托付自己的淮南国。既然如此，项王伐齐，大王理应调兵遣将，亲自率兵冲锋陷阵为项王解围才对，却只派出区区四千兵马意思了一下。口口声声说称臣奉楚，难道就是这样敷衍了事吗？再说汉王攻占彭城之事，项王滞留齐地分身乏术，大王您理应出动淮南军队，渡过淮河，到彭城替项王作战。而实际上呢，大王拥有“万人之众”，却没有一兵一卒渡淮作战，站到旁边冷眼旁观楚汉相争。把自己的国家托付给别人，就该是这个样子吗？看来大王也只是喊喊奉楚的口号罢了，眼下虽未叛楚，无非是因为汉弱楚强罢了。但还请大王三思，楚国虽然强大，毕竟背负着“不义之名”，项王背弃盟约，杀害义帝，自恃打了胜仗狂妄自大。如今汉王聚拢诸侯，退守成皋、荥阳，可以利用巴蜀、关中的地理优势及丰富的物资，分兵把守关中要塞。项王如果率兵深入汉王地界，中间隔着梁国，战，战不得，攻城，力量不够，再加上粮食装备都需要从千里之外运来，实在消耗不起。即使楚兵能够攻到荥阳、成皋，汉军只需坚守不动，楚军便进退维谷，难以脱身。所以说，楚国虽强，但是并不足以成为您淮南国的依靠啊。（夫楚兵虽强，天下负之以不义之名，以其背盟约而杀义帝也。然而楚王恃战胜自强，汉王收诸侯，还守成皋、荥阳，下蜀、汉之粟，深沟壁垒，分卒守徼乘塞，楚人还兵，间以梁地，深入敌国八九百里，欲战则不得，攻城则力不能，老弱转粮千里之外；楚兵至荥阳、成皋，汉坚守而不动，进则不得攻，退则不得解。故曰楚兵不足恃也。《史记·黥布列传》）

大王不与“万全之汉”结为联盟，却把自己的身家性命托付给危亡的西楚，我实在是深感迷惑。说实话，我并不认为大王凭借淮南之兵的力量，就可以灭掉项王，但是呢，仅仅是把项王困上几个月，应该问题不大。这样的话，汉王就可以趁这段时间顺利取得天下了。当然了，大王如果能够率领淮南之众投靠汉王，汉王已经承诺，事后一定会为您广封土地，以示答谢。到那个时候，大王您拥有的土地，又何止一个淮南国呢！这次汉王派我专程前来斗胆提议，还希望大王您能够认真考虑一下我们的建议。（夫大王发兵而倍楚，项王必留；留数月，汉之取天下可以万全。臣请与大王提剑而归汉，汉王必裂地而封大王，又况淮南，淮南必大王有也。故汉王敬使使臣进愚计，愿大王之留意也。《史记·黥布列传》）

黥布听随何噼里啪啦说了这么一通，觉得好像是有那么一点道理，沉思了片刻，说：这事儿我干了。不过黥布虽然答应了随何，但仍然不敢有丝毫泄露。因为此时，楚国使者也在黥布这儿，急着催促黥布发兵助楚呢。而随何呢，虽然得到了黥布的口头许诺，但依然是坐立不安，他深知政治这玩意儿蹊跷得很，若不是板上钉钉则变数无穷。他见楚国使者也不断前来游说，黥布的态度又一直不明朗，恐旁生枝节，于是想办法让此事“生米煮成熟饭”。

一天，楚国使者正和黥布商谈发兵之事，随何不请自来，直接坐在楚国使者的上座，对他说：九江王已经归汉，怎么可能还会发兵助楚？黥布惊呆了，一时无言以对。楚国使者反应倒很快，站起来要溜走。随何提醒黥布说：既然事情已经这样，就趁机把楚国使者杀了吧，免得他奔回楚国，走漏消息。大王您呢，也别犹豫了，赶紧给自己留条后路，投奔汉王吧。事已至此，黥布也是无可奈何，只好杀了使者，正式宣布起兵攻楚。（楚使者在，方急责英布发兵，舍传舍。随何直入，坐楚使者上坐，曰：“九江王已归汉，楚何以得发兵？”布愕然。楚使者起。何因说布曰：“事已构，可遂杀楚使者，无使归，而疾走汉并力。”布曰：“如使者教，因起兵而击之耳。”于是杀使者，因起兵而攻楚。《史记·黥布列传》）

项羽听说黥布叛变，马上派项声、龙且攻打淮南。这场仗一打就是几个月，最终打败了黥布。黥布想带兵归汉，担心项羽截杀，所以和随何一道从小路直奔刘邦大营而去。

随何成功策反黥布，乃是刘邦彭城大战之后最为关键的一步棋。其实黥布和项羽之间并没有根本性的矛盾。他们之间的不和是由田荣激战项羽和刘邦攻入彭城这两个大事件引发的。汉二年（前 205），田荣杀死三齐王，吞并整个齐地，项羽兵发齐地，向九江王黥布征兵，“九江王布称病不往”，只派了一位部将带了几千人参加平叛。这使项羽非常不快。刘邦趁项羽陷身齐地，攻陷彭城，黥布“称病”，不主动出击。项羽回师击汉，黥布也没有参加。项羽恼羞成怒，屡次派使者责备黥布，又要召见黥布，黥布害怕，“不敢往”，两人的嫌隙由此产生。然而，项羽此时“北忧齐、赵，西患汉”，能够为他分忧的只有九江王黥布，外加项羽其实打心眼儿里欣赏黥布的军事才干，一心想让他为己所用，因此一直克制着自己的脾气，没有采取军事行动。

正是这一点点的嫌隙，被张良及时捕捉，外加说客随何的巧言攻心，黥布最终转变立场，叛楚归汉。事已至此，刘邦心中的万全之策还可以顺利实施下去吗？他真的可以在短期内打败项羽吗？

韩信北伐

汉二年（前 205）五月，刘邦从彭城一路败退，直到荥阳时，才组织起有效的防御，逐渐稳定下来。

荥阳地处今河南省西部山区与中东部平原的交会处，易守难攻，是军事防御系统中的天然屏障。荥阳附近的敖仓军粮，乃是秦帝国建备，储藏的粮食非常丰富，这无疑为刘邦解除了后顾之忧。韩信在此收聚起各路败军，萧何也调集了关中老弱到荥阳补充兵力。刘邦上次吃了骑兵的亏，这次吃一堑长一智，决定组织一支自己的骑兵部队。他选派灌婴为骑兵将领，同时任命两位秦将做了左右校尉，组成汉军骑兵军团。这支新组建的骑兵军团不负众望，在荥阳东部大破楚军，刘邦得到了喘息的机会。

好不容易喘了口气儿，心烦的事又接踵而来——之前跟随刘邦伐楚的诸侯一个接一个地叛变了。代王陈馀出兵助汉时曾提出杀张耳的条件，彭城之战后，陈馀发现张耳没死，自己被忽悠了，再加上楚军势大，陈馀于是鼓动赵王歇一起降了楚。一波未平一波又起，魏王豹借口回乡探望父母，一过黄河便下令封锁渡口，宣布叛汉联楚。

声东击西：又一个“明修栈道，暗度陈仓”

刘邦听说魏王豹叛汉联楚，立即意识到事态的严重性。魏王豹所控制的魏地，在今山西省的中部和南部，南下可轻易切断荥阳汉军的粮道，西行可绕至汉军的大后方关中。这样，荥阳前线的侧翼和关中根据地便同时受到巨大威胁。此时刘邦正忙着在荥阳阻击项羽，分不出兵，只好派郦食其前去游说魏王豹，想兵不血刃解决这个难题。

魏王豹对汉使郦食其说：人生一世，像白驹过隙，实在是短暂得很。汉王太过傲慢，好侮辱人，骂起诸侯、群臣就如同骂自己的奴仆一样，一点礼数也没有，我是再也不愿忍受这样的屈辱，不想再见到他这个人了。（人生一世间，如白驹过隙耳。今汉王慢而侮人，骂詈诸侯群臣如骂奴耳，非有上下礼节也，吾不忍复见也。《史记·魏豹彭越列传》）

显然，这只是魏王豹嘴上的说辞罢了。真正的原因在于，彭城大战之后楚强汉弱的局面让魏王豹蠢蠢欲动。除此以外，还有一个鲜为人知的秘闻，是魏王豹无论如何也不可说的。

原来，魏王豹身边有个叫薄姬的嫔妃，是原魏王宗室的私生女。魏王豹称王之后，薄姬被母亲魏媪送到魏王豹宫中。魏媪曾让相面大师许负为女儿薄姬相面，许负说此女“当生天子”。这让魏王豹欣喜万分，心想，自己的嫔妃生的是天子，那自己就是天子他爹啊。天子的爹是什么？也是天子啊！于是，魏王豹趁着刘邦兵败之际，叛汉联楚，背地里积极为自己有朝一日当上天子做准备。

魏王豹当然不会知道，自己被杀后，爱妃薄姬被收归到汉王刘邦的织布房。刘邦见薄姬颇有几分姿色，便将其纳入后宫，但一年多都没宠幸过她。话说这个薄姬和管夫人、赵子儿是发小，当年三人曾有个小约定：谁先富贵了都不能忘了其他人。一次偶然的机会，当时正被刘邦宠幸的管夫人、赵子儿提到了和薄姬当年的约定，刘邦听后心疼薄姬命苦，当晚就召其侍寝。薄姬见到刘邦，说：我昨晚梦见一条苍龙盘桓在我的腹部。刘邦说：这是好兆头，我成全你！一夜侍寝，薄姬怀上了汉王的孩子，而且是个男孩，也就是后来的汉文帝刘恒。（始姬少时，与管夫人、赵子儿相爱，约曰：“先贵无相忘。”已而管夫人、赵子儿先幸汉王。汉王坐河南宫成皋台，此两美人相与笑薄姬初时约。汉王闻之，问其故，两人具以实告汉王。汉王心惨然，怜薄姬，是日召而幸之。薄姬曰：“昨暮夜妾梦苍龙据吾腹。”高帝曰：“此贵征也，吾为女遂成之。”一幸生男，是为代王。《史记·外戚世家》）

当年许负说薄姬“当生天子”，看来还真被他蒙对了。只是苦了魏王豹，欢欣鼓舞做起了白日梦，浑浑噩噩成了刀下鬼。当然，“当生天子”都是魏王豹身后的事儿了。

魏王豹梦想着自己当皇帝，哪里会听从郦食其的游说。刘邦无奈之下，只好任命韩信为左丞相，统领大军，率灌婴、曹参等讨伐魏国。

郦食其虽然没有完成说服魏王豹的任务，但是拿回来许多第一手的情报。刘邦问郦食其：魏国大将是谁？郦食其回答：柏直。刘邦直言：乳臭未干的毛头小子罢了，怎么能抵挡我部下的韩信？又问：骑兵将领是谁？答曰：冯敬。刘邦言：他是秦将冯无择的儿子，倒是个贤才，不过也挡不住我部下的灌婴。再问：步兵统帅呢？答曰：项它。刘邦哼笑一声言：也挡不住我部下的曹参。既然是这样，我就可以不用担心了。（食其还，汉王问：“魏大将谁也？”对曰：“柏直。”王曰：“是口尚乳臭，不能当韩信。骑将谁也？”曰：“冯敬。”曰：“是秦将冯无择子也，虽贤，不能当灌婴。步卒将谁也？”曰：“项它。”曰：“是不能当曹参。吾无患矣。”《汉书·高帝纪》）

韩信疑惑地问郦食其，魏王没任命经验丰富的周叔做大将吗？郦食其点点头，说：用的是柏直。韩信嘲笑道：笨蛋一个罢了！于是率军伐魏，魏王豹在蒲坂（今山西永济）布置重兵防范，企图堵住临晋关。韩信套用“明修栈道，暗度陈仓”的老办法，一边故意在临晋关对岸的黄河边上停放大量船只，营造出强渡黄河的假象；一边在临晋上游夏阳的少梁渡口（今陕西韩城南）集结重兵，用瓮、罐和木板等制成木筏，悄然渡河，从侧后翼偷袭魏都安邑（今山西夏县西北）。

另一条战线，曹参作为先锋，先攻打蒲坂东面的东张（今山西虞乡县西北），大败魏军。魏王豹听说东张失守，担心汉军抄后路攻打安邑，急忙从蒲坂退兵回防，谁知却被韩信抢了先。安邑是回不去了，魏王豹只得向东逃去。曹参一路追到曲阳（今山西绛县西南），大败魏军残余势力，终于在武垣（今山西垣曲）活捉了魏王豹。汉二年（前 205）九月，韩信攻下平阳（今山西临汾西南），抓获魏王豹的母亲、妻子和儿女，西魏国灭亡，魏王豹亦被押送至荥阳。此后，韩信陆续平定魏国全境，置河东、上党、太原三郡。

从汉二年八月率三万人伐魏，至九月平定魏地，仅仅历时两个月，韩信成功操办了彭城大败以来汉军的第一次大胜仗。

破代灭赵：最为关键的一步

韩信平定魏地后，顺便收编魏国散兵，扩充兵力，一时间声势浩大起来。这引起了刘邦的注意。于是，刘邦下令把韩信的精兵全调到荥阳前线应对项羽，既大大补充了荥阳前线的汉军实力，同时也减小了韩信对自己的威胁。

韩信二话不说，立即执行。同时，他还自告奋勇地向刘邦提出，愿带三万精兵，“北举燕、赵，东击齐，南绝楚之粮道，西与大王会于荥阳”（《汉书·韩彭英卢吴传》）。刘邦应许，派张耳和其一块儿进军赵、代。

刘邦、张耳两人乃至交，一直以来，刘邦对张耳都极其信任，还将自己唯一的女儿鲁元公主嫁给了张耳的儿子张敖。刘邦让张耳随行，是协助还是监督，恐怕也只有刘邦自己知道了。

代国在今山西北部，赵国在今河北中南部，赵王歇是代王陈餘向田荣借兵，赶走常山王张耳后，从代地迎回来的原赵国国君。代王陈餘乃赵王歇之钦封。所以说，赵、代名为两国，实为一体。

相较之下实力较弱的代国，成为韩信首先攻打的对象。此时陈餘不在代国，而在赵国都城辅佐赵王歇。驻守代国的是国相夏说，也就是那个陈餘向田荣借兵时所派出的使者。夏说此人并不懂军事，两军开战之后，他在邬东（今山西界休）遭遇曹参，一战即溃，而后率残部向东逃窜。韩信、曹参紧追不舍，在邬东将逃亡的代军一举歼灭，并斩了夏说。

韩信向汉王刘邦请兵的理由是“北举燕、赵”，既然灭了代国，占领了整个山西，下一步必然是南下灭赵。

汉三年（前204）十月，韩信、张耳率“数万”人“东击赵”，这里的“数万人”其实就是三万人，因为韩信向刘邦请兵之时要的就是“三万”人。赵王歇和陈餘得到报告，“聚兵井陉口”，号称“二十万”。井陉是从山西翻越太行山进入河北平原的必经之地，是“太行八陉”之一。四周皆是崇山峻岭，中间低洼，状如水井，故而得名。井陉西有一条百余里的狭长通路，是附近唯一一条可以行军的道路，赵王歇、陈餘率二十万赵军于此，迎击远道而来的韩信大军。

赵国名将李左车向赵王歇建议：韩信、张耳这段时间灭魏亡代，气势逼人，不可轻视。但他们毕竟远离汉国，运粮千里，士兵们常常挨饿。井陉之道狭窄，车不能并行，马不能并排。韩信的军队行军之时，必定将粮食辎重放在大军后面。不如让我带上三万士兵，绕小路断了他们的粮草。如果能够成功，您只要深挖战壕，高筑营垒，坚守阵地，避而不战，便可将他们逼入进退两难的窘境。我再带兵截断他们的后路，用不了十天，韩信、张耳的人头就会悬挂到您的军旗之下。否则，我们将会吃大亏。（臣闻千里馈粮，士有饥色，樵苏后爨，师不宿饱。今井陉之道，车不得方轨，骑不得成列，行数百里，其势粮食必在其后。愿足下假臣奇兵三万人，从间道绝其辎重；足下深沟高垒，坚营勿与战。彼前不得斗，退不得还，吾奇兵绝其后，使野无所掠，不至十日，而两将之头可致于戏下。愿君留意臣之计。否，必为二子所禽矣。《史记·淮阴侯列传》）

李左车明白，士兵的多寡并不是战争制胜的绝对因素。在名将手中，数万人绝对可以改变一场战争的局势。韩信是名将吗？不说别的，就说他仅凭三万人，两个月就打下代国，就绝对不可小觑。所以，李左车是把韩信作为人生劲敌来对待，提出了当时最为可信又最为稳妥的方案。

可惜陈餘是个儒生，经常宣扬正义之师不用阴谋诡计。面对当时的局势，他说：兵法上讲，有十倍于敌人的兵力则围歼敌军，有一倍于敌人的兵力就可以和敌人较量。现在韩信的兵力说是数万，其实不过数千。千里奔袭我军，已经筋疲力尽。如果避而不击，再有比韩信强大的敌人，我们怎么办？诸侯会说我们怯懦，轻视我们。所以断然拒绝了李左车的建议。（吾闻兵法十则围之，倍则战。今韩信兵号数万，其实不过数千。能千里而袭我，亦已罢极。今如此避而不击，后有大者，何以加之！则诸侯谓吾怯，而轻来伐我。《史记·淮阴侯列传》）

听说李左车的建议被刷下了，韩信心中高悬的石头安然落地，这才敢率兵走井陉道。在距离井陉还有三十里的时候，韩信就让军队停下来安营扎寨。然而，半夜时分，韩信突然传令，选两千骑兵，每人一面红色军旗，从小路间发，到赵国营地附近可以看见赵军动静的地方隐蔽起来。出发前，韩信明确指示：明天赵军见我军败退，一定会倾巢出动。你们趁这个机会迅速进入赵军大营，拔下赵国旗帜，插上我们的旗帜。同时下令，让副将给士兵们发放一点干粮，先垫垫肚子，第二天打败赵军之后再会餐！将领们听了，都觉得不靠谱。（夜半传发，选轻骑二千人，人持一赤帜，从间道萆山而望赵军，诫曰："赵见我走，必空壁逐我，若疾入赵壁，拔赵帜，立汉赤帜。"令其裨将传飧，曰："今日破赵会食！"诸将皆莫信，详应曰："诺。"《史记·淮阴侯列传》）

当夜，韩信先派出一万精兵背水布阵，天一亮，便竖起大将韩信、张耳的旗帜，备好战鼓，一路开到井陉口。赵军大开营门，迎击汉军，双方一场混战。不多时，韩信、张耳佯败，扔掉军旗、战鼓，逃到前夜背水布置的军营里。赵军果然全体出动，争抢汉军的军旗、战鼓回去领赏。（平旦，信建大将之旗鼓，鼓行出井陉口，赵开壁击之，大战良久。于是信、张耳详弃鼓旗，走水上军。水上军开入之，复疾战。赵果空壁争汉鼓旗，逐韩信、张耳。《史记·淮阴侯列传》）

韩信水营中的士兵们都是背水一战，没有任何退路，人人殊死搏杀，赵军尽管连续猛攻，就是打不垮汉军。

此时，埋伏在赵军军营周围的两千骑兵，看见赵军倾巢而出，便飞快闯入赵军军营，拔下赵军军旗，插上汉军军旗。攻打韩信水上大营的赵军拼死打不垮汉军，便想回营。一回头，突然发现自己的军营全插上了红色的汉军军旗，个个大惊，人人失色，都以为汉军俘获了赵王，军心顿时大乱，四散而逃。赵将杀了好多逃兵，硬是无法阻止部队溃散。韩信指挥汉军杀回来，大破溃不成军的赵军，斩了乱军中的陈馀，活捉了赵王歇。（信所出奇兵二千骑，共候赵空壁逐利，则驰入赵壁，皆拔赵旗，立汉赤帜二千。赵军已不胜，不能得信等，欲还归壁，壁皆汉赤帜，而大惊，以为汉皆已得赵王将矣，兵遂乱，遁走，赵将虽斩之，不能禁也。于是汉兵夹击，大破虏赵军，斩成安君泜水上，禽赵王歇。《史记·淮阴侯列传》）

战争胜利了，将领们对韩信佩服得五体投地。在献上战利品的时候，这些将领问道：兵法上说，布阵要右靠山陵，左临水泽。将军这次却让我们背水列阵，还那么信誓旦旦地说破赵会餐，我们都不敢相信，最终却因此取胜。我们怎么不知道兵法上有这种战法？韩信说：兵法上有，你们没细看。兵法说，置之死地而后生。精兵都被汉王调走，我韩信手下没有训练有素的军队，这就好像让我指挥着一群老百姓和赵军作战，只能把他们置于绝地，让每个人都为自己的生存拼死力战，才可以取得胜利啊。要是不这样，想必他们早逃了！将领们听完，个个佩服极了。（信曰："此在兵法，顾诸君不察耳。兵法不曰'陷之死地而后生，置之亡地而后存'？且信非得素拊循士大夫也，此所谓'驱市人而战之'，其势非置之死地，使人人自为战；今予之生地，皆走，宁尚可得而用之乎！"诸将皆服曰："善。非臣所及也。"《史记·淮阴侯列传》）

其实，韩信说的，只是破赵之战的胜利原因之一，此外还有三个重要原因，亦不容忽视：一是主客易位，二是阵形合宜，三是奇正相合。

先说主客易位。

战争历来有进攻，有防守。冷兵器时代，攻方所需的兵力，一般都需要远大于防守一方的兵力。这次韩信作为攻方，只有三万兵力，且并非精兵强将。而守方呢，却是号称二十万。单从人数上看，对韩信所在的攻方太不利了。而且韩信是无后方作战，后勤保障严重不足。所以高明的韩信转化攻守角色，佯装被打败、背水列阵就是攻守易位的具体措施。赵军看见韩信"战败"，倾巢出动，全力进攻。韩信则退入背水列阵的水军大营，全力防守赵军进攻。

再说阵形合宜。

在冷兵器时代，军队的战阵十分重要，常常影响战争的胜败。此次，韩信选择背水布阵，汉军左、右、后皆是水面，形成天然的防线，不用担心赵军后面包抄，也不必担心赵军两翼进攻，成为一个典型的环形战阵。在此种局面之下，韩信可以将自己的有限兵力全部用来正面防守。兵力虽少，但因为加大了纵深，局部兵力并不算少，可以抵御赵军的猛烈进攻。

最后说奇正相合。

《孙子兵法》说："凡战者，以正合，以奇胜。"什么是正？什么是奇？什么是"正合"？什么是"奇胜"？简单来说，常规为正，变化为奇。

防守为正，突袭为奇。

韩信派两千骑兵预伏赵营四周，这是奇兵。主力防守，这是正兵。二者相配合，恰是兵力分配上的奇正相合。战术上，韩信先竖大旗正面进攻，再佯装败退背水防守，这是“以正合”。预伏的两千骑兵偷袭赵营，扰乱赵军军心，伺机反攻，破赵擒敌，这是“以奇胜”。

所以说，韩信井陉之战的胜利，绝非一个“置之死地而后生”就可简单概括，这里面所蕴藏的各种精髓，充分展示了韩信卓越且无人可及的军事天赋。

亡代灭赵之战是韩信北伐最为关键的一步，此后降燕平齐均在此基础上，它是刘邦最终战胜项羽的决定性战争。

不战降燕：最明智的战法

井陉大战一结束，韩信立即下令：活捉李左车者赏千金。重金之下，没过多久就有人将李左车绑到了韩信大帐。韩信亲自为其解开绳索，并让他在面东的尊位上坐下来，自己面西而坐，执弟子之礼向他请教。

韩信问：我想“北攻燕，东伐齐”，该怎样做才有效呢?

李左车推辞说：我不过是败军之将，怎么配谈这种大事？韩信接着说：我听说秦相百里奚在虞国而虞国灭亡，在秦国而秦国称霸。这并不是百里奚在虞国愚笨，到了秦国就变得聪慧了，而是秦国重用他、虞国不重用他，秦国认真听从他的建议、虞国轻视他的建议罢了。假令陈馀听从您的建议，想必我早被您擒获了。因为他不重用您，我才有机会在这里聆听您的教诲啊。现在我是真心想听您的教诲，您千万不要推辞。（广武君辞谢曰：“臣闻败军之将，不可以言勇；亡国之大夫，不可以图存。今臣败亡之虏，何足以权大事乎！”信曰：“仆闻之，百里奚居虞而虞亡，在秦而秦霸，非愚于虞而智于秦也，用与不用，听与不听也。诚令成安君听足下计，若信者亦已为禽矣。以不用足下，故信得侍耳。”因固问曰：“仆委心归计，愿足下勿辞。”《史记·淮阴侯列传》）

李左车回应道：我听说“智者千虑，必有一失；愚者千虑，必有一得”。所以，狂人的话，圣人也会有选择地采纳。陈馀凭借他的计谋，取得了很多次的胜利。然而，一次失算，就令他军败身死。如今将军一鼓作气，渡西河、虏魏王、擒夏说、灭代国，现在更是不到一个早晨就覆灭了赵国二十万大军，并诛杀成安君陈餘。您已名闻海内，威震天下。现在燕国的百姓都不下地干活了，整天吃喝享受，等着您出兵呢！这些呢，是对您有利的方面。但是，多次征战，您的将士们已经很疲劳了。如果您率领着这么一群疲惫不堪的军士，驻扎在燕国坚城之下，攻城的时间会拖得很长，而且攻城略地的力量也不足。敌方一旦知道了情况，您就会很被动。时间拖得越长，粮草消耗得越多。燕国虽弱尚不屈服，齐国强大必定会奋发图强。燕国、齐国相持不下，刘、项之争就不会见分晓。这是对将军不利的地方。（今将军涉西河，虏魏王，禽夏说阏与，一举而下井陉，不终朝破赵二十万众，诛成安君。名闻海内，威震天下，农夫莫不辍耕释耒，褕衣甘食，倾耳以待命者。若此，将军之所长也。然而众劳卒罢，其实难用。今将军欲举倦弊之兵，顿之燕坚城之下，欲战恐久力不能拔，情见势屈，旷日粮竭，而弱燕不服，齐必距境以自强也。燕齐相持而不下，则刘项之权未有所分也。若此者，将军所短也。"《史记·淮阴侯列传》）所以，我觉得您的考虑有失稳妥。善用兵者绝不以短击长，而是以长击短。

韩信再问：既然如此，我该怎么办？

李左车回答：不妨先按兵不动，镇守赵国，收养遗孤。每天好酒好肉犒赏士兵，让大伙好好休整一下。等休整得差不多了，把军队移驻到前往燕国的大路上，然后写一封信，把您的优势铺陈一番，再派一善辩之人把信送给燕王。到那时，想必燕王一定不敢不听您的命令。降服燕国后，再派善辩之士通报齐国，齐国只能望风而降。这样，天下大事就可以搞定了。用兵之道，本来就有先声夺人再动刀枪的先虚后实之计。（方今为将军计，莫如案甲休兵，镇赵抚其孤，百里之内，牛酒日至，以飨士大夫醳兵，北首燕路，而后遣辩士奉咫尺之书，暴其所长于燕，燕必不敢不听从。燕已从，使喧言者东告齐，齐必从风而服，虽有智者，亦不知为齐计矣。如是，则天下事皆可图也。兵固有先声而后实者，此之谓也。《史记·淮阴侯列传》）

韩信听后大为感慨，立即按照李左车的建议，让军队稍作休整，然后派使者带信到燕国。燕王接到信后，果然不战而降。韩信派人向刘邦报告破赵胁燕之事，请求立张耳为赵王，镇守赵国。刘邦一听，正合自己的心意，立即予以批准：立张耳为赵王。

项羽得知赵地被刘邦收服，不断派兵渡河击赵。张耳、韩信一次次击退项羽军，并借机平定了全部赵地。

韩信这次北伐，不仅为刘邦攻下了四国之地，还从实践中逐渐形成了一整套消灭项羽的战略思想。本来刘邦同意韩信伐魏仅仅是权宜之计，完全是因为魏王豹执迷不悟，不愿降服，以致威胁到关中与荥阳之地。在此之前，刘邦完全没有灭掉魏、代、赵、燕、齐五诸侯，包抄项羽的大战略。

韩信出兵伐魏之时第一次提出了“北举燕、赵，东击齐，南绝楚之粮道，西与大王会于荥阳”（《汉书·韩彭英卢吴传》）的大战略。这是韩信对刘邦建立汉朝最为重大的贡献，其意义在于，最后可以从北部对项羽进行合围，而刘邦最终战胜项羽也正是因为这个战略发挥了极大作用。

项羽也不是吃素的，他很清楚地看到韩信剿灭四诸侯国之后对自己形成的巨大威胁，所以多次派兵渡河攻赵，企图扳回一局，无奈韩信、张耳总能化险为夷，顺利瓦解楚军的进攻，巩固赵地防线。至此，刘邦率兵正面阻击项羽大军，韩信从北面逐渐合围而来，楚军被困之势初见端倪。

韩信的战略思想在很多人看来颇为迷惑，能领略其中奥秘的人屈指可数，赵军降将李左车却是其中之一，按照他的说法，韩信灭了魏、代、赵，拿下燕、齐，刘、项之争便会立见分晓。那么，真的会如他所言吗？刘、项之争到底会如何发展？韩信这头一路高歌猛进，汉王刘邦那边打得怎么样呢？

荥阳拉锯战

韩信一路过关斩将，灭魏、亡代、破赵、胁燕，打得有声有色、顺风顺水。难为了身在荥阳前线的汉王刘邦，被韩信抢尽了风头不说，打起仗来实在没那么幸运。韩信的对手只是魏豹、夏说、陈馀、赵歇之辈，刘邦面对的可是强大的楚霸王。韩信在黄河以北闹得翻天覆地，项羽管不住打不着，只能逮住刘邦泄愤。刘邦一方面身处与项羽对峙的正面战场，不想接招也得接招，极其被动；另一方面又不得不由着韩信继续闹腾，以牵制项羽后方。那么刘邦自己又该怎么化被动为主动？他在主战场上将会经历哪些磨难呢？

张良阻封：洞悉利害

刘邦退守荥阳后，如何支撑正面战场成为一大难题。在这件事上，郦食其功不可没。郦食其一向重视后勤保障，他对刘邦说：民以食为天，荥阳附近的敖仓乃天下粮仓，储备丰富。现在应该赶紧管好敖仓的粮食，守住军事要塞成皋，局面就可稳定下来。刘邦听取了郦食其的建议，一直坚守敖仓，保证军粮，借机顶住了楚军的轮番进攻。（臣闻知天之天者，王事可成；不知天之天者，王事不可成。王者以民人为天，而民人以食为天。夫敖仓，天下转输久矣，臣闻其下乃有藏粟甚多。楚人拔荥阳，不坚守敖仓，乃引而东，令適卒分守成皋，此乃天所以资汉也。……愿足下急复进兵，收取荥阳，据敖仓之粟，塞成皋之险，杜大行之道，距蜚狐之口，守白马之津，以示诸侯效实形制之势，则天下知所归矣。《史记·郦生陆贾列传》）

汉三年（前204）冬十月，项羽在屡攻不下之后终于看出些许门道：这刘邦之所以能坚持那么久，全靠后方军粮源源不断。于是，项羽集中军力专攻汉军运粮的甬道。甬道，就是两边砌成围墙的专用车道，断了甬道，也就断了汉军的军粮。

刘邦一时间陷入绝望，即刻找来郦食其讨论破解项羽围剿之策。郦食其的意思是：当年商汤灭夏桀而封夏人的后裔，武王伐纣而封商人的后裔。秦国统一天下，各国诸侯均不得封。汉王现在如果能立六国君王后裔，各国的君臣百姓都会感恩戴德，愿当您的臣下。到那时再称霸，楚国也奈何不得，还得来朝拜呢。俗话说，病急乱投医。心急火燎的刘邦听了郦食其这番话，也不过脑子便马上说：好好好！赶快去刻六国的君印。

郦食其还没出发，正赶上张良出差回来，前来向刘邦汇报工作。刘邦正在进餐，看见张良连忙打招呼：子房，你过来。有人教了我一个破楚的方法，你来听听。于是他便把郦食其的建议复述了一遍。张良一听，大惊失色，忙问：谁给大王出的这个馊主意啊？大王的功业完了。刘邦大惑不解地问：我觉得这计划还可以啊，有这么严重？没想到，竟被张良一口气讲了“八不可”。

是哪八个不可呢？

当初商汤灭夏桀，之所以封其后人于杞地，是能置夏桀于死地，眼下大王能置项羽于死地吗？此乃一不可。武王伐纣，之所以封其后人于宋地，是能取商纣的首级，眼下大王能得项王的头吗？此乃二不可。武王入殷，立即释箕子之拘，封比干之墓。眼下大王能封圣人之墓吗？此乃三不可。武王能发巨桥之粟，散鹿台之钱，以救济贫苦之人。眼下大王能拿出钱粮救济贫苦吗？此乃四不可。伐纣成功之后，武王停息武备，修治文教，用虎皮将武器掩藏起来，以昭告天下从此不再用兵。眼下大王能偃武修文，不再用兵吗？此乃五不可。武王让马匹在华山阳坡休息，以昭告天下无为而治。眼下大王能休马停战吗？此乃六不可。武王在种满桃林的山丘上放牛，以昭告天下从此不再输送军需。眼下大王能放牛停运吗？此乃七不可。况且天下的贤士、豪杰、游士，之所以背井离乡追随大王，无非是想求得咫尺安身立命之地。你把地都分给六国后裔了，拿什么封功臣呢？况且，现在要是重立六国后人，这些贤能者必会离开大王，各回各国各侍其主。如此一来，大王您还靠什么人去夺取天下呢？此乃八不可。（昔者汤伐桀而封其后于杞者，度能制桀之死命也。今陛下能制项籍之死命乎？其不可一也。武王伐纣封其后于宋者，度能得纣之头也。今陛下能得项籍之头乎？其不可二也。武王入殷，表商容之闾，释箕子之拘，封比干之墓。今陛下能封圣人之墓，表贤者之闾，式智者之门乎？其不可三也。发巨桥之粟，散鹿台之钱，以赐贫穷。今陛下能散府库以赐贫穷乎？其不可四矣。殷事已毕，偃革为轩，倒置干戈，覆以虎皮，以示天下不复用兵。今陛下能偃武行文，不复用兵乎？其不可五矣。休马华山之阳，示以无所为。今陛下能休马无所用乎？其不可六矣。放牛桃林之阴，以示不复输积。今陛下能放牛不复输积乎？其不可七矣。且天下游士离其亲戚，弃坟墓，去故旧，从陛下游者，徒欲日夜望咫尺之地。今复六国，立韩、魏、燕、赵、齐、楚之后，天下游士各归事其主，从其亲戚，反其故旧坟墓，陛下与谁取天下乎？其不可八矣。《史记·留侯世家》）

这便是历史上赫赫有名的"八不可"，这里面的每一条都有所指，暗示刘邦不可轻举妄动。第一条和第二条都在说刘邦现在实力不济；第三条是说刘邦名望不够；第四条是说财力不足；第五条和第六条是说时局不好；第七条讲的是环境恶劣。以上几条，归根结底就是告诉刘邦，你现在的综合实力还不足以规避实行分封的风险，硬要以诸侯统领自居，是无法服众的。最为重要也最具说服力的是接下来的第八条，直截了当地指出，刘邦手下的人才来自各地，如果就这样复立了诸侯国，那大家铁定都会选择回到家乡报效自己的故国，谁还给你刘邦卖命呢！

刘邦一听，一口喷出嘴里的饭，大骂郦食其：臭书生，差点坏了老子的大事，赶快把六国君印全销了！

张良的谏言让刘邦心服口服，郦食其的分封计划彻底泡汤。其实，张良反对的不是分封本身，而是觉得分封的对象不合适。对于跟随刘邦打天下的功臣，张良绝不反对封他们为王侯。

范增中招：领导糊涂

张良只说郦食其的办法行不通，却无法提出可行之策，汉军断粮的问题依然没有得到解决。刘邦只好低头向项羽求和，提出以荥阳为界，以西的土地归汉，以东的土地归楚。面对这样的条件，此时完全占据主动的项羽竟然想同意了。想当年，项羽初入关时，宁可“负约”也不让刘邦染指关中，现在甭说关中、巴蜀、汉中，荥阳以西的土地都承认是刘邦的了。这个变化真不小！真是此一时彼一时啊！

可是，有一个人绝对不会同意项羽就此妥协。他不愿意，刘邦就休想得逞。此人当然就是范增。范增的能量足以说动项羽，至少在这个问题上，项羽是会认真考虑范增的意见的。

范增劝项羽说：刘邦的队伍现在缺粮，这是解决他的最佳时机，这个时候一旦放了他，“后必悔之”。道理很简单，项羽一听就懂了，继续围住荥阳猛攻猛打。

刘邦这下惨了，城中无粮，楚军又猛攻不退，怎么办呢？就在这个节骨眼上，刘邦想起一件事来。此前，陈平曾经向他献过一道反间之计，说不定现在能够用得上。于是，刘邦立马召见陈平。陈平说：项王身边忠诚可靠的臣子只有范增、钟离眜、龙且、周殷这几个人，而且项王猜忌心一直很重。大王如果愿意拿出“数万斤金”，搞个反间计，离间他们君臣关系，他们一定会闹出内乱。我们再全力进攻，定可大破楚军。刘邦一听，好啊！一次性拿出四万斤金（黄铜），交给陈平，让他随意花，花多花少一概不问。（“顾楚有可乱者，彼项王骨鲠之臣亚父、钟离眜、龙且、周殷之属，不过数人耳。大王诚能出捐数万斤金，行反间，间其君臣，以疑其心，项王为人意忌信谗，必内相诛。汉因举兵而攻之，破楚必矣。”汉王以为然，乃出黄金四万斤，与陈平，恣所为，不问其出入。《史记·陈丞相世家》）

陈平把这些钱用在反间计上，到处散布谣言，说钟离眜等人觉得自己功劳大，却得不到分封，于是想和刘邦联手灭了项羽，再瓜分其地称王。项羽听到后，果然不相信钟离眜等将领了。（陈平既多以金纵反间于楚军，宣言诸将钟离眜等为项王将，功多矣，然而终不得裂地而王，欲与汉为一，以灭项氏而

分王其地。项羽果意不信钟离眛等。《史记·陈丞相世家》）

但最棘手的不是钟离眛，而是范增。这老头儿吃准了，现在是收拾刘邦的最佳时机。陈平也吃准了，这老头儿必须除掉不可！

于是陈平又使了一手，他等项王的使者到达汉军军营的时候，特意准备了一桌丰盛的酒宴，见到楚使后故作惊讶地说：我还以为是范将军的使者，原来是项王的使者啊！然后将丰盛的酒宴撤下去，换上一桌劣质食品。使者眼瞅着美食变狗食，气得火冒三丈，回去之后在项王那里抱怨了一通。项王一听，也开始对范增大不信任了，对其早点拿下荥阳、除掉刘邦的建议便没有采纳。范增见项王怀疑自己，还削自己的权，气急说道：天下大局已定，大王好自为之吧，我只求能安稳退休。就这样，范增悲愤地离开了奋斗多年的项氏集团，只可惜没走到彭城，气急攻心，背疮发作，死在了路上。（项王使者来，为太牢具，举欲进之。见使者，详惊愕曰："吾以为亚父使者，乃反项王使者。"更持去，以恶食食项王使者。使者归报项王，项王乃疑范增与汉有私，稍夺之权。范增大怒，曰："天下事大定矣，君王自为之。愿赐骸骨归卒伍。"项王许之。行未至彭城，疽发背而死。《史记·项羽本纪》）

坦白地说，陈平这点儿反间计并无特别高明的地方，但楚霸王就是信了，也是没办法的事儿。

纪信救主：有这样的部下，命好

范增虽然死了，但是楚军仍然包围着荥阳城，荥阳城的形势一天比一天紧张。就在这个时候，纪信对刘邦说：眼下情况已经非常紧急，请让我假扮汉王与楚军周旋，大王借机出城吧。刘邦采纳了纪信的意见，当夜让荥阳城中两千女人披甲戴盔装扮成汉军从东门出城。各方楚军听说汉王出城，从四面八方齐聚东门围歼汉军。纪信乘坐刘邦的专车，对四面围来的楚军说：如今粮食已绝，汉王投降了。楚军一听，高呼万岁，都以为大功告成。而刘邦趁机率领几十名骑兵随从，自荥阳西门而出，直奔成皋，再从成皋回到关中。项王看到假扮汉王的纪信，追问道：刘邦在哪儿？纪信回答说：汉王早已平安出城了。项羽气急败坏，下令烧死了纪信。（于是汉王夜出女子荥阳东门被甲二千人，楚兵四面击之。纪信乘黄屋车，傅左纛，曰："城中食尽，汉王降。"楚军皆呼万岁。汉王亦与数十骑从城西门出，走成皋。项王见纪信，问："汉王安在？"曰："汉王已出矣。"项王烧杀纪信。《史记·项羽本纪》）

纪信救主并非首次。早在鸿门宴时，纪信随刘邦赴宴，刘邦逃席时，纪信等四员大将步行随后，幸亏范增没派人追杀，如果楚军追杀，纪信恐怕早已经捐躯了。北宋初年的著名诗人王禹偁《荥阳怀古》一诗云："纪信生降为沛公，草荒孤垒想英风。汉家青史缘何事，却道萧何第一功。"全诗感慨刘邦建汉后萧何成了第一功臣，提都没提纪信，更没有追封纪信。金代诗人段纪昌《读纪信传》曰："鹿走中原两虎争，荥阳围解事堪惊。当时拔剑论功者，矢口何人说纪生？"也对纪信救主没有任何封赏深感不公。

人生就是这样，有人生前获得了功名，有人身后得到了功名，有人生前身后都没有得到功名。比如纪信，生未封侯，死未追封，但是，历史记住了他。纪信做事似乎没有成功，但是他做人获得了极大的成功，后人的诗歌便是对其成功的明证。

不管纪信遭遇了怎样的不公，他舍身救主，终究保全了刘邦的性命。

避实击虚：小人物的智慧

刘邦在荥阳阻击项羽可谓是历尽艰辛，一直处于十分被动的地位。谁能帮助刘邦结束这种被动挨打的局面呢？

袁生！袁生是姓袁的一个男子。名字不知道，史书无载。刘邦手下，谋士众多，譬如人们熟知的张良、陈平等，但这些大谋士对眼下这被动挨打的局面束手束脚。这位"袁先生"却颇有头脑，提出了一个调虎离山的好办法。古人说："肉食者鄙，未能远谋。"确实如此。

话说刘邦此次回到关中，广征士兵，准备再次东出函谷关和项羽一决高下。"袁生"拦住汉王说：楚、汉两军在荥阳附近已经打了一年多了，我军常常处于劣势。大王这次南出武关，项羽一定会率兵南下。我建议大王到达南阳后，深挖沟堑，坚守不战，为荥阳、成皋的队伍争取喘息的机会。另外，派韩信等人以赵地为中心，联合燕、齐，包围楚军，大王再借机杀回荥阳。如此一来，楚军需要应付的对手就多了，对抗的力量也就分散了，我军士兵休整之后再与楚军对决，一定可以打败他们。（汉与楚相距荥阳数岁，汉常困。愿君王出武关，项羽必引兵南走，王深壁，令荥阳成皋间且得休。使韩信等辑河北赵地，连燕齐，君王乃复走荥阳，未晚也。如此，则楚所备者多，力分，汉得休，复与之战，破楚必矣。《史记·高祖本纪》）

刘邦心领神会，“袁生”之谋是大战略、大胜利，比起只在荥阳与项羽贴身纠缠的手段，真是高明多了。于是，刘邦下令立即改道武关，兵出南阳郡。项羽果然率兵南下而来，刘邦坚守不战，牢牢拖住项羽大军。

与此同时，彭越在项羽的后勤补给线上做起了大文章。彭城大战前，彭越已经率三万军队参加了刘邦集团。彭城大战后刘邦退守荥阳，彭越没跟刘邦一块儿西撤，而是撤到“河上”（今河南安阳滑县）。刘邦在宛地拖住项羽时，彭越渡过睢水，攻击楚军粮道。楚军派出项声、薛公迎战，大败。粮道被断，项羽大军受到严重威胁，不得不从宛地撤兵东击彭越，仅派终公坚守成皋。（是时彭越渡睢水，与项声、薛公战下邳，彭越大破楚军。项羽乃引兵东击彭越。《史记·高祖本纪》）

这一仗，刘邦牵着项羽的鼻子走，打得是痛快淋漓。从战略角度而言，更是夺回了主动权和控制权。待项羽无奈撤兵，刘邦立即北上，杀死终公，夺回成皋。

这位“终公”究竟是何许人也？史家未记，我们也无从得知了。但是，这位“终公”一定不是一位名角。史书中他只出现一次，便是丢了成皋这次。

彭越这头呢，等项羽大军一到，他立即回撤到大本营。彭越可谓中国游击作战的创始人，他搞的这一套“敌进我退，敌退我进，敌走我扰”的游击战术对后世影响深远。

对项羽来说，彭越跑了，打不着，刘邦又占了荥阳、成皋。没办法，只好返身再打荥阳。

面对项羽大军，刘邦还是挡不住，只能再逃。出逃之前，刘邦派御史大夫周苛、枞（zōng）公、魏豹三人驻守荥阳。这个魏豹呢，就是我们以前讲过的魏王豹，被韩信俘虏后，刘邦没舍得杀他，让他做了自己手下的一员战将。周苛是沛县起兵就跟随刘邦的老部下，他和枞公商量，这个魏豹反复无常，一会儿降汉，一会儿叛汉，我耻于和这种人共事。于是，周苛、枞公密谋杀了魏豹。

荥阳陷落，周苛、枞公都被楚军活捉。项羽引诱周苛说：如果您投降于我，我让你做上将军，封三万户。周苛骂道：你不早点投降汉军，早晚会被抓住，你才不是汉王的对手呢！项羽一听，勃然大怒，烹杀了周苛，处死了枞公。（项王谓周苛曰："为我将，我以公为上将军，封三万户。"周苛骂曰："若不趣降汉，汉今虏若，若非汉敌也。"项王怒，烹周苛，并杀枞公。《史记·项羽本纪》）

汉三年（前204）六月，刘邦和滕公夏侯婴两人从成皋北门逃出，渡过黄河，入夜前赶到修武（今河南修武）。第二天一早，刘邦、滕公自称汉使，骑马进入赵军大营。此时韩信、张耳尚未起床，刘邦趁机夺了他们指挥军队的印信、符节，调兵遣将开赴荥阳前线。等到韩信、张耳起床，得知刘邦来了，大惊。刘邦命令张耳镇守赵地，任命韩信为相国，率领未被征调的部队攻打齐国。（六月，汉王出成皋，东渡河，独与滕公俱，从张耳军修武。至，宿传舍。晨自称汉使，驰入赵壁。张耳、韩信未起，即其卧内上夺其印符，以麾召诸将，易置之。信、耳起，乃知汉王来，大惊。汉王夺两人军，即令张耳备守赵地，拜韩信为相国，收赵兵未发者击齐。《史记·淮阴侯列传》）

八月，刘邦亲率韩信手下的精兵直达修武以南，想渡河与项羽开战。但是，刘邦的这个计划被一个人中止了。

此人名叫郑忠，是刘邦手下的一个随从（郎中）。他提醒刘邦，现在应该继续高筑壁垒，深挖堑壕，不要和楚军轻易交战。再派少量兵力渡过黄河增援彭越，继续骚扰项羽的后方补给线。等到项羽回兵时，我军再出击。

前有袁生，后有郑忠，皆是不见经传的人物，但不得不说，这两人都颇具战略眼光。刘邦马上明白过来，立即采纳郑忠的意见，派两万步兵、数百骑兵渡过黄河，深入楚地，烧毁楚军聚集的军粮。彭越得到援兵，声势大振，接连攻战了睢阳（今河南商丘市睢阳区）、外黄（今河南民权西北）十七座城池，楚军的补给线被再次切断，逼得项羽只得回兵。（汉王听其计，使卢绾、刘贾将卒二万人，骑数百，渡白马津入楚地，佐彭越烧楚积聚，复击破楚军

燕郭西，攻下睢阳、外黄十七城。《汉书·高帝纪》）

九月，项羽派大司马曹咎驻守广武，自己第二次率兵东击彭越。临行前，项羽一再告诫曹咎，汉王无论怎么挑衅，你都不要出战，只要牵制住汉军，不让他们东进就行。我十五日必能平定梁地，再和你会合。（项羽乃谓海春侯大司马曹咎曰："谨守成皋。若汉挑战，慎勿与战，无令得东而已。我十五日必定梁地，复从将军。"《史记·高祖本纪》）

这个曹咎，是项梁的恩公。项梁秦朝时曾经犯法入狱，当时拜托任蕲县（今安徽宿县南）狱掾的曹咎给栎阳（今陕西西安）狱掾司马欣写过一封信，就是这封信，救了项梁一命。

项梁、项羽此后非常信任曹咎。项羽回兵打通粮道，把防守广武的重任交给了他。按理说，项羽对曹咎其人应当有所了解，但走前一再告诫，可见对其驻守广武并不放心，仅要求坚守十五天不出战即可。曹咎能做到吗?

项羽一离开，刘邦便派人到楚军阵前羞辱曹咎，诱惑其开战。才过了五六天，曹咎便中招了，他违抗项羽命令，擅自率兵渡汜水出战，没想到刚刚渡过一半，就遭到汉军伏击，楚军大败。大司马曹咎、原塞王司马欣、原翟王董翳深悔不听项羽临行前的忠告，自知无颜再见项羽，都选择了自杀，广武就此失守，楚军在广武屯聚的军需也全部丢失。（汉果数挑楚军战，楚军不出。使人辱之，五六日，大司马怒，渡兵汜水。士卒半渡，汉击之，大破楚军，尽得楚国货赂。大司马咎、长史翳、塞王欣皆自刭汜水上。《史记·项羽本纪》）

汜水之败，在于项羽用人失当!

刘邦避实击虚的策略非常有效。项羽在广武和汉军对峙，彭越在后方横扫楚军补给线，逼得项羽不得不回兵。项羽一回兵，刘邦又在广武大败楚军，拿下广武。

项羽风风火火地赶到梁地，在外黄与彭越的军队交手。外黄难打，几天才攻下。拿下外黄，项羽气得下令：外黄城中十五岁以上的男人统统集中到城东，全部坑杀。外黄县令舍人的儿子才十三岁，他当面指责项羽说：彭越攻打外黄，百姓害怕，不得已才投降彭越，而等大王来。现在大王来了，却又要坑杀外黄的百姓，你说外黄的百姓怎么能有归顺之心呢？您如果要执意坑杀外黄百姓，梁地十几座城恐怕没有哪座城愿意向将军投降了。项羽一听，这个小娃娃讲得蛮有理，立即赦免了原来打算坑杀的外黄百姓。此事一传出，从外黄到睢阳，梁地的城池争着归顺项羽。项羽迅速平定了彭越之乱。（外黄不下。数日，已降，项王怒，悉令男子年十五已上诣城东，欲坑之。外黄令舍人儿年十三，往说项王曰："彭越强劫外黄，外黄恐，故且降，待大王。大王至，又皆坑之，百姓岂有归心？从此以东，梁地十余城皆恐，莫肯下矣。"项王然其言，乃赦外黄当坑者。东至睢阳，闻之皆争下项王。《史记·项羽本纪》）

项羽击败彭越后，郁闷地得知曹咎、司马欣、董翳兵败自杀，只好再次杀回荥阳。这时的荥阳，只有被陈平反间计算计不被项羽信任的楚将钟离眛还在坚持抵抗汉军。

汉军听说项羽又杀回来了，当即一轰而散，争相逃命。项羽驻军广武，再次和汉军相持。

刘邦和项羽在广武这个地方相持不下，难分胜负。正如赵国名将李左车所预言的那样，相持不下的刘邦、项羽需要一股外力的推动。一旦有了外力推动，刘、项两家马上就可见出胜负。这股外力在哪里呢？

韩信的重大突破

刘邦与项羽在荥阳对峙之时，刘邦集团中有两个人同时盯上了齐国。一位是韩信，刘邦之前已向他下达了灭齐的命令；另一位是顶级外交家郦食其。郦食其谏言刘邦：齐地方圆千里，被强大的田氏宗族独占，他们多诈善变，而且拥有二十万精兵，大王就是派出几十万大军，也不可能在短时间内破齐。如果让我奉大王明诏，面见齐王，倒可以让他不战而降。刘邦深知郦食其在这方面很有经验，二话不说便立即派他动身赴齐游说。齐国到底如何归汉呢？

用嘴巴解决齐国：其实是权衡利害

郦食其一见到齐王，就直入主题：大王知道天下将要归谁所有吗？齐王回答：不知道。郦食其直言不讳：如果大王知道天下将要归谁，便可保齐国上下平安无事；如果不知道，那就难说了。齐王回应说：天下不会有归属。郦食其反驳道：天下必将归汉。

齐王反问道：先生为什么这样讲呢？郦食其见时机成熟，便将游说之辞慢慢道来：

项王言而无信。当初汉王与项王合力灭秦，本来约定先入关灭秦者为王。汉王率先入关灭了秦，项王却违约失信，只封以巴、蜀、汉中之地。（汉王与项王戮力西面击秦，约先入咸阳者王之。汉王先入咸阳，项王负约不与而王之汉中。《史记·郦生陆贾列传》）

项王赏罚不公。项王违背盟约不说，还擅自杀了义帝，而他手下的将领们打了胜仗得不到赏赐，攻下城池得不到封赏，受重用的都是项氏家族的亲戚。有功不记，有罪不忘，实在是赏罚不公。诸侯百姓其实都对他怨恨已久，贤能之才也都不愿为他效劳。（项王有倍约之名，杀义帝之负；于人之功无所记，于人之罪无所忘；战胜而不得其赏，拔城而不得其封；非项氏莫得用事；为人刻印，刓而不能授；攻城得赂，积而不能赏：天下畔之，贤才怨之，而莫为之用。《史记·郦生陆贾列传》）

汉王与人同利。汉王和项王不同，他总是有福同享，有难同当。当初听说项王擅杀义帝，汉王悲愤交加，率蜀汉之军杀回三秦，重新整编军队，立诸侯后人为王。一有降城就封给手下将领，和天下人共享胜利果实，所以，天下豪杰都乐于为他效力。天下的人才都归了汉，这天下岂不是迟早会归汉吗？（项王迁杀义帝，汉王闻之，起蜀汉之兵击三秦，出关而责义帝之处，收天下之兵，立诸侯之后。降城即以侯其将，得赂即以分其士，与天下同其利，豪英贤才皆乐为之用。诸侯之兵四面而至，蜀汉之粟方船而下。《史记·郦生陆贾列传》）

汉兵是神兵天赐。汉王自蜀汉出兵以来，还定三秦，渡西河、灭魏国，过上党、下代国，经井陉、杀陈馀，连下几十座城，所向披靡，就好比蚩尤之兵，绝不是一己之力所能控制，实在是上天庇护有加！如今汉王据敖仓、占成皋，天下诸侯若不赶快向他俯首称臣，被灭掉那是迟早的事儿。大王若是先向汉王称臣，便可保齐国社稷，否则，亡国之祸指日可待。（夫汉王发蜀汉，定三秦；涉西河之外，援上党之兵；下井陉，诛成安君；破北魏，举三十二城：此蚩尤之兵也，非人之力也，天之福也。今已据敖仓之粟，塞成皋之险，守白马之津，杜大行之阪，距蜚狐之口，天下后服者先亡矣。王疾先下汉王，齐国社稷可得而保也；不下汉王，危亡可立而待也。《史记·郦生陆贾列传》）

齐王田广、齐相田横听了郦食其这番话，心悦诚服，下令解除了紧急战备，天天和郦食其畅饮。

不动干戈，不血兵刃，仅靠一张嘴便让坐拥七十多城的齐国向刘邦称臣，郦食其的能言善辩着实让人钦佩。其实，真正让齐国君臣俯首帖耳的是大将军韩信的威力。韩信一路横扫的魏、代、赵、燕诸国，就是齐国的前车之鉴，齐国君臣本就心生畏惧，此时郦食其的劝降反倒给了他们一个台阶下。

武力袭齐：只有刘邦是赢家

这边韩信奉刘邦之命向齐国进发，刚一出发就听说郦食其已经说降齐王。韩信本打算停止进军，谁知手下的一位辩士却极力反对。此人叫蒯通，擅长短之说。蒯通对韩信说：将军奉命攻打齐国，虽然汉王另派使者劝降，但后来有诏书命令将军停止军事行动吗？郦生只不过是一介书生，凭着三寸不烂之舌拿下齐国七十多座城，而将军率领数万之众多日征战，也不过平定了赵地五十多城。您为将数年，难道不如一个儒生的功劳吗？韩信被蒯通说动，立即下令渡河攻齐。（信引兵东，未渡平原，闻汉王使郦食其已说下齐，韩信欲止。范阳辩士蒯通说信曰："将军受诏击齐，而汉独发间使下齐，宁有诏止将军乎？何以得毋行也！且郦生一士，伏轼掉三寸之舌，下齐七十余城，将军将数万众，岁余乃下赵五十余城，为将数岁，反不如一竖儒之功乎？"于是信然之，从其计，遂渡河。《史记·淮阴侯列传》）

因为齐王田广、齐相田横相信郦食其的话，已经终止了历下（今山东济南历下区）军的一级战备，所以韩信极为轻松就偷袭成功。随后，灌婴率领的骑兵军团、曹参指挥的步兵军团也同时攻下了齐军大营，二十万齐国大军全军覆没。韩信乘胜追击，一口气打到了齐都临淄（今山东淄博）。

齐王田广闻讯，一口认定郦食其欺骗了自己。他对郦食其说：你要是能够阻止汉军攻城，我就放了你，不然，我就烹了你！郦食其是真不知道韩信为什么还会杀过来，但他明白，自己无论如何也无法阻止韩信放弃嘴边的肥肉。所以，他对齐王说：做大事不顾小节，道德高尚的人不推辞责任。我不会再为你多说什么！齐王怒，下令烹杀郦食其，自己率兵向高密（今山东高密）逃窜，并派出使者向项羽求救。（齐王田广闻汉兵至，以为郦生卖己，乃曰："汝能止汉军，我活汝；不然，我将亨汝！"郦生曰："举大事不细谨，盛德不辞让。而公不为若更言！"齐王遂亨郦生，引兵东走。《史

记·郦生陆贾列传》）

这场袭齐之战中，郦食其被齐王烹杀，成功的韩信成为列卿部将中的大功臣，招来了刘邦的猜忌，种下了日后被杀的祸根，只有刘邦成为这一事件中的最大赢家。

人造洪水也无情：苦了项羽

项羽听说韩信破了齐，立即派主帅项它带领枭将龙且等人，率兵二十万奔赴齐地。

齐军和楚军联合，共同对抗汉军。仗还没打，有人向龙且建议：汉兵远离自己的后方根据地，士兵们无路可退，所以兵锋很盛，勇猛顽强。而齐楚联军呢，是本土作战，容易思念家乡而失去斗志。不如深挖沟，高筑垒，让齐王派出口碑不错的大臣去被占领的城池安抚民心。那里的百姓官兵一旦听说齐王尚在，而且楚国援兵也已经到达，一定会叛汉自立。汉军客居齐地，如果齐城官兵全部团结起来进行反击，我们一定可以不战而胜。（汉兵远斗穷战，其锋不可当。齐、楚自居其地战，兵易败散。不如深壁，令齐王使其信臣招所亡城，亡城闻其王在，楚来救，必反汉。汉兵二千里客居，齐城皆反之，其势无所得食，可无战而降也。《史记·淮阴侯列传》）

这个建议和当年田单破燕复齐、之前李左车建议赵兵严守不战一样，都是高明之策。

但是，好建议更需能听善听之人。而龙且呢，那是一点也听不进去。他满不在乎地说：韩信这个人胆小怕事，容易对付得很。何况我奉命率兵救齐，如果不战而胜，又算什么功劳呢？这仗必须打！（吾平生知韩信为人，易与耳。且夫救齐不战而降之，吾何功？《史记·淮阴侯列传》）

双方隔着潍水布下了军阵。

韩信趁夜间先派人到潍水上游装填了一万多个沙袋，筑起一道临时的水坝，截住大部分流水，下游的河水随即减少。第二天，韩信率兵渡河攻打龙且，走到一半，假装怯战，掉头就逃。龙且见此情形，亢奋地说：我就说韩信怯战吧。于是，带领楚兵准备冲过河道，追杀汉军。韩信在对岸，眼见龙且带领楚兵已经冲入河中，立即发出信号，上游的士兵们即刻将沙袋撤掉，被堵了一夜的河水顿时滔滔而下。龙且的军队仅一小部分过了河，大部分士兵都被汹涌的河水隔离在对岸。韩信从容地指挥大军围剿龙且及渡过河的少数楚军，龙且被杀。对岸的楚军见主将被杀，一哄而散。混乱中，齐王田广也在逃亡途中被杀。韩信率领汉兵一路追杀楚军，楚军大部被俘。（韩信乃夜令人为万余囊，满盛沙，壅水上流，引军半渡，击龙且，详不胜，还走。龙且果喜曰："固知信怯也。"遂追信渡水。信使人决壅囊，水大至。龙且军大半不得渡，即急击，杀龙且。龙且水东军散走，齐王广亡去。信遂追北至城阳，皆虏楚卒。《史记·淮阴侯列传》）

汉四年（前203）冬十一月，韩信平定了齐地。

韩信是一招大棋：落子动全局

围剿龙且，破齐楚联军，攻下齐国七十多座城池，这是大胜。这样的大胜，让四个人做出了不同的反应。

第一位是韩信本人。

据《史记·淮阴侯列传》记载，韩信破齐之后，立即上书汉王刘邦，说"齐伪诈多变，反覆之国也"。而且齐国南邻楚国边境，地理位置十分重要，如果"不为假王"，根本镇不住，"愿为假王便"。

对于韩信求封"假齐王"的事儿，《史记·田儋列传》也有记载："韩信遂平齐，乞自立为齐假王。汉因而立之。"

但是，也有一些记载认为韩信乃自立为齐王。《史记·灌婴列传》云："齐地已定，韩信自立为齐王。"《汉书·陈平传》曰："淮阴侯信破齐，自立为假齐王。使使言之汉王。汉王怒而骂。"《汉书·蒯通传》载："信遂定齐地，自立为齐假王。汉方困于荥阳，遣张良即立信为齐王，以安固之。"这三条记载都说韩信乃自立。一说韩信自立齐王，一说韩信自立为"假齐王"，一说韩信自立"齐假王"后通知刘邦，刘邦派张良封韩信为齐王，以稳住韩信。

那么，韩信的齐王，到底是求封的，还是自立的呢？根据我对韩信的理解，应是求封而不是自封！“求封”是认刘邦为主，自己为臣；“自封”是和刘邦平起平坐。“求封”与“自封”虽然只有一字之差，但性质截然不同。韩信此时没有理由背叛刘邦，况且如果他真是自立为齐王，那么他对楚汉之争的态度，应当是或中立，或助楚，而不是完全倒向刘邦一边的助汉。

当然，无论韩信是自封或是求封，刘邦的内心铁定不舒服。

第二位是刘邦。

刘邦听说韩信成功破齐，迫切希望他能早日发兵荥阳，协助自己打破正面战场的僵局，谁知盼星星盼月亮，盼到的却是韩信求封代理齐王的信。这和刘邦的心思完全相反，故“汉王大怒”，破口大骂：我被困在这儿这么久了，就盼着你赶快来助我一臂之力，你现在竟得寸进尺，想“自立为王”！

张良、陈平此时正在刘邦身边，一见这个场面，不约而同地都踩了刘邦一脚，附在刘邦耳边说：我们在这儿被动得很，怎么能阻止韩信称王呢？不如趁此机会善待韩信，顺着他的心思让他独自作战吧。不然，说不定会生出什么意外呢。刘邦立马反应过来，但自己正骂得起劲儿，总不能突然不骂了，多没面子啊！于是顺势说下去：男子汉大丈夫平了诸侯就应当封个正式的诸侯王，什么代理不代理的？刘邦立即派张良前往齐地，立韩信为齐王，同时征集其军队联合击楚。（张良、陈平蹑汉王足，因附耳语曰：“汉方不利，宁能禁信之王乎？不如因而立，善遇之，使自为守。不然，变生。”汉王亦悟，因复骂曰：“大丈夫定诸侯，即为真王耳，何以假为！”乃遣张良往立信为齐王，征其兵击楚。《史记·淮阴侯列传》）

刘邦对韩信破齐，一则是喜，一则是忧。说到底，这个新齐王的诞生怎么着都让刘邦心里不太痛快。

第三位是项羽。

韩信杀了龙且，这让天不怕地不怕的楚霸王项羽第一次领略到恐慌是什么。项羽一向目中无人，一生中从未怕过谁。想当年，他看到秦始皇出巡，脱口而出：“彼可取而代也。”此话一出口，吓得他的叔叔项梁急掩其口：“毋妄言，族矣！”此时，项羽却感到了恐惧。可见，龙且为韩信所杀，对项羽的震撼有多大！

项羽都在怕什么呢？

首先，韩信这个对手确实可怕。龙且是谁？那是项羽手下独当一面的悍将。当年，枭将黥布叛楚，平定他的就是龙且，逼得黥布最后和汉使抄小路逃归刘邦。可想而知，龙且的勇猛在项羽军团中几乎是无人可比的了。这次项羽接到齐王田广的求救信，深知事关重大，才派出手下最得力的悍将龙且。没想到，龙且竟然轻松地被韩信斩落，韩信的厉害不言而喻。

其次，国都、粮道遭受威胁。一个彭越已经搞得项羽两次回兵打通后勤补给线，如今再加上一个比彭越能量大得多的韩信，西楚军的后勤补给线面临着彻底瘫痪的危险，这对项羽军团来说是一个致命灾难。而且，西楚国国都彭城与齐地接壤，韩信破齐，意味着西楚国国都随时可能遭受袭击。

最后，汉强楚弱的局面正式形成。韩信破齐之后，麾下拥有三十万精兵。刘邦在荥阳战场虽然不占上风，但总能从韩信那里得到援兵，此时尚有二十万之众。龙且兵败，带过去的二十万楚军已经全部报销，屈指一算，项羽身边此时只剩下十万人马。韩信三十万，在楚军东，刘邦二十万，在楚军西。汉军的两个军团，恰好对楚军形成夹击之势。至此，项羽已经彻底失去了楚汉战争的主动权，汉强楚弱的局面完全形成，项羽败亡的历程悄然开始。

在此之前，项羽带兵打仗从未游说过任何人。他一生信奉武力定天下，你不服，我就打到你服，不屑于搞什么政治外交。然而，此时的项羽危机四伏，不得不放下身段，派武涉作为特使，专程前往齐地面见齐王韩信，希望通过这场外交缓解一下自己所面临的压力。

武涉见到韩信，极力游说道：

汉王贪得无厌。

当年天下诸侯合力灭秦，秦亡之后论功行赏，分地封王。但是，汉王太不知足了，有了巴、蜀、汉中，还要强占三秦。占了三秦，还要出关。出关之后呢，还要继续消灭其他诸侯。这个架势，摆明了就是不独吞天下不罢休啊！（天下共苦秦久矣，相与戮力击秦。秦已破，计功割地，分土而王之，以休士卒。今汉王复兴兵而东，侵人之分，夺人之地，已破三秦，引兵出关，收诸侯之兵以东击楚，其意非尽吞天下者不休，其不知厌足如是甚也。《史记·淮阴侯列传》）

汉王不值得相信。

汉王曾经多次落于项王之手，项王心软，屡次留他性命，他才有机会苟活至今。然而汉王一脱离危险，就立即背叛约定，再攻项王。足下自以为和汉王情谊深厚，为汉王东征西战，但最终您还是会被汉王擒获的。（且汉王不可必，身居项王掌握中数矣，项王怜而活之，然得脱，辄倍约，复击项王，其不可亲信如此。今足下虽自以与汉王为厚交，为之尽力用兵，终为之所禽矣。《史记·淮阴侯列传》）

韩信因项王存在才能存在。

足下能够活到今天，只是因为汉王还有项王这个大敌罢了。当今汉楚相争，取决足下。足下助汉则汉王胜，助楚则项王胜。但是，你要明白，一旦项王败亡，足下再无利用价值，紧跟着就会被刘邦灭掉。（足下所以得须臾至今者，以项王尚存也。当今二王之事，权在足下。足下右投则汉王胜，左投则项王胜。项王今日亡，则次取足下。《史记·淮阴侯列传》）

智者当中立。

足下当年曾在项王手下任职，与项王算是旧交，为什么不联合西楚，三分天下而称王？如果错过这个时机，执意把赌注全押在汉王身上，恐怕非智者所为啊！（足下与项王有故，何不反汉与楚连和，参分天下王之？今释此时，而自必于汉以击楚，且为智者固若此乎！《史记·淮阴侯列传》）

一个人的游说能力，和他对事态的精确把握密切相关。这个事态，有小势，又有大势。从武涉的这段话里可以看出，他对小势的把握，应该说是很到位了，但对天下大势的把握，明显不够。或者说，他其实把握到了，但因为对自己的游说不利，所以避而不谈。那么，这个大势是什么呢？当然是天下一统，这已经是民心所向，所以不可能出现三家鼎立的局面。任何试图摇摆于其中的势力，必将烟消云散。

听了武涉的游说，韩信到底是什么反应呢？

韩信对武涉说：我在项王手下做事，官位不过是个郎中，爵位不超过“执戟”，“言不听，画不用”，所以才投靠了汉王。汉王封我为上将军，一开始就让我掌管数万兵马。拿出好衣服让我穿，端出美食让我吃，工作上也虚心接受我的意见，所以我才有了今天。一个人这样信任我，我若是背叛他，天理不容，所以我至死不会背叛汉王。（汉王授我上将军印，予我数万众，解衣衣我，推食食我，言听计用，故吾得以至于此。夫人深亲信我，我倍之不祥，虽死不易。《史记·淮阴侯列传》）

武涉作为一位说客，可以说恪尽职守了。但是韩信如此信任刘邦，尤让人感动。一位天才的军事家对政治的理解仅仅局限在个人恩怨的格局中，也让人无限感慨。

第四位是蒯通。

蒯通就是之前鼓动项羽继续进军齐地的辩士，此人嘴皮子实在厉害。他第一次出现在历史的舞台上是秦二世元年（前 209）八月，巧言令色周旋于赵王武臣与范阳县令之间，传檄千里，助赵王不战而下三十余城。

这次平定全齐，对韩信来说是称王的资本，对刘邦来说是亦喜亦忧，对项羽来说是一场空前的灾难，对蒯通来说却是施展自己才华的机遇。

蒯通心中了然：当今天下大势，取决于韩信。看到武涉游说失败，蒯通决定，自己一定要想方设法说动韩信叛汉自立。

于是，蒯通找了个机会对韩信说：我曾经学过相人之术。韩信问：先生的相面术怎么样呢？蒯通说：“贵贱在于骨法，忧喜在于容色，成就在于决断。”一个人如果不能够当即立断，无论如何不能成就一番大业。

韩信说：好，先生看我的面相怎么样？蒯通说：请让左右退下。韩信下令左右退下。

蒯通接着说：看您的面相，“不过封侯”，而且还很不安全，有鸟尽弓藏之险。但看您的背相，却“贵乃不可言”。韩信问：此话怎么讲呢？

蒯通解释道：反秦大起义初期，英雄豪杰振臂一呼，天下之士争相响应，因为当时的要务是“亡秦”，大家积极性都很高。现在楚汉相争，无辜百姓饱受牵连。楚军从彭城转战荥阳，乘胜逐北，威震天下。最终却“兵困于京、索之间”，算来已然有三年了。汉王率兵依据巩县、洛阳的山河之险，一天数战，竟然没有半点功劳，兵败荥阳，南走宛叶。

（楚人起彭城，转斗逐北，至于荥阳，乘利席卷，威震天下。然兵困于京、索之间，迫西山而不能进者，三年于此矣。汉王将数十万之众，距巩、雒，阻山河之险，一日数战，无尺寸之功，折北不救，败荥阳，伤成皋，遂走宛、叶之间，此所谓智勇俱困者也。《史记·淮阴侯列传》）

现在双方的锐气全失，粮食将尽，百姓疲惫，一片抱怨之声。在我看来，非贤者不能平息天下这场大难啊。（夫锐气挫于险塞，而粮食竭于内府，百姓罢极怨望，容容无所倚。以臣料之，其势非天下之贤圣固不能息天下之祸。《史记·淮阴侯列传》）

当今项王、汉王两人的性命，全系于您的手上，您依附汉王则汉胜，您依附项王则楚胜。我希望您能听我一句劝告，不如三分天下鼎足而立，不仅有利于刘、项两个集团，而且可以相互牵制，谁也不敢轻举妄动。（当今两主之命县于足下。足下为汉则汉胜，与楚则楚胜。臣愿披腹心，输肝胆，效愚计，恐足下不能用也。诚能听臣之计，莫若两利而俱存之，参分天下，鼎足而居，其势莫敢先动。《史记·淮阴侯列传》）

您才智过人，拥有的队伍庞大无敌，又以强大的齐国为根据地，统领燕赵，控制着刘、项两方的空隙之地，足以令楚、汉望而生畏。此时若能顺应民意，为百姓请命，要求刘、项停止战争，世人皆会积极响应。然后再削强扶弱，分封诸侯，到那时天下人必定都会感谢齐国，服从您了。常言道，上天给你的，你不要，反而会得到怪罪；时候到了，你不行动，反而会受到时运的连累。请您好好考虑一下。（夫以足下之贤圣，有甲兵之众，据强齐，从燕、赵，出空虚之地而制其后，因民之欲，西乡为百姓请命，则天下风走而响应矣，孰敢不听！割大弱强，以立诸侯，诸侯已立，天下服听而归德于齐。案齐之故，有胶、泗之地，怀诸侯以德，深拱揖让，则天下之君王相率而朝于齐矣。盖闻天与弗取，反受其咎；时至不行，反受其殃。愿足下孰虑之。《史记·淮阴侯列传》）

韩信思量片刻，对蒯通说：可是汉王待我太好了。配好车，赠美衣，赐佳肴。我听说，坐他人的车，就要和他人共患难；穿他人的衣服，就应当为他人分忧；吃他人的饭，就要为他人献身。我怎么能够见利忘义呢？（汉王遇我甚厚，载我以其车，衣我以其衣，食我以其食。吾闻之，乘人之车者载人之患，衣人之衣者怀人之忧，食人之食者死人之事，吾岂可以向利倍义乎！《史记·淮

阴侯列传》）

蒯通料定韩信会这么想，针对韩信的话，他将会作出怎样的劝解呢？韩信最终是否会听从蒯通的建议，接受三足鼎立的局面呢？历史告诉我们，韩信断然拒绝了这个历史的机遇。到底怎么回事，我们在后文中自有详解。

此时战争的主动权都握在了韩信手里，那么，楚汉之争的当事人又在干什么呢？面对疲惫不堪的现实，各自又有什么样的打算呢？

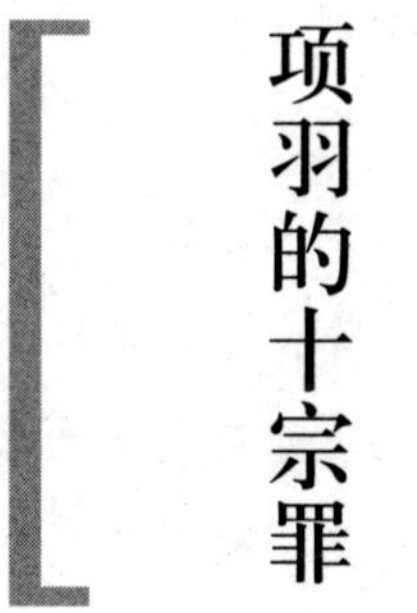

项羽的十宗罪

韩信攻占齐地之后，严重威胁着西楚国国都彭城的安危，更是威胁到楚军的后勤保障，项羽急红了眼，决定采用和平外交政策，派武涉前去游说韩信，未果。随后蒯通又跟着掺和进来，极力劝说韩信三分天下。无奈韩信是铁了心要追随刘邦。外交战术不管用，项羽手上还有什么牌可以打吗？刘邦又会怎样应对这种新局面呢？

怒烹太公：令人震惊的无奈之举

龙且兵败战死，武涉无功而返，项羽软硬两手无一成功。特别是外交战的失败，逼得贵族出身的项羽打起了人质战，因为项羽手中有刘邦的家人。

汉四年（前 203）十月，刘邦坚守不战，彭越又在梁地断楚军粮食，项羽非常担忧。

躁怒的项羽架起一口大锅，把刘邦的父亲太公架在上面，对刘邦说：你赶快投降，要是晚了，我就把你老爹烹了！没想到刘邦却回应说：我和你曾经同为怀王之臣，结拜为兄弟。我爹就是你爹，如果你真要把你爹烹了，也给我分一杯肉羹吧。眼见激将法无效，项羽勃然大怒，真要杀刘邦的父亲泄愤。项伯赶紧出面劝解，天下大事尚未落定，争夺天下的人哪里会顾得了家人，您杀了太公也没用，只会增加仇恨。项羽极力克制，最后放了太公。（为高俎，置太公其上，告汉王曰：“今不急下，吾烹太公。”汉王曰：“吾与项羽俱北面受命怀王，曰‘约为兄弟’，吾翁即若翁，必欲烹而翁，则幸分我一杯羹。”项王怒，欲杀之。项伯曰：“天下事未可知，且为天下者不顾家，虽杀之无益，只益祸耳。”项王从之。《史记·项羽本纪》）

项伯这次出手相救，只有一种解释：帮自己的亲家公。鸿门宴前，他阻止了项羽消灭刘邦的一场屠杀，鸿门宴中他又阻止了一场行刺刘邦的突发事件。此时，他再次出手相助。

人们常以刘邦“吾翁即若翁，必欲烹而翁，则幸分我一杯羹”三句话作为刘邦流氓本性的典型描述。这样的话从未来的汉高祖嘴里说出来，确实有伤大雅。但我们结合当时的大环境来看，刘邦这样说实属无奈。项羽以此要挟刘邦，这本身就是流氓行径。刘邦也绝不可能为了救自己的老父而投降，只能以眼还眼、以牙还牙，以流氓之道还施流氓之身了。

十罪项王：抢占道德制高点

韩信攻占了齐地，对刘邦而言，可谓曙光初现。然而，只要韩信一天不出兵救援，刘邦就只能在荥阳战场苦苦煎熬。

项羽看到杀人质吓不倒刘邦，便提出要和刘邦决战。刘邦听后笑笑说：我宁可斗智，不愿斗力！（项王谓汉王曰：“天下匈匈数岁者，徒以吾两人耳，愿与汉王挑战决雌雄，毋徒苦天下之民父子为也。”汉王笑谢曰：“吾宁斗智，不能斗力。”《史记·项羽本纪》）

项羽让手下将领出阵挑战，却被汉军神箭手一一射杀，“大怒”，亲自披甲持戟上阵。神箭手又想放箭，只见项羽瞪起双眼，一声大吼，神箭手竟被吓得“目不敢视，手不敢发”，逃回大营，“不敢复出”。刘邦得知此事，大为震惊，为了给将士们鼓劲儿，他来到阵前，指责项羽犯有十大罪状。

刘邦所说的十大罪状都是什么呢？

始与项羽俱受命怀王，曰先入定关中者王之，项羽负约，王我于蜀汉，罪一。项羽矫杀卿子冠军而自尊，罪二。项羽已救赵，当还报，而擅劫诸侯兵入关，罪三。怀王约入秦无暴掠，项羽烧秦宫室，掘始皇帝冢，私收其财物，罪四。又强杀秦降王子婴，罪五。诈坑秦子弟新安二十万，王其将，罪六。项羽皆王诸将善地，而徙逐故主，令臣下争叛逆，罪七。项羽出逐义帝彭城，自都之，夺韩王地，并王梁楚，多自予，罪八。项羽使人阴弑义帝江南，罪九。夫为人臣而弑其主，杀已降，为政不平，主约不信，天下所不容，大逆无道，罪十也。（《史记·高祖本纪》）

第一宗罪：项羽负约。

此罪其实众人皆知，都是“怀王之约”闹的。只怪项羽负约在先，这就让刘邦而后的屡次爽约有了理直气壮的借口。项羽实在不善于，也许是不屑于揭刘邦那些老底儿，可刘邦却牢牢抓住项羽的负约失信说事儿，由此再一次证明，刘邦的政治头脑与手段，项羽远不能及。

有人认为“怀王之约”不存在，比如张子侠先生《刘邦数项羽“十罪”考评》中所持观点。我认为，“怀王之约”确实存在，否则刘邦不会屡屡拿“怀王之约”说事儿。项羽负约是事实。其实，刘邦也屡屡负约。入关之时，他派郦食其与峣关秦将约定共同灭秦，峣关秦将与刘邦达成协议后，刘邦却听张良之计，趁峣关秦将放松戒备之际发动突袭。这样负约的事儿，刘邦可也没少干。

第二，杀宋义自立为帅。

项羽确曾矫诏杀宋义而自立为“假上将军”，怀王被迫封项羽为上将军，这才有了名垂青史的巨鹿之战。项羽为什么要杀宋义？据《史记·项羽本纪》的记载，项羽与宋义的不和缘于战法不同：项羽主张“疾引兵渡河，楚击其外，赵击其内”，宋义主张“先斗秦赵”，“我承其敝”。这两种主张各在其理。事实上，宋义只不过是项羽和楚怀王熊心斗争的牺牲品。

首先，项羽与怀王早有矛盾。

楚怀王熊心早先不过是个放牛娃。项梁之所以立这个放牛娃当楚王，是为了号召楚地民众。熊心虽被立为楚王，但楚军大权在项梁手中。军事上，项梁独揽兵权，将陈婴等亲信任为上柱国，控制怀王。外交上，项梁通使诸侯，立韩王成，各诸侯国使臣也出入项氏门下。怀王不甘心做政治傀儡，但项梁权势极大，只能隐忍。项梁战死，给了怀王可乘之机，他“并项羽、吕巨军自将之”，夺了项羽的军权，导致项羽对其结怨甚深。在西征和救赵的问题上，怀王坚持让刘邦西入秦关，不许项羽西征，要项羽以“次将”身份随上将军宋义北上救赵，这更让项羽愤怒。

其次，宋义借怀王所授主将之权压制项羽。宋义和项羽在救赵策略上发生争执后，下令军中：“猛如虎，很如羊，贪如狼，强不可使者，皆斩之。”此令完全针对项羽而发，让项羽更加不满。

宋义在安阳停留四十六日不前进，此时，天气寒冷，大雨滂沱，士卒都饥寒交迫。宋义却派他的儿子到齐国任相国，亲自送行，大摆宴席。项羽遂以“不恤士卒而徇其私”为由，先发制人，在宋义的大帐中发动兵变，矫楚王诏斩杀宋义。（乃遣其子宋襄相齐，身送之至无盐，饮酒高会。天寒大雨，士卒冻饥。项羽曰：“将戮力而攻秦，久留不行。今岁饥民贫，士卒食芋菽，军无见粮，乃饮酒高会，不引兵渡河因赵食，与赵并力攻秦，乃曰‘承其敝’。夫以秦之强，攻新造之赵，其势必举赵。赵举而秦强，何敝之承！且国兵新破，王坐不安席，埽境内而专属于将军，国家安危，在此一举。今不恤士卒而徇其私，非社稷之臣。”项羽晨朝上将军宋义，即其帐中斩宋义头，出令军中曰：“宋义与齐谋反楚，楚王阴令羽诛之。”《史记·项羽本纪》）

宋义该不该杀？这个问题很难回答。

张子侠先生《刘邦数项羽“十罪”考评》认为，矫杀宋义绝非愤其救赵之迟，这场火拼背后隐藏着政治斗争的暗流和血淋淋的利害冲突。此说有理。

第三，擅劫诸侯兵入关。

刘邦指责项羽在巨鹿之战后不向怀王报告，擅自劫持诸侯兵马入关。这桩“罪状”里潜藏着两个问题：项羽救赵成功后应该向怀王汇报吗？项羽率领的诸侯联军是擅自劫来的吗？

楚怀王派兵北上有两大任务：一是救赵，二是灭秦。项羽在巨鹿之战后率诸侯联军入关完全符合怀王的既定战略方针，怎么能称为“擅劫”呢？

而且，仔细想想，“罪三”与“罪一”还自相矛盾。按照“罪一”的说法，既然有约在先，“以入定关中”为标准，那项羽大捷后入关，何须“还报”，何来“擅劫”？可见，刘邦在项羽头上扣下的“擅劫”罪名其实完全是莫须有，他这么做，显然是想要在政治上压项羽一头。

第四，擅烧秦宫，擅掘始皇陵，私吞秦陵财宝。

项羽入关后，屠咸阳、烧秦宫，这都是事实。不过刘邦口口声声说项羽擅挖始皇陵，这到底是怎么一回事儿呢？

关于这个问题，张子侠先生提出三条意见：第一，挖掘始皇陵是大工程，项羽入关后虽曾驻军鸿门，但仅“居数日，项羽引兵西屠咸阳”，时间上来不及挖骊山陵。第二，秦始皇陵考古队历经十几年调查、钻探，虽然发现始皇陵封土堆和有关陪葬坑中有个别盗洞，但是，封土堆的土层未被掘动，地宫宫墙没有被破坏的痕迹，项羽盗毁的仅是陵园地面上的附属建筑。第三，据《史记·秦始皇本纪》记载，始皇陵内曾“以水银为百川江河大海”。现经测定，今封土堆中有强汞异常区，而且汞异常高含量点分布比较集中和有规律，如果秦始皇陵墓确实遭受过大规模的破坏和火焚，一般不可能再出现这种形态较为规整的汞异常区。所以我们明白，关于项羽“掘始皇帝冢”的说法，完全是刘邦对政敌捕风捉影的攻讦和污蔑。

洗劫秦都咸阳，大肆抢夺城中的珠宝美女，是项羽一个人带兵干的吗？按照《史记·秦始皇本纪》的说法：“诸侯兵至，项籍为从长，杀子婴及秦诸公子宗族。遂屠咸阳，烧其宫室，掳其子女，收其珍宝货财，诸侯共分之。”“诸侯共分之”这五个字一语道破实情，说明参与抢劫屠杀的绝不止项羽之兵。

更何况，刘邦入关灭秦之后，就没有暴掠的行径吗？之前曹无伤揭发说：“沛公欲王关中，使子婴为相，珍宝尽有之。”（《史记·项羽本纪》）《史记·萧相国世家》也记载：“沛公至咸阳，诸将皆争走金帛财物之府分之。”可见刘邦才是第一个洗劫咸阳城的人。

《史记·留侯世家》记载：“汉王赐良金百溢，珠二斗，良具以献项伯。汉王亦因令良厚遗项伯，使请汉中地。”“金百溢，珠二斗”自何而来？他让张良“厚遗项伯”的重金从何而来？《史记·陈丞相世家》记载：

“汉王以为然，乃出黄金四万斤，与陈平，恣所为，不问其出入。”刘邦如此大方地让陈平大行反间，固然是因为他对陈平的信任，但更是因为在经济上有底气啊！否则，“黄金四万斤”根本拿不出来，更不用说“恣所为，不问其出入”了。刘邦进入关中之后明显阔绰多了，如果不掠夺关中，他的金玉珠宝会从天上掉下来吗？

客观地讲，进入咸阳之后，各路诸侯皆有掠夺财物的行径。刘邦自己不清不白，反倒指责项羽“暴掠”，确实有失公允。

第五，杀秦降王子婴。

项羽杀秦降王子婴，刘邦定为“罪”，后人多认为项羽是报私仇，因为项羽的祖父项燕、叔父项梁均为秦所杀。张子侠先生认为：项燕死于秦将王翦之手，王翦的孙子王离在巨鹿之战中被俘，但没有记载表明项羽杀王离。项梁为秦将章邯所杀，项羽与项梁的感情极深，但章邯降楚后，项羽却“立章邯为雍王”，可见项羽考虑问题的出发点不仅仅是复仇。项羽杀子婴，当另有原因。

子婴即位之初，所处环境极其危险，赵高随时可能动手将他除掉。没想到子婴竟然反戈一击，灭了赵高三族，一举摧毁赵高集团，之后又派兵驻守峣关，阻止刘邦的入侵。（子婴诛灭赵高，遣将将兵距峣关。《汉书·高帝纪》）可见他并非无能之辈。后来项羽入关，曹无伤告密，“沛公欲王关中，使子婴为相”，这就把子婴牵扯了进来。此时项羽已决定将三位秦帝国降将封于关中，如果子婴不除，难保不生后患。项羽诛除子婴，或许正在于此。

刘邦却以此为借口来指责项羽，显然是一种政治需要。

第六，坑杀秦降兵，封三秦王。

这件事情，史料记载得很翔实，项羽确实坑杀秦军降卒。项羽不憨不傻，为什么要做这样开罪关中百姓的事呢？他的残暴只是一种表象，真正的原因在《史记·项羽本纪》里说得很清楚：秦军投降之后，六国将士对降卒随意羞辱，以报复多年来所受秦军的虐待。秦军士兵因此担心，若是项羽无法灭秦，而自己被掳往关东，最终将会危及在关中的父母妻子。有人将秦军降卒的这种情绪告诉了项羽。项羽得报，担心秦军降卒人多势众，若其心不服，到了关中不听命于自己，事情就很危险了，不如杀了他们以绝后患。这才引发了夜坑秦军降卒二十万的惨案。客观地讲，项羽的担心不无道理，但将事态估计得过于严重，处理方式也极为拙劣、残暴。此事完全有更理性、更有政治智慧的办法，大规模杀人是最蠢笨的办法。（诸侯吏卒异时故繇使屯戍过秦中，秦中吏卒遇之多无状，及秦军降诸侯，诸侯吏卒乘胜多奴虏使之，轻折辱秦吏卒。秦吏卒多窃言曰："章将军等诈吾属降诸侯，今能入关破秦，大善；即不能，诸侯虏吾属而东，秦必尽诛吾父母妻子。"诸侯微闻其计，以告项羽。项羽乃召黥布、蒲将军计曰："秦吏卒尚众，其心不服，至关中不听，事必危，不如击杀之，而独与章邯、长史欣、都尉翳入秦。"于是楚军夜击坑秦卒二十余万人新安城南。《史记·项羽本纪》）

这的确是项羽的一项大罪过。

第七，分封不公。

刘邦认定项羽分封不公，主要是指项羽入关后把好的地盘都分给了跟随他入关的将领们，而六国故主却被贬到偏远地区。刘邦的这项指责有没有道理呢？

项羽分封天下，并非没有原则，一切都是"计功割地，分土而王之"（《史记·淮阴侯列传》）。项羽在大分封之前曾经讲过一段话："'天下初发难时，假立诸侯后以伐秦。然身被坚执锐首事，暴露于野三年，灭秦定天下者，皆将相诸君与籍之力也。义帝虽无功，故当分其地而王之。'诸将皆曰：'善。'乃分天下，立诸将为侯王。"（《史记·项羽本纪》）而刘邦所谓的"故主"不过是"天下初发难时"所立的六国后人，这些人本来就是政治傀儡，是权宜之计的产物。真正上阵杀敌的是天下义军，特别是跟随项羽征战巨鹿、而后入关的诸侯将领们。新封诸将为王必然要调整"故主"的封地。这才有了魏王、赵王、燕王、齐王四位"故主"迁徙之事。

得到分封的诸侯王，有的受封于故国，有的受封于故邑，有的受封于所定之地。司马卬是赵将，受封殷王，因为他"定河内，数有功"，所以王河内；申阳是"张耳嬖臣也，先下河南，迎楚河上"，故受封河南王，都洛阳；张耳"素贤，又从入关"，所以受封常山王，王赵地，其实张耳是刘邦的铁哥们儿。臧荼是燕将，救赵有功，又随项羽入关，受封燕王，都蓟。以上这几位受封者的地盘确实都很好，但这些人都不是项羽旧部。

真正属于项羽嫡系的黥布受封九江王，都六（今安徽六安市北西古城）。据史料记载，这并不是发达地区。蒲将军追随项羽南征北战，屡立战功，却没有得到封赏。项氏家族，除项羽外无人受封。番君将梅销因为跟随项羽入关有功，被封十万户。

指责项羽分封不公的主要有四个人，一是刘邦，二是田荣，三是陈餘，四是韩信。刘邦自认为理应被封关中王，但项羽未封，这属于政治斗争。田荣在反秦之初确实有功，但后来和项梁闹意见，拒绝参加巨鹿之战，不随诸侯入关灭秦，应当是功过参半，不封田荣是项羽政治上的失策。陈餘与田荣的情况类似，他与张耳在初起兵时功劳不相上下，巨鹿之战后，因为和张耳闹别扭自弃其职，没有将革命进行到底，项羽封他三县，封张耳常山王，也算有理。至于韩信，他跳出来指责项羽分封不公，无非是想刺激刘邦兵发三秦罢了。所以，吕思勉《秦汉史》说："当时分封，就《史记》所言功状，所以迁徙或不封之故观之，实颇公平。"

第八，逐义帝，夺韩王地，将梁、楚封自己。

刘邦给项羽列出的这第八条罪状实际说了三件事：一是驱逐义帝，二是夺韩王成之地，三是自封梁、楚。

关于义帝的事儿，前文已经讲得比较详细，刘邦所列"罪九"也指此事，留待下条再辨析。

韩王成原本是项梁所封，而项羽杀韩王成的原因，《史记》中有两种解释：一是《留侯世家》载："良至韩，韩王成以良从汉王故，项王不遣成之国，从与俱东。"二是《项羽本纪》载："韩王成无军功，项王不使之国，与俱至彭城，废以为侯，已又杀之。"

"无军功"当然是借口，根本原因是"以良从汉王故"。但是，项羽并未将韩地归己所有，而是"以故吴令郑昌为韩王，以距汉"（《史记·项羽本纪》）。

项羽自封梁、楚，也是事出有因：一是"项氏世世为楚将，封于项"（《史记·项羽本纪》），所以梁、楚之地本来就是项羽的故乡；二是梁、楚之地乃是他亲自率兵平定下来的；三是梁、楚下辖九郡，地处中原，而彭城更是兵家必争之地，经济也比较发达。灭秦这事儿，项羽厥功甚伟，为了保持对天下的主宰权，他必须要有和自己霸主地位相符的实力，梁、楚九郡正是他主宰天下的实力所在。刘邦后来当了皇帝，封了七位异姓诸侯王，也为自己保留了十五个郡，以便控制天下。这和项羽称王梁、楚是同样的道理。

第九，杀义帝。

项羽和义帝之间的恩怨情仇，此处不再赘述。不过无论如何，义帝被杀的幕后主使的确是项羽，这一宗罪是抹不去躲不掉的。至于义帝到底是怎么死的，历史上有很多说法，纷争甚多。不但真凶难辨，矛盾重重，就连时间、地点也是着实混乱。

先说真凶难辨。

《史记·项羽本纪》载："乃阴令衡山、临江王击杀之江中。"《史记·高祖本纪》载："乃阴令衡山王、临江王击之，杀义帝江南。"这两条最重要的记载都说是衡山王吴芮、临江王共敖奉项羽之命击杀义帝。《史记·黥布列传》说："项氏立怀王为义帝，徙都长沙，乃阴令九江王布等行击之。"这里黥布成为第一谋杀犯，还有帮凶。《汉书·高帝纪》索性删去了"等"字，黥布成为唯一的凶手："二年冬十月，项羽使九江王布杀义帝于郴。"《资治通鉴·汉纪一》干脆将三王合在一起："二年冬，十月，项王密使九江、衡山、临江王击义帝，杀之江中。"

到底杀"义帝"的真凶是谁呢？难讲！

再说矛盾重重。

上述史料中，黥布的嫌疑貌似最大。可是倘若黥布真是杀害义帝的元凶，那么当年刘邦为义帝发丧之时，号召天下诸侯共击"楚之杀义帝者"，为何又会派随何前去策反黥布？而随何见到黥布，大谈义帝被杀一事："夫楚兵虽强，天下负之不义之名，以其背盟约而杀义帝也。"（《史记·黥布列传》）如果义帝真是黥布所杀，随何在黥布面前大谈"杀义帝"，这是当面揭人之短，怎么能令黥布叛楚归汉？而且黥布对义帝被杀之事竟然毫无反应，匪夷所思。

最后说义帝被杀的时间、地点也多有疑点。

义帝被杀的时间，《史记》的《项羽本纪》《高祖本纪》记载为汉元年（前206）四月，《黥布列传》记载为汉元年八月，《秦楚之际月表》记载为汉二年（前205）十月。《汉书》《汉纪》记载为汉二年十月。

义帝被杀的地点，《史记》的《高祖本纪》说是在“江南”，《黥布列传》里说是在“郴县”，《项羽本纪》说是在“江中”。三者统一起来就是“江南”“郴县”的“江中”。

第十，大逆不道。

刘邦对项羽“大逆不道”的定义其实就是总结陈词。“为人臣而弑其主”指“罪九”杀义帝之事，“杀其已降”指“罪五”杀秦降王子婴和“罪六”坑杀秦二十万降兵，“为政不平，主约不信”指“罪一”“罪七”“罪八”的分封诸侯之事。

这十大罪状的逻辑顺序也非常有意思。刘邦把“负约”放在了第一条，这反映出他对自己失封关中王一事最为切齿，念念不忘。除第十条是例行总结之外，从“罪二”至“罪九”都是精确地按照时序排列。

这十宗罪状里面，真正谈得上“罪”的其实只有第六条前半部分“诈坑秦子弟新安二十万”，以及第九条“杀义帝”。第六条后半“王其将”实为刘邦痛恨三秦王占了关中，夺了自己的关中王，这谈不上是“罪”，顶多算是错。其他的罪状也是各有所指，第一、第二条关乎刘、项二人的核心利益之争，不存在“罪”与非“罪”。有关分封诸侯王的“罪七”“罪八”，至多也是错而非“罪”。不过刘邦才不管那么多，一律将“错”上升为“罪”，估计当时的听众也没多少人能真正明白并且分析清楚。

刘邦滔滔不绝历数出项羽十大“罪”状，项羽却哑口无言有口难辩。好吧，玩政治玩辩论，我项羽的确不是你刘邦的对手，但动武我就是内行了。项羽听完自己的“十宗罪”，暗自埋伏好弩机，一箭正中刘邦胸口。

话说刘邦真不是一般人，明明是胸口受了重伤，却赶紧捂着脚说：贼人射中我的脚指头！汉军士兵们见汉王只是伤了脚趾，无甚大碍，并不惊慌。刘邦临危不乱，如此心机和反应，怨不得项羽斗不过他。刘邦这次箭伤其实十分严重，回帐后立即躺倒了。可这一箭毕竟是在众目睽睽之下射出的，为了稳定军心，张良强迫刘邦带伤起身，硬撑着到各营巡视了一圈，安定军心，以免让楚军钻了空子，然后迅速转移到成皋养伤。（项羽大怒，伏弩射中汉王。汉王伤匈，乃扪足曰："虏中吾指！"汉王病创卧，张良强请汉王起行劳军，以安士卒，毋令楚乘胜于汉。汉王出行军，病甚，因驰入成皋。《史记·高祖本纪》）

这场对抗，项羽相继打出外交牌和人质牌。刘邦呢，除了头脑一无所有，所以他对项羽大打政治牌。两人隔空相对，各打各的，都疲于应对，根本无法解决实际问题，难道楚汉之争还要这样长期僵持下去吗？

天下归汉

从汉二年（前205）五月到汉四年（前203）八月，刘邦与项羽在荥阳、成皋一线对峙了二十七个月。最后，项羽手中仅剩十万兵力，说什么也不是刘邦集团五十万大军（刘邦二十万，韩信三十万）的对手，他的手中仅剩下一张王牌，那就是两个重要人质：太公和吕雉。刘邦这头呢，尽管在广武战场上毫无优势可言，但就整个战局来看，其可用之牌比项羽多了去了。接下来，刘邦将以何种形式为这场楚汉战争画上一个圆满的句号呢？

鸿沟议和：天真遇到了老到

刘邦的第一张牌是兵盛粮足。荥阳、成皋一仗打了两年多，刘邦吃了不少败仗，越败兵却越多，这主要得力于韩信和萧何。刘邦总能从韩信那里获得源源不断的训练有素的士兵。《史记·淮阴侯列传》载："信之下魏破代，汉辄使人收其精兵，诣荥阳以距楚。"汉三年（前204）五月，刘邦与太仆夏侯婴两人渡河到韩信营带走韩信灭赵之后的精兵。萧何从关中也为刘邦提供了大量兵员。有了如此多的兵员补充，刘邦当然越打兵越多了。

项羽就很悲惨了，他不但没有关中那样稳固的大后方，而且国都彭城和楚军粮道还时常遭受彭越的骚扰，害得他不得不屡次从前线回兵解除危机恢复粮道。再加上龙且轻敌，在齐地一下子损失了楚兵精锐二十万。项羽手下又没有韩信那样可以独当一面的大将，纵然在荥阳前线打得有声有色，也难逃士卒越打越少的厄运，逐渐陷入"兵罢食绝"的窘境。

刘邦的第二张牌是韩信、黥布已成气候。汉四年，"春二月，遣张良操印，立韩信为齐王。秋七月，立黥布为淮南王"（《汉书·高帝纪》）。韩信在齐地称王，黥布在淮南封王，形成了南北夹击项羽之态。

此时，项羽手中仅剩的牌——人质——又被刘邦盯上了。刘邦想将自己的父亲太公、妻子吕雉等人解救出来，可是解救人质不能打，只能谈。刘邦手下的顶级说客郦食其已在齐地被害，所以他只好派出了另一位说客陆贾。确切地说，陆贾其实是一位学者，著有《新语》一书。刘邦对陆贾寄以厚望，无奈陆贾却无功而返。刘邦没有放弃，又派出名不见经传的“侯公”（侯公姓“侯”，“公”只是尊称）继续游说。没料到，“侯公”还真说动了项羽。最后，刘邦的父亲太公、妻子吕雉、二哥刘仲、儿子刘肥等人都被放了回来。（汉遣陆贾说项王，请太公，项王弗听。汉王复使侯公往说项王，……项王许之，即归汉王父母妻子。《史记·项羽本纪》）

“侯公”面见项羽究竟讲了些什么？很可惜，目前所见史料皆不见记载。宋人苏轼曾作《代侯公说项羽辞》，文笔甚美，流传颇广，但毕竟不是原作。

虽然无法从史料中重现这段历史，我们也可以大概揣摩一下项羽的心理。打了这么久，楚军的形势是每况愈下，恐怕项羽早已无心再战，希望议和。这次一咬牙放回了人质，是想要以此换取停战和解。

> 项王乃与汉约，中分天下，割鸿沟以西者为汉，鸿沟而东者为楚。（《史记·项羽本纪》）

这便是项羽提出的停战协议。

鸿沟是一条运河，开通于战国魏惠王之时，从今河南荥阳西北引黄河水，东经今中牟北、开封北，南下经淮阳东南入颍水。鸿沟也因为这场议和，成为中国历史上著名的“楚河汉界”。

当刘邦父亲、妻子回到汉营时，整个汉军军营都高呼“万岁”。因为人质归来，意味着战争结束了，哪个当兵的不高兴呢？“侯公”也因此被封为“平国君”。

但是，《史记·项羽本纪》记载“侯公”受封“平国君”时，另写了五个字：“匿，弗肯复见。”这五个字历来有两种理解：一是刘邦不愿再见“侯公”，二是“侯公”不愿再见刘邦。

先说第一种理解。“侯公”凭着一张嘴，说动项羽放回扣留了二十八个月的人质，可以列入“史上最牛说客”行列。所以后来刘邦说他：“此天下辩士，所居倾国，故号为平国君。”（《史记·项羽本纪》）什么叫“所居倾国”？就是说住在哪个国家就能凭借一张利口颠覆哪个国家。刘邦担心自己有朝一日被“侯公”的嘴给说败了，宁愿此生都不再见他。

再说第二种理解。“侯公”立下大功之后，躲起来不见刘邦。为什么呢？本来，说服项羽放回人质，对汉王刘邦来说是大功一桩。为什么“侯公”不愿再见刘邦呢？莫非也有功高震主的担忧？似乎谈不上啊。比较起来，第一说，刘邦为人太不地道。第二说从行文上来看似乎更通畅，但实在不好理解。

不管如何，人质问题总算是解决了，刘邦卸下了沉重的包袱，为彻底消灭项羽扫清了障碍。项羽和刘邦不同，项羽骨子里还是有贵族的风范，讲诚信一般都会信守承诺。他对议和抱有极大的期望，在刘邦同意和解之后便放了人质引兵东归。

据《史记·项羽本纪》记载，刘邦似乎也打算履行和平协议，但是，张良、陈平不同意，他们建议刘邦：现在大王已经拥有大半个天下，诸侯百姓都亲附于汉。而楚军呢，现在兵疲食尽。此时，正是上天要亡楚的大好时机，应当趁此机会灭了项羽。若是现在放了项羽，无异于养虎为患。（汉有天下太半，而诸侯皆附之。楚兵罢食尽，此天亡楚之时也，不如因其机而遂取之。今释弗击，此所谓“养虎自遗患”也。《史记·项羽本纪》）

刘邦听了这番话，点头称是，立即单方面违约，进军灭楚！

鸿沟议和，就这样被中止了。

负约追杀：只要皇位，其他都不考虑

张良、陈平的建议难道刘邦自个儿真的想不到吗？未必！

刘邦向来志高心细。鸿门宴之前，范增就曾对项羽说："沛公居山东时，贪于财货，好美姬。今入关，财物无所取，妇女无所幸，此其志不在小。"（《史记·项羽本纪》）当初刘邦踏入秦宫，在樊哙、张良的劝说下，放弃欲念，还军霸上，为的是有朝一日夺取天下。入关之时，不杀秦降王子婴，封闭宫殿，约法三章，拒收礼物，为的就是笼络人心信服天下。屈封汉王，又伺机杀回关中，东击彭城，开始抢夺天下的反击战。彭城败退，逃亡路上不惜抛妻弃女，为的是保住夺取天下的一线希望。武涉游说韩信时说得非常清楚：刘邦是"侵人之分，夺人之地，其意非尽吞天下者不休"（《史记·淮阴侯列传》）。"尽吞天下"是刘邦一以贯之的终极目的，这一点无论如何都不可能改变。

刘邦付出了极大的代价。当年鸿门之宴，他曲意讨好项伯，不惜放下身段主动缔结为儿女亲家。对项羽阿谀奉承，掩盖真相，避重就轻，最后还差点成为项庄的剑下鬼。在力不如人的情况下，他被迫接受汉王之封，为了拿下汉中郡，走后门向项伯行贿。在项羽面前他得装"孙子"，在项伯面前他要扮"知己"。这些卑躬屈膝的事情，不就是为夺取天下做准备吗？

再后来路遇"三老董公"，刘邦"袒而大哭"，为义帝发丧，全军服孝。彭城战败，他毫不气馁，甩出关东之地，招纳贤才，缔结反项同盟。荥阳之战、成皋之战、广武之战，纪信为他舍命，周苛、枞公为他献身。刘邦数次逃出杀身之祸，凭借韩信的忠心耿耿，屡获新生。项羽要烹太公，他不得不"大义灭亲"，社稷为重。眼下项羽"兵罢食尽"，天下江山触手可及，刘邦怎会轻易地放虎归山呢？

刘邦经营管理有方。为了赢得胜利，他一口气封了韩信、彭越、黥布，并在汉地施行算赋，算赋也就是人头税，以保证国家财政收入。此外，刘邦还争取北方少数民族的支持，优抚阵亡士兵。这一系列措施产生了极佳的社会效益，达到了四方归心的效果。当然，他做这一切，只为了一个目标——独霸天下。（秋七月，立黥布为淮南王。八月，初为算赋。北貉、燕人来致

枭骑助汉。汉王下令：军士不幸死者，吏为衣衾棺敛，转送其家。四方归心焉。《汉书·高帝纪》）

所以，“汉欲西归”四字当非刘邦本意。既然如此，史学家为什么偏要写作“汉欲西归”呢？

其实很简单，刘邦自始至终都在指责项羽违背“怀王之约”，还公开把“负约”作为项羽“十宗罪”的首位，搞得路人皆知。如今自己刚刚签约议和，项羽又放回了人质引兵东归，此时毁约追杀项羽，岂不将自己置于“负约”的位置上？所以，刘邦为了自己光明磊落的形象，只得摆出“西归”的架势。至于归不归，再议。果然，张良、陈平的谏言正中刘邦下怀，他连讨论的环节也省去了，立即付诸行动。

无论追杀令出自谁的建议，最后都出自刘邦之口，他注定逃脱不了道德上的亏欠。时人自然要为尊者讳，后人却可以直言不讳地评说千古。但是，这一切，刘邦都不在乎！只要有了皇位，其他都不在乎。

垓下合围：项羽的宿命

汉五年（前 202）冬十月，刘邦率军追杀项羽，一路杀到阳夏（今河南太康）。他立即约韩信、彭越参战，共同歼灭项羽。当刘邦到达固陵（今河南淮阳县西北）后却发现，答应合围项羽的韩信、彭越两大兵团连半个人影都没有。项羽趁机在固陵这个地方杀了一个回马枪，十万楚军打得刘邦二十万大军大败而归。刘邦只好死守固陵，不再出战。

刘邦问张良：韩信、彭越不按约定参战怎么办？张良当然清楚这两人为什么爽约，他对刘邦说：楚军眼看就要被灭了，韩信、彭越两家却一块儿地也没分到，他们当然不会来参战了。再说，当年您封韩信为齐王，实属无奈之举，韩信心里也不踏实。彭越平定了梁地，当初因为魏豹是魏王，只能封彭越任相国。现在魏豹死了，彭越自然也盼着被封魏王呢。大王如果能够和他们“共分天下”，他们马上就会来参战。如若不然，这天下事就不好说了。大王不如把陈郡直至海边的地全给韩信，睢阳以北至穀城（今山东平阴西南）的地全给彭越，再邀他们参战，就会很容易打败楚军了。（楚兵且破，未有分地，其不至固宜。君王能与共天下，可立致也。齐王信之立，非君王意，信亦不自坚。彭越本定梁地，始君王以魏豹故，拜越为相国。今豹死，越亦望王，而君王不早定。今能取睢阳以北至穀城皆以王彭越，从陈以东傅海与齐王信，信家在楚，其意欲复得故邑。能出捐此地以许两人，使各自为战，则楚易败也。《汉书·高帝纪》）

就这样办！刘邦立即派使者将封地之事告诉韩信、彭越，并相约全力破楚。韩信和彭越果然立即表态：马上出兵！

终于，韩信从齐地出兵，彭越从魏地出兵，合围楚军。

十一月，刘邦此前派到彭城南部的将军刘贾攻占了寿春(今安徽寿县)，项羽的大司马周殷被劝降，协助刘贾控制了九江郡，然后西迎淮南王黥布，顺势收了城父县（今安徽亳县东南）。（十一月，刘贾入楚地，围寿春。汉亦遣人诱楚大司马周殷。殷畔楚，以舒屠六，举九江兵迎黥布，并行屠城父，随刘贾皆会。《汉书·高帝纪》）

十二月，周殷、黥布随刘贾一同北上，齐聚垓下（今安徽固镇县城东五十里、灵璧县东南之沱河北岸），合围项羽。

刘邦与项羽的世纪决战在垓下展开。当时的战阵，韩信居中，其手下两位将军分居左右两侧，刘邦在韩信之后，并未真正参战。韩信与项羽先交手了一场，未占上风，左右两位将军包抄而上，韩信再杀将回来，大败项羽。项羽夜闻四面楚歌，以为汉军已经完全占领了楚地，连夜败逃。刘邦派骑将灌婴率兵追杀至东城，楚军八万人马溃败。项羽无力回天，拔剑自刎。（五年，高祖与诸侯兵共击楚军，与项羽决胜垓下。淮阴侯将三十万自当之，孔将军居左，费将军居右，皇帝在后，绛侯、柴将军在皇帝后。项羽之卒可十万。淮阴先合，不利，却。孔将军、费将军纵，楚兵不利，淮阴侯复乘之，大败垓下。项羽卒闻汉军之楚歌，以为汉尽得楚地，项羽乃败而走，是以兵大败。使骑将灌婴追杀项羽东城，斩首八万，遂略定楚地。《史记·高祖本纪》）

至此，历时四年的楚汉战争以刘邦的完胜画上了一个圆满的句号。我们暂不论楚汉战争的胜败原因，单就垓下之战而言，韩信投入了三十万兵力，刘邦拥有二十万军队，彭越、刘贾、黥布、周殷等人投入的兵力至少有十万之众，而项羽总共只有十万人。刘邦的兵力占了绝对优势，项羽的失败固然在情理之中了。

精彩收官：心思缜密

楚汉战争终于精彩收官，彻底解决了项羽，刘邦舒了一大口气，同时也不忘做了四件事。

第一件事是封赏功臣。

谁是功臣？刘邦为什么急着封赏他们呢？其实刘邦此时要封赏的只是追杀项羽之人。之前他曾下令，杀死项羽者封侯！现今项羽被杀，他不能失信于军中，必须立即施行封赏。

项羽当日舍弃渡江，在身受重伤之时，看到追杀他的人中有自己原来的部下吕马童。吕马童此时任汉骑司马。项羽对他说：你不是我的老朋友吗？吕马童扭过脸，示意王翳说：他就是项王。项羽又说：我听说汉王以千金和封邑万户悬赏我的脑袋，那好，我就成全你吧。说完，当着吕马童的面自刎而死。王翳一个箭步冲上前砍下项羽的人头，其他人一见，蜂拥而上，刀兵相见，有“数十人”在争抢中被杀。（项王身亦被十余创。顾见汉骑司马吕马童，曰：“若非吾故人乎？”马童面之，指王翳曰：“此项王也。”项王乃曰：“吾闻汉购我头千金，邑万户，吾为若德。”乃自刎而死。王翳取其头，余骑相蹂践争项王，相杀者数十人。《史记・项羽本纪》）

最终，郎中骑杨喜，骑司马吕马童，郎中吕胜、杨武，王翳各抢得一部分，凑起来正好是一个完整的项羽遗体。于是，刘邦说到做到，将原来的封地一分为五，五人同日封侯。（最其后，郎中骑杨喜，骑司马吕马童，郎中吕胜、杨武各得其一体。五人共会其体，皆是。故分其地为五。《史记・项羽本纪》）

第二件事是招降鲁地。

项羽死后，平定楚地的事情非常顺利，唯独鲁县（今山东曲阜）就是不降。刘邦气得差点儿率兵屠城。鲁人不降汉，是因为项羽生前曾受怀王之封为鲁公，他们都在为项羽守节。见此情形，刘邦派人挑着项羽的头昭示鲁地百姓，才得以收服。鲁县降汉之后，刘邦以当地礼节将项羽葬在鲁县穀城。（项王已死，楚地皆降汉，独鲁不下。汉乃引天下兵欲屠之，为其守礼义，为主死节，乃持项王头视鲁，鲁父兄乃降。始，楚怀王初封项籍为鲁公，及其死，鲁最后下，故以鲁公礼葬项王穀城。《史记・项羽本纪》）

第三件事是哭祭项羽。

安葬完项羽之后，刘邦亲自到坟前哭祭了一场。

刘邦此哭，非常不易！作秀到这个份儿上，也真难为了他！为什么这么说呢？俗话说，男儿有泪不轻弹，何况土里埋的可是自己必欲除之而后快的宿敌，他怎么可能哭祭自己的死敌呢？刘、项之仇由来已久，刘邦苦苦煎熬这么多年就是为了这一天，心花怒放还来不及呢，怎会酝酿出悲痛之情？既无伤痛之情，哪来伤心欲绝之泪呢？对一个男人来说，想哭就哭谈何容易！刘邦的演技我们早已领略过，不过这场哭戏的技术含量之高，恐怕世上再难有人演绎得如此得心应手了。

刘邦哭祭项羽的伪善面目不言而喻，项羽入了土也不得安宁，被刘邦鬼哭狼嚎地骚扰了一回。后来，刘邦如愿以偿地当上了皇帝，却依然对项羽耿耿于怀，非得原项羽的部下改口为“项籍”，不许尊称“项羽”。世人都说刘邦心胸宽广，显然事实并非如此，未成气候之时广纳贤才、虚怀若谷，称帝之后，就表现得不那么可爱了。

汉武帝朝有一位正直的大臣郑当时，他的父亲郑君曾经是项羽手下的将军。项羽死后，郑君归降了刘邦。刘邦称帝后下令，原项羽部下的人在奏章中提到项羽时，一定要称他为“项籍”，不许叫“项羽”，更不许称“项王”。汉时习俗，直呼其名非常不敬。如果称其字“羽”，则要恭敬得多；如果称“项王”，那当然更尊敬了。（其先郑君尝为项籍将；籍死，已而属汉。高祖令诸故项籍臣名籍。《史记·汲郑列传》）

郑当时的父亲郑君提到项羽，从不称“项籍”，要么称“项王”，要么称“项羽”。他这样做显然是坚守自己作为西楚国臣子的礼节，以表示自己不忘昔日的君臣之礼。刘邦下令，凡称项羽为“项籍”的原项羽部下一律升职为大夫，坚持称“项羽”或“项王”的郑君一个人被赶出朝堂。郑君虽然为此断了仕途，病死家中，但是，他始终不愿以蔑称项羽作为个人的进身之阶。（郑君独不奉诏。诏尽拜名籍者为大夫，而逐郑君。郑君死孝文时。《史记·汲郑列传》）

这件小事和刘邦在项羽死后为项羽举行隆重的葬礼并哭祭一事一对比，从中可以看出刘邦哭祭项羽的虚伪。

第四件事是封赏项伯。

于刘邦而言，项伯的确为自己出力不小。鸿门宴时，项伯夜报军情通敌卖主不说，还在危急时刻挺身而出，帮刘邦避过一场绝杀。项羽分封诸侯时，项伯私受贿赂，帮助刘邦得到汉中郡，此地成为刘邦四个月后杀回三秦大地的跳板。刘邦父亲被项羽挟为人质，也是项伯巧言化解，太公才免遭杀身之祸。项伯作为刘邦的内线，表现得相当出色。项羽死后，刘邦宣布项氏族人皆不追杀，并立即封项伯等四位项氏家族成员为列侯，赐姓刘。（诸项氏枝属，汉王皆不诛。乃封项伯为射阳侯。桃侯、平皋侯、玄武侯皆项氏，赐姓刘氏。《史记·项羽本纪》）

至此，该打的仗打完了，该杀的人自杀了，该伐的地方平定了，该作的秀收场了，该奖励的部下也封赏了，刘邦一口气做完了这一历史阶段该做的事儿，算是为楚汉战争善了后。圆满收官的刘邦又将如何引领新一轮的历史洪流呢？他对未来有怎样的打算呢？他会像项羽一样选择做一个天下霸主吗？

皇帝大戏开幕

汉五年（前202）十二月，刘邦处理完楚汉之争的后事，匆匆赶回定陶（今山东定陶），立即驰马飞奔至齐王韩信的大营，做了一件了却心事的大事。

这件大事是什么呢？韩信刚刚担当主力横扫了楚军，为最终消灭项羽立下汗马功劳，按理说，刘邦该是去封赏了。

还要如何封赏？齐国都封赏给韩信了，再要封赏的话，恐怕要把自己这“汉王”的头衔封给他了。但有功不能不赏，刘邦恐怕又要纠结一番了。项羽虽然死了，但天下远没有“四海升平”，刘邦该如何是好？他将如何面对和规划“后项羽时代”的天下呢？

“第一”得让人不安：祸福相依

刘邦去韩信大营到底做什么去了？

六个字：夺兵权，控军队。

为什么要这么干？只怪韩信太出位了，对汉王刘邦形成了巨大的威胁。

说韩信太出位，到底出什么位了？只怪他的“第一”太多了。先说说韩信的“第一”吧。

第一个“第一”：军事才华当时第一。韩信可谓是真正的常胜将军，不仅深谙兵法，最重要的是军事实践能力超强，这让刘邦一万个不放心。

第二个“第一”：军团实力天下第一。此时，韩信军团有三十万精兵，是刘邦集团中实力最强的一股势力，远远超过了刘邦亲率的军团。而且垓下之战中，韩信军团的出色表现让刘邦寝食难安。

第三个“第一”：功劳在刘邦集团中居第一。刘邦手下将领众多，但没有哪个像韩信这样厥功甚伟。韩信不但大大抢去了刘邦的风头，而且还隐隐有功高盖主之势。

这三个“第一”，常人能占其一就很了不得了，韩信却三条占尽，刘邦能吃香睡稳吗？论功劳，应当重赏；论威胁，应当严防。实在纠结啊！几番权衡之后，刘邦采取了比较保险的“搬倒树抓鸟蛋”之法，先夺了韩信三十万大军的兵权，因为这个军团的威胁实在太大了。

这一幕大家应该并不陌生，当年在赵国，刘邦就曾演绎过这么一回，只不过那次也就是带走韩信的精兵而已，事态并不严重。

可这一次不同，灭楚之后立即夺取韩信兵权一事，对韩信和其他诸侯王会产生严重影响。这事当然不能就此为止，得对韩信和其他诸侯王有个交代。

分封诸侯：只是一个手段

汉五年正月，刘邦昭告天下：楚地已经平定，急需一位新的主人来安抚楚地百姓。鉴于义帝没有后人，齐王韩信又熟悉楚地风俗，现改齐王韩信为楚王，统辖淮北，建都下邳（今江苏邳州）。魏相国彭越多次大破楚军，以魏国故地封为梁王，建都定陶。（楚地已定，义帝亡后，欲存恤楚众，以定其主。齐王信习楚风俗，更立为楚王，王淮北，都下邳。魏相国建城侯彭越勤劳魏民，卑下士卒，常以少击众，数破楚军，其以魏故地王之，号曰梁王，都定陶。《汉书·高帝纪》）

刘邦先是夺了兵权，架空了韩信，又将韩信从齐地调到楚地。这一系列的动作，到底想干什么？

一是还愿。刘邦在合围项羽之前许诺，只要韩信、彭越出兵灭楚，事成之后封他们二人为诸侯王，并将陈郡直至海边的地全给韩信，睢阳以北至穀城的地全给彭越。如今项羽已死，楚军已灭，是该兑现承诺的时候了。

二是安抚。鉴于在灭楚之战中的卓越表现，韩信隐隐已成为七位异姓诸侯王的代表。这次刘邦夺了韩信的兵权，不但刺激了韩信，也刺激到其他六位诸侯王。若这六位诸侯王有异动，这天下是否还能够姓刘就不好说了。刘邦对此当然也是心知肚明，为了安抚韩信，为了稳住其他六位诸侯王，安排韩信担任楚王是最好的选择。

三是铺路。此时，刘邦已经开始掌控天下大势，而且对用什么形式继续掌控天下已经有了明确的想法。封了韩信、彭越，加上此前封的淮南王黥布，稳住这三位最有实力的诸侯王，刘邦才能更好地实施自己的计划。

不得不说，刘邦先夺韩信军权再将其徙封为楚王这一手非常高明。既稳固了江山，又在一定程度上解除了隐忧，这叫一举两得！既满足了韩信封地称王的要求，又安抚了其他诸侯王的人心，这叫一箭双雕！

可见，分封诸侯王，已经成为刘邦掌控天下的王牌。凭借这张王牌，刘邦可以惬意地以自我为中心，调动周围的人为他服务。这种牌局，刘邦玩得可谓得心应手，简直已达炉火纯青的境界。刘邦跟谁学的这一手呢？两个老师：第一位叫“实践”！第二位叫“高人”！

先来认识一下“实践”这位老师。

刘邦这次大玩分封，搞得韩信、彭越、黥布围着自己团团转，可谓“实践出真知”，全靠他在以往一系列各式各样的分封过程中领会到的精髓。要剖析刘邦分封诸侯王的精神纲要，还得从他自己求封诸侯王说起。

刘邦起事之初，为了收复因雍齿叛变而丢失的大本营丰邑，投靠了当时声望、实力都极抢眼的项梁集团。在项梁立楚怀王熊心之时，他自然而然地成为拥立楚怀王熊心的一派势力。在当时，刘邦根本不懂分封，他最渴望的是得到他人的分封。所以，当怀王提出“先入定关中者王之”的约定时，刘邦一下子兴奋起来。此后，他一心想做的就是率先入定关中，以便受封关中王。为此，西行入关的沿途，他每到一地都打听人才，千方百计地吸引更多的人才进入他的集团。这才有了在陈留时，顶级说客郦食其的“倾情加盟”。

郦食其加入刘邦集团的见面礼是袭取陈留。之后，刘邦封郦食其为“广野君”。“广野君”其实是个虚封，但对郦食其和刘邦手下的其他谋士而言却代表着认可和激励。刘邦第一次分封他人，虽然不是实封，那时候也没有条件实封，但也让他受益匪浅，意识到这种手段有激励人心的作用。

后来，刘邦凭借陈恢“约降”之计，和平解放了南阳，随后封南阳郡守为“殷侯”，封陈恢“千户”。虽然“殷侯”也是虚封，但这已经是他第二次运用分封的手段为自己的政治目标服务了。只不过此时的刘邦仍醉心于楚怀王的“关中王”，求封心切。

还定三秦是刘邦由求封到分封的重要转折点。

韩王信（区别于大将军韩信，史称韩王信）原本是战国后期韩襄王的“孽孙”。秦末大起义时，张良为韩王攻略韩地，得到韩王信，发现韩王信身材魁梧，武功高强，便任命他为韩将。后来，韩王信随刘邦入关。（韩王信者，故韩襄王孽孙也，长八尺五寸。及项梁之立楚后怀王也，燕、齐、赵、魏皆已前王，唯韩无有后，故立韩诸公子横阳君成为韩王，欲以抚定韩故地。项梁败死定陶，成奔怀王。沛公引兵击阳城，使张良以韩司徒降下韩故地，得信，以为韩将，将其兵从沛公入武关。《史记·韩信卢绾列传》）刘邦受封汉王后，韩王信力劝刘邦起兵灭项，理由极似大将军韩信。刘邦还定三秦，许愿得到韩地后封韩王信为韩王，并拜其为韩太尉，率兵攻占韩地。项羽听说韩王信率兵攻略韩地，任命郑昌为韩王，阻挡汉兵。汉二年（前 205），韩王信平定韩地十几座城。刘邦到达河南郡，韩王信急攻郑昌，郑昌抵抗不住，降汉。当年十月，刘邦立韩王信为韩王，史称韩王信。（项籍之封诸王皆就国，韩王成以不从无功，不遣就国，更以为列侯。及闻汉遣韩信略韩地，乃令故项籍游吴时吴令郑昌为韩王以距汉。汉二年，韩信略定韩十余城。汉王至河南，韩信急击韩王昌阳城。昌降，汉王乃立韩信为韩王，常将韩兵从。《史记·韩信卢绾列传》）

这是刘邦平生分封的第一个诸侯王，在由求封到分封道路上迈出了一大步。话说他封韩王信为韩王还潜藏着两大发明：一是许封。刘邦还定三秦时许封韩王信为韩王。这好比卖期房，先给你达成意向，让你心里踏实了，等建设好了再交房。二是分封。此前刘邦一直求封关中王，没想过要独霸天下，可水涨船高，从还定三秦开始，刘邦的目的转变为“非尽吞天下者不休”。这天下向谁要？当然是向拥有天下的人去要。此时拥有天下的是谁？楚霸王项羽。可是用脚指头都能想到，项羽好不容易把天下收归囊中，会将天下拱手送给刘邦吗？所以，求封是不可能了，刘邦只能用分封的手段与项羽夺取天下。

汉二年五月，刘邦彭城大败。此后，据张良的“下邑画策”，刘邦凭借韩信、彭越、黥布三人，成功扭转局面。这是刘邦政治思想的一次飞越，他俨然已经把分封的手段提升到了战略的高度。

我们再来看看“高人”这个老师。

成功需要个人努力，更需要高人指路。韩信和张良是对刘邦分封思想形成有重大影响的两位高人。

韩信让刘邦明白分封是夺取天下的利器。当年韩信登坛拜将以后，刘邦向他问计。韩信分析了项羽的缺陷，特别指出项羽“使人有功当封爵者，印刓弊，忍不能予”（《史记·淮阴侯列传》），不能与天下同甘共利，大失人才之心，并劝刘邦重用天下勇士，以天下城邑封赏功臣。刘邦完全采纳了韩信的建议。关于分封功臣的阐述，韩信已经上升到理论层面，制定出以分封为手段夺取天下的大致路线，对刘邦影响至深。

张良让刘邦明白分封应当封功臣。张良下邑画策与谏阻刘邦复立六国后人，实际上涉及了分封标准和对象的课题。张良的意见非常明确，分封诸侯王，主要针对那些跟随刘邦打天下，做出重大贡献的功臣。这是在告诫刘邦，光知道分封不行，更重要的是要知道封谁，分封不当，则后患无穷。

实践出真知，经高人指点，慧根极佳的刘邦迅速成为巧借分封运筹帷幄的高手。不过有一点我们不能忽视，刘邦和项羽的分封策略具有实质性的差别：项羽要当霸王，分封是目的；刘邦要当皇帝，分封是手段。

理论问题最终要落实到操作层面。当分封进入操作层面的时候，刘邦很是纠结，每次都得具体问题具体分析。这一时期，刘邦分封诸王有三种情况：

一是真心封王。汉三年（前204），韩信大败赵军，杀了陈餘，攻占赵地，建议刘邦封随他一块儿灭赵的张耳为赵王，以安抚赵地百姓。刘邦欣然批准。刘邦和张耳是老相识了，对张耳信任有加，这次封其为赵王，确实是真心实意。后来鲁元公主也被许配给了张耳的儿子张敖，可见两人关系多铁。（汉三年，韩信已定魏地，遣张耳与韩信击破赵井陉，斩陈餘泜水上，追杀赵王歇襄国。汉立张耳为赵王。汉五年，张耳薨，谥为景王。子敖嗣立为赵王。高祖长女

鲁元公主为赵王敖后。《史记·张耳陈餘列传》)

二是半心封王。汉二年（前 205），刘邦兵出函谷关，除掉项羽分封的韩王郑昌以后，册封“韩太尉信为韩王”。刘邦此次分封，是欣赏韩王信的勇武，看重其是韩襄王的后人，对韩地百姓有影响力。然而，韩国旧地靠近关中，北靠巩县、洛阳，南邻南阳、叶县，东边是天下要冲淮阳，其地理位置在军事上极为重要，常常集结着天下重兵。刘邦对韩王信的感情，远不及对张耳的感情，所以最终把韩王信迁到今山西太原的北边去防御匈奴，调离了战略要地韩国。刘邦分封韩王信为韩王，显然是一种利用，只能称之为半心半意。（上以韩信材武，所王北近巩、洛，南迫宛、叶，东有淮阳，皆天下劲兵处，乃诏徙韩王信王太原以北，备御胡，都晋阳。《史记·韩信卢绾列传》）

三是违心封王。韩信攻占齐地后，向刘邦求封“假齐王”。刘邦此时正在广武前线被项羽打得焦头烂额，从大局出发，不得不顺势给韩信封了个齐王。毫无疑问，这次分封实属无奈，刘邦既力不从心又担心韩信哗变，心里纵有一百个不乐意也得先忍着。一旦搞定项羽，刘邦即刻收缴韩信的兵权，徙封其为楚王，以缓解自己受到的威胁。

关于韩信被徙封为楚王之事，《史记·高祖本纪》与《汉书·高帝纪》的记载不同。据《史记》的记载，刘邦先登基称帝，然后徙封齐王韩信为楚王，立彭越为梁王。然据《汉书》的记载，刘邦夺了齐王韩信的兵权后，先徙封韩信为楚王，立彭越为梁王，然后楚王韩信、梁王彭越等七诸侯王联名上疏，要求汉王接受尊号。我个人觉得，《汉书》对这件事的记载更为可信一些。

值得提出的是，刘邦的分封套路中也偶有失误。汉三年冬十月，刘邦在荥阳前线听信郦食其之计，准备分封六国国君，要不是被张良“八不可”拦下，可以肯定的是，天下的诸侯王多了，刘邦手下的人才肯定要“人心散了”。说到底，在实践中学习，难免要交点学费。

登基称帝：朕需要一把梯子

册封韩信、彭越之后，楚王韩信、韩王信、淮南王英布、梁王彭越、赵王张敖、衡山王吴芮、燕王臧荼等七位异姓诸侯王联名上疏，恭请刘邦接受“皇帝”尊号。

这里有两个问题：一、以楚王韩信为首的七位异姓诸侯王为什么要刘邦接受尊号？二、为什么是“皇帝”这一尊号，而非其他？

第一个问题好理解。若以王号来定尊卑，确实有些尴尬。刘邦是汉王，韩信是楚王，韩王信是韩王，英布是淮南王，彭越是梁王，张敖是赵王，吴芮是衡山王，臧荼是燕王。七位异姓诸侯王，与汉王刘邦是平起平坐。而且这些诸侯王中，韩信、彭越、英布、韩王信、张敖等五位是刘邦所封，刘邦、吴芮、臧荼乃项羽所封，尊卑关系确实有些混乱。怎么办呢？解决这一问题的办法是让“大王”刘邦再向上升一升，这样，尊卑高下就一目了然了。怎么向上升呢？上尊号。

第二个问题就有些蹊跷了。七位异姓诸侯王联名上疏，要求刘邦接受的是“皇帝”尊号，为什么不是其他尊号呢？

在政治制度的问题上，人们往往习惯于从历史中寻求答案。在刘邦之前，社会存在过两种截然不同的政治制度：一种是商周的王国制，另一种是秦始皇的帝国制。项羽当年选择的是当霸王，本质上从属于王国制，是王国制的一种变形。

至于诸侯们为何选择“皇帝”而不是其他尊号给刘邦，《史记》和《汉书》等史料里都没有提及。不过我们试想一下，劝刘邦接受尊号这么大的事，七位异姓诸侯王私底下肯定得通通气，起码得一块儿商量一下吧。虽然刘邦从未公开谈及灭掉项羽后自己想要什么尊号，但这不等于他从未表明过心迹。诸侯们看准了这些蛛丝马迹，给刘邦来了个投其所好。

第一，刘邦的目标是夺得天下。

武涉游说韩信时评价刘邦说：“其意非尽吞天下者不休。”这是项羽集团对刘邦兵出函谷关终极目的的诠释。这一点，七位异姓诸侯王都有所了解，为意在“尽吞天下”的汉王上什么尊号最合适？“皇帝”！

第二，刘邦的行政建制是郡县制。

刘邦重返关中平定三秦后，在关中“置陇西、北地、上郡、渭南、河上、中地郡；关外置河南郡”（《史记·高祖本纪》），完全承袭了秦帝国在地方实行郡县制的行政建制。这些做法无不透露出他打算在“后项羽时代”沿袭帝国制的端倪。

第三，刘邦对诸侯联名上疏的反应是默许。

诸侯王们联名上疏汉王刘邦上“皇帝”尊号，刘邦却推辞不受。为什么呢？刘邦这样的“王中王”当然不会直白地说出心中所想，这就需要大家去猜、去揣摩，需要大家帮忙架梯子。于是，诸侯王们给出了汉王刘邦理应接受尊号的三大理由：一是功大，二是德厚，三是上下不分。意思就是，汉王功勋卓著，厚德载物，但现在和其他诸侯王无法区分尊卑上下，只有加了尊号才能解决这一问题。（大王先得秦王，定关中，于天下功最多。存亡定危，救败继绝，以安万民，功盛德厚。又加惠于诸侯王有功者，使得立社稷。地分已定，而位号比拟，亡上下之分，大王功德之著，于后世不宣。《汉书·高帝纪》）

这三大理由就是诸侯们给刘邦架的梯子，好让刘邦顺着向上爬！梯子是架好了，刘邦会作何反应呢？他是这样回应的：

> 寡人闻帝者贤者有也，虚言亡实之名，非所取也。今诸侯王皆推高寡人，将何以处之哉？（《汉书·高帝纪》）

刘邦这番话妙不可言，短短几句表态却含有三个关键点：一是不反对称帝，二是质疑自己的资格，三是担心自己被推高后不好处事。虽然口口声声说着“寡人闻帝者贤者有也，虚言亡实之名，非所取也”，但很显然，他并不反对诸侯王们的劝进，只是说担心自己还不够贤能。

不反对就是默许。如果刘邦真不想当皇帝，那么他完全可以直截了当地加以拒绝。现在话里有话，诸侯王们自然心领神会，知道这把梯子是架对了，刘邦还是有意顺势而上的，接下来就是把这梯子扶稳喽！

听懂了刘邦的弦外之音，诸侯王们迅速组织起第二拨集体上疏，总结了汉王的三大功德，一是“灭乱秦”，二是“诛不义”，三是“功臣皆受地食邑”，所以“汉王”的称号已经不能承载刘邦的功德了，只有“居帝位”才能实至名归，再次希望“大王以幸天下”。

这一次的上疏厉害了，直言刘邦只有称帝才能让天下百姓满意。抬出“民生”这个梯子，让刘邦很是动心，这正是他想要的。于是，刘邦不再推辞。只是说，只要你们都认为我上“皇帝”尊号有利于天下苍生就行了。（汉王曰：“诸侯王幸以为便于天下之民，则可矣。”《汉书·高帝纪》）

在刘邦的首肯下，七位“诸侯王及太尉长安侯臣绾等三百人，与博士稷嗣君叔孙通”，选择了一个好日子，“二月甲午，上尊号”，刘邦正式“即皇帝位于汜水之阳。尊王后曰皇后，太子曰皇太子”，并追尊自己的生母为“昭灵夫人”，完成了由汉王到西汉开国皇帝的历史性演变。

可见，搬梯子是一门大学问。要别人向上“攀登”，需要合适的梯子；要他人体面下台，也需要搬一把合适的梯子。

西汉帝国就在诸侯王们找到了一把最恰当的梯子后诞生了。

刘邦称帝在中国帝国史上是一件大事。尽管秦始皇开创的帝国制度因为秦帝国的暴政、苛法仅仅存在了十五年，但是，帝国制度相对于商周的王国制度无疑更利于稳定与统一，这种政治制度在更有活力、更为合理的共和制产生之前是最具活力的政治制度。秦汉之交，人们更多地看到了秦帝国的速亡，并将秦帝国速亡的责任归咎于帝国制度。比如项羽，在身为诸侯盟主的最佳时刻，选择了做霸主，大封诸侯。究其实，项羽错失称帝的机会是他没有认识到帝国制度已经成为一股不可抗拒的历史潮流。那么，刘邦为什么选择了帝国制而放弃了王国制？史书没有记载，但这一选择显然是最佳选择。

在这场历史之交的重磅演出中，《汉书·高帝纪》特意记下了两个人的官职号、姓名，一个是“太尉长安侯臣绾”，一个是“博士稷嗣君叔孙通”。这两个人绝非等闲之辈，尤其是叔孙通，他和刘邦登基称帝关系非常密切。为什么《汉书》在刘邦称帝的关键时刻，特意点出叔孙通呢？叔孙通之外，还有哪些人为刘邦称帝立国做出了贡献呢？

立规矩，定国都

刘邦登基称帝，“博士稷嗣君叔孙通”是个特殊人物。关于此人，《史记·高祖本纪》中没有相关信息，但《史记·叔孙通列传》倒是详述了他为刘邦称帝所做的贡献。《汉书·高帝纪》还出现了这样的文字：“于是诸侯王及太尉长安侯臣绾等三百人，与博士稷嗣君叔孙通谨择良日。”这意味着叔孙通是刘邦称帝的关键人物。七个位高权重的诸侯王仅用了“诸侯王”三个字一笔带过，堂堂“三百人”的劝谏队伍中仅详细列出“博士稷嗣君叔孙通”和“太尉长安侯臣绾”两人，不但具名，还交代了职务与封号，显然是一种特殊的礼遇。这位“太尉”有何来头，我们以后再讲。先来看看这位“博士稷嗣君叔孙通”究竟何许人也。他为什么会被史书详列呢？此人又为刘邦称帝做出了什么特殊贡献呢？

叔孙通是何许人：信奉成功第一

叔孙通是春秋时鲁国权臣叔孙氏的后人，秦帝国薛郡人。薛郡郡治薛城在今山东滕州南，是战国时代鼎鼎大名的“战国四公子”齐国孟尝君的封邑。

叔孙通原本仅是一介儒生，因为通晓儒术被秦始皇征召入宫，跟秦帝国的博士们一块儿工作。博士是个什么职位？说白了，就是秦始皇身边见多识广的侍从而已。朝廷特设博士部门，专为皇帝排忧解难，随时接受咨询。叔孙通只是博士中的替补，并非正式员工，混了好多年，也没捞到一官半职，就这么在秦廷候着。

秦二世元年（前 209）七月，陈胜在大泽乡首举反秦义旗。打探消息的使者回来向秦二世报告了陈胜反秦的消息。

秦二世召集朝中博士、儒生，询问他们的意见：楚国戍卒陈胜等已经攻下蕲县（当时大泽乡隶属蕲县，在今安徽宿州东南），你们看应该怎么办？朝下的三十多人都说：身为臣民，绝不允许拥兵作乱，拥兵作乱就是死罪，杀无赦，希望陛下尽快发兵剿灭。秦二世一听，脸气得变色了。（二世召博士诸儒生问曰："楚戍卒攻蕲入陈，于公如何？"博士诸生三十余人前曰："人臣无将，将即反，罪死无赦。愿陛下急发兵击之。"二世怒，作色。《史记·刘敬叔孙通列传》）

叔孙通一见秦二世脸色陡变，立即上前一步说道：不对！不对！始皇帝统一天下，四海一家，原来六国郡县的城墙一律被拆掉，兵器全部被销毁。如今明主在上，法令完备，官员奉职，地方服从中央，哪有人敢造反？这不过是一些鸡鸣狗盗之徒罢了，何足挂齿？地方上的郡守、郡尉很快就会把他们缉拿归案、治罪量刑的，陛下不必担忧。（叔孙通前曰："诸生言皆非也。夫天下合为一家，毁郡县城，铄其兵，示天下不复用。且明主在其上，法令具于下，使人人奉职，四方辐辏，安敢有反者！此特群盗鼠窃狗盗耳，何足置之齿牙间。郡守尉今捕论，何足忧。"《史记·刘敬叔孙通列传》）

秦二世一听，龙颜大悦，连声叫好。其他博士们仍有坚持说是造反的，也有改口说仅是一群盗贼的。秦二世下令，让主管司法的御史把所有说是造反的儒生通通抓起来，因为这不是他们该说的话。凡说陈胜等人是盗贼的儒生，全部放回。赏首倡盗贼说的叔孙通二十匹绢帛，一套制服，正式任命叔孙通为博士。（二世喜曰："善。"尽问诸生，诸生或言反，或言盗。于是二世令御史案诸生言反者下吏，非所宜言。诸言盗者皆罢之。乃赐叔孙通帛二十匹，衣一袭，拜为博士。《史记·刘敬叔孙通列传》）

一出宫，同事们就抱怨叔孙通：你怎么能用这样的方式讨好皇上呢？叔孙通说：小命都快没了，哪里还顾得上什么方式！当天，叔孙通就匆匆收拾了行装逃跑了。这一逃，逃到了薛地，薛地此时已属于陈胜的"张楚"

国。当项梁率兵到达薛地，叔孙通立即投奔了项梁。后项梁战死沙场，楚怀王到达彭城，收缴了项羽、吕臣的兵权，叔孙通就又改投到楚怀王旗下。项羽入关后，放逐义帝，原义帝身边的臣子纷纷自找出路。叔孙通也不例外，再次改换门庭，加入到如日中天的项羽集团。汉二年（前 205），刘邦率五诸侯联军攻下彭城，叔孙通就顺势叛楚降汉。（叔孙通已出宫，反舍，诸生曰："先生何言之谀也？"通曰："公不知也，我几不脱于虎口！"乃亡去，之薛，薛已降楚矣。及项梁之薛，叔孙通从之。败于定陶，从怀王。怀王为义帝，徙长沙，叔孙通留事项王。汉二年，汉王从五诸侯入彭城，叔孙通降汉王。《史记·刘敬叔孙通列传》）

不过，刘邦很快就战败，溃退到荥阳，叔孙通这次竟然没有动摇，立场坚定地追随刘邦。

叔孙通身穿一副儒生的装束，经常惹得刘邦很不开心。他知道这一点后，立马改穿楚人的短衣，刘邦就觉得叔孙通这人还不错，有点儿意思。（叔孙通儒服，汉王憎之；乃变其服，服短衣，楚制，汉王喜。《史记·刘敬叔孙通列传》）

叔孙通降汉的时候，随他一块儿归汉的还有一百多名弟子。楚汉战争打了四年，这期间叔孙通没有向刘邦举荐过自己的弟子，倒是经常推荐一些有案底的壮士。叔孙通的弟子们私下里抱怨道：跟随先生这几年，我们这些弟子先生一个也不推荐，推荐的净是一些流氓泼皮。（叔孙通之降汉，从儒生弟子百余人，然通无所言进，专言诸故群盗壮士进之。弟子皆窃骂曰："事先生数岁，幸得从降汉，今不能进臣等，专言大猾，何也？"《史记·刘敬叔孙通列传》）

叔孙通听说后，郑重其事地对弟子们说：汉王现在正冒着强弩箭簇征战沙场，你们可以上阵厮杀吗？我理应优先推荐那些能够"斩将搴旗"的壮士。你们暂且等一等，我不会忘了你们。（汉王方蒙矢石争天下，诸生宁能斗乎？故先言斩将搴旗之士。诸生且待我，我不忘矣。《史记·刘敬叔孙通列传》）不久，汉王拜叔孙通为博士，号稷嗣君。

叔孙通一生的经历屡遭后人诟病。没办法，他确实给了别人诟病的理由：反复无常，六易其主，先后侍奉过秦始皇、秦二世、项梁、楚怀王熊心、项羽和刘邦。这样的经历，让很多人对叔孙通极为不齿，认为他是一个趋炎附势的无耻小人。不过话分两头说，从另一个角度而言，叔孙通的选择又都是正确的：他自始至终奉行“成功第一”的原则，之所以六易其主，也是因为一直没有碰到真正的天下主宰者，再加上他识人的眼光不高，世道又不太平，不得不一而再、再而三地更换主人。但是，当他认定刘邦是真命天子后，他就一直坚持到了最后。

制定朝仪：呵护皇权尊严

刘邦定陶登基之时，叔孙通奉命制定了一套皇帝即位的仪式，当然很大程度上参考了秦朝的各项流程，刘邦过目之后大大简化了一番，省掉了不少礼仪形式。这一简化不打紧，直接导致文武大臣们在朝堂上毫无顾忌地喝酒争功，喝醉后大喊大叫，甚至还有人拔出剑对着殿上大柱猛砍。刘邦看到这种混乱不堪的场面，大伤脑筋。（汉五年，已并天下，诸侯共尊汉王为皇帝于定陶，叔孙通就其仪号。高帝悉去秦苛仪法，为简易。群臣饮酒争功，醉或妄呼，拔剑击柱，高帝患之。《史记·刘敬叔孙通列传》）

叔孙通看出刘邦越来越看不惯这种毫无秩序的混乱场面，便适时地对刘邦建议道：儒生那一套虽然难以用来打天下，但是可以用来守天下。我想选调一批鲁地的儒生，协助我制定一套群臣朝见皇帝的仪式。刘邦的反应很激烈，马上问道：会不会很难办啊？（叔孙通知上益厌之也，说上曰：“夫儒者难与进取，可与守成。臣愿征鲁诸生，与臣弟子共起朝仪。”高帝曰：“得无难乎？”《史记·刘敬叔孙通列传》）其实刘邦是在为自己担心，他怕叔孙通搞得太复杂了自己受不了。

叔孙通回答说：五帝（黄帝、颛顼、帝喾、尧、舜）的乐章各有不同，夏、商、周三代的礼仪也不尽相同。不同的时局应当有不同的行为规范。夏、商、周三朝的礼仪都是根据前朝的制度加以增删而成的，绝不是简单的重复。臣下的意见是结合古礼和秦朝的礼仪，相互参照，制定出本朝的礼仪制度。刘邦说：那就试试吧，不过要容易施行，估摸着我能做得到才行。（叔孙通曰：“五帝异乐，三王不同礼。礼者，因时世人情为之节文者也。故夏、殷、周之礼所因损益可知者，谓不相复也。臣愿颇采古礼与秦仪杂就之。”上曰：“可试为之，令易知，度吾所能行为之。”《史记·刘敬叔孙通列传》）

于是，叔孙通到鲁地招聘了三十位儒生，加上皇上身边的学者，以及自己的一百多位弟子，在野外拉起绳索，扎上草人，展开模拟练习。一个多月后，他便向刘邦报告：皇上可以来看看了。刘邦亲临视察，看完众人演示的朝礼仪式之后，松了口气，说：我应该能做得到。于是下令群臣学习朝礼。（遂与所征三十人西，及上左右为学者与其弟子百余人为绵蕞野外。习之月余，叔孙通曰："上可试观。"上既观，使行礼，曰："吾能为此。"乃令群臣习肄，会十月。《史记·刘敬叔孙通列传》）

汉七年（前200），长乐宫重新装修完毕，诸侯群臣前来朝贺，叔孙通制定的朝仪正式启用。天大亮之前，司仪（谒者）在前面引领官员们依次进入殿门。大殿前面陈列着战车、骑兵，立着手持武器、旗帜的步兵、骑兵。郎中们都侍立在大殿每一级台阶的两侧，整个台阶上站立着几百号人。功臣、列侯、将军、军吏按次序面东而站；文官则从丞相以下，面西而站。司礼官（大行）完成九种引领宾客的礼仪之后，皇帝才坐着天子的专车从寝宫出来。前面派专人拿着旗，传话众人肃静，并引领着诸侯王直到年俸六百石的低级官员，依次上前拜贺。各级官员个个都恭恭敬敬。朝见皇帝的礼仪结束，端上酒爵，陪坐在大殿之上的人，一个个低眉顺眼，按照级别向皇帝敬酒。酒过九巡，司仪宣布酒宴结束。御史按照规定，把不遵礼仪的人全部带了下去。从开始直至酒宴结束，没有人敢在朝堂之上大声喧哗。（仪：先平明，谒者治礼，引以次入殿门，廷中陈车骑步卒卫宫，设兵张旗志。传言"趋"。殿下郎中侠陛，陛数百人。功臣列侯诸将军军吏以次陈西方，东向；文官丞相以下陈东方，西向。大行设九宾，胪传。于是皇帝辇出房，百官执职传警，引诸侯王以下至吏六百石以次奉贺。自诸侯王以下莫不振恐肃敬。至礼毕，复置法酒。诸侍坐殿上皆伏抑首，以尊卑次起上寿。觞九行，谒者言"罢酒"。御史执法举不如仪者辄引去。竟朝置酒，无敢欢哗失礼者。《史记·刘敬叔孙通列传》）

高祖刘邦看到这种有礼有节的隆重场面，兴奋地说："我今天终于知道做皇帝的尊贵了。"随即任命叔孙通为太常（主管朝廷及宗庙礼仪），"赐金五百斤"。叔孙通趁机对刘邦说：我的弟子追随我多年，协同我制定礼仪，希望陛下也能给他们一个官做做。刘邦当场任命叔孙通的全部弟子通通为“郎”。退朝后，叔孙通把皇帝赏给他的五百斤金全部分给他的弟子们，大家无不欢呼雀跃，高兴地说：叔孙先生真是圣人啊！懂得什么是当务之急。（叔孙通因进曰：“诸弟子儒生随臣久矣，与臣共为仪，愿陛下官之。”高帝悉以为郎。叔孙通出，皆以五百斤金赐诸生。诸生乃皆喜曰：“叔孙生诚圣人也，知当世之要务。”《史记·刘敬叔孙通列传》）

叔孙通为高祖刘邦制定朝仪，巩固了皇权，约束了朝臣，结束了刘邦刚刚称帝时宫廷的混乱局面，对西汉中央集权制的形成发挥了不小作用，对汉帝国礼仪制度的形成产生了重大影响。

至于对叔孙通个人的评价，就只能是仁者见仁、智者见智了。

奉春定都：百年大计

汉五年（前 202）二月，刘邦在定陶这个地方登基称帝。定陶从春秋时期直至当时，一直都是水陆交通枢纽，陶朱公范蠡认为定陶是“天下之中”。但是，定陶地势低，无险可守，可以在此登基，不能在此建都。再说，此前已将彭越的梁国都城安在了定陶。

于是，为国都选址之事被提上日程。这第一个被选中的地方乃是洛阳城。刘邦为什么会看中洛阳呢?

第一，洛阳是周朝故都；第二，洛阳有现成宫殿可用；第三，洛阳地处中原腹地，有山川之险可凭借，地理位置优越；第四，洛阳地处关东，刘邦手下大批将领、士兵都出自关东，离家乡近，感情上好接受。

汉五年三四月份的时候，刘邦决定在洛阳建都，五月下令遣返手下士兵，各自复员到原籍为民。

恰在此时，一个小小的戍卒路过洛阳，彻底改变了西汉帝国国都的命运。

此人原名娄敬，齐国人。这一年，娄敬奉命到陇西郡（郡治今甘肃临洮县南）戍边，路过洛阳时碰巧听说刘邦决定定都洛阳。于是，这位戍边的小兵摘下身上的拉车绳套，穿着羊皮短袄，贸然地拜见齐国虞将军。他对虞将军说：我想见皇上，有重要事情要向皇上汇报。虞将军见这位老乡衣衫破旧，想给他找一件像样的衣服换上再面见皇上。娄敬却说：不用换了，我穿什么是什么，就这样吧，挺好的。刘邦得到虞将军的呈报，立即召见娄敬，还赐娄敬吃饭。等他吃完，刘邦才问有何要事。娄敬说：陛下建都洛阳是不是要和当年建都洛阳的周朝比个高下？刘邦回答：是啊。

娄敬接着说：可是陛下得此天下和周朝得彼天下是有天壤之别的啊。当年周朝从先人后稷受封，“积德累善”十几代，最终靠着天下诸侯的支持得以灭商。成王即位，周公辅佐，这才开始营建成周洛邑，而且目标很明确：一是将商朝遗民迁居到此地，监督看管；二是将成周洛邑作为周朝的东部都城，朝见天下诸侯。所以说，周朝定都洛阳，乃是为了以德服人，而不靠这里的地形险要。（陛下取天下与周室异。周之先自后稷，尧封之部，积德累善十有余世。公刘避桀居豳。太王以狄伐故，去豳，杖马箠居岐，国人争随之。及文王为西伯，断虞芮之讼，始受命，吕望、伯夷自海滨来归之。武王伐纣，不期而会孟津之上八百诸侯，皆曰纣可伐矣，遂灭殷。成王即位，周公之属傅相焉，乃营成周洛邑，以此为天下之中也，诸侯四方纳贡职，道里均矣，有德则易以王，无德则易以亡。凡居此者，欲令周务以德致人，不欲依阻险，令后世骄奢以虐民也。《史记·刘敬叔孙通列传》）

而陛下得天下情况就大为不同了。陛下从沛县丰邑起兵，定三秦，战项羽，大仗七十场，小仗四十次，无不殃及天下百姓。现在死者家属的哭声未止，伤者还没有痊愈，陛下就想效法成康之世，这实在不合适啊。（今陛下起丰沛，收卒三千人，以之径往而卷蜀汉，定三秦，与项羽战荥阳，争成皋之口，大战七十，小战四十，使天下之民肝脑涂地，父子暴骨中野，不可胜数，哭泣之声未绝，伤痍者未起，而欲比隆于成康之时，臣窃以为不侔也。《史记·刘敬叔孙通列传》）

再来看关中之地，四面环山，东有黄河天堑为屏障，四方关塞坚固难破，一旦遇到危险，很快就能组织起百万大军。陛下如果定都关中，凭借着秦时修筑的军事要塞，以及关中优质的土地资源，就是崤山以东乱了，这秦地也仍然可以保全。（且夫秦地被山带河，四塞以为固，卒然有急，百万之众可具也。因秦之故，资甚美膏腴之地，此所谓天府者也。陛下入关而都之，山东虽乱，秦之故地可全而有也。《史记·刘敬叔孙通列传》）

娄敬这番话讲得颇有道理，高祖刘邦就此问题咨询群臣。群臣大多是崤山以东人，争着说东周延祚数百年，秦朝二世而亡，应当建都周朝故都。刘邦一时不知该如何决断。

此时有一人站出来，明确支持娄敬。此人就是刘邦最为信任的谋士——张良。张良说娄敬讲得对，建都关中比定都洛阳更加有利。为什么张良会如此坚决地支持娄敬建都关中的主张呢？安广禄先生认为大要有四：

一是看好关中制衡天下的地形优势。我国地貌总体特征是西北高、东南低，西北相对于东南形成了居高临下之势。就关中而言，前后左右均有险可守，可谓“金城千里”；腹地是广阔肥饶的“天府之国”；再加上这个地区水系发达，黄河、渭水是天然的运输通道。占据关中，进可东制诸侯，退可自保无忧。洛阳四周虽有险可守，但腹地不开阔，土地相对贫瘠，容易四面为敌，并非用武之地。（雒阳虽有此固，其中小，不过数百里，田地薄，四面受敌，此非用武之国也。夫关中左殽函，右陇蜀，沃野千里，南有巴蜀之饶，北有胡苑之利，阻三面而守，独以一面东制诸侯。诸侯安定，河渭漕挽天下，西给京师；诸侯有变，顺流而下，足以委输。此所谓金城千里，天府之国也，刘敬说是也。《史记·留侯世家》）

二是看好关中经济文化方面的优势。关中土地肥沃，地域宽广，“南有巴蜀之饶，北有胡苑之利”，战马、粮食、资用，都很充裕。秦自孝公变法起，奖励军功和耕织，经营既久，民习战耕。秦始皇一统天下后，在历代积淀基础之上推行郡县制，统一文字，统一度量衡，制定很多有重大意义的法令，汉王朝草创之时非常需要借鉴、继承、丰富、完善、践行帝国制度的这一套东西，便利之地莫如关中。

三是看好关中安定天下大局的政治优势。关中是秦帝国的发祥之地，刘邦入关时对关中秋毫无犯，与关中父老约法三章，深得关中百姓拥戴。四年楚汉战争中，关中百姓付出甚多。建都关中，正可利用关中百姓的拥戴打好汉室江山的基础。由关中至关外，进而至天下，关中是稳定全国的政治基础。

四是吸取东周王室疲弱不振的历史教训。周朝自平王东迁洛阳后每况愈下，天子气象尽失，诸侯坐大，朝贡不举，甚至还经常有人觊觎九鼎。虽然这一局面并非为建都洛阳所致，但周王室如非衰弱，何必东迁？汉家江山要做大做强，必须弃洛阳而都关中。

听了张良一番话，刘邦不再犹豫，当天起驾西迁关中。最早建言定都秦地关中的是娄敬，“娄”“刘”谐音，刘邦遂赐娄敬改姓刘，封其为郎中，号奉秦君。

刘邦历经七年坎坷，终于从一介布衣跃为九五之尊，在千千万万官兵百姓的血泊中建立起了西汉帝国。娄敬的一番话，让刘邦深刻地意识到自己与周朝得天下、守天下的状况大不相同。那么，刘邦将会怎么重新审视自己的成功呢？将会怎样守护好刚刚诞生的西汉帝国呢？

一个好汉三个帮

娄敬在劝谏汉高祖刘邦建都关中之时指出：汉朝的建立与周朝的建立大相径庭，其中最大的不同无疑是时间上的悬殊。周朝积累了十几代才逐渐形成气候，得到天下诸侯认可，推翻殷商，建立新王朝。刘邦不同，他一共折腾了七年，三年反秦，四年灭项，就当上了皇帝。自古至今，未曾所见。尽管诸侯、大臣劝刘邦上“皇帝”尊号时场面话说得非常漂亮，但说到底刘邦只是从一介布衣起家当上皇帝的暴发户。五百年后，魏晋之交的阮籍登广武山观览楚汉战争古战场时，十分感慨地说：“世无英雄，遂使竖子成名！”可见他对刘邦的成功颇不以为然。阮籍的这句话代表了相当一部分后世之人对刘邦的看法。那么，汉高祖本人是怎样看待自己这一番成功历程的呢？

“三杰”：人才是制胜法宝

刘邦成功转型之后，某天在洛阳南宫召开庆功大会，他当着在场所有列侯、将领们的面，抛出了一个问题：我刘邦为什么能够得到天下？项羽为什么会失掉天下？（通侯诸将毋敢隐朕，皆言其情。吾所以有天下者何？项氏之所以失天下者何？《汉书·高帝纪》）

高起、王陵两位率先回应说：虽说陛下您傲慢而且喜欢侮辱别人，项羽仁厚而且爱护别人。可是，陛下攻城略地，只要攻占了就会分封给功臣；而项羽呢，却总是妒贤嫉能，迫害有功之人，怀疑贤能之士，打了胜仗不奖赏，攻下地盘不封人。这是项羽失去天下的原因。（高起、王陵对曰：“陛下嫚而侮人，项羽仁而敬人。然陛下使人攻城略地，所降下者，因以与之，与天下同利也。项羽妒贤嫉能，有功者害之，贤者疑之，战胜而不与人功，得地而不与人利，此其所以失天下也。”《汉书·高帝纪》）

高起、王陵的回答触及一个大家都很感兴趣的话题：刘邦舍得分封！一帮底层出身的壮士豪杰拎着脑袋跟随刘邦打天下，图个啥？当然是分封。分封意味着拥有土地，而土地自古至今都是最宝贵的资源，特别是在帝国时代，土地代表的不仅是财富，而且是权势、地位、名望。这是那个时代几乎所有愿意跟着刘邦打天下的人首先想得到的东西。

刘邦听他们说完，却把头摇得像拨浪鼓似的，说道："你们只知其一不知其二啊。要说这运筹帷幄，决胜千里的智略，我不如张良。这治理国家，安抚百姓，保障供给，护卫粮道的才能，我不如萧何。这统帅千军万马，战无不胜攻无不克的胆识，我不如韩信。这三位都是当今天下最杰出的人才，能为我所用，这便是我能夺取天下的根本原因。而项羽手下只有一位谋士范增，他还不信任重用，所以最终被我打败。（夫运筹帷幄之中，决胜千里之外，吾不如子房；填国家，抚百姓，给饷馈，不绝粮道，吾不如萧何；连百万之众，战必胜，攻必取，吾不如韩信。三者皆人杰，吾能用之，此吾所以取天下者也。项羽有一范增而不能用，此所以为我禽也。《汉书·高帝纪》）

群臣听完刘邦的自我总结，个个心悦诚服。他们确实没想到高高在上的皇帝会如此看待自己的成功，当然也对三位杰出人才表示由衷的敬佩。

刘邦的这番高论让"汉初三杰"名扬史册，同时也提出了一个非常重要的课题：西汉帝国什么最金贵？人才！

留侯归汉：缘分加相互欣赏

"三杰"之中，张良被刘邦列为第一，且尊称其字"子房"，显示出刘邦对张良的特别敬重。刘邦待人一向非常随意，初见郦食其时竟然边洗脚边见客。这么一个极其随便的人，当了皇帝，提起张良开口是"子房"，闭口还是“子房”，这不简单，而且很不简单！这是张良一言一行留给刘邦深刻印象后的自然而然的反应。

我们在“入秦关，谋江山”一章讲过张良和刘邦的相识及张良献计帮助刘邦和平解放南阳的事情。现在，我们再回过头来详细了解一下张良其人。

张良是韩国贵族的后裔，他的祖父担任过韩昭侯、韩宣王、韩襄王三代韩国国君的相国，父亲担任过韩釐王、韩悼惠王两代韩国国君的相国，这就是历史上所称的“五世相韩”。

悼惠王二十三年（前250），张良的父亲去世了。此时，张良年龄小，没有出仕为官。韩王安九年（前230），秦国内史腾率兵攻韩，俘虏韩王安，灭韩为秦国的颍川郡。此时距张良父亲去世才刚刚二十年。国亡之际，张良家又遭遇不测，他的弟弟早夭。张良家境在当时还算富裕，仅奴仆就有三百人，但张良草草安葬了弟弟，遣散了三百奴仆，变卖了全部家财，准备去干一件大事：寻求刺客，刺杀秦王政。（悼惠王二十三年，平卒。卒二十岁，秦灭韩。良年少，未宦事韩。韩破，良家僮三百人，弟死不葬，悉以家财求客刺秦王，为韩报仇，以大父、父五世相韩故。《史记·留侯世家》）

秦灭六国的历史进程中，出现有两位热血青年。一位是燕国太子丹，一位就是韩国张良。太子丹寻到壮士荆轲，上演了“荆轲刺秦王”的传奇大戏。张良寻到了一位大力士，可以投掷一百二十斤（约合今30公斤）重的大铁锤。秦王二十九年（前218），秦始皇第三次东巡，张良和刺客在博浪沙（今河南原阳县城东郊）设伏，准备狙击秦始皇。大力士把大铁锤狠狠抛出，准确命中一辆专车，当即把这辆车砸得稀巴烂。不巧的是，这辆车只是皇帝的备用车，秦始皇因此躲过一劫。这是秦始皇一生中继荆轲、高渐离之后的第三次遇刺，而此时秦并天下已有三年。侥幸躲过一劫的秦始皇勃然大怒，立即下令大规模搜查附近，竟遍寻不到刺客的踪影，于是通令天下，全国戒严十天，紧急排查！（得力士，为铁椎重百二十斤。秦皇帝东游，良与客狙击秦皇帝博浪沙中，误中副车。秦皇帝大怒，大索天下，求贼甚急，为张良故也。《史记·留侯世家》）

这件震惊全国的大案在《史记·秦始皇本纪》里亦有详细的记载：

二十九年，始皇东游。至阳武博狼沙中，为盗所惊。求弗得，乃令天下大索十日。

“为盗所惊”是司马迁的讳言，“大索十日”才是这场行刺的真实反映。秦始皇如果仅仅是受了惊，用得着在全国“大索十日”吗？只能是亲睹了副车被砸毁的惨状，从而联想到砸到自己乘坐的专车上将会出现怎样的严重后果。

张良行刺失败，立即改“姬”姓为“张”姓，改名为“良”，逃到下邳（今江苏睢宁县古邳镇）隐居下来，躲过了大搜捕。史书没有记载那位大力士的行迹，估计也应是安然无恙，否则张良也难逃法网。行刺的主谋、凶手能够双双脱身，纯属偶然。这件事给了张良一个深刻的教训：仅靠一己之力为韩报仇是不可能的！

就在隐居下邳的某一天，张良在下邳的桥上遇见一位老人。这老人穿着一身布衣，走到张良面前，把自己的鞋子脱下来扔到桥下，然后转过身来对张良说：年轻人，到下面把我的鞋子捡回来！张良亲眼看着老人往桥下扔鞋，现在他竟然命令自己到桥下替他捡鞋，真想挥拳把他暴揍一顿！但转念一想，老人年龄也挺大了，没必要跟他较劲儿，于是强抑着自己的性子，到桥下为老人拾回来了鞋。这还不算完，老人一边伸出脚，一边理所当然地说：给我穿上！（良尝间从容步游下邳圯上，有一老父，衣褐，至良所，直堕其履圯下，顾谓良曰：“孺子，下取履！”良鄂然，欲殴之。为其老，强忍，下取履。父曰：“履我！”《史记·留侯世家》）

张良心想，既然已经捡回了鞋子，那就好事做到底吧，于是耐着性子跪在地上为这位老人穿鞋。老人心安理得地等张良替自己穿好鞋，意味深长地笑了笑，扬长而去。张良见自己低三下四地忙活了半天，最后连一句谢谢的话都没听到，一脸无辜、无奈、无助外加无所适从地站在原地，注视着老人离去。估摸着走了有一里多地，老人又折了回来，正儿八经地对张良说：孺子可教矣。五天后，天亮时到这儿来等我。张良来不及多想，跪下来恭恭敬敬地应了一声：遵命。（良业为取履，因长跪履之。父以足受，笑而去。良殊大惊，随目之。父去里所，复还，曰：“孺子可教矣。后五日平明，与

我会此。”良因怪之，跪曰：“诺。”《史记·留侯世家》）

五天后，天刚放亮，张良匆匆赶到桥边，老人已经在那儿了，怒气冲冲地说道：为什么来得比我晚？和一位长者相约，怎么能迟到呢？五天以后再来！五天后，鸡刚刚叫，张良就急慌慌赶去。没想到，老人又抢在了前面，怒不可遏地对张良说：为什么又晚了？临走时交代，五天后早一点来。又过了五天，这次张良半夜就赶过去了。停了一会儿，老人也来了，这次他高兴地说：这才像个样子。然后随手拿出一部书，说：读好这部书，便可以成为帝王之师！十年后可以发达，十三年后可在济北相见，穀城山下那块黄石就是我。说完，老人翩翩离去。天亮后，张良打开老人的赠书，原来是《太公兵法》，不禁大为惊诧。此后，张良经常研读这本书。这就是历史上鼎鼎大名的“下邳授书”。（五日平明，良往。父已先在，怒曰：“与老人期，后，何也？”去，曰：“后五日早会。”五日鸡鸣，良往。父又先在，复怒曰：“后，何也？”去，曰：“后五日复早来。”五日，良夜未半往。有顷，父亦来，喜曰：“当如是。”出一编书，曰：“读此则为王者师矣。后十年兴。十三年孺子见我济北，穀城山下黄石即我矣。”遂去，无他言，不复见。旦日视其书，乃《太公兵法》也。良因异之，常习诵读之。《史记·留侯世家》）

“下邳授书”的确是个精彩的故事，但其中至少存在两个谜团：第一，那位老人到底是什么人？有学者（如王仲浮先生）认为，授书的老人应当是一位反秦志士。张良博浪沙狙击秦始皇引起了天下反秦志士的关注，他们认为张良胆识过人，但年少气盛，所以故意用“圯下拾履”之事来磨砺张良。也有学者认为老人是一位隐士，乃《太公兵法》的作者。第二，《太公兵法》是一部什么书？多数学者认为，这是一部兵书。也有人认为，它就是宋代《武经七书》中的《黄石公三略》。

张良隐居下邳，吸取了博浪沙行刺失败的教训，读书增智，积蓄力量。在此期间，还发生了一件小事儿，这件小事儿在不久的将来影响到历史的进程。

张良在下邳隐居时，项伯因为杀人逃到他那儿避过了风头。张良救项伯，纯粹是行侠仗义之举，帮朋友躲过杀身之祸，谁会料到将来在鸿门宴时会得到项伯的帮助呢！

在下邳隐居了十年之后，反秦大起义的号角吹响，张良立马聚集了百十号年轻人投身其中。他原打算率众投奔刚刚被拥立的代理楚王景驹，没想到在路上巧遇刘邦。刘邦此时正好率兵攻略下邳，张良自然而然就加入了刘邦集团，成为刘邦手下的一员将领（厩将）。

这是张良与刘邦第一次打交道，双方都留下了非常美好的印象。不过，此后的一件事却又让两人暂时分开。这一段前文已经提及，这里简单再做下回顾。

项梁立楚怀王的孙子熊心为楚王，让张良看到了韩国复国的希望。于是，张良便劝说项梁立韩国公子横成君为韩王。此后，张良一直忙于复国，随同韩王成攻城略地。这是张良与刘邦的第一次分别。

后来刘邦西入秦关，来到韩地，随手帮韩王成搞定了被秦军攻占的十几座城池。作为回报，韩王成命令张良护送刘邦一路西行入关。张良跟随刘邦和平解放南阳，智取峣关，一直到刘邦被封为汉王，才在褒斜道与刘邦话别，回国辅佐韩王成。这是张良与刘邦的第二次分别。

韩王成原为项梁所封，项羽大分封时没有动他，但项羽对张良辅佐刘邦西入秦关之事非常不满，再加上鸿门宴前、宴中张良的出色表现让项羽深感不安。出于某种报复的心理，项羽不许韩王成回到韩国封地，将他扣留在自己身边。

汉元年（前206）八月，刘邦还定三秦，公开挑战项羽。张良给项羽写信，称“汉王失职，欲得关中，如约即止，不敢东”。这封信将项羽的第一把火引向齐地，为刘邦赢得了缓冲时间。事后，项羽先贬韩王成为侯，继而在彭城杀死韩王成。韩王成被杀，张良侥幸逃脱，回归到刘邦身边。此时刘邦已定三秦，张良的归来让刘邦特别高兴，当即封其为成信侯。从此，张良便死心塌地地追随刘邦，最终成为西汉帝国的开国元勋。

张良与刘邦，在最初的相识之后，又经历了两次分别，最终走到了一起。其实张良真正想做的是复国，但当他发现复国仅是一个美丽的幻影之后，他毅然决然地一心归汉。不过，这并不影响刘邦对他的肯定。“汉初三杰”的荣耀，张良可谓实至名归。

萧何辅汉：信任加才干

萧何和刘邦有“三老”之谊，这层关系非张良、韩信可比。所谓的“三老”之谊，一是老乡，二是老同事，三是老战友。

先说老乡。两人老乡的关系非常明朗。萧何是沛县丰邑（今江苏丰县）人，刘邦也是沛县丰邑人。

再说老同事。萧何文笔娴熟，尤其擅法律文书写作，任沛县主管人事的公曹（主吏掾），在沛县是个人物。秦朝御史到沛县检查工作，和萧何打过几次交道，一致认为他办事干练，在当地的干部考评中名列第一，想奏报中央，调萧何到朝中任职。萧何知道后，坚决谢绝。（秦御史监郡者与从事，常辨之。何乃给泗水卒史事，第一。秦御史欲入言征何，何固请，得毋行。《史记·萧相国世家》）

萧何为什么不愿到中央政府工作呢？不少人认为他慧眼识英雄，相中了刘邦。此论恐怕抬举了萧何，也抬举了刘邦。萧何再有本事，也不可能看出一个小小的亭长会是个命世之才吧。机缘未至，刘邦还没有得到展示拳脚的舞台，岂会已显出时势英雄的本色？也有人认为，萧何是看透了世事，预感到大动荡将至。其实准确地说，倒不是萧何真预见到秦帝国行将崩溃，只不过作为一名刀笔小吏突然间得到这样的升迁，心中难免会有疑惑，并隐隐约约感到了秦帝国的风雨飘摇。

而刘邦为布衣之时，放荡不羁，多次触犯秦法，萧何总是护着刘邦，为他挡了几场官司。刘邦任泗水亭长后，萧何更是经常照顾他。亭长需要负责押送民工去都城咸阳服劳役，这可是一项苦差事。每次出行前，同事们都会友情资助刘邦三百钱，萧何每次都比他人多出两百钱。（高祖为布衣时，何数以吏事护高祖。高祖为亭长，常左右之。高祖以吏繇咸阳，吏皆送奉钱三，何独以五。《史记·萧相国世家》）

最后说老战友。

刘邦沛县举兵，成为沛公，萧何、曹参功不可没。

陈胜起兵后，天下形势风起云涌，沛县县令面临着生死抉择：要么顽抗到底，成为秦帝国的牺牲品；要么来一个华丽转身，叛秦起兵，以求自保。沛县县令选择了后一条路。但是，萧何、曹参却反对他继续主政，力劝他将逃亡在外的人找回来主持起义大事。沛县在外逃亡者就是刘邦。可见，萧何、曹参一开始就想在刘邦的旗帜下聚集起来。沛县县令深知他作为秦帝国的县令，积怨极深，难孚众望，不得已而同意。后来沛县县令反悔，关闭城门，谋杀萧、曹，拒绝刘邦入城，刘邦诛杀县令，顺利成为沛公。从刘邦举事之日起，萧何就是刘邦的主要助手。

萧何当时是率整个萧氏家族参与反秦的。作为一个深谙秦帝国苛法的刀笔小吏，萧何当然明白这么做意味着什么。他把萧氏家族的活路都交给刘邦，一方面是判断出反秦的光明前景，另一方面则反映出对刘邦的绝对信任。

刘邦起兵后，萧何作为刘邦的“第一秘书”，拥有很大的行政权力。张良虽然极受刘邦器重，但是，张良既无兵权，又无政权，只是一名谋士。那么，在刘邦的心中，为什么萧何会拥有如此特殊的地位？对于刘邦的创业，萧何又有何等的功绩呢？

一是成全沛公。当上沛公是刘邦传奇人生的第一级台阶。上到这个台阶，他才能一级级向上攀登，逐渐释放自己的能量。成全他上第一级台阶的正是萧何！一个人能够在大时代里成为弄潮儿，一靠个人才智，二靠时代平台。没有个人才智就没有成功的内因，没有时代平台就不能顺应历史之势，借不上时代的东风。

二是成全高帝。刘邦攻入咸阳，诸将纷纷打家劫舍抢夺珠宝，萧何却独收取秦丞相、御史府中的律令、图书。真牛！别人争抢“物质遗产”，萧何看中的却是秦帝国的“非物质文化遗产”。这些“非物质文化遗产”对刘邦称帝帮助极大，让其知道了天下户口、赋税的分布，了解了天下地理形胜。从这个意义上讲，没有萧何就没有高帝！（沛公至咸阳，诸将皆争走金帛财物之府分之，何独先入收秦丞相御史律令图书藏之。沛公为汉王，以何为丞相。项王与诸侯屠烧咸阳而去。汉王所以具知天下大厄塞，户口多少，强弱之处，民所疾苦者，以何具得秦图书也。《史记·萧相国世家》）

三是举荐韩信。韩信从军，经历坎坷，尽管他有经天纬地之才，可是他没有名气，没有家族背景，在项梁、项羽、刘邦三位领导手下都默默无闻，跳槽到刘邦集团还差一点因罪被杀，幸有滕公出手相救，韩信才得以保全性命。最后多亏萧何一而再、再而三地推荐，才说服刘邦拜其为大将军。在聆听了韩信的“汉中对策”之后，刘邦意识到，此人乃是千年一遇的军事奇才。一句话，没有萧何，刘邦就会错过韩信。没有韩信，刘邦就灭不了项羽。灭不了项羽，刘邦就当不上皇帝。

四是经营后方。萧何不以军事见长，但他在楚汉战争中起的作用是任何一位军事家都无法比拟的。萧何苦心经营巴、蜀、汉中之地，给刘邦提供了一个稳固的大后方。他合理地管理户籍，征集粮草，征发士卒，使得刘邦在多次大败后都能迅速恢复元气。正是有了萧何镇守后方，刘邦才能全身心地投入到战争中去，硬生生地拖垮了楚霸王项羽。（何以丞相留收巴蜀，填抚谕告，使给军食。汉二年，汉王与诸侯击楚，何守关中，侍太子，治栎阳。为法令约束，立宗庙社稷宫室县邑，辄奏上，可，许以从事；即不及奏上，辄以便宜施行，上来以闻。关中事计户口转漕给军，汉王数失军遁去，何常兴关中卒，辄补缺。上以此专属任何关中事。《史记·萧相国世家》）

“三杰”之中的韩信，在“弯下腰做汉王”一章中已有详述，这里就不多解释了。刘邦凭借“三杰”的力量与才华，最终战胜项羽，夺得天下。在得到天下之后，志得意满的高帝刘邦真的可以心想事成、高枕无忧了吗？

田家儿郎够血性

刘邦登基之后，他一生中最大的外患项羽已除，最大的内忧韩信也被夺了兵权徙封楚国，可刘邦仍然心神不宁，为什么呢？因为还有一个人。此人虽远在千里之外，却让刘邦心里始终踏实不下来。这个人到底是谁？刘邦将怎样解决这个让他焦虑不安的人呢？

高皇帝惦念的人：田家人都不简单

此人叫田横。此时正在齐地即墨（今山东青岛）附近的一座海岛上隐居，手下仅有随从五百余人。一个田横，外加五百号人，怎会让刘邦如此放心不下呢？项羽数十万军队都被搞定，区区五百人怎能入得了高祖刘邦的法眼呢？

因为这个田横不简单！

他不但深得人心，更重要的是家世显赫。家族是一个以血缘为纽带的团体。一个强势家族往往有着超强的凝聚力。家族虽然比民族更狭隘，但是，在危难时刻，家族往往能表现出一种超强的力量。田横的家族乃是战国时期齐国国君田氏的一个支脉，他的堂兄田儋、哥哥田荣，都是齐地知名豪杰，深受齐地百姓爱戴。（田儋者，狄人也，故齐王田氏族也。儋从弟田荣，荣弟田横，皆豪，宗强，能得人。《史记·田儋列传》）

田氏家族的第一颗明星是田儋。

秦末大起义期间，陈涉曾派人攻打魏地。此时，田儋、田荣和田横都住在魏地狄城（今山东高青）。陈涉的军队到达狄城后，狄城县令严防死守，陈涉的军队一时无计可施。

看到这样的状况，田儋捆了一个家奴，带着一帮年轻人去“拜见”狄城县令。秦法规定：杀家奴需要得到当地政府的批准。田儋以此为借口，得到县令的召见，趁县令毫无戒备刺杀成功。杀了县令，田儋对当地的豪强宣布：第一，天下已经形成一股强大的反秦潮流；第二，齐国建国非常早，现在是复国的最佳时机；第三，田氏应当称王。于是，田儋借此机会自立为齐王。（田儋详为缚其奴，从少年之廷，欲谒杀奴。见狄令，因击杀令，而召豪吏子弟曰："诸侯皆反秦自立，齐，古之建国，儋，田氏，当王。"遂自立为齐王。《史记·田儋列传》）

田儋称王后，立即发兵攻打陈涉的军队，将其赶出了狄城。随后又趁势攻占了整个齐地，成为秦国灭齐后的第一位齐王，也是当时六国后裔自立为王的第一人。在当时，被秦灭掉的六国国君后裔纷纷复立，当然多是被义军立为诸侯，比如楚怀王的孙子熊心被项梁立为楚王，魏王咎被陈胜立为魏王。田儋不是为人所立，而是自立为王。"被立"与"自立"虽然只有一字之差，但含义却是天壤之别，"被立"者多是政治傀儡，"自立"者多手握实权。

田儋自立为王不久，魏王咎被秦将章邯围困，千钧一发之际，魏王咎决定向齐国求救。田儋很耿直，立即亲自带兵援救。但章邯毕竟是秦军猛将，搞了一场夜袭，就把见义勇为的田儋给解决了。（秦将章邯围魏王咎于临济，急。魏王请救于齐，齐王田儋将兵救魏。章邯夜衔枚击，大破齐、魏军，杀田儋于临济下。《史记·田儋列传》）

田儋的死我们放下不表，不过他的作为倒是有值得肯定的地方：

一是善度大势。田儋起兵反秦，不能说他已经预见到强大的秦帝国即将灭亡，但至少说明田儋看到了反秦的大趋势已经形成。魏王咎身处危境，田儋奋勇相救，说明他懂得一存俱存、一亡俱亡的道理。大起义之初，各路义军相继被章邯军团击败，只有联合起来才有可能杀出一条血路，田儋可谓深明大义。

二是有勇有谋。天下大乱，狄城未乱，田儋要起兵，第一个要除掉的就是狄城县令。借杀家奴面见县令，伺机杀之，起兵反秦，可谓有勇有谋。

三是自主自立。夺了狄城，田儋并未止兵，而是趁机东进，拿下全齐，自立为齐王。这说明田儋不甘做傀儡，他要自己打出一个田氏齐国。此时，陈涉的部将已经率兵来到狄城，依靠陈涉的部将似乎更容易成功，但田儋不屑于这样干。他不想让他人立自己为王，再受制于他人，他要自己打出江山。

田氏家族的第二颗明星是田荣。

田老大战死后，田儋的堂弟田荣义无反顾地挑起了继续反秦的重担，收拾残兵，聚兵东阿。此时，齐地已经发生了很大变化。

战国时期齐国国君田氏宗族支脉繁茂，田儋一死，齐地豪强认为，天下不能一日无主，马上立了齐国亡国之君齐王建的弟弟为齐王，并安排了另外两位田姓宗亲分别担任齐相和齐将，以此阻挡其他诸侯进驻齐地。很显然，这一举措大大伤害了田氏家族的利益。

与此同时，秦将章邯已平定了魏地，眼里自然容不下田荣这粒沙子，于是迅速率兵包围了东阿。田荣此时是凶多吉少。幸而楚将项梁出手相助，大败章邯，解了田荣之困。项梁亲自救了田荣，田荣理应与项梁合兵共同对付章邯。但是，田荣对齐地另立齐王一事始终耿耿于怀：我大哥田儋打下来的齐地岂容他人染指？愤怒的田荣不顾秦兵大敌当前的现实，扔下恩公项梁，率兵回齐地赶走了新立的齐王，改立田儋的儿子为齐王。

田荣和他的堂兄田儋不同，他心胸狭隘，而且破坏性强。

为什么说田荣心胸狭隘呢？

首先，看重王位。秦兵大敌当前，田荣却只顾着齐王之位的争夺，被项梁救出后不管不顾地回兵齐地，一心想着经营他的田氏齐国，实在是缺乏应有的大局观。

其次，不助恩公。项梁被章邯攻击，危急时刻向田荣求援，田荣却开出了出兵相助的条件：楚国必须杀死被他驱逐的新齐王，赵国杀掉新立的齐将、齐相，齐国才出兵。楚、赵两国双双拒绝了田荣的要求，田荣于是坐视不救，致使项梁兵败被杀。这是田荣大失人心的一步，并正式与项羽交恶。且不说项梁是田荣的救命恩人，就秦军与义军的关键战役而言，田荣亦应当出手相救。（项梁既追章邯，章邯兵益盛，项梁使使告赵、齐，发兵共击章邯。田荣曰："使楚杀田假，赵杀田角、田閒，乃肯出兵。"楚怀王曰："田假与国之王，穷而归我，杀之不义。"赵亦不杀田角、田閒以市于齐。……楚、赵不听，齐亦怒，终不肯出兵。章邯果败杀项梁，破楚兵，楚兵东走，而章邯渡河围赵于巨鹿。项羽往救赵，由此怨田荣。《史记·田儋列传》）

最后，不参加大决战。项梁死后，项羽杀死宋义，执掌楚军大权，发动巨鹿之战，大败秦军，保全了赵国，消灭了秦军主力，迫降了章邯，最终率兵进入函谷关。此战是秦军与天下义军的生死大决战，关系到秦帝国的危亡，也关系到反秦义军的生死存亡。因此，它是反秦义军最应当参加的大决战。田荣拒绝出兵援助项羽，置身其外，没能够将革命进行到底。这样，田荣之功仅限于反秦之初攻占齐地。从此之后，他自保齐地，甘当地方实力派，对于反秦、灭秦，完全不再有任何热情。

我们再来探讨下田荣的超强破坏性的话题。

一是自立齐王。田荣兄弟在反秦之初攻占全齐，驱逐了秦帝国在齐地的势力，有利于整个关东的反秦大局，这是功劳。但是，田荣只吃老本，不立新功，拒绝参与大决战。所以，项羽大分封时没有封田荣为齐王，另立了随他救赵、入关的齐将为齐王，还立了齐王建的孙子为济北王，田荣所立的田儋之子由齐王徙封为胶东王。（项羽既存赵，降章邯等，西屠咸阳，灭秦而立侯王也，乃徙齐王田市更王胶东，治即墨。齐将田都从共救赵，因入关，故立都为齐王，治临淄。故齐王建孙田安，项羽方渡河救赵，田安下济北数城，引兵降项羽，项羽立田安为济北王，治博阳。田荣以负项梁不肯出兵助楚、赵攻秦，故不得王。《史记·田儋列传》）

这极大地触怒了田荣，他相继杀死了项羽新立的齐王、济北王。被徙封的胶东王虽然内心很不满意，但是，他惹不起项羽，想去即墨就任。田荣极为霸道，不许其到即墨就任。田儋之子害怕项羽，偷偷前往即墨，竟为田荣所杀。这样，田荣杀死三位齐王，自己独占了整个齐地，自立为齐王。

二是煽动叛乱。田荣到处煽风点火，极力搞乱天下。他写信给没有被项羽分封的彭越，给他一枚将军印，让其在梁地叛乱。陈餘对项羽大分封不满，向田荣借兵，田荣以兵相助，帮助陈餘叛楚，赶走了项羽所立的常山王。（予彭越将军印，令反梁地。楚令萧公角击彭越，彭越大破之。陈餘怨项羽之弗王己也，令夏说说田荣，请兵击张耳。齐予陈馀兵，击破常山王张耳，张耳亡归汉。《史记·高祖本纪》）田荣还写信给汉王刘邦，鼓动刘邦反楚。其实刘邦不用田荣动员已经行动起来了，而且一转手把田荣的来信转交给了项羽，将项羽的一腔怒火引向田荣。

项羽没料到田荣有这么大的能量。于是，他置还定三秦的刘邦于不顾，出兵齐地，平定田荣叛乱。田荣虚火旺，实力弱。在项羽铁拳的打击下，一战而败，逃至平原（今山东平原），为平原百姓所杀。田老二死了。

于是乎，田氏家族真正的明星田横粉墨登场。为什么说田横是家族中真正的明星呢？他与两位兄长有何不同呢？

此时，田氏三兄弟中只剩下一个田横，田氏家族危在旦夕。然而历史在这样的关键时刻发生了两件大事，彻底改变了田横的命运：一是刘邦率军攻占了彭城，二是项羽屠城引发齐地民变。前者吸引了项羽的注意力，项羽率精兵回攻彭城，发动了著名的彭城大战，从此项羽无暇再顾及齐地；而后者引起了田横的关注，借着齐地百姓纷纷起义反抗的势头，他趁机起兵，重新举起大旗，短期内就聚集起数万人。原本已经一败涂地的田氏家族重新成为齐地的实际统治者，田横立哥哥田荣之子为齐王，自己仅担任齐相，当然，事无大小，全部由他决断。（项王遂烧夷齐城郭，所过者尽屠之。齐人相聚畔之。荣弟横，收齐散兵，得数万人，反击项羽于城阳。而汉王率诸侯败楚，入彭城。项羽闻之，乃醳齐而归，击汉于彭城，因连与汉战，相距荥阳。以故田横复得收齐城邑，立田荣子广为齐王，而横相之，专国政，政无巨细皆断于相。《史记·田儋列传》）

田横在一片唱衰的哀歌声中迅速崛起。

田横的末路源于韩信。楚汉战争后期，郦食其奉汉王刘邦之命到齐地游说。田横权衡再三，决定降汉，于是下令解除齐历下军团的戒备，天天好酒好肉招待郦食其。可是，田横、郦食其谁都没想到，韩信竟然在蒯通的游说下突袭齐历下军，一举大败齐军主力兵团，并迅速攻到齐都临淄。田横怒火中烧，认为郦食其出卖了自己，烹杀郦食其，逃到高密。这时，楚将龙且为田横带来一丝曙光。他奉项羽之命率二十万楚军救齐，在高密和田横联手。但是，龙且恃强自傲，很快丢了自己的性命，自然也带走了田横的最后一线希望。龙且战死，齐王被杀，田横自立为王，和汉军灌婴交手。田横当然不是灌婴的对手，很快战败。（汉将韩信已平赵、燕，用蒯通计，度平原，袭破齐历下军，因入临淄。齐王广、相横怒，以郦生卖己，而亨郦生。齐王广东走高密，相横走博，守相田光走城阳，将军田既军于胶东。楚使龙且救齐，齐王与合军高密。汉将韩信与曹参破杀龙且，虏齐王广。汉将灌婴追得齐守相田光。至博，而横闻齐王死，自立为齐王，还击婴，婴败横之军于嬴下。《史记·田儋列传》）

战败的田横逃到了梁地，在彭越处避难。《史记·田儋列传》记述彭越此时的政治态度是骑墙：

> 彭越是时居梁地，中立，且为汉，且为楚。

彭越的"中立"为田横留下了生存空间。

不过，我认为《史记·田儋列传》对彭越此时政治立场的描述并不准确。彭越早在彭城大战前已经归降刘邦，并且坚定地站在刘邦一边。他在楚汉战争中断楚粮道，袭扰项羽后方，逼得项羽两次从荥阳前线回兵。这绝对不是什么"中立"。彭越不"中立"，他为什么收留被汉军打败的齐王田横呢？原因是田横的哥哥田荣曾经封彭越为将军，帮助彭越反楚。因此，田横走投无路之时才敢于去找彭越避难，彭越才会收留田横。

一年多以后，刘邦在韩信、彭越的协助下取得了楚汉战争的胜利。此后，刘邦称帝，彭越受封梁王。这让寄人篱下的田横顿生危机感。当初彭越收留田横时，刘、项之争尚不明朗，如今所有的悬念都已解开，田横担心梁王彭越为求自保，把自己给卖了，于是决定一走了之，带着手下的五百随从，找了个小岛居住下来。（后岁余，汉灭项籍，汉王立为皇帝，以彭越为梁王。田横惧诛，而与其徒属五百余人入海，居岛中。《史记·田儋列传》）

相继自杀：气节比性命更重要

刘邦登基后，听说田横一帮人隐居在齐地的小岛上，心想，田氏兄弟在秦末最先平定了齐地，追随他的大多是齐地的贤能之人。倘若现在不设法收服此人，恐怕以后会横生枝节。所以，他立即下诏：赦免田横之罪，召他进京。（高帝闻之，以为田横兄弟本定齐，齐人贤者多附焉，今在海中，不收，后恐为乱，乃使使赦田横罪而召之。《史记·田儋列传》）

赦罪？田横都有哪些罪呢？

韩信攻齐，田横烹杀郦食其，罪一也。聚兵叛乱，阻止韩信平齐，罪二也。

刘邦很聪明，先赦免田横之罪，再召他入京。到了京城，在自己身边，田横再有本事，也无用武之地了。田横的本钱是他们家族在齐地的号召力，一旦离开齐地，如同庄稼离土，想不蔫儿都办不到！

但是，田横也不是傻子，深知一旦入京，自己即使不被杀，亦如蛟龙出水，再无凭借。于是，他先向汉使表示感谢，然后申明己意：我当年烹杀了陛下的特使郦食其，而他的弟弟郦商又是汉将，我不敢奉诏入京，不如让我做个普通人吧。（田横因谢曰："臣亨陛下之使郦生，今闻其弟郦商为汉将而贤，臣恐惧，不敢奉诏，请为庶人，守海岛中。"《史记·田儋列传》）

田横所言，有道理没有？有。但对刘邦而言，应付这样的拒绝实在不成问题。刘邦立即下诏给时任皇宫"卫尉"的郦商：齐王田横将要入京，有敢欺负他及他的随从者，灭族！然后，又派使者将下诏郦商的事通知田横，并且宣诏：田横进京，大者封王，小者封侯，胆敢不来，派兵诛灭。（使还报，高皇帝乃诏卫尉郦商曰："齐王田横即至，人马从者敢动摇者致族夷！"乃复使使持节具告以诏商状，曰："田横来，大者王，小者乃侯耳；不来，且举兵加诛焉。"《史记·田儋列传》）

这就叫金元加大棒！

田横别无选择，带了两位随从奉旨进京。

走到离洛阳三十里地的地方，田横对使者说：臣子拜见天子，应当洗沐更衣。使者表示理解，当晚留宿。田横私下对两位随从说：我和汉王当年都南面称王，现在人家当天子，而我却为俘虏面北朝奉，这样的耻辱我实在不堪忍受。再说，我杀了郦将军的兄长，又要和郦将军共事，即使郦将军害怕天子的诏书，不敢动我，我心里难道就没有一点愧疚吗？而且，陛下想见我，不过想看看我到底是个什么样子。现在陛下在洛阳，这儿距离洛阳不过三十里，拿着一颗人头跑去，想必也不会腐烂，照样可以看。说完这番话，田横刎颈自杀。两位随从手捧田横的头，随使者飞驰入朝，奏报汉高祖。刘邦见到田横头颅感慨不已，怆然泪下，再三称贤。于是赏赐田横的两名随从，并派两千士兵以王者的礼仪厚葬田横。田横入葬后，两名随从趁人不注意，凿开田横的墓室，在墓中双双自刎而死！刘邦一听，大惊失色，认为田横的随从全是贤者，立即传旨：听说田横还有五百随从在岛上，派使者全部召进京。等刘邦的使者到达岛上，岛上五百壮士已全部自刎而死。（谓其客曰："横始与汉王俱南面称孤，今汉王为天子，而横乃为亡虏而北面事之，其耻固已甚矣。且吾亨人之兄，与其弟并肩而事其主，纵彼畏天子之诏，不敢动我，我独不愧于心乎？且陛下所以欲见我者，不过欲一见吾面貌耳。今陛下在洛阳，今斩吾头，驰三十里间，形容尚未能败，犹可观也。"遂自刭，令客奉其头，从使者驰奏之高帝。高帝曰："嗟乎，有以也夫！起自布衣，兄弟三人更王，岂不贤乎哉！"为之流涕，而拜其二客为都尉，发卒二千人，以王者礼葬田横。既葬，二客穿其冢旁孔，皆自刭，下从之。高帝闻之，乃大惊，以田横之客皆贤，"吾闻其余尚五百人在海中"，使使召之。至则闻田横死，亦皆自杀。《史记·田儋列传》）

当初田横接到刘邦让他进京的诏书时，他的面前只有两条路，一是归降，一是死亡。如果归降刘邦，也许可以得到高官厚禄，富贵如故，但他最后还是选择了死亡，选择了逆势而为的放弃。更令人唏嘘的是他的两个随从和五百部下，知道田横自杀后，也和他一样，义无反顾地选择自杀。

对于如此义举，太史公司马迁饱含深情地慨叹：

> 田横之高节，宾客慕义而从横死，岂非至贤！（《史记·田儋列传》）

五百忠魂和他们的主人生生世世永不分离。田横与五百壮士的集体殉道，如同一道瑰丽夺目的光芒，照亮了中国历史长河中的忠贞之路，闪耀着人性中可贵的道义和血性。

项羽之死、田横之死、韩信之死乃是后人吟咏不已的三大主题。在这一章里，我们先谈谈后人吟咏田横之死的三首诗：

第一首是宋人司马光写的《田横墓》：

> 昔时南面并称孤，今日还为绛灌徒。

忍死祗能添屈辱，偷生不足爱须臾。
一朝从殉倾群客，千古生风激懦夫。
直使强颜臣汉帝，韩彭未必免同诛。

首联写田横当年和刘邦一样称王，如今奉诏进京成了周勃、灌婴一样的臣子。颔联言这样苟活下去只会徒增耻辱，绝不能贪恋这一时的忍辱偷生。颈联写田横自杀，五百壮士集体殉难，这种精神永远激励着天下的懦夫。尾联直言强颜向汉高祖称臣的韩信、彭越，未必能避免被刘邦诛杀的下场。全诗饱含了司马光对田横坚贞风骨的钦佩，亦流露出对忠臣终究难逃兔死狗烹命运的哀叹。

第二首是元人陈齐写的《田横墓》：

一门兄弟王齐中，耻与群臣事沛公。
五百余人同日死，也胜匹马向江东。

此诗写田儋、田荣、田横三兄弟相继在齐称王，田横耻于像其他人一样向刘邦称臣。五百多位随从同日而死，这种悲壮胜过耻于渡江的项羽。

第三首是清人王士祯的《田横客墓》：

一剑纵横百战身，楚虽三户能亡秦。
拔山力尽虞兮死，争及田横五百人！

全诗四句，前两句盛赞了项羽仗剑纵横乱世，身经百战，楚虽三户却能最终亡秦的勇猛与不屈。后两句话峰一转，化用《垓下歌》中“力拔山兮气盖世”“虞兮虞兮奈若何”的诗句，点明项羽江畔自刎、虞姬殉情的痛心，怎么比得上田横和五百从死壮士的惨烈。

刘邦称帝后，原来和刘邦分属不同阵营的人都面临着与田横一样的人生选择：或投降，或成仁，或隐居。那么，他们中是否每个人都能像田横这样，如此果断，如此决绝，如此超脱，如此豪侠呢？

人和人不能比

刘邦的成功不仅逼死了项羽、田横，也将原来追随项羽的大兵小将们逼进了死胡同。面对高祖刘邦的一道道死亡追杀令，项羽的旧部们将会如何应对呢？

季布为奴：人生总有沟沟坎坎

季布是楚地有名的勇将，为人仗义，曾经多次奉项羽之命围剿汉军，每每打得刘邦狼狈而逃。项羽一死，刘邦立即想到让他咬牙切齿的季布，以千金悬赏季布的人头，并下令，窝藏季布者诛灭三族。（季布者，楚人也。为气任侠，有名于楚。项籍使将兵，数窘汉王。及项羽灭，高祖购求布千金，敢有舍匿，罪及三族。《史记·季布栾布列传》）

此时，季布正藏匿在濮阳（今河南濮阳）的一户周姓人家中。面对铺天盖地的全国通缉令，周氏对季布说：上面查得很急，很快就会查到我家了。如果将军相信我，就请按照下面的计划行事；如果将军不信我，我宁愿先自杀。季布见周氏如此坦诚，很是感动，表示对他深信不疑。于是，周氏让季布剃光了头，戴上铁链，穿上粗布衣裳，打扮成"奴隶"的形象，混在周氏自家的几十个奴隶之中，将他们一块儿卖给了鲁地的朱家。（季布匿濮阳周氏。周氏曰："汉购将军急，迹且至臣家，将军能听臣，臣敢献计；即不能，愿先自刭。"季布许之。乃髡钳季布，衣褐衣，置广柳车中，并与其家僮数十人，之鲁朱家所卖之。《史记·季布栾布列传》）

朱家很聪明，立即猜到这个被卖到自己家中的"奴隶"就是高皇帝正在全国紧急通缉的要犯季布。他镇定地付了钱，将这位"奴隶"买了下来，安排到家中，并悄悄告诫自己的儿子说：这个买来的"奴隶"无论干不干活、怎样干活，你都别管，而且吃饭的时候，你一定要请他同桌进餐。（朱

家心知是季布，乃买而置之田。诫其子曰：“田事听此奴，必与同食。”《史记·季布栾布列传》）

朱家安排好这一切，立即坐上一辆快车匆匆赶往洛阳拜见滕公。滕公长期位居太仆，是高祖刘邦最亲信的大臣之一。他久闻朱家大名，见其来访，知道一定有要事相烦，便挽留其住下，并摆宴热情招待。几天后，朱家单刀直入，问滕公：季布究竟犯了什么弥天大罪，皇上这么急着让他死呢？滕公说：季布以前多次困辱皇上，皇上十分恼怒，一定要抓住季布解恨。朱家又问：在先生的眼里，季布是个怎样的人呀？滕公回答：当然是个贤者。朱家点了点头，接过滕公的话说：忠于其主，本来就是为臣的职责，季布是项羽手下的将领，他恪尽职守是应该的。再说，项羽那么多部下，当真杀得完吗？如今皇上刚刚得了天下，如果因为私人恩怨就下令追杀一个人，岂非在天下人面前显得自己心胸太过狭隘了？况且，逼人太甚会出大乱子的。以季布的才华，朝廷又这样逼他，搞不好会迫使他北上匈奴或南逃南越。得天下者最忌讳的就是逼迫壮士逃往敌国，当年被迫逃离楚国的伍子胥，最后杀回楚国鞭尸楚平王，这就是前车之鉴啊！（臣各为其主用，季布为项籍用，职耳。项氏臣可尽诛邪？今上始得天下，独以己之私怨求一人，何示天下之不广也！且以季布之贤而汉求之急如此，此不北走胡即南走越耳。夫忌壮士以资敌国，此伍子胥所以鞭荆平王之墓也。《史记·季布栾布列传》）

最后，朱家对滕公说：先生为什么不能在方便时将这番道理讲给皇上听听呢？

滕公岂是等闲之辈，一听就猜到季布一定藏在朱家家中，马上答应：好，好。

不久，滕公找了个机会，将朱家所言转述给了刘邦。刘邦一听，觉得很有道理，马上赦免了季布。

季布因为朱家面见滕公而得以赦免，获得了重见天日的机会，由此也引发了三个疑问：

第一，刘邦为什么能接受朱家的意见？

第二，我们该如何评价季布死里逃生这件事？

第三，这个朱家，究竟是什么人？

我们先看第一个问题，已经下达必杀令的高祖刘邦为什么会接受朱家的意见，从而收回成命呢？

虽然朱家此番话的最终目的是为季布开脱，但毕竟人家这话说得很是巧妙，体量不大却涵盖了四个关键点，且每一个关键点都是从高祖刘邦的利益出发，让刘邦明白赦免季布对自己最有利。

第一个关键点是忠于其主是为臣的职责。刘邦在楚汉之争中胜利了，成为一国之君。如果非要计较前嫌，将项羽的忠臣赶尽杀绝，岂不是在提倡大汉臣子不必忠诚吗？刘邦是聪明人，一听便明白这点肚量都没有，当什么大汉天子？从自身的利益出发，高祖刘邦必须提倡忠君！既然承认忠君，季布何罪之有？

第二个关键点是项羽的部下杀不完。项羽战败自刎，手下将士大都如鸟兽散。这些将士原本就不可能被全部消灭，强行坚持杀光政策，后果不堪设想。

第三个关键点是不能为私仇而下必杀令。作为天子，挥舞屠刀，要杀尽当年打得自己落花流水的敌将，这种“公报私仇”的做派不利于建立刘邦汉帝国皇帝的新形象。这一点也告诫刘邦：为了维护自己汉帝国统治者的形象，得学会有胸怀，哪怕是假装有胸怀。

第四个关键点是不能逼人太甚。刘邦称帝后，北有匈奴，南有南越，一旦把季布这等人才逼入匈奴或南越，必将成为汉帝国的心腹之疾。这也是从维护刘邦及汉帝国的利益入手考虑。

所以，刘邦赦免季布说到底是为自己的利益、形象考虑，客观结果则是让季布死里逃生。

我们再看第二个问题，因为朱家和滕公的出手，季布死里逃生，我们该如何评价这件事？

据《史记·季布栾布列传》记载，朱家救下季布之后，“名闻当世”，可见当时的主流舆情赞成朱家的出手相救。对于季布“卖身为奴”委曲求全的做法，大众也表示理解和钦佩。

季布与田横的价值取向显然不同。田横身为齐王，不愿俯首称臣于当年和自己平起平坐的刘邦，以自杀来维护自己的人格尊严，赢得了后世的广泛赞誉。而季布仅是项羽手下的勇将，他有实现抱负的雄心壮志，现在项羽死了，他仍然想以自己的才干报效新王朝。所以，忍辱负重，卖身为奴，终成汉家大将。

季布能保住性命，并有机会继续报效朝廷，都是拜朱家所赐。那么，这个朱家到底是什么人呢？

朱家是鲁国的侠士。鲁地一向是儒家思想的根据地，但朱家却因侠义名闻天下。通过朱家收留庇护而得救的豪杰之士近百人，普通百姓则更多；但是，朱家始终不炫耀自己的本事，也不标榜自己的恩德。对于那些受过自己好处的人，唯恐再见到他们。救济他人，专门雪中送炭，不锦上添花。家中始终没有多余的钱财，衣服从未有一处完整的花纹，吃饭从没有两个菜，坐的只是当时最普通的牛车，却把解救别人的危急看得比自己的任何私事都重要。他暗中救了季布，等到季布地位提升，他却终身不再见季布之面。关东之人，都以能与朱家交往为荣。（鲁人皆以儒教，而朱家用侠闻。所藏活豪士以百数，其余庸人不可胜言。然终不伐其能，歆其德，诸所尝施，唯恐见之。振人不赡，先从贫贱始。家无余财，衣不完采，食不重味，乘不过軥牛。专趋人之急，甚己之私。既阴脱季布将军之厄，及布尊贵，终身不见也。自关以东，莫不延颈愿交焉。《史记·游侠列传》）

丁公被杀：别怪朕无情

田横和他的五百壮士，凭着壮烈的殉义之举，最终名垂青史；而季布呢，选择屈身为奴，终成汉家大将，同样赢得了世人的尊重。可惜，并不是所有人都能有这样的气魄和作为，季布的亲舅舅丁公就是一例。

关于丁公，我们之前有所提及，彭城大战时，在刘邦最危急的时刻，丁公顺手放了刘邦。在丁公看来，这是极大的恩情。所以，项羽死后，众将士纷纷隐居避祸，唯独这个丁公，自恃有恩，主动到洛阳城去拜见高祖刘邦。谁知刘邦见了丁公，立即下令将他绑起来押到各个军营示众，并宣布说：丁公作为项王的臣子，不忠不义，令项王失掉天下。于是，斩杀了丁公。事后，刘邦解释说：我之所以这么做，是为了让为人臣者引以为戒，要忠于自己的君王。（及项王灭，丁公谒见高祖，以丁公徇军中，曰："丁公为项王臣不忠，使项王失天下者也。"遂斩之，曰："使后为人臣无效丁公也！"《汉书·季布栾布田叔传》）

当年丁公放走刘邦，确实是大恩，刘邦不但不报恩，反而将他斩了，难道刘邦就不怕世人说自己忘恩负义吗？

不怕，因为他已经为自己杀丁公准备好了一个最好的借口：丁公不忠君！救自己是小恩，不忠君是大逆。"大逆"和"小恩"相比，当然是"大逆"的分量重。

那么，为什么刘邦非要杀丁公呢？要知道，丁公毕竟是刘邦、汉惠帝、鲁元公主三个人的救命恩人啊！

一是杀一儆百。古人云：此一时彼一时。刘邦现在已经坐在皇帝的宝座上，就必须用天子的思维来解决问题。作为天子，对臣子的底线要求就是忠诚。而丁公呢，出现得真不是时候，恰好撞在了枪口上，他的不忠前科，成为高祖刘邦杀一儆百倡导忠诚的反面教材。只有杀了丁公，才能在汉帝国倡导忠君。

二是深恶痛绝。说起丁公，我们可以拿项伯做个对比。项伯和丁公都是项羽的臣子，项伯的所作所为，比丁公更为不忠不义。但刘邦在事后，封项伯为侯，还赐姓刘。为什么呢？因为刘邦知道，项伯是真心帮助自己，所以必须有恩必报。

那么，刘邦是否忘了丁公的救命之恩呢？我看没忘。项羽自杀后，刘邦下必杀令追杀季布，却没有去追杀丁公。这就是刘邦对丁公的回报！但是，丁公对刘邦的回报并不领情，或者说他并不满意，他还想向刘邦索取更多的东西。

刘邦知道，项伯当年帮助自己，那是积极主动，而且一直都给足了自己面子。而丁公呢，当年那是穷追不舍，搞得自己极为狼狈，尽管最终被忽悠住，但刘邦早就窝了一肚子火了。现在他居然还敢来邀功，刘邦心里那是深恶痛绝，一怨他当年太过分，二怨他不懂得适可而止，当然不会放过他了。

季布、丁公同是项羽手下的将军，二人还是外甥与舅舅的亲戚，但是，季布作为刘邦的仇人，被通缉后终被赦免，成为汉朝重臣。丁公是刘邦的恩人，没受到通缉，最终却被杀。仇人被赦免，恩人却被杀，人生命运真是冰火两重天！

逼杀钟离眛：看错了人

钟离眛是上了刘邦追杀令的另一位楚军重将。当年陈平献反间计时，向刘邦分析说："彼项王骨鲠之臣亚夫、钟离眛、龙且、周殷之属，不过数人耳。"可见，钟离眛是项羽手下的"骨鲠之臣"，是深受项羽信任的少数将领之一，同时也是饱受陈平反间计之害的第一位楚将。

如前文所言，在刘邦困守荥阳时，陈平曾派人到处散布流言，说钟离眛立功颇多，始终未能封地为王，因此正暗中与汉王刘邦联系，想达到消灭项羽、封地称王的目的。项羽听到这种流言后，竟然不再信任钟离眛。

陈平的反间计首拿钟离眛开刀，恰恰说明他对汉军的威胁甚大。钟离眛一直对项羽忠心耿耿，屡立大功，却遭此不白之冤。这种情况下，他还会一如既往地忠于职守吗？

汉四年（前203）的泗水之战中，项羽将守卫广武的重任交给了大司马曹咎。钟离眛因不被信任，只能率偏师协防。在曹咎的错误指挥下，楚军大败，几乎全军覆灭，广武失守，曹咎因此而自杀。而钟离眛，在楚军主力惨败的不利局面下，以偏师之军，独撑危局。泗水之败，责任在项羽用人不当，然从中亦可见钟离眛之骁勇。无奈项羽放弃这样忠诚、善战的大将不用，偏拿无能之辈当令箭，实在是令人扼腕叹息。

项羽最终垓下大败，乌江自刎，楚军全线溃散，钟离眛却再次成功逃脱。他逃到哪里去了呢？谁能在这种局面之下保全他呢？韩信！谁能料到分属不同阵营的这两位高级军事将领，竟然还是密友。刘邦称帝之后，到处搜捕当年的仇人，钟离眛自然也是其中之一。后来，高祖刘邦听说钟离眛藏在楚地，便下诏让楚王韩信负责抓捕。（项王亡将钟离眛家在伊庐，素与信善。项王死后，亡归信。汉王怨眛，闻其在楚，诏楚捕眛。《史记·淮阴侯列传》）

不久，有人举报韩信谋反。刘邦听从陈平的计策，伪称要游云梦泽，要求各地诸侯到陈郡相会，实际上就是要抓捕韩信。各地诸侯相会，地点居然在陈郡，这让韩信不免有些怀疑刘邦是不是打算对自己动手了。他一下子陷入两难的境地：发兵叛乱，可自己原本无罪；去拜见高祖刘邦，但又怕被算计。就在这时，有人向韩信提出建议：杀了钟离眛，再见皇上，皇上一定高兴，你就可以消灾了。韩信觉得有理，便将实情告诉了钟离眛。钟离眛对韩信说：朝廷之所以不发兵攻楚，正是因为我钟离眛在这里啊。想杀我讨好刘邦，说实话，我今天死，您也活不到明天。无奈韩信这时是吃了秤砣铁了心，钟离眛见事不可为，大骂韩信，随即拔剑自刎。（汉六年，人有上书告楚王信反。高帝以陈平计，天子巡狩会诸侯，南方有云梦，发使告诸侯会陈："吾将游云梦。"实欲袭信，信弗知。高祖且至楚，信欲发兵反，自度无罪，欲谒上，恐见禽。人或说信曰："斩眛谒上，上必喜，无患。"信见眛计事。眛曰："汉所以不击取楚，以眛在公所。若欲捕我以自媚于汉，吾今日死，公亦随手亡矣。"乃骂信曰："公非长者！"卒自刭。《史记·淮阴侯列传》）

一代名将钟离眛就这样被逼自杀。韩信逼杀钟离眛的原因有两条：第一，钟离眛是刘邦亲自下令通缉的要犯；第二，钟离眛是一代名将。韩信造反，一定会重用钟离眛；韩信杀了钟离眛，刚好证明自己不会造反。

或许有人会问：钟离眛和季布同为楚军将领，为何最终结局如此不同？这个不难解释。季布虽为楚军名将，但受信任的程度远远不及钟离眛。季布被刘邦通缉，他还想施展自己的才华，不想就这样一死了之。钟离眛才华出众，却不愿为新朝服务，遂逃到韩信处避难，他视韩信为挚友，认为其有能力保护自己。然而世事弄人，谁都没想到韩信亦有自身难保的一天，更没想到韩信会逼杀挚友以求自保。

刘邦当上皇帝后，不断地追杀仇人和假想中的敌人，逼得田横、钟离眛等人先后自杀。当了皇帝就折腾，刘邦非要把这些年所受的窝囊气统统发泄出来。对敌将，刘邦毫不手软。对自己人，刘邦会怎么做呢？

一升一降间的玄机

汉五年（前 202），刘邦在山东定陶称帝后，第一件大事就是镇压敌对阵营的残余势力。在强大的政权压力、舆论压力下，田横、钟离眜被逼自刎，丁公被杀，只有季布侥幸逃过一劫。与此同时，刘邦集团的内部也开始出现微妙的变化：长安侯卢绾升职为燕王，楚王韩信降职为淮阴侯。这两个人一升一降，到底事出何因呢？

卢绾升王：皇上的心思我们都明白

卢绾升王，升为燕王。之前有没有燕王呢？有！那么之前的燕王呢？之前的燕王臧荼，叛乱了！

臧荼，原是燕王韩广的旧将。巨鹿之战时，臧荼先是奉命出兵救赵，后又随项羽入关，最终被项羽封为燕王，定都蓟（今北京）。就这样，臧荼从燕王韩广的将领变成了新的燕王。那么原燕王韩广怎么办呢？他被项羽徙封为辽东王，辽东可不是什么好地方，韩广不愿意迁徙。新燕王臧荼一怒之下，就率军覆灭了原燕王韩广的势力，统一了燕地和辽东地区，成为名符其实的燕王。再后来，韩信收复赵地，采纳李左车的意见，出兵燕境，臧荼见大势已去，降了韩信，就此归了汉。刘邦称帝后，仍封臧荼为燕王。

站在刘邦的立场上，臧荼这人还可以。他的燕王之位，虽是项羽所封，但他毕竟灭掉了原燕王韩广，这一行为在客观上策应了自己杀回关中的军事行动。而且，臧荼这家伙还懂得顺应时势，当初没有为难韩信，后来又积极参与众诸侯王“搬梯子”的行动，让自己“更上一层楼”当了皇帝，有拥立之功。再加上燕国地处东北，远离中原，更远离关中，战略地位并不重要，为了稳定当时的局势，刘邦对臧荼这个燕王就睁一只眼闭一只眼了。

站在臧荼的立场上，刘邦对自己那也算是相当关照了。在新朝里，自己这个旧朝的诸侯王仍然是诸侯王，而且还是在自己原有的势力范围内做诸侯王。比起其他六个异姓诸侯王，别提心里有多爽了。

然而，当刘邦开始频频追杀项羽旧部时，臧荼的心里就开始隐隐不安。很快，丁公被杀的消息传来。丁公是刘邦的恩公，尚且被杀，何况他人呢？臧荼终于明白：新朝毕竟是新朝，刘邦的屠刀，迟早是要落到自己这个旧朝诸侯王的头上的。干脆，先下手为强好了！于是，他选择了起兵叛汉，成为七位异姓诸侯王中最先跳出来的那个。

汉五年（前202）十月（《汉书》载为七月），燕王臧荼攻下代地（今山西北部）。刘邦亲自率兵征伐，燕军一败涂地。樊哙生擒臧荼，平定代地。臧荼成为七位异姓诸侯王中，最先挂掉的那个。（十月，燕王臧荼反，攻下代地。高祖自将击之，得燕王臧荼。即立太尉卢绾为燕王。使丞相哙将兵攻代。《史记·高祖本纪》）

臧荼被诛，燕王的位置就空缺出来。此时刘邦有两种选择：一是将燕地改为汉帝国的郡县，二是再立一位燕王。

刘邦最终的选择是再立一位燕王。

立谁呢？刘邦采用了“公选”的方式。他下诏给自己的将相、列侯们说：你们推选一位有功之人作为新的燕王。此次“公选”，貌似公正，实则别有用心。因为刘邦早就想封卢绾为诸侯王了，只是一直没有合适的机会。而这些大臣和列侯呢，没一个是省油的灯，能坐到今天的位置，谁不懂得官场的“潜规则”啊！于是，大臣们不约而同地推荐道：太尉、长安侯卢绾跟从皇上平定天下，劳苦功高，可封燕王。刘邦立即下诏：“许之。”就这样，卢绾成为新一任燕王。（高祖已定天下，诸侯非刘氏而王者七人。欲王卢绾，为群臣觖望。及虏臧荼，乃下诏诸将相列侯，择群臣有功者以为燕王。群臣知上欲王卢绾，皆言曰："太尉长安侯卢绾常从平定天下，功最多，可王燕。"诏许之。汉五年八月，乃立卢绾为燕王。《史记·韩信卢绾列传》）

据史书记载，当时天下所有的诸侯王，都不如这个燕王卢绾能得到刘邦的宠爱。卢绾究竟是何等人物？为什么会得到刘邦如此宠爱呢？说起两人的关系，还真是非同一般。

卢绾，沛县丰邑人，不但和刘邦同乡，而且还是街坊。卢绾的父亲与刘邦的父亲是好朋友，两家关系极好，刘邦和卢绾，用现在的话说，就是发小。更神奇的是，两人竟是同年同月同日而生。小时候，两人穿一条裤子长大，一块儿上学，关系比亲兄弟还亲。长大后，刘邦惹了官司要逃难，卢绾也跟着他一块儿逃难。可见，他俩的关系，就是我们现在常说的同过窗、下过乡、扛过枪的铁哥们儿。（卢绾亲与高祖太上皇相爱，及生男，高祖、卢绾同日生，里中持羊酒贺两家。及高祖、卢绾壮，俱学书，又相爱也。里中嘉两家亲相爱，生子同日，壮又相爱，复贺两家羊酒。高祖为布衣时，有吏事辟匿，卢绾常随出入上下。《史记·韩信卢绾列传》）

当年刘邦一起兵，卢绾二话不说就加入义军，助其一臂之力。东击项羽时，卢绾担任太尉一职，不打招呼就可以随便出入刘邦卧室。刘邦平时赏给卢绾的锦衣玉食，都是群臣想都不敢想的。这样亲密的关系，即使是萧何、曹参等亲信也是望尘莫及。（及高祖初起沛，卢绾以客从，入汉中为将军，常侍中。从东击项籍，以太尉常从，出入卧内，衣被饮食赏赐，群臣莫敢望，虽萧曹等，特以事见礼，至其亲幸，莫及卢绾。《史记·韩信卢绾列传》）

这次立卢绾为燕王，刘邦终于舒心地松了口气：好哥们儿，兄弟对得起你了！

也许有人就问了：刘邦既然想封卢绾为燕王，那就直接封呗，干吗还这么麻烦，搞一套"公选"的流程呢？这里面其实有刘邦自己的一番小心思。

在此之前，分封诸侯王是刘邦调动下属工作积极性的激励手段。既然是激励，那就必须论功行赏。卢绾有什么功劳值得封王呢？据《史记》《汉书》记载，卢绾仅有一件功劳。项羽自刎后，卢绾率军攻打临江王共敖之子，为刘邦摆平了鄂中南腹地。（初项羽所立临江王共敖前死，子尉嗣立为王，不降。遣卢绾、刘贾击虏尉。《汉书·高帝纪》）这点儿功劳，别说与同是诸侯王的楚王韩信、梁王彭越相比，就是与汉初功臣中的萧何、曹参相比，差得也不是一两点儿。

刘邦心里想立卢绾为燕王，可是却实在说不出口，卢绾的功劳实在不够啊！既然自己不能说，那就搞一套“公选”的流程，让群臣说。这就是刘邦的小心思。

卢绾被封为燕王是汉初分封的一个重要的转折点。此例一开，注定会一发而不可收拾，权贵亲信接二连三地受封。从因功而封到因亲而封，再到非亲不封，汉初天下诸侯共荣的局面被打破，一个家天下的专制时代到来了。

韩信降侯：说你反，你就是反，不反也是反

汉六年（前 201）年初，刘邦突然接到密报，说楚王韩信谋反。告发者是谁？有何证据？从何处得来此消息？史书都没有记载。韩信这一次被人告发“谋反”是一桩无头悬案。

此事虽然是彻头彻尾的无凭无据，但刘邦的应对却非常认真，他赶紧召集身边的将领讨问对策，这些将领的态度非常一致：“亟发兵坑竖子耳。”

这里面有很多值得怀疑的地方。韩信谋反之事是真的吗？为什么这个根本性的问题无人质疑呢？有人告韩信谋反，韩信就一定反了？这些将领为什么这么恨韩信，张口是“竖子”，闭口是“亟发兵”？

群臣之所以出现这些反应，有两个方面的原因：第一，群臣对楚王韩信有一种“羡慕嫉妒恨”的情绪，渴望着韩信倒霉。第二，刘邦一直视韩信为眼中钉肉中刺，群臣当然要跟着棒打落水狗，那么韩信就只能倒霉了。无论是前者，还是后者，抑或是两者兼具，都反映出人性最丑陋的一面。

群臣的表态，并没有让刘邦的心里踏实多少。刘邦又去咨询陈平的意见，陈平一口气反问了刘邦四个问题：第一，上书告韩信谋反之事有人知道吗？第二，韩信知道有人告他吗？第三，您手下的兵马能敌得过韩信的精锐楚军吗？第四，您手下有哪位将领的军事才能可以超过韩信吗？刘邦一口气做了四次否定性回答。（陈平曰：“人之上书言信反，有知之者乎？”曰：

“未有。”曰：“信知之乎？”曰：“不知。”陈平曰：“陛下精兵孰与楚？”上曰：“不能过。”平曰：“陛下将用兵有能过韩信者乎？”上曰：“莫及也。”《史记·陈丞相世家》）

于是，陈平对刘邦说：陛下的兵不如楚军精良，将领又不如韩信会打仗，派兵打韩信，那是逼着韩信和您对着干。太危险，也太不明智了。（今兵不如楚精，而将不能及，而举兵攻之，是趣之战也，窃为陛下危之。《史记·陈丞相世家》）

陈平就是陈平，刘邦一下子就明白为什么自己的心里不踏实了，只好虚心地再问：那该怎么办？

陈平答：自古以来，都有天子巡视天下、大会诸侯的制度。南方有个云梦泽，陛下伪装出游云梦，召集诸侯在楚国西面的陈地（今河南淮阳）开会。韩信听说您只是巡游，一定不会有戒心，而前来朝拜。陛下趁机抓了他，这事儿凭一位大力士就能做到了。刘邦一听，好主意！马上向天下诸侯发出诏书，说自己要游云梦泽，并在陈地大会诸侯。（平曰：“古者天子巡狩，会诸侯。南方有云梦，陛下弟出伪游云梦，会诸侯于陈。陈，楚之西界，信闻天子以好出游，其势必无事而郊迎谒。谒，而陛下因禽之，此特一力士之事耳。”高帝以为然，乃发使告诸侯会陈，“吾将南游云梦”。《史记·陈丞相世家》）

此时，可怜的韩信并不知道自己已经被告发谋反，也不知道刘邦此次视察是伪巡游，更不知道陈平已经设计要在自己拜谒皇帝时抓捕自己。但是，皇帝巡游，居然选择在陈地大会诸侯，直觉告诉韩信，自己的处境恐怕不妙啊。韩信为什么会有这种感觉呢？

一是他窝藏了朝廷要犯钟离眜；

二是刘邦两次袭夺他的军权。

当刘邦的巡游队伍快到楚国边境时，楚王韩信坐不下去了，为求自保，他忍痛逼杀了知己钟离眜，带着他的头颅去拜见刘邦。刘邦一见韩信，立即令武士将其捆绑起来，放到后车上。韩信叹息着兔死狗烹的无奈，刘邦说：费什么话，明摆着你是谋反！刘邦在陈地大会天下诸侯，彻底解决了楚地问题后，押着韩信回到洛阳。一到洛阳，他就赦免了韩信，但楚王不能当了，直接降为淮阴侯。（信持其首，谒高祖于陈。上令武士缚信，载后车。信曰：“果若人言，‘狡兔死，良狗亨；高鸟尽，良弓藏；敌国破，谋臣亡’。天下已定，我固当亨！”上曰：“人告公反。”遂械系信。至雒阳，赦信罪，以为淮阴侯。《史记·淮阴侯列传》）

卢绾升王，韩信降侯，一升一降，大有文章。这两件事分别发生在汉五年（前 202）九月和汉六年（前 201）十二月。两个事件的实质是一回事——分封，其中蕴含着两个关键的命题：一是分封对象；二是分封标准。

在韩信降为淮阴侯这件事的过程中，从最开始刘邦接到告密，到决定伪游云梦泽诱捕韩信，直至韩信被捕，押解至京，降为淮阴侯，我们仅仅听到了刘邦与陈平两个人的声音，对韩信倍加器重的张良和萧何都干什么去了呢？

先说张良。

张良是刘邦最为倚重的谋士，刘邦对他几乎是言必听，计必从。这次刘邦兴师动众，诱捕韩信，张良不可能一无所知，但张良既没有出面为韩信辩解，调解君臣关系，也没有劝阻刘邦，而是听任刘邦率性而为。张良在此时的失语，只能有两种解释：第一，张良预知到刘邦削弱乃至诛灭异姓诸侯王是巩固刘姓江山的必然；第二，张良预知到刘邦尽杀异姓诸侯王的决心。无论是哪种可能，身为一代帝师的张良，对韩信等开国功臣的下场已有预见。因此，张良不想再做什么，再说什么。因为，无论说什么、做什么，都是徒劳。既然如此，倒不如明哲保身。

反过来说，张良此时如果坚持说点什么，做点什么，是不是能够将刘邦与韩信等开国功臣的关系调解得好一点呢？我们只能猜测，可能会起点作用，但也可能完全没有作用，毕竟江山姓刘，人家姓刘的说了算，张良在这些事情上能否左右刘邦恐怕得画一个大大的问号。

再说萧何。

萧何是韩信当年官拜大将军的唯一举荐人，他对韩信的军事才华极为了解，当然也明白刘邦为什么对韩信如此猜忌。刘邦诱捕韩信时，不追究他这个举荐者的责任已属万幸，岂能再为了韩信引火烧身？所以，此时的萧何不敢再为韩信说话以免殃及池鱼。

刘邦当初在洛阳南宫宴会上大赞韩信“连百万之众，战必胜，攻必取”。

如今一年不到，音犹在耳，韩信却已被削去王位，降职为侯，似乎有点匪夷所思，但也是一种必然。

清人袁保恒在《过韩侯岭题壁》一诗中，对此事有深刻的认知：

高帝眼中只两雄，淮阴国士与重瞳。
项王已死将军在，能否无嫌到考终。

“淮阴国士”，指的是淮阴侯韩信，其有“国士无双”之称；“重瞳”，指“重瞳子”项羽；“考终”，指自然寿命的终结。这首诗说，刘邦眼中只有两位英雄，一是淮阴侯韩信，二是“重瞳子”项羽。项羽已死，韩信尚在。刘邦既然视韩信为大患，韩信岂能安然度过余生？

至于那封莫名其妙的告发信，刘邦真相信吗？只怕是信也不信，不信也信。相信，才会诱捕韩信；不相信，诱捕成功后才不杀韩信，仅仅降王为侯。韩信真要谋反，刘邦岂能放过他？

至此，刘邦用陈平的计策，兵不血刃地解决了一代国士韩信，但是，此事也留下了十分严重的后遗症。楚王韩信被抓，其他诸侯王会怎么想？这些诸侯王在陈地与刘邦相聚时，只怕都会心存一分恐惧、二分担心、三分疑虑、四分不安、五分忧郁。他们不知道今天的韩信之灾哪天会降临到自己的头上，这种恐惧、担心、疑虑、不安、忧郁，最终会将一个个异姓诸侯王逼上叛乱之路。

这些诸侯王的心里固然是五味杂陈，各有各的想法和打算；而那些未被封王的元老功臣心里也很不平静，他们也在关切地注视着刘邦的一举一动。因为，刘邦已经将卢绾作为功臣封了燕王，这必然会使更多的功臣嗷嗷待哺地等着刘邦的分封。刘邦将怎样打发他手下的这批功臣呢？

分封这事难啊

在当年的庆功宴上，关于刘邦为什么能够战胜项羽这一问题的探讨，刘邦与大臣们明显有不同的意见。刘邦持“三杰”说，部分大臣却明确指出：刘邦派人攻城略地，夺下土地，能分封给部下，和天下人同利，这才是战胜项羽的终极原因。这些大臣的话，反映出刘邦手下诸将跟随他南征北战最关注的是胜利后能够得到的封赏。因此，在刘邦称帝后，群臣争功夺利，竞争异常激烈。而刘邦呢，对此也是左右为难。故此事悬而不决，足足撑了一年多。面对如此令人头痛的一道难题，刘邦最终会拿出怎样的破解之术呢?

无为之治，安邦之策：不折腾

化解“岁余不决”的“群臣争功”难题，最好的方法是公正地“封”！据《史记·高祖功臣侯者年表》记载，高祖六年（前201）十二月，刘邦一次封了十位列侯。这是刘邦称帝后第一次批量封侯。

这首批被封的列侯中，排名第一的是曹参。刘邦手下的大臣们一致认为：曹参军功卓著，当评为天下第一功臣。曹参到底有什么军功，能够被大臣们推举为第一功臣呢?

第一，反秦。曹参和刘邦，也是老乡、老同事、老战友的“三老”关系。曹参，沛县人。反秦大起义前，担任沛县的狱掾，主管刑狱，与亭长刘邦是老同事。秦末大起义开始后，曹参和萧何一道，让刘邦当上了沛公，是沛县起兵的三大核心人物（刘邦、萧何、曹参）之一。此后，从刘邦和泗水守军激战，抗击章邯，斩杀秦帝国三川郡守李由，到西行入关途中的每次战斗，曹参都是最忠实的参战者。

第二，灭项。楚汉战争拉开序幕后，曹参更是战功卓著。刘邦还定三秦时，曹参独当一面，俘获章邯之弟章平。韩信灭魏时，曹参生擒魏豹及其全家，协助韩信平定魏地，彻底解除了荥阳主战场的后顾之忧。韩信灭代时，曹参斩杀代相夏说。韩信灭赵时，曹参奉命独当一面，斩杀赵将戚将军。韩信灭齐时，曹参击败齐国历下主力，攻取齐都临淄；龙且救齐，曹参又随韩信斩杀龙且，破楚军。因为一直追随韩信作战，比起刘邦身边的其他将领，曹参的功劳虽在韩信、彭越之下，但远在其他汉将之上。因此，曹参被封为平阳侯。

曹参在这两场战争中劳苦功高，此次被封为平阳侯也算是实至名归。不过，曹参真正的贡献并不在此。刘邦的建国大业完成后，国家急需确立一套治理方针，首先意识到并大胆触及这一重大课题的便是曹参。

韩信被降为淮阴侯之后，刘邦任命自己的长子刘肥为齐王，并下令：凡说齐国语的百姓一律要返回齐国。齐国在当时成为最大的诸侯国，下辖城池七十余座，与关中并称“东西秦”。刘邦认为曹参是可以“托生死之任、寄千里之命”的忠臣，派他担任齐国的国相，辅佐刘肥。齐王刘肥虽为刘邦的长子，但系庶出，其母曹氏只是刘邦以前的情妇，所以刘肥并没有多少政治上的历练，刘邦实际上是把齐国完全托付给曹参了。

曹参出任齐相，对如何安定大乱之后的齐地这一问题非常上心。他召集了一次载入史册的著名座谈会，主题是“征求治理齐地的方法”。与会嘉宾主要是齐地的“长老”和“诸生”。“长老”是著名的老学者，“诸生”是当下的青年才俊。大家各抒己见，各执一词，简直把征战多年的名将曹参闹糊涂了，他完全不知道谁说得对。后来，曹参听说胶西（今山东高密）有一位盖公，擅长黄老之学，便派人携带重礼去延请。盖公被请来之后，告诉曹参说：治理天下的诀窍在于清静无为，不扰民，民自然安定。曹参听后，命人将丞相府的正堂腾出来让盖公住，以示尊崇。此后，曹参治理齐国，便开始践行这一套黄老学说。曹参担任齐相九年，齐国安定繁荣，人称曹参是“贤相”。（天下初定，悼惠王富于春秋，参尽召长老诸生，问所以安集百姓如齐故俗，诸儒以百数，言人人殊，参未知所定。闻胶西有盖公，善治黄老言，使人厚币请之。既见盖公，盖公为言治道贵清静而民自定，推此类具言之。参于是避正堂，舍盖公焉。其治要用黄老术，故相齐九年，齐国安集，大称贤相。《史记·曹相国世家》）

那么，为什么黄老学说能够在齐地得以推行并收效显著呢？

第一，社会现状迫切需要休养生息。

从前770年开始，中国社会历经春秋战国争霸、秦始皇统一六国、三年灭秦战火、四年楚汉之争，连绵不断的战乱导致人口锐减，田园荒芜，民穷国贫。汉初之时，连皇帝都不能配齐同色的四匹马拉车，而大臣只能坐牛车。这民不聊生、百废待兴的社会现状，迫切需要休养生息的政策来改变。

第二，齐地是黄老思想的发祥地。

春秋末年至战国时期是中国思想史的第一个辉煌时期，各种思潮百家争鸣。尤其是齐国，从姜尚建国起，就形成了积极开放的社会风气。位于齐都临淄的稷下学宫聚集着来自五湖四海的学者，前前后后已有七十多位哲人来此讲学，黄老学派的思想就是在稷下学宫的讲学与论辩中慢慢成熟的。

第三，曹参本人的理性选择。

曹参虽是战功卓著的武将，但也懂得体察民情，而且善度大势。他对西汉初年的国家形势看得很清楚，在负责任地比较分析之后，决定选择黄老思想作为治国方针。

惠帝二年（前193），相国萧何病故。尚在担任齐国国相的曹参，一听这个消息，便马上催促他的侍从整理行装，并说道：我马上要入朝为相了。不久，朝中的使者果然来到齐国，召曹参入朝。临行之前，曹参对接替他的新任齐相说：“以齐狱市为寄，慎勿扰也。”“狱市”即“岳市”，是齐都临淄的大集市。新齐相不理解，反问曹参：这是治理齐国的头等大事吗？曹参回答：不是，但集市必须做到包容并蓄，如果政府强行干涉，奸人就会失去容身之所，所以我把它放在治理齐国的首位。（惠帝二年，萧何卒。参闻之，告舍人趣治行，“吾将入相”。居无何，使者果召参。参去，属其后相曰：“以齐狱市为寄，慎勿扰也。”后相曰：“治无大于此者乎？”参曰：“不然。夫狱市者，所以并容也，今君扰之，奸人安所容也？吾是以先之。”《史记·曹相国世家》）

刘邦将曹参放在齐国国相的位置上，应该是经过周密的思考的。作为自己分封的第一个同姓诸侯王国，齐国战略位置重要，在异姓诸侯王遍布天下之时，齐国应该是汉帝国的钢铁堡垒。曹参在齐地的治国实践应当是在刘邦的默许下进行的。因此，在某种程度上可以说曹参的治国理念与治国实践是汉帝国治国理念的一次试验，齐国是汉帝国初年的政治特区。

可以看出，当初刘邦力主将萧何列为第一功臣的举动，包含了将以大规模军事斗争为主转变为以大规模经济建设为主的一种总体考量。因此，在任用萧何为第一任丞相的同时，将曹参放在了天下最大的诸侯国齐国进行历练，为萧何之后起用曹参做准备。

曹参出任汉帝国的相国后，并没有“新官上任三把火”，而是完全按照萧何的既定原则办事，各项原来的章程毫无变动。同时，他将自己在齐地实行的黄老之策带进了中央，推而广之。凡是从各郡、各诸侯国推选入朝任职的官员，曹参只选那些不擅言辞的忠厚长者。凡是执法、办事苛刻严酷，一味追求声誉的人，一律不用。（参代何为汉相国，举事无所变更，一遵萧何约束。择郡国吏木诎于文辞，重厚长者，即召除为丞相史。吏之言文刻深，欲务声名者，辄斥去之。《史记·曹相国世家》）

而曹参自己呢，自从入朝之后，每天从早到晚就只顾喝酒。九卿高官、中级官员、身边的幕僚等见曹参整天只喝酒不管事，有点看不下去，想给他提点建议。可不管谁，一上门，就会被曹参拉着一块儿喝酒。酒席间，谁还想坚持说点儿什么，又会被曹参的酒杯给堵回去。一直喝得酩酊大醉离开相府，这些人始终没有说话的机会。相府的后园近官吏的住所。官吏们大概也学会了曹参这样的痛饮高歌，每天住所中充满不绝于耳的喝酒吆喝之声，这让属官们实在无法忍受，于是他们想了个办法，邀请曹参游园，想让他感受一下，回去整顿整顿。谁知曹参反而命人上酒，请这些属官一块儿席地而坐，对酒当歌隔墙互答，彼此应和，怎一个舒坦了得！（日夜饮醇酒。卿大夫已下吏及宾客见参不事事，来者皆欲有言。至者，参辄饮以醇酒，间之，欲有所言，复饮之，醉而后去，终莫得开说，以为常。相舍后园近吏舍，吏舍日饮歌呼。从吏恶之，无如之何，乃请参游园中，闻吏醉歌呼，从吏幸相国召按之。乃反取酒张坐饮，亦歌呼与相应和。《史记·曹相国世家》）

曹参的儿子曹窋（zhú）也在朝廷做事，时任中大夫。汉惠帝见曹相国对朝政之事不管不问，很是不解，心想：这是对我有所不满吗？于是便对曹窋说：你回家后，私下里问问你父亲，高皇帝刚刚下世，皇上又太年轻，您作为相国，为什么什么事情都不管呢？但千万不要说是我让你问的。曹窋休假归家，按惠帝的意思向曹参提了几句。没想到曹参勃然大怒，动用家法打了曹窋二百下，还斥责道：你照顾好皇上就行了，这些天下大事不是你该管的。上朝之时，汉惠帝责备曹参说：这事和曹窋无关，是我让他问您的。曹参赶快摘下帽子，向惠帝请罪说：请陛下想一想，您和高皇帝相比，哪个更贤明呢？惠帝说：寡人怎么敢和高皇帝相比呢？曹参又问：那再请陛下想一想，我和萧丞相相比，哪个更贤明呢？惠帝回答：您好像赶不上萧相国。曹参点点头说：陛下说得对，高皇帝和萧丞相制定的法令非常完善，所以陛下您可以清闲，而我呢，也只需遵守制度，不让这些制度走样，不就挺好的吗？惠帝听后，马上说：讲得好，那您歇着吧。（参免冠谢曰："陛下自察圣武孰与高帝？"上曰："朕乃安敢望先帝乎！"曰："陛下观臣能孰与萧何贤？"上曰："君似不及也。"参曰："陛下言之是也。且高帝与萧何定天下，法令既明，今陛下垂拱，参等守职，遵而勿失，不亦可乎？"惠帝曰："善。君休矣！"《史记·曹相国世家》）

就这样，曹参当了四年丞相，也这样坚持做了四年，汉初的经济得到极大恢复。后人称他是"萧规曹随"。当时老百姓还编了歌谣到处传唱："萧何为法，斠（jiào）若画一。曹参代之，守而勿失。载其清净，民以宁一。"

一生只做一件事：忠诚最重要

高祖六年（前201）十二月所封的"十侯"之中，滕公夏侯婴赫然在列。他原来不过是沛县一位赶车的车夫，为什么会得到刘邦如此的厚爱呢？

一是舍身救友。

夏侯婴原来是沛县政府马厩的专职车把式，用现在的话说就是给领导开小车的司机。每次出车回来，经过泗水亭的时候，他都会停下来和亭长刘邦侃上好半天。后来县里试补县吏，夏侯婴是最热门的人选之一，眼看就跳出车夫这一行了，却出了一桩意外，升职的事泡了汤。到底是什么倒霉事儿呢？原来，夏侯婴和刘邦私下里没事儿的时候喜欢一块儿切磋，刘邦误伤了夏侯婴。有人就告发了刘邦，说其身为吏员，伤人犯法。刘邦谎称自己没伤害夏侯婴。夏侯婴为了不连累刘邦，做了伪证，说刘邦没伤自己。结果告发者受到惩罚，心中不服，继续上诉，案件发回重审。最终事情败露，夏侯婴挨了几百棍，在狱中关了一年多，但总算救下了刘邦。（婴已而试补县吏，与高祖相爱。高祖戏而伤婴，人有告高祖。高祖时为亭长，重坐伤人，告故不伤婴，婴证之。后狱覆，婴坐高祖系岁余，掠笞数百，终以是脱高祖。《史记·樊郦滕灌列传》）

夏侯婴为刘邦挨打挨骂又坐牢，这就注定了他将是刘邦一生中最信任的人之一。后来刘邦沛县起兵，夏侯婴义不容辞。刘邦也很痛快，当上沛公后立马就封他为七大夫，任命为太仆，专职为自己驾车。

二是救主之子。

彭城大战，刘邦大败，逃亡路上几度弃子，多亏滕公舍命救下。夏侯婴救出的可是后来的汉惠帝和鲁元公主，事后刘邦对他深表感激，而汉惠帝和吕后对他更是感恩戴德，特别赏赐他一套豪宅，毗邻皇宫，还说：这样可以离我近一点。（孝惠帝及高后德婴之脱孝惠、鲁元于下邑之间也，乃赐婴县北第第一，曰："近我。"《史记·樊郦滕灌列传》）

三是患难之交。

在楚汉战争的那段艰苦岁月里，夏侯婴始终是刘邦最忠实的追随者，刘邦也视夏侯婴为最可信的部下。荥阳对峙，刘邦多次遇险，有时只能带一个人出逃，这个人一定是夏侯婴。

哪里有刘邦，哪里就有夏侯婴。刘邦称帝之后，几乎年年都要遭遇叛乱，每次平叛都会亲征，而夏侯婴一定是刘邦最忠诚的"司机"。

封侯之后，夏侯婴更是鞠躬尽瘁，处处为刘邦着想。高祖七年（前

200），汉军与匈奴交战，被围平城白登山（今山西大同东北），刘邦派使者对单于阏氏百般忽悠，终于依靠阏氏的游说，使得冒顿单于网开一面，将包围圈放开一角。此时的刘邦急于脱身，强烈要求快点驾车。夏侯婴不听，为了刘邦的安全，他有意放缓车速，徐徐而行，并让随行士兵持满弓，随时做好战斗准备，最终得以脱身。夏侯婴临危不乱，沉着镇定，给刘邦留下了深刻印象。（追北至平城，为胡所围，七日不得通。高帝使使厚遗阏氏，冒顿开围一角。高帝出欲驰，婴固徐行，弩皆持满外向，卒得脱。《史记·樊郦滕灌列传》）

刘邦下世后，夏侯婴又继续担任了惠帝刘盈和文帝刘恒的太仆。

作为三代皇帝的太仆，夏侯婴虽然没有多大的才华，却是一个不折不扣的忠心赤胆之人，因而备受君王的信任。

驾车是夏侯婴的工作，但这并不代表他只会驾车，他还是个独具慧眼的伯乐。我们前文讲过，当年夏侯婴在刑场上把韩信救下，经过一番交流，认定韩信是位奇才，于是举荐给了刘邦，虽然这次举荐并没有多大的成效，但毕竟是有人第一次正式举荐韩信，可见夏侯婴的眼力。

除了韩信，季布的获救也多亏夏侯婴出手相助。朱家找到他帮忙，他不但没有告发，还认定季布是位“贤者”，主动给刘邦做工作，让刘邦明白“忠诚”是种美德，最终救下了季布，成全了这位日后的汉家大将。

高祖十一年（前 196）七月，黥布叛乱。夏侯婴虽然不善打仗，但他深知黥布原是项羽手下第一勇将，绝不可掉以轻心。他私下找到原西楚国的令尹薛公询问内幕。薛公对黥布的情况分析得很到位，夏侯婴受益匪浅，立即向刘邦举荐了薛公。刘邦召见薛公，自问其计。一番谈论之后，刘邦佩服得五体投地，当即封薛公千户。至于薛公到底给刘邦出了什么主意，我们在讲“黥布叛乱”的时候再做详述。

夏侯婴戎马倥偬，识才尊贤，为刘氏江山尽心尽力无怨无悔，可谓是忠正之臣的典范。曹参文治武功，清静无为，把国家打理得井井有条，赢得了后世“萧何治家，曹参治国”的美誉。这两位都是刘邦首批封侯的受益者，且都实至名归。那么，其他几位首封为侯者，又是什么样的情况呢？他们的功绩簿上都书写着怎样的故事呢？

汉初政坛的不倒翁

在刘邦的朝臣中还有一位重量级人物，虽不在“三杰”之列，但也备受刘邦器重，他不但身为重要谋臣，还是张良的最佳搭档，并顺理成章地成为刘邦此次所封的十大列侯之一。在刘邦下世之后，他更是为稳定大汉江山做出了极大贡献。此人是谁呢？他的一生又有哪些传奇故事呢？

另类青年：娶妻致富

他就是陈平，阳武户牖乡（今河南原阳）人。陈平出身农家，经济条件不太好，从小就和哥哥住一起。但他自幼聪明而且喜好读书，于是他大哥揽下了家中所有的农活，让他专心求学。虽说出身卑微，陈平却生得一副好相貌，有人开他的玩笑说：你家里那么穷，怎么把你养得细皮嫩肉的啊？（陈丞相平者，阳武户牖乡人也。少时家贫，好读书，有田三十亩，独与兄伯居。伯常耕田，纵平使游学。平为人长大美色。人或谓陈平曰：“贫何食而肥若是？”《史记·陈丞相世家》）

陈平不管家中的生活，这让嫂子很生气，常常抱怨说：天生是个吃糠的料。有陈平这样的小叔子，“不如无有”！陈平的大哥知道后，一纸休书，把妻子给休了。

转眼间陈平到了该成家的年纪，然而富人家不愿把女儿下嫁给他，穷人家的女子陈平又看不上。一来二去，这陈平就成了“剩男”。陈平娶妻的要求不多，就一个——有钱！

陈平家附近有一个有钱人张负，他的孙女结了五次婚，死了五个丈夫，是个远近有名的“克夫”女，没人敢再娶她。陈平知道后，打起了这个寡妇的主意。镇上一户人家办丧事，陈平因为家贫，就去为丧家帮忙，赚一点小钱。恰好张负也来参加这家的丧事，见陈平长得一表人才，便心中留意。而陈平呢，也注意到这位有钱人对自己的关注，所以借故晚走一会儿。散席之后，张负尾随其后，来到了陈平家，见他家住在靠城墙的一条穷巷里，一张破席子一挂就是门了，可门外却有不少名人、豪侠乘坐的车的车辙。张负一回到家，就对他的儿子说：我想把我的孙女嫁给陈平。他的儿子心里不爽，那小子那么穷，又没有个正当职业，全县人都笑话他，怎么能把咱家的女孩许给他呢？张负说：自古以来，如陈平这般标致的男子，有谁长期穷困潦倒吗？最终将自己的孙女嫁给了陈平。

于是，陈平如愿以偿，傍上了一个“富婆”。虽然这位女子“克夫”的“名声”不佳，但陈平不在乎，他看中的是对方的钱财。而女方家也很大方，不但没有为难陈平，还先借钱给他作为娶妻的聘金，并主动承担了婚宴的一系列费用。张负告诫自己的孙女说：不要因为人家穷，就不遵守做媳妇的本分和礼数，对人家的哥哥嫂嫂要像对待自己的长辈一样。（邑中有丧，平贫，侍丧，以先往后罢为助。张负既见之丧所，独视伟平，平亦以故后去。负随平至其家，家乃负郭穷巷，以弊席为门，然门外多有长者车辙。张负归，谓其子仲曰：“吾欲以女孙予陈平。”张仲曰：“平贫不事事，一县中尽笑其所为，独奈何予女乎？”负曰：“人固有好美如陈平而长贫贱者乎？”卒与女。为平贫，乃假贷币以聘，予酒肉之资以内妇。负诫其孙曰：“毋以贫故，事人不谨。事兄伯如事父，事嫂如母。”《史记·陈丞相世家》）

陈平娶了妻，手头儿立马宽裕起来，他的交友活动也更加热闹广泛。而众人看待他的目光也渐渐开始变化。一次，同里巷的居民共祭土神。祭祀结束后，陈平担任分割祭肉的主刀，他把肉分得十分公平，大家都赞不绝口，说他分得好。陈平听后，感慨地说，如果让我主政天下，我也能像今天分肉一样做得公正公平。（嗟乎，使平得宰天下，亦如是肉矣！《史记·陈丞相世家》）

跳槽高手：择主而仕

陈平娶妻的经历非常另类，而事实上他这一辈子的确活得与众不同，一生三易其主，是位十足的跳槽高手。

陈平的第一任领导是魏咎。陈胜起兵后首先攻下陈郡（郡治今河南淮阳），派周市（fú）去平定魏地。秦二世元年（前209）九月，周市决定立魏国王室后裔魏咎为魏王。此时，魏咎尚在陈胜处，陈胜坚决不放其赴任。秦二世二年（前208）十二月，魏咎到达魏地走马上任，陈平带领一帮年轻人投奔魏王咎。虽然魏咎待陈平不薄，任命其为太仆，但陈平提的建议他却听不进去，加之有人在魏咎面前说陈平的坏话，无奈之下，陈平只好选择离开。（陈涉起而王陈，使周市略定魏地，立魏咎为魏王，与秦军相攻于临济。陈平固已前谢其兄伯，从少年往事魏王咎于临济。魏王以为太仆。说魏王不听，人或谗之，陈平亡去。《史记·陈丞相世家》）

陈平的第二任领导是项羽。逃离魏王咎后，停了近两年，一直到汉元年（前206）十月，项羽结束巨鹿之战到达黄河边，陈平这才加入项羽军团。陈平随同项羽一道入关，受封“爵卿”。“爵卿”的礼秩是卿，但无实职。

项羽完成大分封后返回西楚国国都彭城。八月，刘邦用韩信之谋，还定三秦。汉二年（前205）十月，刘邦兵出函谷关，夺取今河南西部一带。殷王司马印看见汉王刘邦的势力强大，叛楚归汉。陈平奉项羽之命，率军前去平定，重新收服了殷王。项羽难得大方了一次，任命陈平为都尉，并赐给他“金二十溢”（“溢”通“镒”。当时一镒相当于二十四两，或说二十两）。汉二年三月，刘邦率兵攻下河内，俘获了殷王，将其辖地设为河南郡。项羽大怒，非要杀了原来去平定殷王的将领及其部下。陈平担心自己性命不保，将项羽赏给他的金子、都尉印全部封存，派人送归项王，自己单身一人，手提佩剑，抄小路逃了。（项羽略地至河上，陈平往归之，从入破秦，赐平爵卿。项羽之东王彭城也，汉王还定三秦而东，殷王反楚。项羽乃以平为信武君，将魏王咎客在楚者以往，击降殷王而还。项王使项悍拜平为都尉，赐金二十溢。居无何，汉王攻下殷。项王怒，将诛定殷者将吏。陈平惧诛，乃封其金与印，使使归项王，而平身间行杖剑亡。《史记·陈丞相世家》）

陈平的第三任领导，也就是最后一位领导自然是刘邦。当时，刘邦在黄河北，而陈平在黄河南。陈平想投奔刘邦，就必须渡河。谁也没想到，这简单的一次渡河，竟差点让陈平丢了性命。

原来，陈平一上船，船夫们见陈平不像是凡夫俗子，又是一人独行，怀疑他是逃亡的将军，心想这小子身上肯定带着不少“金玉宝器”，便互相使眼色，要杀人劫财。陈平见状，心里一时也有点发毛，但他很快就找到了破解危机的办法。他故作随意地解开衣服，裸着身子帮船工划船，以示自己不过是平凡人一个。这一裸身，船夫们见陈平身上没有什么“金玉宝器”，也就打消了劫财的念头。于是，陈平成功脱险。

陈平这次化解谋杀风险，全仗他擅于洞悉风险的形成原因，并能有效加以化解。

登岸之后，陈平赶到修武（今河南修武），通过谋士魏无知见到汉王刘邦。这次呢，刘邦一共召见了七个人，并请他们共同进餐。吃完饭，刘邦下了逐客令：好了，大家下去休息吧。陈平哪能走啊！他对刘邦说：我是为事业而求见，我的话必须在今天讲出来。刘邦只好单独留下陈平谈话。听完陈平的一番高论，刘邦很兴奋，立即问陈平：你在楚军是什么职务？陈平回答：都尉。刘邦当即任命陈平为都尉，并作为自己的陪乘人员登上了汉王的专车，负责监护军队。命令一宣布，军中一片哗然，大家都嚷嚷说：大王见到楚军的这个降兵才一天，还不知道他有多大本事，怎能让他陪乘，还让他监督我们呢？刘邦听说后，更加信任陈平，让他随自己一块儿东伐项羽。

彭城战败，刘邦退兵荥阳，任命陈平为准将（亚将），驻扎在广武，归韩王信管理调度。周勃、灌婴等老将直接找到刘邦，诋毁陈平说：陈平长得好看，未必有什么真本事。我们听说，陈平和他嫂子有一腿（盗嫂）。在魏王那儿干得不好，跑到楚军。在楚军中也没什么出息，这才跑到我们汉军这儿。现在大王尊宠他，让他监护军队，听说他收受将领的贿赂，送的钱多待遇就好，送的钱少待遇就差。总之，陈平是个无耻的小人，希望大王明察。（绛侯、灌婴等咸谗陈平曰：“平虽美丈夫，如冠玉耳，其中未必有也。臣闻平居家时，盗其嫂；事魏不容，亡归楚；归楚不中，又亡归汉。今日大王尊官之，

令护军。臣闻平受诸将金，金多者得善处，金少者得恶处。平，反覆乱臣也，愿王察之。”《史记·陈丞相世家》）

刘邦听到老将们这么说，心里自然是凉了半截。他先把中间人魏无知找来责备了一通，说他荐人不当。魏无知说：我推荐的是能力，皇上在意的是德行。古代有一位最讲信用的人叫尾生，他与一位女子约好在桥下相会，女子没来，洪水却突然来了，尾生抱着桥柱子不撒手，最终被淹死。殷高宗武丁的儿子孝已，被继母谗毁，为了不伤害父亲，宁死不说他遭受的不白之冤，最终被流放至死。如果今天还有像尾生、孝已那样德行优秀，却无法对我们正在进行的战争有任何贡献的人，陛下会任用吗？楚汉相争，事关天下，我推荐的是有谋有才对我们有用的人，至于他与嫂子关系不正当、收受他人贿赂这些缺点，又有什么关系呢？（汉王疑之，召让魏无知。无知曰：“臣所言者，能也；陛下所问者，行也。今有尾生、孝已之行而无益于胜负之数，陛下何暇用之乎？楚汉相距，臣进奇谋之士，顾其计诚足以利国家不耳。且盗嫂受金又何足疑乎？”《史记·陈丞相世家》）

话虽如此，刘邦还是放心不下，决定跟陈平私下认真谈一次。他批评陈平说：你在魏王那儿不成功转身事楚，在楚王那儿不成功，又投奔于我，讲信义的人会这样三心二意吗？陈平回答：我跟随魏王，魏王不能用我的计谋，所以我选择离开；我事奉项王，项王不信任我，只信任项氏族人和亲戚，所以我还是选择离开。我听说大王您虚怀若谷、察纳雅言，所以才投奔而来。我来的时候一无所有，不收点贿赂，吃什么喝什么？如果我的计谋尚有可用之处，就希望大王能够采纳；若是我的计谋没有可用之处，那么，我收的钱都在这里，请大王收回去，顺便把我的官帽也摘了，我这就辞职回家。刘邦听了陈平这番辩白，心想：陈平这个人是有点小贪，但只要不越雷池，倒也没有什么大碍。于是刘邦马上向陈平道歉，并正式任命他为监管全军的官员，负责监督全军将领。这么一来，将领们的嘴也被彻底封住了。（平曰：“臣事魏王，魏王不能用臣说，故去事项王。项王不能信人，其所任爱，非诸项即妻之昆弟，虽有奇士不能用，平乃去楚。闻汉王之能用人，故归大王。臣裸身来，不受金无以为资。诚臣计画有可采者，愿大王用之；使无可用者，金具在，请封输官，得请骸骨。”汉王乃谢，厚赐，拜为护军中尉，尽护诸将。诸将

乃不敢复言。《史记·陈丞相世家》）

陈平跳槽来到刘邦集团，千方百计争取到单独面谈的机会，凭借自己的才华征服了刘邦，但在别人眼里，他不过是一个“降卒”罢了。这一场心理战陈平如果败下阵来，他只能卷铺盖走人！还好他保持了冷静，先解释“三易其主”，再坦言“受金之事”，这一番推心置腹略带任性的辩词，让刘邦大为激赏，也为自己赢得了更多的信任。

太极玩家：个人安全第一

陈平一生所遇凶险并不是一次两次，但每次他都能化险为夷，安然无恙。究其原因，恐怕还在于他善于腾挪躲闪，是一位高明的太极玩家。

这擅长打太极的本领，在陈平奉命追杀樊哙的事情上表现得尤为突出。这原本是后话，我们在这里提前略作交代。刘邦晚年征讨黥布时受了致命箭伤，好不容易回到了京城长安。没多久，又传来燕王卢绾反叛的消息，刘邦便派樊哙以相国的身份率兵平叛。樊哙刚走，就有人在刘邦面前说樊哙的坏话。刘邦一听，火冒三丈，于是找来陈平商议，而后依照陈平的计策，召周勃到病榻前受诏，要他与陈平一道乘专车赶往前线，立即斩了樊哙。（高帝从破布军还，病创，徐行至长安。燕王卢绾反，上使樊哙以相国将兵攻之。既行，人有短恶哙者。高帝怒曰：“哙见吾病，乃冀我死也。”用陈平谋而召绛侯周勃受诏床下，曰：“陈平亟驰传载勃代哙将，平至军中即斩哙头！”《史记·陈丞相世家》）

陈平、周勃在路上紧急磋商：樊哙是刘邦的老友及连襟，功勋卓著，又是吕后的胞妹吕媭的丈夫。这既亲且贵，皇上一时气恼要杀他，万一后悔了怎么办？那咱俩岂不是里外不是人！不如咱把人给带回来，要杀要剐，让皇上自己动手，咱别出这个头儿。两人打定主意，在快到樊哙大营之时停下来修了高坛，以皇帝之节召樊哙受诏。樊哙一到，还没回过神就被绑了起来。周勃受命代替樊哙率兵平定燕地。陈平带着樊哙，一路狂奔直赴长安。（二人既受诏，驰传未至军，行计之曰：“樊哙，帝之故人也，功多，且又乃吕后弟吕媭之夫，有亲且贵，帝以忿怒故，欲斩之，则恐后悔。宁囚而致上，上自诛之。”未至军，为坛，以节召樊哙。哙受诏，即反接载槛车，传诣长安，而令绛侯勃代将，

将兵定燕反县。《史记·陈丞相世家》）

谁料陈平还在路上，刘邦归天了。听见这个消息，陈平的第一反应是：这下完了。吕后必定会听其妹吕媭的谗言，勃然大怒是必然的，搞不好还会为难自己。于是，他赶紧离开押解樊哙的车队，先行赶往京城。路上，遇到使者传达惠帝诏书，让他和灌婴驻屯荥阳。陈平接诏后，没有乖乖地去荥阳，而是快马加鞭赶往京城宫中，在刘邦灵柩前“扑通”一跪，一把鼻涕一把泪地哭号起来，俨然是当年刘邦哭祭项羽的翻版。当然，陈平也不忘顺便向吕后汇报一下奉诏抓捕樊哙的事情。这顿哭，感天动地，哭得吕后心都碎了，还能说什么呢？不但无言以对，心里还默默称赞陈平这人办事周到，要不然樊哙的人头早就落地了。她反倒劝起陈平来：您旅途劳顿，还是先回去休息一下吧。可是陈平呢，担心自己一离开就会有人来诋毁，于是执意要求留在宫中宿卫。吕后见他情真意切，便改任他为郎中令，也就是皇帝御前的卫队司令，办公地点就在宫中。吕后还交代他好好辅佐惠帝。事后，吕媭果然在她姐姐面前诋毁陈平，但因为陈平已经把工作做到了前头，吕媭的谗言没起到作用。樊哙一回京城，立即被吕后赦免，且恢复了爵位、食邑。（平行闻高帝崩，平恐吕太后及吕媭谗怒，乃驰传先去。逢使者诏平与灌婴屯于荥阳。平受诏，立复驰至宫，哭甚哀，因奏事丧前。吕太后哀之，曰：“君劳，出休矣。”平畏谗之就，因固请得宿卫中。太后乃以为郎中令，曰：“傅教孝惠。”是后吕媭谗乃不得行。樊哙至，则赦复爵邑。《史记·陈丞相世家》）

实际上，刘邦这次盛怒之下要杀樊哙是个天大的误会。如何解释呢？我这里先卖个关子，我们后文再做详述。陈平这次奉诏行事潜藏着巨大的风险，对樊哙是杀也不是，不杀也不是，干脆把人给刘邦带回来，让他亲自处置。当然，换个角度来分析，陈平不杀樊哙也许还有另一层深意：刘邦此时朝不保夕，生命垂危，万一没熬过这个关口，此后定是吕后掌权。自己若杀了吕后的妹夫，吕后、吕媭岂能轻饶了自己？陈平的高明之处正在于无论何时何地，都为自己留条后路。

刘邦仙逝，惠帝即位，吕后掌权。惠帝下诏让陈平与灌婴驻守荥阳，以防不测。按理说，陈平理应立即赶往荥阳，但他却再次抗旨，快马入宫哭祭刘邦。陈平的这番长哭，几分真假，实难评判，但不可否认他多少有点别有用心。就这样，陈平用眼泪摆平了吕后，既保住了性命，也保住了官位。

惠帝六年（前 189），相国曹参病故，吕后按照刘邦临终前的安排，任命安国侯王陵担任右丞相，陈平担任左丞相。

惠帝七年（前 188），刘盈病故。吕后只有这么一个儿子，没想到才二十几岁就早夭了，这件事对吕后打击非常大。悲痛之余，她开始担心吕氏宗族在朝中的势力会每况愈下，于是决定将惠帝与后宫宫女所生的前少帝扶上帝位，先把皇权牢牢抓在手里。

随后，吕后又将行封吕姓诸侯王之事提上了日程。她询问右丞相王陵能不能封吕姓为诸侯王。王陵直截了当地回答：不行！她又问左丞相陈平、太尉周勃，两人答道：高皇帝平定天下，封其子弟为诸侯王；如今太后称制，封王弟、诸吕为王完全可以。吕后听了这话，心里当然很高兴。

王陵下朝后质问陈平、周勃：当初高皇帝歃血为盟，难道你们不在场吗？现在高皇帝仙逝，太后想封吕氏为王，你们这般纵容她，背弃盟约，将来到了地下，还有什么颜面见高皇帝呢？陈平、周勃回答王陵说：在朝堂之上顶撞太后，我们的确不如你；但是保全社稷，安定刘氏天下，你也不如我们。（王陵让陈平、绛侯曰："始与高帝喋血盟，诸君不在邪？今高帝崩，太后女主，欲王吕氏，诸君从欲阿意背约，何面目见高帝地下？"陈平、绛侯曰："于今面折廷争，臣不如君；夫全社稷，定刘氏之后，君亦不如臣。"《史记·吕太后本纪》）

不久，吕后任命王陵为前少帝的太傅，看似升迁，实际上是罢了王陵的右丞相一职。王陵不傻，马上明白吕后这是嫌自己碍事，给自己摆了一道，一怒之下，干脆以有病为由，闭门不出，不上朝了。

吕后哪管王陵生气不生气，立即任命自己的亲信审食其为左丞相，将原左丞相陈平升为右丞相。这个审食其是什么人？他曾经作为"舍人"陪侍太公、吕后，后来与吕后一块儿被项羽押了二十八个月，深得吕后赏识。此时审食其当了左丞相，实际上他的工作重点仍然是照顾好吕后。所以，他主要在宫中办事，也由于这层关系，此时朝中大事都由审食其决断。吕媭便趁机到吕后那儿告陈平的状，说他身为丞相，不管国事，天天喝酒玩女人。陈平听说此事后，喝得更多，玩得更欢。吕后听说后，心里反倒窃喜，当着吕媭的面对陈平说：不用怕吕媭讲你的坏话。（吕媭常以前陈平为高帝谋执樊哙，数谗曰："陈平为相非治事，日饮醇酒，戏妇女。"陈平闻，日益甚。吕太后闻之，私独喜。面质吕媭于陈平曰："鄙语曰'儿妇人口不可用'，顾君与我何如耳。无畏吕媭之谗也。"《史记·陈丞相世家》）

陈平、周勃嘴里对王陵说的"臣不如君""君亦不如臣"之类的话全是诡辩！将来形势怎么发展，陈平、周勃心中全然无数，也不可能有任何预见。他们心中对吕后这套做法肯定不满，但为了自保，他们选择了曲意阿从，远不如王陵骨头硬。

见人说人话，见鬼说鬼话。陈平靠着这见风使舵的本事，成为汉初政坛上有名的不倒翁，历经高祖刘邦、惠帝刘盈、吕后、文帝刘恒四位帝王，特别是惠帝、吕后的十五年间，政坛凶险异常，变幻莫测，他却稳如泰山，安如磐石。然而这位政坛不倒翁的身后之名却不够清雅，后人评价他时屡有不逊之辞，这究竟是为什么呢？

都是出主意，名声大不同

作为一代谋臣，陈平一生屡献奇谋。但从古至今，人们对他的评价却始终是众说纷纭，臧否不一。特别是正面评价，远不及同为谋臣的张良。陈平究竟为刘邦策划过哪些奇谋？为什么人们对他的评价会如此“保守”呢？

奇谋诡计频频出：不愧“谋士”二字

《史记·陈丞相世家》对陈平的奇谋人生是这样总结的：“凡六出奇计，辄益邑，凡六益封。奇计或颇秘，世莫能闻也。”这“六出奇计”都是什么“奇计”呢？

一是反间计。

刘邦困守荥阳束手无策之时，陈平献上一道反间计，离间钟离眛和项羽的关系，让项羽丧失了忠实可靠的“骨鲠之臣”，导致了其集团核心层的混乱。

另一个被陈平反间计“干掉”的人是范增。也是在荥阳，陈平借项羽派特使到荥阳谈判时施计，使项羽怀疑范增与刘邦勾结，不听不信范增良言，坐失战机。范增气愤之下退职还乡，最后竟病死在回乡途中。

二是金蝉脱壳。

刘邦困守荥阳时，眼看就要被项羽攻陷。此时陈平献计，晚上从荥阳东门放出两千女子，趁楚军围捕她们之时，刘邦从荥阳西门逃出。不久后，刘邦收拾散兵，重新组织了队伍，东山再起。（陈平乃夜出女子二千人荥阳城东门，楚因击之，陈平乃与汉王从城西门夜出去。遂入关，收散兵复东。《史记·陈丞相世家》）

三是韩信封王。

汉四年（前203），韩信平定齐地，请封“假齐王”，以便镇守。刘邦大怒，幸有陈平在旁提醒，借此机会团结韩信，巩固反项统一战线。韩信得以被封齐王，刘邦也依靠韩信的力量取得了最后的胜利。（其明年，淮阴侯破齐，自立为齐王，使使言之汉王。汉王大怒而骂，陈平蹑汉王。汉王亦悟，乃厚遇齐使，使张子房卒立信为齐王。《史记·陈丞相世家》）

四是调虎离山。

高祖六年（前201），有人告发韩信谋反，陈平建议刘邦佯装游览云梦泽，并召集天下诸侯到陈县相会，借机诱捕韩信。

五是白登解围。

高祖七年（前200），匈奴南犯。三十二万汉军迎战，刘邦所率领的先头部队在平城白登山（今山西大同东北）被匈奴的四十万骑兵围了七天七夜。当时粮断援绝，天寒地冻，情况万分危急。陈平献计，派使者游说单于阏氏，得以解围。不过此计的详情一直是个秘密，世人不得而知。（卒至平城，为匈奴所围，七日不得食。高帝用陈平奇计，使单于阏氏，围以得开。高帝既出，其计秘，世莫得闻。《史记·陈丞相世家》）

《史记·陈丞相世家》中明确提到陈平一生“六出奇计”，然而我们从今本《史记》中却没有看到第六计，当然，这并不妨碍我们了解陈平的足智多谋。

就数他的阴招多：拿不上台面

对于陈平为刘邦所献的计策，今人应当如何正确看待呢？这些计策到底应该算是“奇谋妙计”还是“阴谋诡计”呢？

我们先来看“反间计”。反间计是从战国时期起便屡试不爽的计谋之一，齐国对燕国名将乐毅巧施反间计，秦国对赵国名将廉颇大施反间计，都取得了不错的效果。陈平在刘邦那里获得巨额资金支持，不被查账也不审计，他得以放手用钱去砸，收买人心散布谣言，效果都很到位。后来，陈平离间项羽与范增，其实没有什么技术含量，甚至还有漏洞。譬如项羽派去的使者岂能是饭桶？此等拙劣的反间计能够侥幸成功，只能说明楚使太笨，项羽太蠢，不能说明陈平此计是一“奇谋”。

再看“金蝉脱壳”之计。陈平用两千女子换得刘邦顺利脱身，的确功不可没。但是别忘了，这里头还有一个更重要的人物：纪信。危难之中，纪信主动提出：舍身救主，假扮汉王随着两千女子东门出降，吸引了楚军上下的注意力，这才给刘邦制造出逃跑的机会。如果说陈平此计为“奇谋”，那么此奇谋的主要制定者其实是纪信，纪信的事情在前文已有详述。

接着看韩信封王。在刘邦怒不可遏的关键时刻，站出来谏言的其实有两个人，一位是陈平，另一位是张良，两个人都踩了刘邦的脚，还和他低声耳语。只不过，《史记》的《陈丞相世家》只记载了陈平一人，《淮阴侯列传》中即记载了两人。所以这块军功章，有陈平的一半，也有张良的一半。

然后看调虎离山。这一计确属陈平一人之谋。其中涉及两大核心问题：一是刘邦与开国功臣的关系；二是韩信是否谋反。陈平并没有对相关信息进行查证，只是一味迎合刘邦。因为没有真凭实据，刘邦只能把韩信放了，降为淮阴侯。可是，万一当时韩信真打算谋反，那刘邦此次南巡岂不是正中下怀？陈平这一招实在有所不妥。

不仅如此，唇亡齿寒，几位异姓诸侯王见韩信如此下场，再明白不过了，陈平此计最大的贻害就是导致其他异姓诸侯王人人自危。之后接踵而来的韩王信叛乱、陈豨叛乱、黥布叛乱、卢绾叛乱，无不是源于对刘邦的深深疑惧。这种疑惧的心理病有着极强的传染性，而且无药可治。它的主要制造者就是陈平。

最后看白登解围。解白登之围的这条秘计，裴骃的《史记集解》引汉代学者桓潭《新论》，认为其内容或为陈平以汉朝欲献绝色美女给单于，以换回刘邦，阏氏一听，便急了，于是急忙游说单于放行。如果确实如此，陈平是利用了单于阏氏的自保之心，那么这一奇谋秘计实在难登大雅之堂。

陈平处事机敏，脑子很好使，危急时刻总能迅速想出对策，但他也有一个致命的弱点：机变有余，深谋不足。刘邦病危时评价他说："陈平智有余，然难以独任。"（《史记·高祖本纪》）可见，刘邦对陈平这个人看得很清楚。

陈平也曾做过这样的自我评价："我多阴谋，是道家之所禁。吾世即废，亦已矣，终不能复起，以吾多阴祸也。"（《史记·陈丞相世家》）他自认为自己的奇谋不是正大光明的计谋，而是"阴谋"，当有"阴祸"，这种评价，也算有自知之明。

褒贬不一争议大：事出有因

陈平一生屡献奇谋，但后世人一般都认为他诡计多端、圆滑世故。宋人洪迈在《容斋随笔》卷二《张良无后》中点评道："张良、陈平皆汉祖谋臣，良之为人，非平可比也。"

两个人都是居功至伟的谋士，为何说陈平的为人跟张良没法比呢？究其原因，一是"盗嫂受金"，二是为人圆滑，三是贪恋富贵。

陈平一生被人诟病之事很多，"盗嫂受金"一事尤为严重。我们应该如何看待这个问题呢？"受金"之事是陈平自己承认的，至于"盗嫂"之说，最早是出自《史记·陈丞相世家》，后来班固在《汉书·陈平传》中也做了相应的记载，后世流传甚广。那么，陈平"盗嫂"确有其事吗？

第一，司马迁对"盗嫂"一事持保留意见。

《史记·陈丞相世家》载：

> 绛侯、灌婴等咸谗陈平曰："平虽美丈夫，如冠玉耳，其中未必有也。臣闻平居家时，盗其嫂；事魏不容，亡归楚；归楚不中，又亡归汉。今日大王尊官之，令护军。臣闻平受诸将金，金多者得善处，金少者得恶处。"

这里面有两个关键词语值得注意：一是“绛侯、灌婴等咸谗陈平曰”的“谗”字；二是“臣闻平受诸将金，金多者得善处，金少者得恶处”数句中的“臣闻”二字。这样的遣词造句，显示出司马迁对此事持保留态度。

第二，周勃、灌婴并不了解陈平。

陈平是户牖乡（今河南原阳）人，周勃是沛县（今江苏沛县）人，灌婴是睢阳（今河南商丘睢阳区）人，彼此居住较远，周勃、灌婴不可能了解陈平的个人历史。陈平参加反秦起义后在魏王咎、项羽手下任职，知名度不高，周勃、灌婴也不可能关注到陈平。然而，得知陈平一到汉军立即受到重用，周勃、灌婴马上据传闻告陈平“盗其嫂”。这明显有两人嫉妒的成分在。

第三，与史实记载不相符。

据《史记·陈丞相世家》记载，陈平的嫂子嫉恨陈平不管家里的生活，甚至说过“有这样的小叔子，不如没有”这样的话。陈平的大哥听说后，非常生气，就将妻子休了。（其嫂嫉平之不视家生产，曰：“亦食糠覈耳。有叔如此，不如无有。”伯闻之，逐其妇而弃之。《史记·陈丞相世家》）

可见，陈平同这位嫂子之间一定不会有私情，否则，嫂子不至于说出如此刻薄的话。

那么，陈平有第二位嫂子吗？

《史记·陈丞相世家》记载，有钱人张负把自己的孙女嫁给了正在贫困中的陈平，出嫁之前，张负告诫自己的孙女：“毋以贫故，事人不谨。事兄伯如事父，事嫂如母。”“事嫂如母”一句，说明陈平有了第二位嫂子。裴骃《史记集解》对此的解释是：“兄伯已逐其妇，此嫂疑后娶也。”陈平的大哥确实再娶了一位妻子，她就是陈平的第二位嫂子。

那么，陈平与第二位嫂子的关系到底如何呢？其实稍加推敲可知。

第一，陈平的大哥对他寄予厚望，如果陈平与自己的妻子不明不白，他会毫无反应听之任之吗？还会一如既往地支持陈平吗？

第二，陈平的婚事曾遭到自己岳父的反对，理由是：“贫不事事，一县中尽笑其所为。”县里人嘲笑陈平的是家贫他却不会为家里挣钱，而非个人私生活。如果陈平和其嫂有不明不白之事，一县之人嘲笑的肯定不是

“贫不事事”，当地的“富人”也绝不会将自己的孙女往火坑里推，让她嫁给一个品行不端的家伙。

第三，陈平住所外“多有长者车辙”，这说明陈平平日里结交了不少当地有德行、有学问、有地位、有声望之人。“长者”们的到来反映了他们对陈平道德学问的肯定，如果陈平真有“盗嫂”行为，定会遭到“长者”们的唾弃。

第四，当刘邦听到周勃、灌婴的议论，质问陈平时，陈平坦言几度跳槽的经历，对收受贿赂的事情也供认不讳，唯独对“盗嫂”一事未作任何辩解。陈平不作辩解，有四种可能：一是此事纯属诬陷，无须辩解；二是陈平做了辩解，司马迁认为此事本来就是谗言，无须记载；三是刘邦认为“盗嫂”之事无关紧要，根本未问；四是刘邦问及此事，陈平默认。

综合各种情况，前两种情况的可能性较大。

陈平的人品被兄长器重，被“富人”寄予厚望，被“长者”充分肯定，这些事实都充分证明了“盗嫂”一事的荒谬。总之，陈平中饱私囊是事实，“盗嫂”之事则子虚乌有。

高祖六年（前201）十二月，刘邦首批封侯，决定封赏陈平。陈平婉拒道：我没有什么功劳。刘邦奇怪地问：我用先生的妙计战胜了敌人，这难道不是功劳吗？陈平说：要不是魏无知，我怎么能见到皇上？刘邦十分感慨，你可真是不忘本啊！于是乎，魏无知得了赏赐，当然陈平的口袋也不会空着。（于是与平剖符，世世勿绝，为户牖侯。平辞曰：“此非臣之功也。”上曰：“吾用先生谋计，战胜克敌，非功而何？”平曰：“非魏无知，臣安得进？”上曰：“若子可谓不背本矣。”乃复赏魏无知。《史记·陈丞相世家》）

当“群臣争功，岁余不决”之时，陈平推辞不受。不管是真情实意还是别有用心，能做到这个境界，已然是外人难以揣摩的了。

处世圆滑终伤己：报应啊

陈平处世圆滑，善于迎合他人以求自保，这是他为人的又一大特点。

刘邦晚年时，对各位功臣的猜忌越来越厉害，陈平看在眼里盘算在心里，为求自保，他最终选择了迎合皇帝，从诱捕韩信到奉命追杀樊哙，他在刘邦面前表现得很乖巧，却不提醒刘邦这样做将会给汉帝国带来多大的风险。

惠帝即位七年后早夭，吕后担心儿子死后自己势孤力单，陈平主动谏言，让她任命两个侄子吕产、吕禄分别掌管京城南北二军。这么一来，吕后心中倒是有了安全感，但刘姓皇族的灭顶之灾也悄然而至。后来，他又违背刘邦晚年的“白马盟誓”，同意吕后大封诸吕为王，随后被升为右丞相。担任右丞相后，陈平洞悉吕后渴望集权的心态，以吃喝玩乐相迎合，使得吕媭多次谗言都无疾而终。陈平的一切言行举止无不遵循着一个最高原则——自保。

吕后下世，陈平、周勃这才联手灌婴、刘襄、刘章灭了吕后一族，共立刘邦的第四子代王刘恒为帝。然而，即便这次陈平拥立有功，但他之前迎合吕后的一系列作为给他带来了无法挽回的巨大影响。

作为汉初功臣，陈平一生仕于高祖、惠帝、文帝三朝，直至文帝前元二年（前 178）去世。陈平是汉初重臣中为数不多的政坛不倒翁。历史上的不倒翁，大多有其过人之处，但是，政坛不倒翁在波谲云诡的变幻之中保持不败，一定要付出代价。得失之间，必然平衡。陈平在现实中的所得甚多，在历史上却所失甚多，人生的得失就是这样获得了平衡。

高祖六年（前 201）正月，刘邦进行了第二次大规模封侯，据《史记·高祖功臣侯者年表》记载，这次封侯竟多达十九人。这次大规模封侯合理吗？刘邦该怎么治理这个千疮百孔的国家呢？后来诸侯叛乱，匈奴进犯，刘邦怎么在一个旧河山上建立新帝国呢？他还会纳谏如流吗？他还会识人用人吗？他还能虚心进步吗？

王立群 著

汉高祖刘邦

大风起兮云飞扬

（下册）

中原出版传媒集团
中原传媒股份公司

大象出版社
·郑州·

并峙双雄

继高祖六年（前201）十二月分封了十位列侯后，刘邦很快又封了十九位列侯。这次分封的列侯之中，有两位常常被史书对举并称。譬如《史记》中写“绛灌等”人在刘邦面前称“盗嫂受金”，在“绛灌”之后用了一个“等”字，可见攻讦陈平的还有其他人。但是，其他人可以用一个“等”字一笔带过，“绛灌”两人却是必须明确标出。这种例子在《史记》和《汉书》中非常多。那么，这里的“绛灌”指的是哪两位列侯呢？为什么史书会对他们如此礼遇呢？

他办事我放心：获得信任是最高的评价

这里所说的“绛灌”，一位是绛侯周勃，一位是颍阴侯灌婴。《史记》《汉书》和《资治通鉴》等史书都沿用了西汉时期对他俩最流行的称呼——“绛灌”。

我们先说绛侯周勃。

周勃的祖籍并不是沛县，但他本人出生在那里，跟刘邦也算是半个老乡。别看只是半个老乡，关键时刻它的作用就大了。刘邦有严重的“故乡情结”，所以汉军中沛县籍的元老在高帝早期的“封赏列侯”活动中占有很大比重，首封的十位列侯之中就有五位是沛县人。在后来的第二次分封中，周勃的沛县籍可是让他占据了很大的优势。

周勃这个人呢，有三大本领：一是编织芦席苇箔，这是他主要的谋生手段。二是吹箫，常给办丧事的人家吹箫赚点外快。三是预备役军中善拉强弓，这对他日后平稳的军中仕途有很大的作用。（勃以织薄曲为生，常为人吹箫给丧事，材官引强。《史记·绛侯周勃世家》）

周勃是典型的武夫，为人憨厚刚直，不善言辞，但缺少文化修养，还有点看不起文人。每次找文人议事，他总是一屁股坐在尊位上，然后再一顿训斥，最后急不可耐地嚷嚷说：有什么话快说！以现在的眼光来看，周勃应该算是一个情商很低的武夫。即便如此，刘邦仍然很看重他，认为他是可以嘱托大事的人。（勃为人木强敦厚，高帝以为可属大事。勃不好文学，每召诸生说士，东向坐而责之："趣为我语。"其椎少文如此。《史记·绛侯周勃世家》）

周勃追随刘邦东征西讨，战功赫赫。从沛县起兵反秦，艰难转战，胜败交错，跟随刘邦一直打到关中；楚汉战争期间，平定三秦、巩固关中、打败项羽，几乎每一场重要的战役都能见到他的身影，他是除韩信、彭越、黥布之外的二线功臣。刘邦称帝后，异姓诸侯王纷纷叛乱，周勃作为樊哙的替补临危受命，出任统帅，最终不负重托，圆满完成任务。虽然返朝复命时刘邦已经病逝，但这恰恰是周勃人生中最得意的一段时间。他得意什么呢？当然是得意刘邦对他异乎寻常的信任。

刘邦临终之际和吕后有一段著名的对话，对话的主题就是相国的人选。吕后问：萧相国如果过世，让谁来继任呢？刘邦答：曹参可以。吕后又问：那接下来呢？刘邦说：王陵可以，但是王陵耿直莽撞，陈平可以协助他。陈平聪明过人，但难以独当一面。周勃没什么文化，但为人忠诚、重情重义，是安定刘氏江山的可靠人选，可任命为太尉。吕后继续问：这几位之后可以用谁？刘邦说：此后的事情你就不用知道了。（吕后问曰："陛下百岁后，萧相国即死，令谁代之？"上曰："曹参可。"问其次，上曰："王陵可。然陵少戆，陈平可以助之。陈平智有余，然难以独任。周勃重厚少文，然安刘氏者必勃也，可令为太尉。"吕后复问其次，上曰："此后亦非而所知也。"《史记·高祖本纪》）

在这段著名的对话中，吕后连问了三任相国人选，刘邦回答了两任，其中涉及周勃的话一共有三句："周勃重厚少文，然安刘氏者必勃也，可令为太尉。”这三句话是刘邦对周勃的总体评价，而“可令为太尉”更是指明让周勃掌管兵权，表现出刘邦对周勃的绝对信任。

高帝刘邦去世后的十五年，可以分为两个阶段。前七年，惠帝执政，但实权都在吕后手中。这个时期，因为是自己的独生子刘盈当皇帝，吕后的心态还比较正常。此后八年，虽然有前、后少帝相继在位，但吕后的心理还是迅速走向失衡。越是接近生命的终点，心里越是焦虑不安。终于，吕后公然违抗刘邦的“白马盟誓”，大封诸吕为王，连续杀戮三位皇子，大大激化了吕氏外戚派与皇族派、功臣派的矛盾。吕后下世后两个月，周勃、陈平、灌婴等人联手诛灭吕氏全族。周勃确实安定了刘氏江山，应验了高帝刘邦“安刘氏者必勃也”的临终遗言。

小贩也疯狂：时机与才干并存

再说灌婴。灌婴原是睢阳卖丝绸的小贩。秦末大起义爆发后，他踊跃地报名参加了义军。当时，秦将章邯刚刚杀了项梁，项羽、刘邦全部退回彭城地区。刘邦正驻守砀县（今河南夏邑东南），灌婴以“中涓”的身份加入了刘邦集团。“中涓”按照现在的说法其实就是负责打扫卫生的随从，在军中地位很低，但也很重要。为什么这么说呢？想想看，要不是能信得过的人，刘邦怎么能让他在身边打杂？从刘邦身边的“中涓”中产生了许多列侯，如平阳侯曹参、信武侯靳歙、清阳侯王吸、广严侯召欧、绛侯周勃、颍阴侯灌婴。刘邦最初分封的二十九位列侯中，有六位是从“中涓”做起的。

灌婴这位卖丝绸的小贩，赶上了秦末大起义的好时机，也抓住了这次改变命运的历史机遇。每一次社会大震荡，特别是改朝换代的大变革，都是一次社会各方势力的大洗牌。有人在这样的洗牌中由底层成功翻身歌唱做主人，有人则从高处落下直接跌进地狱。灌婴在这次秦汉交替的社会大洗牌中，依靠赫赫战功，幸运地进入了上层社会。关于灌婴的战功，有这么三点非常值得注意：

第一，挫败项羽骑兵军团。

项羽的骑兵军团异常凶猛，刘邦彭城大败就是败于此。当时项羽指挥着他精锐的骑兵军团，一路追杀，直至荥阳，着实让刘邦捏了一把汗，只恨自己没有骑兵军团相抗衡。此后，刘邦决定组建精锐骑兵军团，但他在军中选来选去，发现擅于骑兵作战的两位将领都是秦军降将。这两位秦军降将倒是颇有自知之明，一致要求刘邦另选一位亲信做主帅，他俩愿当副手。那么谁来做主帅呢？刘邦最终选中了灌婴。

那时候，刘邦身边的将领中就数灌婴最年轻有为，作战勇猛，战功卓著。被刘邦选中之后，灌婴凭借着年轻、可靠、善战的优势，一跃成为刘邦集团的骑兵司令。这之后，灌婴不负众望，率领新组建的汉军骑兵军团大败项羽骑兵军团，有效地阻止了项羽的西进，帮助刘邦在荥阳一线建立起阻止项羽的防线。（楚骑来众，汉王乃择军中可为骑将者，皆推故秦骑士重泉人李必、骆甲习骑兵，今为校尉，可为骑将。汉王欲拜之，必、甲曰："臣故秦民，恐军不信臣，臣愿得大王左右善骑者傅之。"灌婴虽少，然数力战，乃拜灌婴为中大夫，令李必、骆甲为左右校尉，将郎中骑兵击楚骑于荥阳东，大破之。《史记·樊郦滕灌列传》）

第二，大规模破袭楚军后方。

韩信攻下整个齐国后，于汉四年（前203）二月至汉五年（前202）十月，派灌婴对项羽的大后方进行了一次规模空前的大扫荡。灌婴率领精锐骑兵，摧毁了西楚国的北境粮仓与南境粮仓，俘虏了一大批高官重将，攻占了国都彭城，致使项羽集团后方全线崩溃。这是项羽被迫同意"鸿沟议和"的根本原因。灌婴的这次出击，对刘邦最后能歼灭项羽至关重要，不过《史记》的《项羽本纪》和《高祖本纪》中都没有记载此事，只有《史记·樊郦滕灌列传》中的《灌婴传》里有较为详细的叙述：

> 齐地已定，韩信自立为齐王，使婴别将击楚将公杲于鲁北，破之。转南，破薛郡长，身虏骑将一人。攻傅阳，前至下相以东南僮、取虑、徐。度淮，尽降其城邑，至广陵。项羽使项声、薛公、郯公复定淮北。婴度淮北，击破项声、郯公下邳，斩薛公，下下邳，击破楚骑于平阳，遂降彭城，虏柱国项佗，降留、薛、沛、酂、萧、相。攻苦、谯，复得亚将周兰。与汉王会颐乡。从击项籍军于陈下，破之，所将卒斩楼烦将二人，虏骑将八人。

第三，追杀项羽于乌江。

项羽垓下兵败后，突围而逃。灌婴率五千骑兵追至乌江江边，迫使项羽自刎，同时也标志着刘邦的完胜。（项籍败垓下去也，婴以御史大夫受诏将车骑别追项籍至东城，破之。《史记·樊郦滕灌列传》）

灌婴的这三大功绩为他赚足了割地封侯的资本，更值得称道的是，他在之后诛除诸吕的政变中也做出了巨大的贡献。

吕后下世后，吕禄时任上将军，吕产为相国，两人同时还掌控着京城的南北二军。齐王刘襄在其弟刘章的策动下，率先举兵，讨伐吕氏。吕产、吕禄不敢离京亲征，只好任命貌似最可以信任的灌婴为大将军，出兵镇压刘襄。灌婴因此得以率重兵进驻荥阳。他到了荥阳之后，立即与齐王刘襄联手，约定共同诛除诸吕。得到灌婴倒戈的消息，周勃、陈平这才敢放手一搏，在京城发动政变。单从史料记载的情况来看，这次政变的首功是太尉周勃，其次是右丞相陈平，再次是齐王刘襄、朱虚侯刘章。但是我们不可否认，灌婴在铲除诸吕的事件中起到了不可替代的作用。（上将军吕禄等闻之，乃遣婴为大将，将军往击之。婴行至荥阳，乃与绛侯等谋，因屯兵荥阳，风齐王以诛吕氏事，齐兵止不前。绛侯等既诛诸吕，齐王罢兵归，婴亦罢兵自荥阳归，与绛侯、陈平共立代王为孝文皇帝。《史记·樊郦滕灌列传》）

有哪些作用呢？

第一，有兵更有立场。灌婴在吕后掌权的十五年中始终是独善其身，逐渐赢得了吕产、吕禄的信任。正因为如此，当刘襄举兵时，吕产、吕禄才会放心地让灌婴率重兵出征。灌婴能够取得吕产、吕禄的信任不是靠趋炎附势、出卖功臣派的利益，他巧妙地以平静的生活状态让吕氏集团感到放心。至于他具体是怎么做的，史书中没有记载。但他率兵出征时，周勃、陈平肯定是没搞明白他的政治态度的，只是在得到灌婴倒戈的消息后才幡然醒悟——原来是自己人。灌婴手握重兵，功臣派的实力顿时增强不少。

第二，政变的支柱。曹参的儿子平阳侯曹窋第一时间得知灌婴倒戈的消息，连忙告诉了周勃。周勃、陈平等人这才壮着胆子在京城发动政变。若是没有灌婴率重兵驻守荥阳，支持政变，铲除诸吕的行动恐怕很难实现。

第三，新君有他才安全。灌婴不仅在铲除诸吕的政变中立下了大功，而且，在之后迎立新君的过程中也扮演了定海神针的角色。灌婴扼守了军事重镇荥阳，让铲除诸吕后一心想当皇帝的齐王刘襄无法率大军进入西京。齐王刘襄被挡在了函谷关外，周勃、陈平等人才能从容地选择新君。若是刘襄率先起兵，又重兵进驻京城，再立新君的计划肯定要大受阻碍，如果刘襄坚持称帝，抢班夺权，会不会引发又一场流血冲突？这些可能性都因为灌婴扼守荥阳而成为历史的伪命题。

汉文帝继位后，相继任命周勃、陈平为相，灌婴后来则被任命为太尉，执掌兵权。汉文帝继位的当晚，彻夜未眠，一夜连发三道诏书，其中第一道也是最重要的一道很值得关注。

这道诏书任命自己的亲信为卫将军，统率京师的南北两军，意在控制京城的全部兵力，确保京城和自己的安危。汉文帝不动声色地夺了太尉周勃的军权。因为他清醒地认识到，军权是权中之权！（乃夜拜宋昌为卫将军，镇抚南北军。以张武为郎中令，行殿中。《史记·孝文本纪》）

周勃虽然是拥立汉文帝的第一功臣，但在汉文帝的眼里，他也是必须严加防范的第一位重臣。这就注定了周勃在文帝朝无法得志。汉文帝前元元年（前 179），周勃由太尉改任右丞相，太尉一职由灌婴担任。看来汉文帝也很认同灌婴，觉得由他掌管兵权，放心！此后，陈平离世，周勃免官。汉文帝前元三年（前 177），灌婴继周勃为相，第二年故去。

灌婴是个值得信赖的人！刘邦信任他，让他当了骑兵军团的总指挥；惠帝信任他，一即位就先派他镇守荥阳；吕产、吕禄信任他，危难之时派他率重兵“平叛”；文帝信任他，让他先任太尉，再任丞相。相比之下，周勃似乎就没那么幸运了。从迎立代王刘恒到故去，总共十一年，周勃担任右丞相的时间才短短九个月，独任丞相一年零一个月。文帝之世的十一年中，大多数时候，周勃都是在绛县度过的，被孤立于政治中心之外。

双雄震寰中：第二梯队的双子星座

绛侯周勃与颍阴侯灌婴在史书中常常被对举并称，犹如一对孪生兄弟。我们来看几个例子：

例一，陈平归汉，立即得到刘邦的高度信任，但却遭到绛侯、灌婴的联袂诋毁。《史记·陈丞相世家》记载："绛侯、灌婴等咸谗平曰：……盗其嫂；……使诸将金。"

例二，韩信遭到刘邦诱捕后，被带到京城，失去了楚王的头衔，降为淮阴侯。韩信知道是刘邦防备自己的才能，从此就在家"泡病号"，而且还耻于和"绛、灌"相提并论："信知汉王畏恶其能，常称病不朝从。信由此日夜怨望，居常鞅鞅，羞与绛、灌等列。"（《史记·淮阴侯列传》）

例三，黥布叛乱时，刘邦正在病中，不愿见人，下诏不许群臣觐见。十几天的时间里，绛侯周勃、颍阴侯灌婴谁也无法见到刘邦："群臣绛、灌等莫敢入。"（《史记·樊郦滕灌列传》）

例四，惠帝即位后，想废除秦朝时候的"挟书之律"，但绛侯、灌婴这些武夫出身的公卿大臣，对这件事很不以为意："至孝惠之世，乃除挟书之律，然公卿大臣绛、灌之属咸介胄武夫，莫以为意。"（《汉书·楚元王传》）

例五，汉文帝时，青年才俊贾谊倡言改革，并草拟了相关仪式制度，文帝看了以后很欣赏，周勃、灌婴等人却出面诋毁贾谊，改革措施最后因贾谊的离去而被搁置："而大臣绛、灌之属害之，故其议遂寝。"（《汉书·礼乐志》）

为什么在史书中，周勃、灌婴总是"出双入对"呢？这也没什么好奇怪的，谁让他们二位有诸多相同之处呢！

第一，功劳。

绛侯周勃、颍阴侯灌婴两人都是仅次于韩信、彭越、黥布三人之后的大功臣，是刘邦功臣集团第二梯队的杰出代表。

第二，权势。

周勃、灌婴都深受刘邦信任，特别是在异姓诸侯王被疑、被杀之后，他们成为最有权势的大臣，他们也敢于代表功臣集团说话。

第三，资格。

周勃、灌婴都是刘邦集团中的"老革命"。在汉初诸多功臣中，灌婴是最年轻的将军，他历经高帝、惠帝、文帝三朝，最后当上了丞相。而周勃则是其中最长寿的将军，就连最年轻的将军灌婴都死在周勃的前面。在文帝朝，西汉的开国功臣已经所剩无几，绛侯周勃、颍阴侯灌婴有幸仍然健在，继续活跃在西汉政坛上，并保持着举足轻重的地位。显然，此时他们的资格绝非当朝其他大臣可以相比，这样的资格是一种政治资本，也是一种震慑人心的无形资产。

西晋末年十六国时期，汉国君主刘渊曾经说："吾每观书传，常鄙随陆无武，绛灌无文。"（《晋书》卷一百一《载记第一·刘元海》，中华书局1974年版，第2645页）"随陆"，指西汉初年的文士随何、陆贾；"绛灌"，当然指周勃和灌婴。随何曾经策反黥布，陆贾在刘邦建汉之后曾奉命出使南粤，他们生在乱世，没有军事才华，所以被刘渊轻视。绛侯周勃、颍阴侯灌婴都是位高权重的列侯，但缺乏文化素养，同样也受到刘渊的嘲讽。

这几句话流传甚广，从此，"绛灌无文"就成了有名的历史典故。

刘邦于高祖六年（前201）十二月、正月两次所封的二十九位列侯中，有三位列侯拥有特殊的身份，他们都和吕后有或远或近的联系。他们为什么能够得到分封？是因为外戚的身份吗？

吕氏三英

刘邦于高祖六年(前201)正月第二次封侯时，共封了十九位功臣贤士，其中包括周吕侯吕泽、建成侯吕释之、舞阳侯樊哙三人。这三位列侯有一个共同特点，就是与吕后有着千丝万缕的联系。他们三人到底有何功劳？又该不该被封侯呢？

卖狗肉的也上席：不是白给的

樊哙是沛县卖狗肉的屠户。据说当年樊哙炮制狗肉的方法，至今仍在江苏沛县一带流传，所以狗肉便成了现在江苏沛县的一大特产。（舞阳侯樊哙者，沛人也。以屠狗为事，与高祖俱隐。《史记·樊郦滕灌列传》）

樊哙是“沛人”，跟刘邦是老乡，同样和刘邦同乡的还有曹参、萧何、夏侯婴、周勃等一大批人。所以，这点不算樊哙的特殊之处。樊哙与刘邦除老乡关系外，还是亲戚和最早并肩作战的战友，这就有些难得了。

大家都知道，吕公有两个女儿，长女吕雉嫁给了刘邦，次女吕媭嫁给了樊哙。所以，刘邦与樊哙是连襟。这叫“亲”。这样的关系，汉初功臣派中谁比得了？

樊哙跟随刘邦起兵沛县，更与其一起“匿隐”芒砀山。能够和樊哙这一条相比肩者也是微乎其微，这叫“故”。

所以说，樊哙与刘邦的关系是既“亲”且“故”。

萧何、曹参参与策划了沛县起兵，周勃也是最早加入刘邦集团的“革命者”之一，但他们都赶不上樊哙和刘邦的“匿隐”之交。要论参加“革命”的早晚，樊哙比其他列侯都早，可谓是“老革命”中的“老革命”。

刘邦之所以会在沛县起兵，源于萧何、曹参向沛县县令举荐了他，而派去找刘邦回沛县的就是樊哙。毕竟是连襟，只有樊哙知道刘邦在哪儿；

也只有樊哙出马，刘邦才会相信。刘邦一起兵，樊哙就当了“舍人”，也就是刘邦手下的“勤务兵”，这个职位并不高，但必须得是亲信。

樊哙是狗屠，论杀生，绝对是不眨眼的老手，反秦作战一向勇猛剽悍。作为屠夫，樊哙确有莽撞的一面，但从另外一个角度看，他还有一般屠夫不具备的言行心智：

第一，谏留秦宫。

刘邦一入咸阳，进入秦宫，身处富丽堂皇的宫殿，被财宝美女所包围，立马傻了眼，当晚就想留宿。第一个跳出来反对的就是樊哙。《史记·高祖本纪》《史记·留侯世家》中都有相关记载，不过最让人玩味的是《资治通鉴》上的说法。司马光是宋人，他写《资治通鉴》是据《史记》《汉书》等前朝文献所写，可靠性自然不如《史记》《汉书》，但是，司马光在北宋能够看到的《史记》和《汉书》之外的文献比我们今天要多得多。他引用的今本《史记》《汉书》中没有记载的史料仍然值得我们珍视。据《资治通鉴》记载，樊哙看出刘邦想要留宿秦宫，马上进谏：您是想拥有天下呢，还是只想当个有钱人？（沛公欲有天下耶，将为富家翁耶？《资治通鉴·汉纪一》）

元人胡三省在为司马光《资治通鉴》作注释时，曾这样评价樊哙的劝谏：“樊哙起于狗屠，识见如此。予谓哙之功当以谏留秦宫为上，鸿门诮让项羽次之。”

胡三省认为，樊哙的功劳当以这次劝“谏留秦宫”为第一大功。这话很有见地，“谏留秦宫”的确非同一般，有着三大功效：

一是防止腐败。如果刘邦一入秦宫就留宿宫中，将会导致整个刘邦集团迅速腐败。明末的李自成、清代的洪秀全，走的都是这种速亡之路。很多农民起义之所以在成功后迅速腐败，贪恋富贵、重蹈亡国者的覆辙是重要原因之一。樊哙作为一个“狗屠”，有这种见识，确实不容易。

二是留足后路。自古以来，能成大事的人都懂得给自己留条后路。所谓世事难测，谋事在人成事在天。何况，刘邦想要的东西非同一般，那可是整个天下。乱世之中，想要斩获“整个天下”的何止刘邦一人？当时，函谷关外还有一大批同时起义的义军领袖正在进驻关中的路上，他们之中就有霸气冲天的项羽。如果刘邦入了咸阳就留宿秦宫，等项羽一入关，他还有退路吗？事后证明，汉军还军霸上仅仅两个月，项羽便率领四十万大军入了关。项羽听说刘邦一心要拿下关中王，立即决定赶紧除掉这个“祸害”。刘邦得知消息后，极力为自己辩解，声称自己一入关就还军霸上，财货美女都没动，就是为了等候项王入关。项羽终究没能抵挡住刘邦的忽悠，放了他一条生路。试想一下，刘邦留宿秦宫要成了既定事实，任他如何狡辩，恐怕项羽也不会相信了吧？樊哙的这次进谏，真是为刘邦留足了后路。

三是争得民心。水能载舟亦能覆舟，人民群众的力量是绝不能忽视的。想想当年秦国灭六国，前前后后一百多年，而这样一个强大无比、难以撼动的大帝国，因民心尽失，三年时间便灰飞烟灭。刘邦进入秦都咸阳那年，秦始皇才刚刚下世四年。刘邦以小亭长的身份成功灭秦，靠的是什么？是整个天下强大的反秦力量。这股强大的力量，犹如山洪突至、火山喷发，顺者昌，逆者亡，任凭秦帝国强大依旧，任凭秦二世、秦王子婴动用了一切可以动用的兵力，连驻守长城的精锐部队都搬了出来用以镇压铺天盖地的反秦武装，结果却是徒劳无功。得民心者得天下，失民心者失天下。民心向背，意味着千千万万的老百姓或支持或反对。反秦义军的主体显然是天下百姓。刘邦还军霸上，约法三章，赢得的是民心，为后来定三秦、伐关东，打下了坚实的群众基础。如果刘邦入住秦宫，享受帝王的奢侈待遇，关中父老定然会觉得这个刘邦与秦始皇、秦二世没什么两样。但刘邦选择还军霸上，无形中就与秦始皇、秦二世划清了界限。

一位“狗屠”能有这等见识，真是很不容易。虽然刘邦左耳朵进右耳朵出，但樊哙能看出问题并直言不讳，确实是有过人之处。

其他人呢？难道都看不出问题来吗？未必！此时刘邦手下有着不少高人，萧何、曹参、周勃、灌婴、郦食其、陆贾，这些都不是“有眼无珠”

的人，然而却只有樊哙一针见血地将利害关系说了出来。当然，他这样敢说敢做的性情还是建立在既“亲”且“故”的关系之上。刘邦渴望享受，渴望当皇帝的内心状况，大多数人都是看在眼里藏在心里，顾忌多多而不敢多言罢了。

第二，勇闯鸿门宴。

刘邦亲赴鸿门宴固然在一定程度上解除了项羽的疑虑，但范增指使项庄舞剑却令刘邦身处刀俎之间，惊险异常。多亏樊哙“鲁莽”闯帐，及时打断了项庄的舞剑，转移了众人的视线，樊哙粗放豪爽的举止、粗中有细的应答，与刘邦的鸿门说辞前后呼应，配合巧妙。刘邦逃席之前，尚在犹豫告辞与否，樊哙甩出两句话：“大行不顾细谨，大礼不辞小让。”（《史记·项羽本纪》）这两句话让迟疑不决的刘邦立即下定决心，走为上。刘邦能够成功从鸿门脱险，根本原因是项羽政治上的不成熟，但樊哙的勇猛和机智则是至关重要的直接原因。

第三，擅闯汉宫。

高祖十一年（前196），黥布叛乱。此时，刘邦病得很厉害，谁都不想见，天天在宫中昏睡，还专门下诏：群臣不得入内。十几天中，绛侯周勃、颍阴侯灌婴等大臣都不敢进宫。后来，樊哙憋不住了，推开宫门勇往直前闯了进去，大臣们都紧随其后，一拥而入。到里面一看，刘邦正躺在床上，头枕靠着一个宦官。樊哙等人见此情景，痛哭流涕地说：当年陛下和我们一块儿在丰沛起兵，平定天下，那是多么豪迈啊！现在天下已定，您却变得这么孱弱！您病得这么重，大臣们个个都在替您担心，您不和我们这些一块儿出生入死的臣子们商议，倒和一个宦官独处，难道您忘了秦朝赵高乱政之事了吗？刘邦一听，开怀大笑，一跃而起，重新振作起来，部署平叛事宜。（十余日，哙乃排闼直入，大臣随之。上独枕一宦者卧。哙等见上流涕曰：“始陛下与臣等起丰沛，定天下，何其壮也！今天下已定，又何惫也！且陛下病甚，大臣震恐，不见臣等计事，顾独与一宦者绝乎？且陛下独不见赵高之事乎？”高帝笑而起。《史记·樊郦滕灌列传》）

绛侯周勃、颍阴侯灌婴是功臣派第二梯队的杰出代表，是刘邦自始至终信任的重臣，“绛灌”二人一向以敢说敢言著称，但这一次他们也被刘邦的诏书镇住，不敢轻举妄动，更别说私闯皇宫禁地了。樊哙之所以敢闯，是因为他和刘邦之间有亲戚关系，毕竟比其他将领们跟刘邦更亲。再加上他有过“前科”——当年独闯项羽的大帐，现在又独闯刘邦的寝宫。凭借樊哙的勇武和恳切，刘邦才在精神上摆脱了病态。

刘邦这次重病缠身，原本不想亲征，而是想派太子刘盈率兵讨伐。后来，有人托吕后的哥哥建成侯吕泽私下跟吕后说：太子从来没有打过仗，黥布又是一员悍将，这一仗很难打。另外，这次奉命出征的将领都是跟随刘邦打天下的老臣，资格老、战功多，以太子刘盈的资历、年龄、辈分及能力，很难让这些元老信服。太子还没有即位，如果穿上龙袍坐上宝座，有了君臣名分，那就是另外一回事儿了。在现在的状况下，让太子率重兵，征悍将，万一有个什么闪失，说不定连太子之位都保不住。皇上早就想废掉太子刘盈另立赵王刘如意。如果这次出征惨败而归，不是正好给了皇上一个另立太子的好借口吗？吕后听人这么一讲，才明白这次出征黥布的厉害，于是她向刘邦哭诉多次，力求他亲自出马。刘邦无奈，只好勉强应下。（乃说建成侯曰：“太子将兵，有功则位不益太子；无功还，则从此受祸矣。且太子所与俱诸将，皆尝与上定天下枭将也，今使太子将之，此无异使羊将狼也，皆不肯为尽力，其无功必矣。臣闻‘母爱者子抱’，今戚夫人日夜侍御，赵王如意常抱居前，上曰‘终不使不肖子居爱子之上’，明乎其代太子位必矣。君何不急请吕后承间为上泣言：‘黥布，天下猛将也，善用兵，今诸将皆陛下故等夷，乃令太子将此属，无异使羊将狼，莫肯为用，且使布闻之，则鼓行而西耳。上虽病，强载辎车，卧而护之，诸将不敢不尽力。上虽苦，为妻子自强。’”于是吕泽立夜见吕后，吕后承间为上泣涕而言，如四人意。上曰：“吾惟竖子固不足遣，而公自行耳。”于是上自将兵而东，群臣居守，皆送至灞上。《史记·留侯世家》）

黥布知道刘邦病重，以为他不会亲征，没想到刘邦竟然硬撑着来了，大出意外。

樊哙闯宫、大臣见驾最终促成了刘邦亲征，虽非实质因素，但这次劝谏让刘邦重新在精神上振作起来，实在关键。

这一连串事件，充分证明了樊哙是一位地地道道的功臣宿将。我们在讲陈平时提到过，刘邦弥留之际曾下令立斩樊哙，原因是有人告密，说樊哙打算在他下世后帮助吕后杀戚夫人和赵王刘如意。这让病危的刘邦勃然大怒，当即派陈平等人到燕地樊哙大营执行斩杀令。所幸陈平精明，樊哙得以保全性命。

其实这是一桩冤案，樊哙为何会遭此不白之冤？谁让他是吕媭的丈夫呢！吕媭与吕后是亲姐妹！这种姻亲关系使樊哙早早就被划入吕氏外戚一党。

樊哙到底是不是和吕后一伙的呢？从严格意义上来讲，樊哙还是应该归属于功臣派，不过他与吕后的关系让他很难摆脱外戚派的嫌疑。吕后下世后，周勃、陈平联手诛除诸吕，樊哙在惠帝六年已经病逝，逃过了这场九年之后的大屠杀，但他的家人却难逃这一劫：吕媭被乱棍打死，继承其舞阳侯爵位的儿子樊伉也被诛杀。舞阳侯之位空缺了好几个月，直到汉文帝即位，才又选樊哙的庶子继位舞阳侯。（大臣诛诸吕、吕须婘属，因诛伉。舞阳侯中绝数月。孝文帝既立，乃复封哙他庶子市人为舞阳侯，复故爵邑。《史记·樊郦滕灌列传》）

说到樊哙，我们不能不说说他的老婆吕媭。吕公一共有四个孩子，两个女儿吕雉、吕媭都颇有政治觉悟，只是在政治手腕上，吕媭不及姐姐吕雉。有趣的是，吕公的两个儿子都没什么政治头脑，孙子吕禄、吕产也没有这方面的基因，这样看来，吕氏家族还真是典型的阴盛阳衰。

那么，为什么说吕媭也颇有政治觉悟呢？我们再把时间拨回到诛除诸吕的时候看看。

陈平、周勃为了夺得军权，劫持了将军郦商，迫使其子郦寄去欺骗吕禄，要他交出兵权，赶快回到赵地，否则将有不测。吕禄与郦寄是挚友，便相信了郦寄的话，想把兵权交给太尉周勃。吕氏宗族之人有人说行，有人说不行，始终没有给出统一意见。吕禄和郦寄外出打猎，顺道看望他的姑姑吕媭。吕媭一听，勃然大怒，大骂道：身为将领却弃军出游，吕氏一族不会有好结果了。说完，吕媭把家中的珠宝全扔到堂下，然后凄怆地说：不再为别人保存这些东西了。（吕禄信然其计，欲归将印，以兵属太尉。使人报吕产及诸吕老人，或以为便，或曰不便，计犹豫未有所决。吕禄信郦寄，时与出游猎。过其姑吕媭，媭大怒，曰："若为将而弃军，吕氏今无处矣。"乃悉出珠玉宝器散堂下，

曰："毋为他人守也。"《史记·吕太后本纪》）

历史印证了吕媭的预言。可见，她的政治触觉也是相当敏锐的。那么，她既然预料到即将发生的大震荡，为什么不设法阻止事态进一步恶化呢？

首先我们要明确的是，倘若吕媭有任何行动，司马迁一定会有所记载。此番吕媭将珠宝掷地以示愤怒，只说明她觉察出了异样，并不代表她有能力去化解危机，而事实上，她的确是自身难保，最终被杀。

话接前文，被划为吕后外戚派的樊哙，在吕后当政时期有没有受到过什么特殊优待呢？

当然有了！《史记》和《汉书》的《季布传》都有这么一段记载：惠帝时，匈奴冒顿单于曾给吕后寄了一封骚扰信，惹得吕后怒不可遏，马上召集众臣商议。时任上将军的樊哙口出狂言："臣愿得十万众，横行匈奴中。"其他将领明知与匈奴开战的时机不成熟，但是为了讨好吕后，一致主张出兵。只有曾经当过项羽部将的季布，不顾自己历史上的"污点"，毫不犹豫地说："樊哙可斩也！"当年高皇帝刘邦率领四十万大军（实际上是三十多万），结果被困平城。樊哙凭什么说以十万之众就可以横行匈奴中？这是当面欺君。秦帝国动用大量人力、物力对付匈奴，结果导致陈胜起兵。现在国家的旧伤未愈，樊哙这会儿又当面说中听不中用的话讨好圣上，这是在动摇天下。季布这番话直指樊哙，朝堂上下一片震惊。最终，吕后头脑冷静下来，从此不再提对匈奴用兵一事。（单于尝为书嫚吕后，不逊，吕后大怒，召诸将议之。上将军樊哙曰："臣愿得十万众，横行匈奴中。"诸将皆阿吕后意，曰"然"。季布曰："樊哙可斩也！夫高帝将兵四十余万众，困于平城，今哙奈何以十万众横行匈奴中，面欺！且秦以事于胡，陈胜等起。于今创痍未瘳，哙又面谀，欲摇动天下。"是时殿上皆恐，太后罢朝，遂不复议击匈奴事。《史记·季布栾布列传》）

吕后执政时，樊哙任上将军。这可不是一般的军职，宋义当年曾被楚怀王熊心封为上将军，后来项羽杀了宋义自封为上将军，巨鹿之战后项羽被拥立为诸侯上将军。吕后在临终时，封其侄子吕禄为上将军，掌京城北军。樊哙能够担任上将军一职，当然有吕后重用的因素。他敢于口出狂言"臣愿得十万众，横行匈奴中"，也和他当时备受吕后信任不无关系。

两个哥哥亦功臣：都不是白给

吕后有两个哥哥，大哥吕泽，二哥吕释之。吕泽、吕释之何时加入刘邦的义军，史无明载。估计在刘邦沛县起兵之时，吕泽、吕释之就开始跟着他混了。

《史记·高祖本纪》中还记载了吕泽的历史贡献。彭城之战时，攻入彭城的五十六万大军是诸侯联军，并非汉军一家。大败后，“诸侯见楚强汉败还，皆去汉复为楚”，这个时期的诸侯们都是不倒翁，见刘邦大势不再，又倒向项羽集团。此时，吕泽率军驻守下邑（今河南鹿邑）。作为吕后的大哥，他当然不会倒戈。因此，在众叛亲离的复杂情况下，刘邦抄小路逃到下邑，和吕泽会合并安顿下来，将残余部队重新收拢，和张良谋划了“捐关以东”，重用韩信、彭越、黥布三人的大战略。刘邦最终能够战胜项羽，正是这次“下邑画策”的结果。吕泽据守的下邑成为刘邦大败之后的避风港，使他能够缓过劲儿来商讨战略计划，重整旗鼓。

彭城大败后，刘邦哪儿都不敢去，偏偏敢去找吕泽，为何？因为他对吕泽绝对信任。这种信任不仅出于政治上的考虑，也出于军事上的考虑。如果吕泽只是在政治上忠贞不渝，军事上一塌糊涂，想必刘邦也不敢逃到他那里去了。

吕泽在反秦、灭项两大战场上还立过哪些功劳，《史记》没有记载，我们也就不得而知了。不过彭城大战后，刘邦东山再起，吕泽功不可没。

据《史记集解》徐广说，吕泽死于高祖八年（前199）。怎么死的史书也没有详述，只是说：“吕后兄二人，皆为将。长兄周吕侯死事。”（《史记·吕太后本纪》）“周吕侯”即是吕泽，“死事”一般指死于国事，可以肯定的是，吕泽在刘邦下世之前已经去世，没有参与吕后杀戮皇子的事件，但吕泽的儿子吕产后来做了相国，掌握南军。吕后去世后，吕产和掌管北军的吕禄同为吕氏家族在朝中的掌门人。周勃、陈平掀起的政变，主要就是针对吕产、吕禄两人。

吕泽、吕释之均为高祖功臣，为汉家立下赫赫军功，他们封侯固然因为有军功，当然也是与刘邦的亲属关系起了巨大作用。不过，他们的军功无法与樊哙相比，也无法与绛、灌相比。就此而言，吕泽、吕释之是人生的幸运者。

除吕氏三英之外，在高祖六年（前201）十二月、正月两次封的诸侯中，还有历史的幸运儿诞生吗？

幸运之歌

刘邦于高祖六年（前 201）十二月、正月批量分封的二十九位列侯中，绝大多数都是战功卓著的功臣，譬如我们前文讲过的萧何、曹参、周勃、灌婴等人，但也不乏“缺斤少两”的幸运儿。说他们是幸运儿，并不是说他们无功，只是他们的功劳实在无法与其他列侯相提并论。那么，在这二十九位得到分封的列侯之中，究竟哪些人鸿运当头呢？他们为何会被幸运之神眷顾呢？

人生总有幸运者：都是命啊

说起这两批所封列侯中的幸运者，堂邑侯陈婴定当榜上有名。他是刘邦高祖六年（前 201）十二月首封的十侯之一，关于此人，我们在“被逼出来的沛公”一章中已经有所提及。

陈婴的幸运表现在“被头领”、投项梁、辅怀王、取江南、惠子孙五件人生大事之中。

所谓“被头领”，是说他被迫成为“带头大哥”。天下竟然有这样被迫当头领的好事？有！陈婴原来只是秦朝东阳县的一名小吏，秦末大起义的风潮席卷全国时，他并没有起兵反秦之心，然而，“人在江湖，身不由己”，东阳县起义的年轻人拉起了队伍却选不出合适的头儿，他们看中了陈婴，并一致拥戴他当领导。就这样，陈婴被裹胁着参加了反秦起义，并意外地当上了东阳义军的头儿。这就是“被头领”。

项梁率兵东渡时，主动提出要与陈婴联手。当时项梁只有八千子弟兵，而陈婴此时却拥众两万，而且已有东阳县作为根据地。如果陈婴答应，马上就可以获得与项梁同等的地位。陈婴有个世事洞明的老娘，深知“首恶必办，胁从不纠”的道理，力劝陈婴率领队伍投奔他人，千万不可自树起义大旗。这便促成陈婴做出投奔项梁的选择。

陈婴自认为投奔项梁是正确的，但他不知道这一选择也存在着巨大风险：为避险而投奔项梁，使他很有可能成为刘邦日后的敌人。幸运的是，在他投奔项梁不久后，熊心便被立为楚王，他也被项梁安排了工作：任命为“楚上柱国，封五县，与怀王都盱台”，做了楚怀王身边的高官。

楚怀王身边的高官有优厚的待遇，却没有实际的权力。恰是因为这样的境遇，再次成就了陈婴，注定他无法成为刘邦真正的对手。陈婴没有机会在楚汉两军对垒的战场上和刘邦锣对锣鼓对鼓地干上，也不至于像钟离昧那样成为刘邦的肉中刺，必欲杀之而后快。这当然是幸运！

至于陈婴为什么被安排辅佐楚怀王，这并不难理解。项梁渡江而西时仅有八千子弟兵，实力远不及陈婴。现在将陈婴封为楚怀王的上柱国，便可以吞并陈婴那令人眼红的两万多兵马，将实力远比自己为强的陈婴完全架空了。然而项梁机关算尽，自己终究是兵败被杀，而陈婴却安然无恙地熬过了“三年灭秦、四年亡楚”的七年战争。这叫人算不如天算！

《史记·高祖功臣侯年表》中有这样的记载：陈婴在楚怀王被项羽杀害后，为刘邦汉军平定今江西、浙江大片领土立下大功。这一史实，《史记》缺载。我们可以推测一下，陈婴在楚怀王被害后一直留在南方，当项羽决战失利之后，他因为在南方有地利之便，宣布归汉，随即平定了在浙江称王的壮息，为西汉帝国夺取了今江西、浙江的大片土地。西汉政府可谓是不劳而获，陈婴也因此成为西汉的开国功臣。

陈婴的幸运更是惠及了子孙。陈婴的孙子陈午继承了侯爵之位，并借此身份娶了汉文帝的女儿馆陶公主，活到汉武帝元光五年（前130）才病逝。馆陶公主是汉武帝陈皇后的母亲，为汉武帝成为太子做出过不小的贡献。因此，汉武帝的第一任皇后陈阿娇就是馆陶公主的女儿，也即是陈婴的曾孙女。虽然阿娇的命运多舛，结局不佳，但毕竟曾贵为皇后。陈婴的后人有此人生机遇，不能不说是他的后福。（孝武陈皇后，长公主嫖女也。曾祖父陈婴与项羽俱起，后归汉，为堂邑侯。传子至孙午，午尚长公主，生女。《汉书·外戚传》）

如果说其他人封侯是浴血奋战换来的，那么陈婴的封侯在很大程度上便是拜上天眷顾，能有如此机遇，真是不折不扣的幸运儿！

家有烈士也是福：有得有失

周昌的封侯也很幸运，不过他的幸运很特别，因为他的身份是烈士家属。

周昌与刘邦同乡，他和堂兄周苛原来都是秦帝国泗水郡的小吏。刘邦沛县起兵，迅速搞定了泗水郡的郡守、郡监（不打败父母官就不能在他们的地盘上站住脚），于是周昌和他的堂兄周苛一块儿参加了刘邦最初起兵的创业之战。（周昌者，沛人也。其从兄曰周苛，秦时皆为泗水卒史。及高祖起沛，击破泗水守监。《史记·张丞相列传》）

和其他功臣一样，周苛、周昌参军之始，在刘邦手下并没有担任什么重要职务。周苛只是一名普通随从，周昌掌管军旗，两人的起点都很低。但是，他们跟着刘邦从沛县一直打到关中。刘邦当了汉王，周苛做了御史大夫，周昌当了中尉。兄弟俩都成了刘邦手下的要员。

周苛的事迹在“荥阳拉锯战”一章中已有陈述，就是刘邦在陈平、纪信、夏侯婴等人的帮助下从荥阳侥幸出逃前，派御史大夫周苛坚守荥阳。此时的荥阳已是一座孤城，陷落只是时间的问题。周苛临危受命，毫不畏惧，结果不言自明。城破，周苛与另一位守城官员枞公被俘。面对项羽的劝降，周苛像个爷们儿，他不但不妥协，反而破口咒骂项羽，项羽盛怒之下烹杀了周苛。

周苛之死，在刘邦心中刻下一道深深的痕迹。于是，他任命周昌担任御史大夫。这个任命并非随意之举，周苛生前担任的就是御史大夫，现在再任命周苛的堂弟任御史大夫，明显有安抚烈士家属的意味。此后，周昌便以御史大夫的身份跟随刘邦东征西战。高祖六年（前 201），周昌“与萧、曹等俱封”，为汾阴侯。周苛的儿子周成因为父亲死于国难，受封高景侯。

不得不提的是，周苛死时，与他同时遇难的还有纪信和枞公。客观地讲，纪信的功劳更在周苛之上，但纪信的家属并没有得到任何安抚，这多少让人感到有点遗憾。当然，我们也要考虑到当时的实际情况，周苛的堂弟周昌原在刘邦手下任要职，纪信家中大概无人参加刘邦集团，或者虽参加刘邦集团却没有担任重要职务的人。

周昌封侯，特别是周苛之子周成封侯，确实是沾了烈士的光。不过，周昌后来也有不俗的表现，特别是在刘邦下世之后，他的表现确有让人称道的地方。

周昌的性格中有两个突出的特点：一是为人强横，二是敢于直言。再加上他的堂兄是烈士，刘邦又异常信任他，所以，除了萧何、曹参这样资历、功劳非同一般的重臣，一般官员见了周昌都得客气三分。有一次，周昌入宫汇报工作，当时刘邦正搂着心爱的戚夫人卿卿我我，这样的场面任谁撞上都会觉得尴尬。周昌见此情形，也很不好意思，赶紧要退出去。刘邦瞅见正欲往外退的周昌，按说应该感到尴尬才对，可我们这位皇帝偏偏就是个不怕羞的主儿，不但没觉得不好意思，反而撇下怀中的戚夫人，三步并作两步，追上周昌，一抬腿，骑上了周昌的脖子。周昌顿时欲哭无泪，谁愿意让别人骑在自己的脖子上？可是不愿意也没办法啊，惹不起脖子上的这位爷，他可是当今的皇上啊！刘邦骑上后还不算拉倒，还问周昌：我是个什么样的君主呢？刘邦这话非常难回答！骑在大臣的脖子上，成何体统？还非要问人家自己是什么样的君王！周昌的回答很给力，他仰着头说：陛下是夏桀、商纣王一样的亡国之君！这话可不好听，骂皇帝是亡国之君，这不是找死吗？恐怕也只有周昌敢这么说了。话一入耳，皇上笑了，笑声中难掩对这位率真大臣的几分敬畏。（昌为人强力，敢直言，自萧、曹等皆卑下之。昌尝燕时入奏事，高帝方拥戚姬，昌还走，高帝逐得，骑周昌项，问曰：“我何如主也？”昌仰曰：“陛下即桀纣之主也。”于是上笑之，然尤惮周昌。《史记·张丞相列传》）

刘邦晚年想废太子刘盈，另立戚夫人之子赵王刘如意为太子。大臣们争得很厉害，坚决不同意，但始终没有人能够说得动刘邦。其中，朝堂之上争得最凶的就是御史大夫周昌。周昌是个结巴，越是关键时刻越口吃得不行，见刘邦坚持要换太子，他在朝堂上激动地说：我的嘴不会说，但我期……期知道这不可行；陛下真要废太子，臣期……期不能奉诏。周昌一张口把“期期”说上好几遍。刘邦本来听大臣个个反对，心里挺烦，但被周昌的结巴声一闹腾，忍不住“扑哧”笑了出来。（及帝欲废太子，而立戚姬子如意为太子，大臣固争之，莫能得；上以留侯策即止。而周昌廷争之强，上问其说，昌为人吃，又盛怒，曰：“臣口不能言，然臣期期知其不可。陛下虽欲废太子，臣期期不奉诏。”上欣然而笑。《史记·张丞相列传》）

退朝后，吕后突然闯了过来。原来，刘邦召集大臣们讨论另立太子一事，吕后极为关心，一直躲在东厢房里偷听，刚才周昌那番搞笑的争辩自然也统统进了吕后的耳朵。吕后径直走到周昌面前，猛地跪下，对周昌说：若不是刚才您的一番言辞，太子几乎就要被废了！（吕后侧耳于东箱听，见周昌，为跪谢曰：“微君，太子几废。”《史记·张丞相列传》）

刘邦废立太子一事最终当然未能成行，不过在这件事之后，刘邦不得不面对自己犯下的可怕错误——吕后和戚夫人的矛盾被激化了！

岁月是把刀，刀刀催人老。此后，刘邦的身体一天不如一天，而赵王刘如意成了此时他最大的心病。刘邦知道自己不久于人世，他很担心在自己下世后，吕后会对赵王如意下毒手！（是后戚姬子如意为赵王，年十岁，高祖忧即万岁之后不全也。《史记·张丞相列传》）

刘邦对于吕后的心狠手辣，真的是太了解了。杀韩信、灭彭越，全是吕后出面操刀！如今这么一折腾，太子没换成，吕后和年轻的戚夫人却成了不共戴天的仇人！刘邦常常在独处之时，唱着悲凉凄婉的哀歌。而大臣们呢，都丈二和尚摸不着头脑，搞不懂皇上为何忧伤。（高祖独心不乐，悲歌，群臣不知上之所以然。《史记·张丞相列传》）

说来也巧。此时刘邦身边有一位非常年轻的符玺御史，名叫赵尧。符玺御史就是专门掌管皇帝玉玺、符节的官员，级别不高，但极为重要。皇帝的诏令都需要他加盖玺印才能生效，皇帝的符节也必须从他手里发出去才算数。这个赵尧，年小鬼大，正是他揣摩出了刘邦此时的心结。

赵尧单独求见刘邦，他直言不讳地问：皇上心中闷闷不乐，莫非是因为赵王年少而戚夫人和吕后又有很深的矛盾？皇上担心万岁之后赵王难以自保？刘邦应道：你说得对，我心里一直担心这件事，但不知道该怎么办。赵尧说：陛下可以专门为赵王安排一个强势的国相辅佐他，而且这个国相应当是吕后、太子、大臣们平日里都敬畏的人。刘邦无奈地说：我也是这样想，可哪位大臣能够承担这个重任呢？赵尧建议道：御史大夫周昌为人坚忍耿介，吕后、太子、大臣们素来都惧他三分。刘邦恍然大悟，马上说：好！于是，立即召见周昌，对他说：我想麻烦你为我去辅佐赵王。（赵尧进请问曰："陛下所为不乐，非为赵王年少而戚夫人与吕后有郤邪？备万岁之后而赵王不能自全乎？"高祖曰："然。吾私忧之，不知所出。"尧曰："陛下独宜为赵王置贵强相，及吕后、太子、群臣素所敬惮乃可。"高祖曰："然。吾念之欲如是，而群臣谁可者？"尧曰："御史大夫周昌，其人坚忍质直，且自吕后、太子及大臣皆素敬惮之。独昌可。"高祖曰："善。"于是乃召周昌，谓曰："吾欲固烦公，公强为我相赵王。"《史记·张丞相列传》）

周昌一听，马上泪如雨下，幽怨地说：我从起兵之日就跟着陛下，现在为什么半道上把我扔到诸侯国去？刘邦认真解释说：我太知道这个职务对你来说是大大降职了，但我实在太担心赵王的安危了，思来想去，除了你，没有谁可以担此重任，这事儿真得拜托你，你还是勉为其难吧。（周昌泣曰："臣初起从陛下，陛下独奈何中道而弃之于诸侯乎？"高祖曰："吾极知其左迁，然吾私忧赵王，念非公无可者。公不得已强行！"于是徙御史大夫周昌为赵相。《史记·张丞相列传》）

周昌就任赵相后，御史大夫一职被赵尧接替。史书没有交代其中原因，不过我们不难猜测，这很可能是刘邦感激赵尧的表现。

刘邦去世后，吕后先是残害戚夫人，接着又召赵王刘如意进京。周昌让赵王称病不去，吕后召了数次未果，没辙了，于是派人召赵相周昌进京。周昌一进京，吕后劈头盖脸地骂道：难道你不知道我恨戚夫人？你不让赵王进京到底是什么意思？趁着周昌不在赵王身边，吕后再次派使者召赵王进京，刘如意这次乖乖赶了过来，到京城一个多月，便被吕后派人用毒药毒死。为此，周昌称病不再上朝，三年光景就离世了。（高祖崩，吕太后使使召赵王，其相周昌令王称疾不行。使者三反，周昌固为不遣赵王。于是高后患之，乃使使召周昌。周昌至，谒高后，高后怒而骂周昌曰："尔不知我之怨戚氏乎？而不遣赵王，何？"昌既征，高后使使召赵王，赵王果来。至长安月余，饮药而死。周昌因谢病不朝见，三岁而死。《史记·张丞相列传》）

周昌这辈子，总的来说还是很幸运的。堂兄周苛在荥阳牺牲，他顺理成章接任了周苛生前担任的御史大夫一职，并被封侯。刘邦执政期间，无论是将刘邦比作桀纣一样的暴君，还是以"期期"之语反对废太子，周昌都表现得牛气十足。

当然，福祸相依，周昌的幸运中也透着不幸的阴影。刘邦一死，吕后掌权，周昌的牛气不见了，这个牛人也无法存在了。这是为什么呢？不是同一位周昌吗？原因仅仅在于，帝国制度之下，臣子的牛气都是皇帝赐予的；若是皇帝不乐意，多少牛气全都得收起来，否则就是死路一条。刘邦自己是皇帝，连皇帝有多大的权力都不知道吗？寄希望于一位臣子来保护他的儿子、他的爱妃，这不是痴人说梦吗？

烈属子弟亦功臣：没有白给

刘邦封的这十九位列侯中，还包括一位曲周侯郦商。关于郦商，我们前文有所提及，他是刘邦手下顶级说客郦食其的弟弟。当年陈胜那头刚一起兵，郦商便在高阳（今河南杞县西南）举旗响应，并迅速聚集了数千年轻人，组织起一支义军。然而这支四千人的义军在楚地并没有起到多大的效应，更不用说在全国范围了。《史记·陈涉世家》记载："当此时，楚兵数千人为聚者，不可胜数。"仅仅一个楚地，聚兵数千人的义军队伍竟然"不可胜数"。这么看来，郦商这支部队确实是微不足道。当然，后来的历史也证明了，最终成就气候的只有刘邦集团。秦末起义中起兵者能否立功封侯，很大程度上取决于跟着谁干事，认谁做大哥。郦商的幸运，在于他有一个极有眼光的哥哥郦食其。

郦食其深谙良禽择木的道理。当时经过高阳的义军有"数十"支，郦食其潜心研究了各位将领的为人，在他看来，这些将领都是一帮成不了大器的家伙，便坚定地“深自藏匿”，直到刘邦经过高阳，闯入他的视线。郦食其了解到刘邦身怀雄才大略，于是毅然决定出山，并主动求见刘邦。（后闻沛公将兵略地陈留郊，沛公麾下骑士适郦生里中子也，沛公时时问邑中贤士豪俊。骑士归，郦生见，谓之曰：“吾闻沛公慢而易人，多大略，此真吾所愿从游，莫为我先。”《史记·郦生陆贾列传》）郦食其跟定刘邦后，还推荐自己的弟弟郦商追随刘邦。就这样，之前小打小闹的郦商终于在茫茫人海中找到了组织，从此跟随刘邦西行入关，还定三秦，终成西汉开国元勋。

郦商在灭秦、灭项、平定异姓诸侯王叛乱三大事件中都立下大功，因此被封为曲周侯。不过，真正让郦商在西汉历史上留下浓墨重彩的，则是他阻止了一场屠杀。

刘邦下世之后，吕后四天不发丧，并和亲信审食其密谋，计划杀尽天下“诸将”。“诸将”是哪些人？功臣！吕后竟然想杀尽跟随刘邦打天下的功臣们，借以控制朝政。郦商得知这一消息后，立即找到审食其，告诫他说：陈平、灌婴率十万大军驻守荥阳，周勃、樊哙率二十万大军驻守燕、代，如果听说高皇帝病故，功臣们都要被杀，他们一定会联手出兵，攻打关中。到时大臣们在朝中叛乱，诸侯们在外造反，恐怕离亡国也不远了。审食其听了郦商这番话，立即入宫告诉吕后，吕后这才放弃了尽杀诸将的荒唐决定，立即发丧，并大赦天下。（郦将军往见审食其，曰：“吾闻帝已崩，四日不发丧，欲诛诸将。诚如此，天下危矣。陈平、灌婴将十万守荥阳，樊哙、周勃将二十万定燕、代，此闻帝崩，诸将皆诛，必连兵还乡以攻关中。大臣内叛，诸侯外反，亡可翘足而待也。”审食其入言之，乃以丁未发丧，大赦天下。《史记·高祖本纪》）

郦商阻止了吕后差一点导致的一场大乱！如果真出现这种局面，西汉政权会怎么样，实在不好估计。

郦商的儿子郦寄也曾在汉初政坛留下足迹。虽然是功臣派郦商之子，郦寄却与吕禄是密友。吕禄是吕后的侄子、亲掌北军大权的上将军，吕后下世后，功臣派联手铲除诸吕时，太尉周勃苦于进不了北军大营，于是和陈平商议，派人劫持了郦商，然后逼迫郦商的儿子郦寄欺骗吕禄说：高皇帝和吕后共同平定了天下，刘氏封了九位诸侯王，吕氏封了三位诸侯王，这都是大臣们集体商定的，并且公告了全体诸侯，众人都认为这样做并无大碍。如今太后下世，皇帝年少，您佩带赵王的大印却不回国守藩，还当着上将军，率兵留驻京城，大臣、诸侯都怀疑您有什么不轨之谋，为何不把兵权交给太尉周勃呢？也请梁王吕产归还相印，和大臣们盟誓归国。这样，齐国必然退兵，大臣们的心里也会安定下来。您也可以高枕而卧，称王千里，这是有利于子孙万代的好事啊。（曲周侯郦商老病，其子寄与吕禄善。绛侯乃与丞相陈平谋，使人劫郦商。令其子寄往绐说吕禄曰："高帝与吕后共定天下，刘氏所立九王，吕氏所立三王，皆大臣之议，事已布告诸侯，诸侯皆以为宜。今太后崩，帝少，而足下佩赵王印，不急之国守藩，乃为上将，将兵留此，为大臣诸侯所疑。足下何不归印，以兵属太尉，请梁王归相国印，与大臣盟而之国？齐兵必罢，大臣得安，足下高枕而王千里，此万世之利也。"《史记·吕太后本纪》）吕禄是个没有政治头脑的家伙，再加上他是真心相信郦寄这个朋友，表示很欣赏这个建议，考虑着把兵权交给太尉周勃。吕禄派人将此事告诉了吕产及吕氏家族的老人，结果是有人赞成，有人反对。吕禄犹豫了！但是，他仍然信任着郦寄，常常和他一起外出打猎。

不久，吕禄便把上将军印转交周勃。周勃拿到印信，掌握了北军。功臣派这才敢正式发动政变，这才有之后朱虚侯刘章杀吕产，周勃下令族诛吕氏的一系列事件。而交出了兵权的吕禄，第二天就被捕杀了。（吕禄以为郦兄不欺己，遂解印属典客，而以兵授太尉。太尉将之入军门，行令军中曰："为吕氏右襢，为刘氏左襢。"军中皆左襢为刘氏。太尉行至，将军吕禄亦已解上将印去，太尉遂将北军。《史记·吕太后本纪》）

周勃夺得北军军权，很大程度上是依仗郦寄欺骗吕禄。吕禄相信自己的密友郦寄绝不会出卖自己，才会在紧急关头交出兵权。

在诛除诸吕的过程中，如果不是陈平、周勃设计劫持郦商，迫使其子郦寄欺骗吕禄，情况会如何，就不好假设了。所以，郦商的曲周侯虽然封得很勉强，但总算也为刘氏江山尽了一份力，可以说是"知恩图报"了。

刘邦称帝后大批封侯，有人靠军功，有人半靠军功半靠幸运，当然也有人是凭着真才实学而受封的，他们是谁呢？

谋圣受封

刘邦总结战胜项羽的“三杰”时，把张良列为“三杰”之首。平时对所有部下都是想骂就骂的刘邦，唯独对张良言必称“子房”。“子房”是张良的字，唤人称字，是尊敬的意思，尤其是搁在经常口吐脏字的刘邦身上，相当不易。高祖六年（前201）正月所封的十九位诸侯中，张良和萧何同月受封。刘邦是怎样加封张良的呢？张良又是如何面对封赏的呢？

缺谁都不会缺他：运筹帷幄，决胜千里

张良对西汉政权的建立贡献不小，论功封赏，绝不可能少了他！

具体而言，张良对刘邦建汉有十大贡献。

第一，攻取南阳，清除后患。

刘邦西行入关之时，为了抢时间，在打败南阳守军之后，决定放弃乘胜追击彻底解决南阳的机会。关键时刻，张良主动劝谏，分析利弊。刘邦很是受用，采纳了他的建议，连夜回军，以“约降”的方式和平解放了南阳，避免了腹背受敌的窘境，消除了西行入关的后顾之忧。

第二，智取峣关，进入咸阳。

秦王子婴杀掉乱政的赵高后，派重兵据守峣关，企图阻止刘邦入关。刘邦顺利通过武关后，便遇到了驻守的峣关秦军。刘邦急于攻入咸阳，竟打算用自己的两万人马与秦军死磕。张良力劝其不如先行贿，再利用秦将的懈怠搞突击。凭借张良的计策，刘邦顺利进入咸阳。

第三，退出秦宫，还军霸上。

刘邦入了秦宫，眼花缭乱，心里琢磨着想在宫中留宿。樊哙、张良双双出马做他的思想工作。刘邦还军霸上，避免了队伍的迅速腐败，也为以后入关灭项留足了后路。

第四，利用项伯，化险为夷。

刘邦入关后犯了一个致命的错误——兵封函谷关，企图称王关中。这件事引发了项羽的大怒，差点儿让刘邦集团毁于一旦。幸亏项伯施以援手，刘邦才得以脱险。整个鸿门宴前前后后，张良随机应变，以一“骗”字力助刘邦成功脱险。

第五，下邑画策，重用人才。

彭城大败后，刘邦提出了“捐关以东”的大战略，张良适时推荐了韩信、彭越、黥布三位大将。在这之后，刘邦重用韩信，拉拢彭越，策反黥布，最终战胜了项羽。

第六，阻封六国，集中力量。

楚汉战争进入攻坚阶段，刘邦接受了郦食其的建议，决定分封六国国君后裔。张良力陈“八不可”，成功说服了刘邦，及时避免了重大战略错误，维护了刘邦集团的内部团结。

第七，劝阻刘邦，分封齐王。

韩信攻占齐地后，求封“假齐王”。刘邦大怒，冲动之下差点酿成大错。张良与陈平联手进行了劝解，最终说服刘邦封韩信为齐王，巩固了反楚联盟。

第八，废止和约，穷追项王。

鸿沟议和后，张良、陈平力主乘胜追击，彻底消灭项羽集团，尽快结束楚汉之争。刘邦采纳两人的意见，在垓下大败项羽，成功灭楚。

第九，固陵建议，合兵垓下。

楚汉战争的最后关头，刘邦在追击过程中曾受阻固陵。张良建议刘邦赶紧加封韩信、彭越的封地，诱使二人出兵，合围项羽于垓下。

第十，建都关中，万世基业。

娄敬积极建议建都关中，刘邦对此却左思右想，拿不定主意。这时候，张良果断地站出来为娄敬撑腰，对西汉政府最终建都关中起了关键作用。

张良是大汉帝国建立过程中不折不扣的功臣，所以刘邦大封诸侯之时，自然不会怠慢了他。张良这十大功劳中，最值得称道的是下邑画策与阻封六国，展现出了卓越的全局观念与杰出的战略才华。

头脑清醒不自傲：知足加自保

作为“三杰”之首，张良一直在刘邦身边运筹帷幄，从未到前线攻城略地，所以封侯之时，张良并没有英勇杀敌的军功，不过，刘邦却破例表态：张良的功劳是“运筹策帷帐中，决胜千里外”！要他“自择齐三万户”。这是高祖六年（前 201）前两批所封列侯中，唯一一位得到特批，可以自行择地而封的列侯，所封户“三万”也是列侯中最多的。

如此优厚的待遇条件，张良接受了吗？没有！《史记·高祖功臣侯年表》称，张良受封“万户”，也就是说，张良只接受了万户侯的封地。

对于张良选择只接受“万户”封地的举动，《史记·留侯世家》中作出了这样的解释。张良说：我起兵后能在留（秦县，今江苏沛县东南）遇见皇上，这是天意。皇上愿意采纳我的意见和建议，最终能够获得成功，这是我人生的幸运！我希望将留赐封给我就足够了，不敢受封三万户。于是刘邦便封张良为留侯，“留侯”成为张良最常用的称谓。（良曰：“始臣起下邳，与上会留，此天以臣授陛下。陛下用臣计，幸而时中，臣愿封留足矣，不敢当三万户。”乃封张良为留侯。《史记·留侯世家》）

张良为什么要辞封“三万户”呢？

万户侯是汉代封侯的最高食邑（封地）。刘邦在高祖六年（前 201）十二月、正月两次大分封时，周勃受封八千一百户，萧何受封八千户，夏侯婴受封六千九百户，陈平、樊哙、灌婴均受封五千户。就连被众人公认军功第一的曹参也才受封一万零六百户，此番张良受封万户侯，与曹参不相上下。

张良可是个聪明人，他深知自己没有攻城略地的卓越军功，如果接受了“自择齐三万户”，立马就会成为众矢之的，于是，他毫不迟疑地选择了推辞，将自己与刘邦的相遇说成是天意，自己的“运筹策帷帐中，决胜千里外”之功是人生的幸运，求封留地是对相遇的纪念，也是对他君臣相欢的感激。

高祖的两次封侯一共解决了二十九个人的编制问题，没有被点到名的人争功不止。某一天，刘邦站在复道（宫殿之间的空中通道）上，看见殿外的将领们三三两两地聚在一起议论着什么，他奇怪地问张良：他们这是在谈论什么啊？张良回答说：皇上您当初与他们一块儿打天下，而现在您已经贵为天子，分封的诸侯都是至交好友和平时亲近喜欢之人，杀的都是平生中结下仇怨的人。将领们算了一下，担心这天下的土地不够分封，更怕因为有些微过失而被诛杀，所以正聚众商讨谋反之事。刘邦一听，急了眼，赶快问张良：那该怎么应对呢？张良说：立马找一位众所周知的、平日里最招您恨的人封为列侯，以安抚大臣们的情绪。（上居南宫，从复道上见诸将往往耦语，以问张良。良曰：“陛下与此属共取天下，今已为天子，而所封皆故人所爱，所诛皆平生仇怨。今军吏计功，以天下为不足用遍封，而恐以过失及诛，故相聚谋反耳。”上曰：“为之奈何？”良曰：“取上素所不快，计群臣所共知最甚者一人，先封以示群臣。”《汉书·高帝纪》）

刘邦想了想说：雍齿和我是旧交，他曾经多次陷我于窘迫屈辱的境地，我真是恨不得把他杀了，但又念他功劳不少，不忍心那么做。张良立即接过话：就是他了，情况紧急，先封雍齿。大臣们看见雍齿受封，便都会觉得自己有希望。（上曰：“雍齿与我故，数尝窘辱我。我欲杀之，为其功多，故不忍。”留侯曰：“今急先封雍齿以示群臣，群臣见雍齿封，则人人自坚矣。”《史记·留侯世家》）

于是刘邦亲自置办酒宴，封雍齿为什方侯（今四川什邡）。群臣见雍齿受封，都欢喜地说：连雍齿都能被封侯，我们就不用担心了。

难道张良不知道刘邦最恨的人是雍齿吗？那怎么可能！

下邑画策中张良推荐的三个人中，只有韩信当时在刘邦手下干活，彭越是位“个体户”，黥布更是项羽的老部下，时任九江王。这三位天下豪杰张良都了如指掌，如今这雍齿就在眼前，张良岂会不了解？而且，刘邦怨恨雍齿是路人皆知的事儿，谋圣张良岂会不知道？既然如此，张良为什么不干脆一点儿，非要拐弯抹角让刘邦亲口说出来呢？奥妙正在于此。张良深知刘邦对雍齿怨恨有加，在诸将领谋划军变的关键时刻，只有先封雍齿才能解决这燃眉之急。问题是刘邦对这样的情形是否有清醒的认识与博大的胸怀。张良无法代替刘邦做决定，这事只能让刘邦自己痛下决心，先封谁，怎么封，都得刘邦自己好好琢磨，亲口说出来。

那么，雍齿和刘邦究竟有什么深仇大恨呢？

这两人的矛盾源自丰邑失守那会儿。秦末大起义之初，每支义军都同时面对着两股力量，一是秦军，二是其他义军。秦军是天敌，而义军之间同样存在着弱肉强食之势。

刘邦坐上沛公之位时，手下也就“二三千人”，他第一个进攻目标即是沛县附近的胡陵、方与两个县，丰邑为大本营。秦二世二年（前208），沛县所属的秦泗川郡郡监出兵丰邑，将刘邦的军队包围了整整两天。刘邦亲自出战，打败秦兵，而后下令雍齿驻守丰邑，自己率兵到达薛郡。刘邦连续打了两个胜仗，顺利到达方与县，并在薛地斩杀了泗川郡郡守。（秦泗川监平将兵围丰，二日，出与战，破之。命雍齿守丰，引兵之薛。泗川守壮败于薛，走至戚，沛公左司马得泗川守壮，杀之。沛公还军亢父，至方与，未战。《史记·高祖本纪》）

就在刘邦节节胜利到达方与县时，大本营丰邑却出现危机，这场危机与雍齿有关。

原来，陈胜起兵称王后，派魏人周市到魏地发动起义。在周市的游说下，魏地义军纷纷起兵，形成全线反秦的格局。魏人要立周市为魏王，周市坚决不接受，而是坚持立魏国王族后裔魏咎当魏王。周市为了占取更多的土地，力劝驻守丰邑的雍齿背叛刘邦投靠魏王。周市的说辞是：丰邑乃原魏国的迁徙之地，理应归属于魏国。如果雍齿降魏，魏国承诺封其为侯，继续驻守丰邑；若是不降，魏军将对丰邑实行屠城。这雍齿最初就不认可刘邦，至于个中缘由，史料未有提及，我们也不便妄加推测。总之，面对魏国的诱降，雍齿最终叛变，选择为魏国驻守丰邑。大本营失守，这对刚刚步入正轨的刘家军来说，无疑是一场灾难。（陈王使魏人周市略地。周市使人谓雍齿曰："丰，故梁徙也。今魏地已定者数十城。齿今下魏，魏以齿为侯守丰。不下，且屠丰。"雍齿雅不欲属沛公，及魏招之，即反为魏守丰。《史记·高祖本纪》）

刘邦随即率兵反攻丰邑，却怎么也打不下来，为此害了一场大病，只好暂时停止作战，回沛县养病。这是一攻丰邑。

刘邦不仅怨恨雍齿的背叛，还恨自己的力量不足以收复这块失地，于是就想投奔刚刚被拥立的楚王景驹，想借景驹的兵力攻打丰邑。无奈，秦国的章邯军团没等刘邦借到兵就杀了过来。毫无疑问刘邦吃了败仗，驻扎在原地。又经过三天激战，刘邦打下了砀郡，收编了砀郡五六千士兵，实力大增，于是转身再攻丰邑，不幸的是又遭遇了失利。这是二攻丰邑。（沛公怨雍齿与丰子弟叛之，闻东阳甯君、秦嘉立景驹为假王，在留，乃往从之，欲请兵以攻丰。是时秦将章邯从陈，别将司马尼将兵北定楚地，屠相，至砀。东阳甯君、沛公引兵西，与战萧西，不利。还收兵聚留，引兵攻砀，三日乃取砀。因收砀兵，得五六千人。攻下邑，拔之。还军丰。《史记·高祖本纪》）

两度受挫，刘邦红了眼，心情也变得更加着急。听说项梁在薛地驻守，刘邦决定投奔项梁。项梁给刘邦开出了很厚道的待遇，并支援他五千兵力，十员五大夫将。有了项梁的鼎力支持，刘邦三攻丰邑，终于如愿以偿将丰邑拿下。失败的雍齿逃到了魏国。（闻项梁在薛，从骑百余往见之。项梁益沛公卒五千人，五大夫将十人。沛公还，引兵攻丰。《史记·高祖本纪》）

雍齿后来怎么又跟了刘邦，史书里没有记载，不过他的这次叛变，必定给刘邦留下了不可磨灭的心理阴影。刘邦一方面从骨子里怨恨雍齿，另一方面也欣赏雍齿的军事才能。这件事刘邦集团人所共知。

张良的高明之处就在于他深谙人情世故。劝刘邦封雍齿的目的是应急，其中也不乏厚待雍齿的意思，至少客观效果的确如此。对雍齿的痛恨，刘邦自己也承认，之所以不杀雍齿是念着他功劳大，杀之必失人心军心。张良这次劝封，大大改善了众人对刘邦的印象，对刘邦来说显然是一件幸事。由此可见，张良劝封雍齿，实则具备两大功效：一是安定功臣之心，二是提高刘邦的美誉度。

求封留侯是自己低调行事，劝封雍齿是化解危急，这两件事都展现了张良的高智商。可惜张良仅仅把劝封雍齿看作应急之举，是一种临时手段，而非善待功臣、稳定天下的原则制度。这不能不说是张良认识上的一大缺憾。

美名天下传千古：功成不居

据史料记载，张良随刘邦定都关中后“杜门不出”。那么张良究竟在干什么呢？他在“道引不食谷”。“道引不食谷”，实际上是汉初流行的一种气功。张良的这种做法被宋人司马光称为“等功名于外物，置荣利而不顾”（《资治通鉴·汉纪三》）。明人更写出“张良范蠡笑人痴”的诗句，将张良和范蠡相提并论，认为他们都是功成身退的典范。

张良在后世享有“功成不居”的美名。他真的是“功成不居”吗？关于这一点，学术界的认识并不统一。

一是认为张良的确抱病，“杜门不出”为养病；二是认为张良明哲保身，“杜门不出”为避祸。究竟谁说得对呢？

《史记·留侯世家》记载：张良多病，从未亲自领过兵，而是作为一位出谋划策的谋臣，时时伴在刘邦左右。（张良多病，未尝特将也，常为画策臣，时时从汉王。《史记·留侯世家》）汉三年（前204），楚汉之争激战犹酣。到了高祖六年（前201）受封留侯后，张良明确表示，自己愿意扔下人间俗事，追随赤松子游仙，学习道引辟谷。（“愿弃人间事，欲从赤松子游耳。”乃学辟谷，道引轻身。《史记·留侯世家》）

《汉书·张陈王周传》中有这样的记载：“良多病，未尝特将兵，常为画策臣，时时从。”又载：“良从入关，性多疾，即道引不食谷，闭门不出岁余。”

《史记》《汉书》两部原始文献的记载从侧面印证了张良“多病”的说法。在《史记·留侯世家》中司马迁还曾写道：

> 余以为其人计魁梧奇伟，至见其图，状貌如妇人好女。

若是真长得如同娇美的女子，估计其体质也确实柔弱。

高祖十一年（前 196），黥布叛乱，刘邦带病亲征，留守的大臣们送行至霸上，张良也抱病前来。作为刘邦身边至关重要的谋士，张良理应随驾出征才对，但疾病迫使他不得不缺席。到达曲邮，张良病势加重，他叮嘱刘邦用兵时千万不要和楚兵争锋，并建议让太子监管关中军队。刘邦对他说：虽然子房你重病在身，不过我还是希望，即便你躺在病榻之上，也要辅佐太子。这番言语透露的信息表明，此时张良已经病得不轻了。（于是上自将兵而东，群臣居守，皆送至灞上。留侯病，自强起，至曲邮，见上曰："臣宜从，病甚。楚人剽疾，愿上无与楚人争锋。"因说上曰："令太子为将军，监关中兵。"上曰："子房虽病，强卧而傅太子。"《史记·留侯世家》）

高祖十二年（前 195），刘邦征黥布时身受致命箭伤，回到京城时已经无药可救了。弥留之际，吕后向刘邦三问相国人选，刘邦分别以萧何之后曹参，曹参之后王陵、陈平一一应对，甚至连周勃也成为预备太尉的人选，唯独对张良未提一字。一方面，张良本非相国，此职一直由萧何担任，不提他也属正常；另一方面，张良病势沉重，特别是在高祖十一年、十二年，愈加严重起来，刘邦自然会有所顾忌。

张良抱病在身，确有其事，不过这病到底有多严重呢？刘邦迁都关中之前，张良随他灭秦、灭项，形影不离，为何刘邦一翻身做了皇帝，他反倒病得无法工作了呢？

高祖六年（前 201），刘邦定都关中，直到此时，关于张良的病情未见其他文献有明确记载。不过张良从此时开始便"杜门不出"，可见其中确有生病的因素，当然，除此以外还应当有其他原因。

一是知足。张良自称，家中五世担任韩国国君的相国，韩被秦灭，不爱万金，要为韩报仇。现在，以"三寸舌"成为"帝者师"，"封万户，位列侯"，已经达到布衣生活的顶点。对张良而言，他已经十分满足了。所以，"愿弃人间事，欲从赤松子游耳"。（《史记·留侯世家》）

二是自保。司马光在《资治通鉴·汉纪三》中作了这样的解释：

夫生之有死，譬犹夜旦之必然；自古及今，固未有超然而独存者也。以子房之明辨达理，足以知神仙之为虚诡矣；然其欲从赤松子游者，其智可知也。夫功名之际，人臣之所难处。如高帝所称者，三杰而已；淮阴诛夷，萧何系狱，非以履盛满而不止耶！故子房托于神仙，遗弃人间，等功名于外物，置荣利而不顾，所谓“明哲保身”者，子房有焉。

人生必死，犹如黑夜必有黎明。从古至今，没有一个人可以超越生死而独立存世。像张良这样明达事理之人，肯定知道神仙之说是骗人的鬼话。然而他却宣称要跟随赤松子游仙，恰是这样的托词，倒可以看出其超凡的智慧。身为人臣，最难处理的就是如何对待功名。三杰之中，韩信族诛，萧何入狱，不都是因为名声太盛而不知身退？只有张良，托称求仙，摆脱世间俗物。“等功名于外物，置荣利而不顾”，人们常说的“明哲保身”，恐怕只有张良做到了。

司马光认为张良“杜门不出”，学道求仙，完全是明哲保身。这一说法影响非常大，但也有值得商榷之处。

司马光之说错在哪里？错在他忽略了“淮阴诛夷，萧何系狱”是在“张良谢病辟谷”之后。张良“杜门不出”之时，韩信正从齐王徙封楚王，衣锦还乡，所谓叛衅，未露端倪。刘邦此时虽有诛杀的行动，但所诛“皆平生所仇怨”。张良作为刘邦的心腹，立万世之功，怎会招来杀身之祸？所以，司马光的说法未免有些言过其实了。

当然，我们也不可否认，随着刘邦对异姓诸侯王的大开杀戒，张良不可能对这种做法表示心悦诚服的认同。我们在讲陈平用调虎离山之计诱捕韩信时，曾经讲过为什么那时候听不到张良的声音，原因只能有两个：一是不能说，二是不愿说。张良抱病，已经不再参与军国大事，便不愿再多言。他看到了刘邦必除韩信的决心，也就不能再说什么了。

尽管这样，张良并未就此退出汉代政坛，他始终和西汉政权保持着千丝万缕的联系——刘邦有很多事情依然会和张良商议。《史记·留侯世家》中有一段非常著名的文字：

及立萧何相国，所与上从容言天下事甚众，非天下所以存亡，故不著。

对于这几句话的理解，现在的人往往认为是司马迁写《史记》并非每事必录，而是有所选择，无关军国大事，都舍而不录。因此，张良闭关后与刘邦的接触、交流应当还相当广泛，不仅是军国大事，即便是无关军国的事情谈论得也非常多。

《史记·留侯世家》还记载张良跟随刘邦征战："留侯从上击代，出奇计马邑下。"《汉书·张良传》称："出奇计下马邑。"

《史记》《汉书》都没有记载张良为刘邦出奇计于马邑究竟是怎么一回事。我们同样因为司马迁、班固的失载而无从知晓了。刘邦生前因为平定韩王信的叛乱到过马邑，但是他在马邑遇到过什么麻烦，张良为他出了什么奇计，都无从得知。不过，"出奇计马邑下"，或者"出奇计下马邑"，一定不会是空穴来风！还有一种可能：《史记》和《汉书》记载的"出奇计马邑下"或者"出奇计下马邑"是另一件史书未载之事，而不是我们所熟悉的平定韩王信叛乱。

晚年身患重病的张良也未得安逸。刘邦易立太子最急迫的那段时间，吕后强迫张良为她出谋划策，力保太子刘盈之位。此事在这里我们暂不详述，后面会有详解。但是，这件事说明了：在张良晚年病重之时，即便他不想过问国事，国事也会找他。

刘邦去世后，惠帝刘盈即位，在位七年病故，年仅二十余岁。这对吕后是致命的打击。在哭祭惠帝时，吕后干号无泪。张良的儿子张辟强此时年仅十五，担任侍中，他心知吕后欲哭无泪的原因。于是，他对时任丞相的陈平说：太后只有惠帝一个儿子，现在帝崩，太后哭而无泪，您知道这是为什么吗？陈平说：实在不解。辟强说：帝无壮子，太后担心你们这些军功大臣啊！请拜吕台、吕产、吕禄为将，统兵居南军、北军，再让诸吕都入宫掌权，居宫理政。这样，太后自然就会放下心来，你们也都免了大祸。陈平照张辟强的意见，报告太后。果然，太后大喜，泪水也流了下来。但也正是从这个时候开始，由吕氏家族掌权的历史时期悄然而至。（七年秋八月戊寅，孝惠帝崩。发丧，太后哭，泣不下。留侯子张辟强为侍中，年十五，谓丞相曰："太后独有孝惠，今崩，哭不悲，君知其解乎？"丞相曰："何解？"辟强曰："帝毋壮子，太后畏君等。君今请拜吕台、吕产、吕禄为将，将兵居南北军，及诸吕皆入宫，

居中用事，如此则太后心安，君等幸得脱祸矣。”丞相乃如辟强计。太后说，其哭乃哀。吕氏权由此起。《史记·吕太后本纪》）

张辟强献策，陈平委曲求全，虽然免了权臣的大祸，却成全了吕氏宗族化身为实权派。有人怀疑，张辟强年十五，怎会有这样的洞察力和判断力？显然这个计策是张良在幕后指点的。事实真是这样吗？

我认为不然。张辟强看出了吕后欲哭无泪背后的忧患，可谓具有慧眼，他将一己之见透露给右丞相陈平是担心权臣们的安危。陈平为求自保，选择了妥协，将军权让出，导致吕氏家族对西汉政权的垄断，最终也断送了吕氏全族的性命。

此事与张良有何干系？张良坚决反对易立太子，并为保太子刘盈献出奇计，吕后对其应当感激涕零，再加上张良重病在身，吕后何必绞尽脑汁加害他呢？除了保住太子之位，张良始终没有介入吕氏控制朝中大权的任何举动。他一生维护的是刘邦和刘邦亲手建立的大汉王朝。如果说他晚年为吕氏掌权大献殷勤，实在难以服众，至少我不认同。

刘邦于高帝六年（前 201）十二月、正月的两次封侯，拉开了西汉大分封时代的序幕，刘邦究竟是根据什么标准分封列侯的呢？

军功封侯

前面我们一直在讲高帝六年（前201）十二月、正月的两次大规模的批量封侯，这两个月中，刘邦共封列侯二十九人。在这一章中，我们来讲一些未得封侯的有功之臣，甚至是大功之臣。他们为何会被刘邦忽略呢？

前面我们曾提到，十六国时期匈奴汉国的创建者刘渊曾对刘邦这两次封侯点评道：

> 吾常耻随、陆无武，绛、灌无文；随、陆遇高帝而不能建封侯之业，绛、灌遇文帝而不能兴庠序之教，岂不惜哉！（《资治通鉴·晋纪二》）

刘渊说的“绛、灌无文”是说绛侯周勃与颍阴侯灌婴文化修养不高，不能在文帝一朝倡导文治；那么“随、陆无武”作何解释？“随、陆遇高帝而不能建封侯之业”又是什么意思呢？

“随、陆”是汉高祖时代两位重要的外交家，一位是随何，一位是陆贾。随何曾在刘邦彭城之败后成功策反黥布，陆贾是汉初一位杰出的政治家、外交家，二人都以辩才著称于世。刘渊对两人在高祖时代均未得到分封感到很疑惑，他的评判包含了两个方面：一是他们有什么功劳？二是他们为什么没有被封侯？

我们先说陆贾，他可是西汉初年的大功臣之一，对大汉的功劳主要表现在两个方面：一是南越归汉，二是治国理念。

谈判高手：一言定南越

陆贾是楚国人，曾以“客”的身份在刘邦手下任职，凭借极佳的口才常被外派出使各诸侯国。

当年刘邦西入秦关，在峣关遭遇阻挠，陆贾和顶级说客郦食其一道前去游说秦将，重金诱使秦将与刘邦联合灭秦。峣关守将见钱眼开，立马表示同意。刘邦在张良的建议下，趁其懈怠不备，偷袭成功，顺利拿下峣关。这便是陆贾的第一次惊艳亮相。（沛公以为诈，乃用张良计，使郦生、陆贾往说秦将，啖以利，因袭攻武关，破之。《史记·高祖本纪》）

汉四年（前 203），陆贾出使项羽，游说项羽放回太公、吕后等人质，但未能成功。

作为专属使臣，陆贾经常被派遣到各国执行任务，凭借天生的巧舌屡有斩获，其中最为成功的当属出使南越国。

南越国是什么地方？陆贾为什么要出使南越国呢？

原来，刘邦灭秦后，南面又突然冒出个南越国，多出个南越王。

说起这南越王，我们不得不将时间转回到秦朝。

秦始皇成功兼并六国后，并没有停止用兵，他看上了南越，也就是今广东、广西与今越南北部一带，那里居住着百越族。秦始皇动用五十万大军，历时四年，最终平定了南越，建立了南海郡、桂林郡与象郡。当时的南海郡大致相当于今天的广东地区，桂林郡大致相当于今天的广西地区，象郡则相当于今天越南的中北部地区。（秦时已并天下，略定杨越，置桂林、南海、象郡，以谪徙民，与越杂处十三岁。《史记·南越列传》）

秦末大起义爆发后，这支五十万人的南征大军滞留在南方，由征伐南越的副统帅赵佗指挥。因为没有参加镇压秦末大起义的战斗，这支秦帝国的大兵团躲过了被义军歼灭的命运，完整地保存下来，成为今天客家人的先人。

赵佗这人不是一般意义上的武夫，而是一位很有头脑的武将。他曾上疏秦始皇，要求移民三万中原女子到岭南，秦始皇打了个对折，批准了一万五。这些女子和南征的部分秦军将士们共同生活，繁衍后代，将中原先进的农耕文化带到了岭南，大大加速了该地区的发展，这一万五千名中原女子至今仍被客家人尊称为“客娘”。当然，赵佗当时提出移民计划，未必真有如此高明的可持续发展眼光，更多的是稳定军心，以便更好地统领队伍。

秦二世时期，南海郡郡尉任嚣病重弥留之际，把时任龙川县令的赵佗紧急召来，对他说：秦朝无道，天下百姓深受其害。项羽、刘季、陈胜、吴广等各聚军队，争夺天下。整个中原已经大乱，天下豪杰一个个叛秦自立。我们南海郡地处偏远，眼下还较安定，但我担心中原的义军早晚会打到这儿来，所以我想起兵。可是，我重病在身，实在心有余而力不足。番禺（今广州番禺区）的地理形势很好，背靠险峻的山脉，面对浩瀚的南海，东西千里，正好是一州之地，具备立国的条件。我遍观郡中官员，没有别人可以商议大事，所以把你召来。说完，任嚣亲自书写任命书，要赵佗接任南海郡郡尉。任嚣死后，赵佗随即向各关口下令——盗兵将到，迅速断绝道路。然后他收聚军队，亲自镇守关口，又利用法纪诛杀了秦帝国委派的官员，安排自己人取而代之。（至二世时，南海尉任嚣病且死，召龙川令赵佗语曰：“闻陈胜等作乱，秦为无道，天下苦之，项羽、刘季、陈胜、吴广等州郡各共兴军聚众，虎争天下，中国扰乱，未知所安，豪杰畔秦相立。南海僻远，吾恐盗兵侵地至此，吾欲兴兵绝新道，自备，待诸侯变，会病甚。且番禺负山险，阻南海，东西数千里，颇有中国人相辅，此亦一州之主也，可以立国。郡中长吏无足与言者，故召公告之。”即被佗书，行南海尉事。嚣死，佗即移檄告横浦、阳山、湟溪关曰：“盗兵且至，急绝道聚兵自守！”因稍以法诛秦所置长吏，以其党为假守。《史记·南越列传》）

趁着秦亡之际，赵佗出兵偷袭桂林郡、象郡，收归自己管辖。待一切安排妥当，赵佗扯起南越武王的大旗，南越国就此诞生。

刘邦统一天下后，考虑到天下初定，不宜再发动战争，便打算用赐封的方法让赵佗归顺，于是选派陆贾出使南越。

赵佗接见了陆贾，端出一副趾高气扬的架子。面对傲慢无礼的南越王，陆贾沉着应对，一番话说得赵佗心悦诚服，最终归顺了西汉中央政府。按现在的眼光来看，陆贾绝对算是一位谈判高手，那么他究竟对赵佗讲了什么呢？

一是告诫赵佗。

陆贾直言不讳地说：足下你是中原人，亲戚、兄弟的坟墓都在真定（今河北石家庄）。如今却违背天性，抛弃中原文明，想借南越这块弹丸之地与“天子抗衡”，恐怕将要大祸临头了。（足下中国人，亲戚昆弟坟墓在真定。今足下反天性，弃冠带，欲以区区之越与天子抗衡为敌国，祸且及身矣。《史记·郦生陆贾列传》）

二是上天佑汉。

秦帝国无道，天下“诸侯豪杰并起”，那可不是一两个人，仅一个楚地数千人一支的义军就数不胜数。最后汉王率先入关，占据咸阳。项羽违背盟约，“自立为西楚霸王”，诸侯们都归他统辖，项氏集团一时间强大无敌。汉王自汉中起兵，攻伐天下，威服诸侯，最终诛灭项羽，短短五年时间，“海内平定”。如果单纯地依靠人力，能实现这一切吗？完全是上天有意庇佑大汉啊！（然汉王起巴蜀，鞭笞天下，劫略诸侯，遂诛项羽灭之。五年之间，海内平定，此非人力，天之所建也。《史记·郦生陆贾列传》）

三是劝其归顺。

你自称为王之后，朝内众臣都主张出兵讨伐，但皇上不愿再让百姓受苦，所以才没有动用武力。我奉皇上之命来到这里，还带来了南越王印，为的是正式封你为南越王。本来你就应该在郊外迎接大汉的使者，面北称臣，现在竟还想以一己之力与朝廷对抗，如果这个消息传到了都城，皇上立马就能派人掘了你家祖坟，灭了你全族，再派一员偏将，率十万之众前来伐越，真要出现那样的局面，越地百姓拿你的人头换太平，也是易如反掌吧？（天子闻君王王南越，不助天下诛暴逆，将相欲移兵而诛王，天子怜百姓新劳苦，故且休之，遣臣授君王印，剖符通使。君王宜郊迎，北面称臣，乃欲以新造未集之越，屈强于此。汉诚闻之，掘烧王先人冢，夷灭宗族，使一偏将将十万众临越，则越杀王降汉，如反覆手耳。《史记·郦生陆贾列传》）

赵佗一听，惊得一骨碌坐起来，赶快向陆贾道歉说：我长期居住在蛮夷之地，大失礼仪，请先生千万不要介意。见气氛有所缓和，赵佗问陆贾：我和萧何、曹参、韩信相比，究竟谁更厉害？陆贾回答：你好像更强一些。赵佗又问：我和汉朝的皇帝相比呢？陆贾说：皇上起丰沛，伐暴秦，诛灭强楚，为天下人谋利益，继承三皇五帝的事业，治理中国。中国的人口以亿计，方圆万里，土地富饶，人民众多，车马盈衢，“万物殷富”，政出一家。天地开辟以来，从未有过这样繁荣的景象。大王的手下不过几十万人，所辖之地又都是山岭、海滨，最多也就相当于汉朝一个郡，怎么可能与汉朝皇帝相比呢？赵佗听罢，哈哈大笑：我不在中原起兵，所以才在此地称王。假如我在中原，未见得就不如你家皇上！（陆生曰：“皇帝起丰沛，讨暴秦，诛强楚，为天下兴利除害，继五帝三王之业，统理中国。中国之人以亿计，地方万里，居天下之膏腴，人众车舆，万物殷富，政由一家，自天地剖泮未始有也。今王众不过数十万，皆蛮夷，崎岖山海间，譬若汉一郡，王何乃比于汉！”尉他大笑曰：“吾不起中国，故王此。使我居中国，何渠不若汉？”《史记·郦生陆贾列传》）

一番唇枪舌剑之后，赵佗对陆贾顿生好感，再三挽留他住下。陆贾推辞不过，便在赵佗处住了好几个月。赵佗对陆贾说：南越国中，实在找不到一位像你这样值得交流的人。自从你来到这里，我每天都可以听到从未听过的东西。于是，赵佗赐给陆贾千金，礼物无数，并同意对汉称臣，遵奉汉约。陆贾圆满地完成了任务，回朝向刘邦作了汇报，刘邦很是高兴，随即封他为太中大夫。

陆贾出使南越，成功地避免了一场战争，维护了西汉政权的稳定，可算是有大功的臣子。

马上岂可治天下：恃力者亡

汉初政权的统治阶层主要以布衣将相为支撑，这些功臣在灭秦、亡楚的战争中浴血奋战，协助刘邦开辟了新帝国，但他们大多有一个致命的弱点——文化素养严重跟不上。且不说以绛、灌为首的武将，即便是号称帝王之师的张良、奇谋天才陈平、贤相萧何等人，对如何治理国家也鲜有真知灼见。

萧何收集秦时文献主要是为了收敛赋税，至于治国之道他也非专家。毕竟在这方面缺少经验，大家都只能摸着石头过河，所以由始至终，都没有人提出过有建设性的意见。说起来，也只有陆贾算是汉初时最有远见的政治家、思想家，他提出了一系列保证汉帝国长治久安的治国方针。

陆贾常常在刘邦面前提起《诗经》《尚书》中的教诲。《诗经》《尚书》是儒家经典，第一个将其带入西汉政府用作“公务员”教材的是陆贾。

我们都知道，刘邦不喜欢儒生，更不懂得《诗经》《尚书》的重要性，每每听到陆贾大谈《诗经》《尚书》，就气不打一处来：老子我是在马背上打下的江山，要《诗经》《尚书》干什么用？（陆生时时前说称《诗》《书》。高帝骂之曰：“乃公居马上而得之，安事《诗》《书》！”《史记·郦生陆贾列传》）

陆贾马上尖锐地反驳道：“居马上得之，宁可以马上治之乎？”对于这个问题，刘邦压根儿就没想过，他和陆贾“马上”“马下”的争论，其实争的正是治国之道。

陆贾不仅在观点上与刘邦针锋相对，还以史为鉴，引经据典。他侃侃而谈商汤、周武王皆以臣子的身份夺取天下，但一旦夺得天下，则用仁义治理，这就是所谓的“逆取而顺守之”。只有“文武并用”，才是“长久之术”。当年，吴王夫差、晋国的智伯，实力都很强大，但很快亡国。秦朝重用刑法，也很快亡国。假如秦国统一天下后，施行仁义，效法先圣，皇上哪儿有机会打下秦帝国的江山呢？（且汤武逆取而以顺守之，文武并用，长久之术也。昔者吴王夫差、智伯极武而亡；秦任刑法不变，卒灭赵氏。乡使秦已并天下，行仁义，法先圣，陛下安得而有之？《史记·郦生陆贾列传》）

陆贾用逆耳之言给刘邦做启蒙教育，阐述了两个刘邦闻所未闻的道理：

一是逆取顺守。

二是恃力而亡。

什么叫逆取顺守？“逆取”就是以武力夺取天下，“顺守”就是以仁义治理天下。这就叫“文武并用”。

什么叫恃力而亡？自恃兵力强大的吴王夫差、晋国六卿中实力最强的智伯，还有一统天下的强秦都是“恃力”者，最终夫差亡于勾践，智伯死于韩、赵、魏，强秦亡于陈胜、吴广。

陆贾对刘邦得天下的分析最富启迪意义。刘邦曾提出过著名的“三杰”说。“三杰”说概括了刘邦打败项羽的原因，至少说明他还是认真思考总结过一番的。但是，“三杰”说也暴露了刘邦认识上的一大缺陷，因为它总结的是刘、项之争，丝毫未触及刘邦灭秦这一历史大事件。

另外，刘邦一入咸阳就想入住秦宫，这不仅将他本性中贪图享乐的劣根性完完整整体现了出来，更说明他根本没有思考过秦亡的原因，也没考虑过如何才能避免重蹈覆辙。

西汉帝国的建立实际上是承秦而立，西楚霸王只不过是这次历史大变革中的插曲。

刘邦建汉之后最应该总结的是秦亡汉立的经验教训。但是，显然他脑子里压根儿就没这根弦，好在陆贾一直替他“上下求索”着这个重大课题。

基于此，陆贾才敢理直气壮地反问刘邦：如果秦能“行仁义，法先圣”，你刘邦怎么可能夺得强秦的天下？

这实在是一语中的，刘邦马上面露羞惭，深刻认识到自己的错误。他让陆贾详细写一份秦为什么会失天下、汉为什么能得天下的情况说明，并总结一下历代政权成败的经验教训。陆贾受命，著书详解存亡之道，总共写了十二篇。每一篇被呈上的文章，刘邦都喜欢得不得了。这十二篇文章，最后汇集为一本著作，就是中国思想史上鼎鼎大名的《新语》。（高帝不怿而有惭色，乃谓陆生曰：“试为我著秦所以失天下，吾所以得之者何，及古成败之国。”陆生乃粗述存亡之征，凡著十二篇。每奏一篇，高帝未尝不称善，左右呼万岁，号其书曰“新语”。《史记·郦生陆贾列传》）

《新语》的出现，源自陆贾对刘邦治国思想的改造工作，并由此开启了西汉初年的历史大反思，促使西汉政府走上了革秦之敝、承秦之制的正确道路。

陆贾提出了一系列治国安邦的战略思想，大致可以概括为三点：第一，反秦之弊，与民休息；第二，以农为本，轻徭薄赋；第三，无为而治。

这些思想后来为汉文帝时期的贾谊所汲取，成就了著名的《过秦论》，留下了“仁义不施而攻守之势异也”的至理名言。

军功易见，文臣难封：军功封侯的利与弊

今人论及汉初功臣，恐怕无人会忽略陆贾，但事实上，他在当时只是一位管议论的太中大夫，毫无封侯的可能。这说明什么？说明汉初因功封侯的“功”，更偏重奋勇杀敌的军功！尽管陆贾功劳卓著，但谁让他的“功”不是军功呢？所以自然是上不了台面，封不了侯的。

这样的说法究竟有没有道理呢？我们不妨来做个比较：

《史记·曹相国世家》记载的曹参军功：

> 凡下二国，县一百二十二；得王二人，相三人，将军六人，大莫敖、郡守、司马、侯、御史各一人。

《史记·樊郦滕灌列传》记载的灌婴军功：

> 别破军十六，降城四十六，定国一，郡二，县五十二，得将军二人，柱国、相国各一人，二千石十人。

《史记·樊郦滕灌列传》记载的樊哙军功：

> 别破军七，下城五，定郡六，县五十二。得丞相一人，将军十二人，二千石以下至三百石十一人。

曹参、灌婴、樊哙的受封是实至名归，别人不敢议论什么，毕竟他们军功显赫。从刘邦起兵开始，诸将的军功都一一记载下来，分封的时候也就少了不少麻烦。不过即便如此，诸将争功的兴头一起，也难免“岁余不

决”了。

作为文职人员的随何、陆贾，按我们今天的标准来衡量，都是大功之臣，但在汉初，凭口舌所立功劳不足挂齿。当众人都认可这样一种制度时，随何、陆贾本人也就不觉得自己委屈了。

那么，这样的分封制度是不是一种惯例呢？我们可以回顾一下萧何、张良等人封侯时的状况。萧何封侯时，刘邦认为他功居首位，因而封他为酂（cuó）侯，封地也最多。（高祖以萧何功最盛，封为酂侯，所食邑多。《史记·萧相国世家》）

功臣们一看，群起反对。这样的集体抗议对刘邦来说还是第一次碰到。大臣们说：我们身被铠甲，手执兵器，多经沙场，多者身经百余次战斗，少者也有几十次战斗，攻城略地，各有多寡，萧何他没有任何“汗马之劳”，仅靠舞文弄墨，发表意见，如今论功反而在我们这些浴血奋战的将领之上。这是为什么？（臣等身被坚执锐，多者百余战，少者数十合，攻城略地，大小各有差。今萧何未尝有汗马之劳，徒持文墨议论，不战，顾反居臣等上，何也？《史记·萧相国世家》）

我们当然了解，萧何的功劳绝对不在这些将领之下，单就后勤保障这一条来说，已经是不可磨灭的功绩了。若是一两个功臣闹别扭提意见，倒还可以敷衍一下，但这次毕竟是集体抗议，不能不重视！

这集体抗议说明什么？说明大家对“功劳”的标准有着一致的看法，那就是：一切以军功为衡量标准！从这个角度来看的话，众人的反对也不是没有道理。

刘邦面对功臣们的集体抗议，发表了一段有名的精彩演讲，并创造了中国词汇史上两个仅用了一次的词——“功人”与“功狗”：

> 夫猎，追杀兽兔者狗也，而发踪指示兽处者人也。今诸君徒能得走兽耳，功狗也。至如萧何，发踪指示，功人也。且诸君独以身随我，多者两三人；今萧何举宗数十人皆随我，功不可忘也。（《史记·萧相国世家》）

打猎的时候追杀猎物的是什么？猎狗。发出指令要猎狗追杀猎物的是谁？猎人。你们攻城略地，奋勇杀敌，是有功之狗；萧何，则是发指示的猎人，是有功之人。更何况，你们追随我，多则两三人，少则一个人，萧何可是全族数十人都跟着我，这个功，怎么能忘！

话说到这个份儿上，群臣自然都不敢再多嘴。

“三杰”之一的萧何封侯时遇到的麻烦，位居“三杰”首位的张良同样也遭遇了一番。《史记·留侯世家》里写道：

汉六年正月，封功臣。良未尝有战斗功。

这个“战斗功”就是军功！刘邦心里明白，按照军功封侯的标准，张良怎么也扯不上干系，索性亲自站出来为张良说话：

运筹策帷帐中，决胜千里外，子房功也。

就连萧何、张良受封都能引出这么大的乱子，可见汉初军功封侯的标准着实根深蒂固。所以，陆贾因未立军功而痛失封侯机会，也是正常的。

刘邦的军功封侯顺应了功臣们的诉求，切实地巩固了西汉政权，同时也带来了两大后果：

一是形成了西汉初年的军功阶层。

西汉的军功阶层，特别是因功封侯的功臣，成为西汉政权的基石，是刘邦后来平定诸侯王叛乱的主要力量。

二是军功封侯存在着相当大的局限。

像陆贾这样为西汉政权提供统治思想的重要文臣，因为没有军功而得不到封侯，这不能不说是制度上的一大缺憾。

军功封侯从它诞生之日起就是一种权宜之策，随着大规模战争的结束，想要再立军功对每一位朝臣来说都是难上加难。因此，西汉的封侯制度势必将随着时代的变迁而发生变化。

军功封侯既然以军功大小来判定，这就必然会使没有军功但对西汉政权的建立有过重大贡献的人，与军功卓著的功臣产生利益冲突，并在某些时刻还会表现得异常尖锐。面对两方的不同意见，刘邦下一步究竟会怎么处理呢？

第一功臣

高祖六年（前201）十二月、正月，刘邦不仅分封了二十九位列侯，而且还为这二十九位列侯排出了座次。毫无疑问，排名第一的就是大汉帝国的第一功臣。那么，谁会成为大汉帝国的第一功臣？这样的排位，又有何根据呢？

众里寻他千百度：朕心里早有数

我们先看看谁有可能入选？

一号候选人：张良。

刘邦定“三杰”的时候将张良列在了首位，认为他“运筹策帷帐之中，决胜于千里之外”。一般来说，一位领导一旦提出某种独创理论，都会异常钟情于此，刘邦亦是如此。显然，张良被列为“三杰”之首，说明他深得刘邦的认可，这为他成为大汉帝国第一功臣奠定了坚实的基础，算是初战告捷，初赛分数相当高。

再者，刘邦分封列侯时指定食邑最多的曹参，共一万零六百户，但他的食邑之地是由刘邦决定，个人没有选择权。而刘邦对张良则厚爱有加，做出了让他“自择齐三万户”的许诺，二十九位列侯之中得此待遇的只有张良一人。

有这两条做保证，张良极有可能成为大汉帝国第一功臣。

二号候选人：曹参。

曹参所封食邑为一万零六百户，张良辞封三万户后受封一万户，曹参成为二十九位列侯之中封地最多的一位。按照受封户数多寡为标准来看的话，谁也争不过他。

再者，曹参军功显赫，除韩信、彭越、黥布三位异姓诸侯王外，无人可比。韩信、彭越、黥布三位异姓诸侯王毕竟是第一层次的功臣，早已受封诸侯王。在第二层次的功臣（列侯）中，曹参的军功位列第一。

按照大汉军功标准来排序，曹参是最有希望成为第一功臣的人选。

三号候选人：周勃。

周勃受封食邑八千一百户，比萧何还多一百户。刘邦一向器重他，临终之际，还说出了“安刘氏者必勃也”的惊人之语。如果按照刘邦信任程度来定次序的话，周勃大有希望。

四号候选人：萧何。

萧何受封食邑八千户，排名第四，次于曹参、张良、周勃，但他的受封深得刘邦庇护。著名的“功人”“功狗”之说，不就是刘邦为萧何辩护时诞生的吗？

再者，萧何一直是汉王身边的重臣。楚汉战争期间，他奉命镇守关中、汉中、巴蜀，全权代理一切事务，这无疑显示了萧何在刘邦集团独一无二的地位和身份。这次推选第一功臣，萧何理应入选。

上述四人，刘邦对张良是敬重，对曹参是感激，对周勃是信任，对萧何是倚重。

以上是我们对第一功臣人选的预期，最终决定谁拔头筹的因素取决于两方面：一是刘邦待见谁，二是列侯推举谁。

列侯们的意见集中而且明确：平阳侯曹参，受伤七十余处，“攻城略地，功最多，宜第一”（《史记·萧相国世家》）。

这样的集体意见让刘邦犯了大难，他心之所向乃是萧何，但在封侯时已经“强行”多封了萧何许多地，现在实在不好再力排众议专断独裁，可要是真顺着众人的意思，实在又有点不甘心。（上已桡功臣多封萧何，至位次未有以复难之，然心欲何第一。《史记·萧相国世家》）

正在刘邦瞻前顾后不置可否的时候，关内侯（有侯爵而无食邑）鄂千秋跳了出来。他对刘邦说：列侯们说得都不对。曹参虽然有“攻城略地”的功劳，但这是短时期的成效。皇上您与西楚作战五年，常常“失军亡众”，多次只身脱险。每每遇到这种情况，萧何总是雪中送炭，不等您发令，就从关中派遣数万军队，提供大量供给到前线，在您最需要援助时拉上您一把。汉、楚两军在荥阳作战数年，军无现粮，全靠萧何从关中通过漕运保障充足军粮。陛下虽多次丢失崤山以东的土地，但萧何却为您保全了关中之地，“此万世之功也”。像曹参这样的将军，大汉失去一百个也不会有什么损失，没有曹参也一样能够胜利。怎么能让“一旦之功”凌驾于“万世之功”之上呢？萧何当属第一，曹参只能排第二。（夫曹参虽有野战略地之功，此特一时之事。夫上与楚相距五岁，常失军亡众，逃身遁者数矣。然萧何常从关中遣军补其处，非上所诏令召，而数万众会上之乏绝者数矣。夫汉与楚相守荥阳数年，军无见粮，萧何转漕关中，给食不乏。陛下虽数亡山东，萧何常全关中以待陛下，此万世之功也。今虽亡曹参等百数，何缺于汉？汉得之不必待以全。奈何欲以一旦之功而加万世之功哉！萧何第一，曹参次之。《史记·萧相国世家》）

不等群臣作出反应，刘邦立即表态：说得好。当即下诏特许萧何带剑、穿鞋上殿，入朝时不必小步疾行。

萧何的确功高，但通过鄂千秋的分析才让我们了解到萧何的丰功伟绩。说完，刘邦又加封鄂千秋为安平侯。鄂千秋从无食邑的关内侯一跃成为有食邑的列侯，也算是一步登天了。

同日，刘邦相继封萧何的父母兄弟十几人，个个都有食邑。

大臣们被鄂千秋打了个措手不及，还没缓过劲儿来刘邦已经连连下诏，厚赏萧何全家。就这样，萧何被指定为大汉开国的第一功臣。

随后，刘邦又加封给萧何两千户，作为昔日救助的回报。回报什么呢？我们前面讲过，刘邦过去当亭长时，经常到咸阳押送役夫服役。每次出发时，别人都送刘邦三百钱，唯独萧何每次都给五百钱。

萧何成为了大汉帝国第一功臣，这样的评选衍生出了三个疑问：

第一，为什么刘邦的个人意见与绝大多数功臣的意见会相左？

第二，谁的意见是正确的？

第三，刘邦为什么需要鄂千秋为他解围呢？

以往封侯的基本标准是斩将杀敌的军功，而功臣们推荐曹参的理由和标准也是军功。备受刘邦认可和欣赏的萧何，其贡献显然不在军功之列。这就是刘邦和功臣们意见严重对立的根本原因。

显然，大臣们的集体意见更有真凭实据。既然封侯是按军功大小确定，那这次排序也应该以军功为依据，理应推选曹参为第一功臣。刘邦指定萧何的做法，在众人看来有偷换概念之嫌，故意将“事功”与“军功”混为一谈。

当然，作为一国之君的刘邦，这么认死理儿也是有特殊考虑的。照理说，刘邦在确定第一功臣的问题上完全可以自行裁定，根本不必顾忌大臣们的意见。刘邦之所以有顾虑，是因为继位之初他手握的皇权还是有限的，能平定天下靠的是功臣派，他不得不做出一定的妥协与退让。但历史告诉我们，皇权的本质是趋向无限的高度集权，刘邦此阶段的有限皇权只是暂时的。

他还真行：治国理财非他莫属

由于高帝刘邦的坚持，萧何获得了第一功臣的殊荣，可见他在刘邦心中的位置有多么重要。

萧何究竟有什么独一无二的贡献，能换来身为皇帝的刘邦在封邑、排序时的两次提携呢？

首先，萧何功不可没。

在“一个好汉三个帮”一章中，我们曾讲过萧何对西汉建立的四大功绩：成全沛公，成全高帝，举荐韩信，经营后方。

其次，萧何与刘邦私交极深。

张良是反秦大起义后在投奔他人的半道上改投刘邦的，中间还曾因为要辅佐韩王成而选择过离开刘邦。在张良的内心里，韩王成永远排在第一，韩国复国永远是首要任务。韩王成被项羽杀害后，张良陷入绝望，这才彻底投靠了刘邦。

曹参本来是沛县的“狱掾”，刘邦那时候是泗水亭长，理论上来说，两人是同事关系，只不过当时并没有过多私交，关系逐渐亲密起来还是在反秦大起义开始以后。

萧何就不同了，他早就是刘邦的知己，而且两人有极深的私交。刘邦入官道前到相关部门报到过好几次，每次都是萧何为他掩护解围；刘邦当了亭长后，萧何更是多方关照，不仅在他出差时多送钱，甚至在沛县县令宴请吕公时，公开袒护一个子儿都没拿却口中喊着“贺钱万”的刘邦，间接地成全了刘邦与吕雉的婚姻。

再次，汉帝国需要萧丞相。

刘邦为萧何争封邑、争位次，最终是为了达成一个重要目的：任命萧何为丞相。

对功臣们进行大规模分封的目的是满足他们的诉求，说直白点儿，就是偿还这几年的战争人情债。功臣们在战争中奋不顾身，出生入死，理应论功行赏。这些事儿做到位了，他刘邦也就不欠谁的了。一句话，分封是对过去的补偿，排座次是对未来的铺垫。

大汉建立了，需要有人来管理，如此庞大的国家，谁来担此重任最合适呢？

是立下军功的功臣吗？理应是。但百官之首的丞相可不是一般将领当得了的，岗位职责要求这个人需要熟悉法律、懂得管理。一直备受敬重的张良行吗？恐怕不行。战功显赫的曹参呢？看来刘邦也不大放心。深受信任的周勃呢？刘邦很清楚，周勃只是一位将才。几经考量之后，萧何最终脱颖而出，成为最合适的人选。

这是刘邦本人的意愿吗？那是必须的。还有谁参与了考量呢？应当还有张良。《史记·留侯世家》记载：“留侯从上击代，出奇计马邑下，及立萧何相国，所与上从容言天下事甚众。”可见，刘邦与张良讨论过丞相人选问题，选用萧何为相到底是张良首议，还是刘邦提出并征求张良的意见，我们无从考证。刘邦最看中的是处理国事的能力和忠诚之心，楚汉战争数年来萧何的表现足以说明这一点，其他任何人都无法用以往的政绩说明自己比萧何更适合丞相之位。

更重要的是，萧何原是沛县“主吏掾”，熟悉秦帝国的法令制度。刘邦入关后曾颁布过两条重要法令：一是“约法三章”，二是秦帝国原有基层官吏全部留用。

秦帝国的基层官吏对相关法令条文了如指掌，留用他们便于治理国家。刘邦废除了秦朝苛法，而维持社会秩序的法令制度则一律保留。今天，我们从出土的睡虎地秦简中可以清晰地了解到，秦法基本完整地被沿用于汉法之中。保证这套法令得以执行的是大批执法娴熟的秦帝国职业官吏们，统领这批官吏的最佳人选，只能是萧何。

当年，萧何在秦泗水郡吏卒考课中名列第一，秦御史甚至想调萧何进入关中任职，被萧何坚拒。这足以证明，萧何完全具备出任国家最高行政长官的优秀资质。而军功显赫的曹参毕竟是“狱吏”出身，在这方面显然不如萧何更有实力。

刘邦力排众议，最终选定萧何为最高行政长官，潜在意图是想昭告天下：在战争体制下军功不菲的功臣们，已经得到了相应的物质补偿；而在现在的和平年代里，文吏才能安邦治国。萧何在封邑、位次两项中全占第一，表明国家体制在从战争体制转入和平体制后，任用官吏标准也发生了巨大变化。

高祖十二年（前195）三月，黥布叛乱被平定后，刘邦发布过一封著名的诏书：

> 吾立为天子，帝有天下，十二年于今矣。与天下之豪士贤大夫共定天下，同安辑之。其有功者上致之王，次为列侯，下乃食邑。而重臣之亲，或为列侯，皆令自置吏，得赋敛，女子公主。为列侯食邑者，皆佩之印，赐大第室。吏二千石，徙之长安，受小第室。入蜀汉定三秦者，皆世世复。吾于天下贤士功臣，可谓亡负矣。其有不义背天子擅起兵者，与天下共伐诛之。（《汉书·高帝纪》）

我称帝已经十二年了（其实只有八年），曾经与天下豪杰共同打下了天下，现在则共同享有天下。有功之臣，上封为王，次封为侯，最不济也有封地。

重臣的亲属们，有的也封为了侯，而且允许他们自己安排吏员，征收赋税。公主封为列侯。凡有食邑者都有印信，赐予大宅。两千石的高官，迁居京城长安，也安排了合适的宅第。随我入蜀汉、定三秦的人，都世世代代免除徭役。我对天下的功臣可以说是没有亏欠了。如果有谁不讲信义，背叛国家，擅自起兵，天下将共讨之。

这封诏书虽然写得很晚，但其中表达的想法，在高祖六年（前 201）分封列侯、排定座次时就已显现。可见，在刘邦心中，功臣们立下的大功，在分封时都已悉数回报了。此后两清，谁也不再亏欠谁。

最后，萧何善于自全。

楚汉战争期间，刘邦和项羽在荥阳一线相持了二十八个月。这段时间，刘邦将整个关中都交给萧何管理，这一举措赋予萧何极大的权力，当然，萧何也干得极有成效。汉三年（前 204），刘邦多次派使者慰问萧何。明眼人或许能看透这其中的玄机，萧何却并未有所察觉。后来，萧何手下一位鲍姓门客（鲍生）提醒他说：大王在前线御敌，风餐露宿，辛苦得很，却屡次派使者慰劳在后方的你，说明汉王已经对你起了疑心。考虑到你现在的个人处境，不如把子孙、堂兄弟中能够打仗的全送到前线去，汉王一定会更加信任你。萧何一点就通，立即照办。等萧何的子孙、堂兄弟来到前线大营，“汉王大说”。（汉三年，汉王与项羽相距京索之间，上数使使劳苦丞相。鲍生谓丞相曰：“王暴衣露盖，数使使劳苦君者，有疑君心也。为君计，莫若遣君子孙昆弟能胜兵者悉诣军所，上必益信君。”于是何从其计，汉王大说。《史记·萧相国世家》）

“鲍生”的分析有没有道理呢？有！最后“汉王大说”就足以说明“鲍生”看得极准。

刘邦和萧何不是私交极深吗？他为什么会怀疑萧何呢？

这也是没办法，谁让萧何的权力如此之大呢！萧何和张良、陈平不同。张良只是在刘邦身边出谋划策，当个参谋，没有任何实权；陈平有一定权力，但也不大；萧何则是管理整个关中、汉中、巴蜀地区。这个权力有多大？一个完整的汉王国！萧何可以说就是候补汉王、代理汉王。

刘邦在前线疲于拼命应付着项羽大军，整个后方不得不全撂给了萧何。

刘邦虽然很了解萧何，知道他忠诚、能干，但他仍然无法彻底安下心来，这毕竟是好大一片江山啊！萧何把自己成年的子孙、堂兄弟全送到前线，实际上是送给刘邦当人质的，最后换来“汉王大说”，多么不易啊！这不仅使得刘邦彻底放心了，还让他非常欣赏萧何的智慧。不需要多说什么，马上就能心领神会，真是深得君心啊！其实背后的功臣是“鲍生”，这位名不见经传的读书人。

经此一事，整个楚汉战争期间，刘邦再也没有猜疑过萧何。

在“善解人意”方面，其实萧何也是有过人之处的，特别是在应付刘邦的猜忌的时候，他比韩信要高明很多！汉初“三杰”，张良是永远不会受到刘邦猜忌的，韩信因备受猜忌而一错再错，萧何因为善于危机公关而躲过了灭顶之灾。

他行，还是不行：说起来令人心酸

如今的萧何可谓是名利双收，登上了权力金字塔的塔顶，靠的就是刘邦这个坚挺的后台。

然而，人的生存状况一旦有所改变，很多事情也会随之变化，尤其是心态。处在权力中心位置的萧何，不但掌握了大量实权，更在广大群众中，尤其是在关中百姓中，极具号召力和影响力！这样的局面，让刘邦实在有些忐忑不安。

两人关系那么铁，难道就不能消除刘邦对萧何的猜忌吗？

当然不能！所有的猜忌都源自权力和影响力，而影响力最终会介入权力。归根结底，萧何的势头威胁到刘邦的最高权力了。

萧何每一次都能够有效化解刘邦对他的猜忌。

萧何一生经历过三次重大的信任危机。

第一次，也就是汉三年（前 204）那次，萧何听了“鲍生”的建议，以自己的子孙、堂兄弟为人质换来了“汉王大说”。

高祖十一年（前 196）是第二次。当时陈豨叛变，刘邦率兵亲征，还未平定叛乱，又听说淮阴侯韩信谋反。后来吕后用了萧何的计策，诛杀了韩信。待刘邦从前线回来，听说韩信已伏诛，便派使节拜萧何为相国，加封五千户，还安排了五百个士兵由一名都尉率领充任相国的卫队。大臣们都纷纷向萧何送来祝贺，唯有一人黯然哀吊。

这人是谁呢？就是召平。

召平本是秦朝的东陵侯，秦灭亡后，成了平民百姓，生活贫苦，在长安城东种瓜。他种的瓜味道特别好，人们就以他从前的封号俗称其瓜为“东陵瓜”。就是这个种瓜的能手对萧何说：您的祸患就要从此开始了。皇上在外作战风餐露宿，而您留守京城，您现在没有历经刀枪剑戟的拼杀危险却换来了加封食邑、设置卫队的结果，这是为什么呢？是因为淮阴侯刚刚在关中谋反，皇上对您也起了疑心啊。设置卫队来保护您，这可不是宠信您啊。希望您能辞让封赏不予接受，再把自己的全部家财私产拿出来赞助军需，这样皇上心里就会高兴了。萧何听了召平的意见，刘邦果然大喜，他顺利渡过危机。（上已闻淮阴侯诛，使使拜丞相何为相国，益封五千户，令卒五百人一都尉为相国卫。诸君皆贺，召平独吊。召平者，故秦东陵侯。秦破，为布衣，贫，种瓜于长安城东，瓜美，故世俗谓之“东陵瓜”，从召平以为名也。召平谓相国曰：“祸自此始矣。上暴露于外而君守于中，非被矢石之事而益君封置卫者，以今者淮阴侯新反于中，疑君心矣。夫置卫卫君，非以宠君也。愿君让封勿受，悉以家私财佐军，则上心说。”相国从其计，高帝乃大喜。《史记·萧相国世家》）

高祖十二年（前195）是第三次。这次的情况和第二次十分相似，还是刘邦在外平叛，留萧何在朝，只不过这次是黥布叛乱。刘邦多次派遣使者来问萧何在做些什么。萧何做了什么呢？还是和以前一样，努力安抚勉励百姓，协调各方保证前线的军需供应。这时有个说客对萧何说：您要不了多久就要被灭族了。您想想，你位为相国，功居第一，已经是最高的奖赏了，难道还可以再有更高的位置和赏赐给您吗？而且您从刚进关中的时候起，就深得民心，到现在已有十多年了，百姓们都亲附您，您也总是勤勉办事对得起百姓的归心。皇上之所以屡次派人来问您的情况，是怕您利用自己的威望动摇关中啊。如今您何不多买些田地，炒炒土地，放放高利贷，干点“自黑”的事，这样皇上对您就放心了。于是萧何听从了说客的计策，又博得了刘邦的欢心，顺利渡过危机。（汉十二年秋，黥布反，上自将击之，数使使问相国何为。相国为上在军，乃拊循勉力百姓，悉以所有佐军，如陈豨时。客有说相国曰："君灭族不久矣。夫君位为相国，功第一，可复加哉？然君初入关中，得百姓心，十余年矣，皆附君，常复孳孳得民和。上所为数问君者，畏君倾动关中。今君胡不多买田地，贱贳贷以自污？上心乃安。"于是相国从其计，上乃大说。《史记·萧相国世家》）

萧何的善于自保不仅表现在处理君臣关系上，更表现在与诸侯的相处中。最典型的事件就是他临终之时，能够抛弃私人成见，举荐曹参继承相位。

曹参和萧何本来是老战友，两人结下梁子正是缘于刘邦在高祖六年排功臣名次。惠帝二年（前 193），萧何走完了他的一生。临终前，惠帝亲自前去探视，并询问萧何：您百年后谁可以代替您成为国相呢？萧何没有正面回答，而是说：没有人比君主自己更了解臣子了。惠帝再问：曹参怎么样？萧何连连点头说：皇上选对人了，我死了也没有什么可担心的了。（孝惠自临视相国病，因问曰："君即百岁后，谁可代君者？"对曰："知臣莫如主。"孝惠曰："曹参何如？"何顿首曰："帝得之矣！臣死不恨矣！"《史记·萧相国世家》）

这番对话为萧何的一生画上了圆满的句号，也给他留下了"不计私嫌"的雅名。同时，我们也可以看出，萧何在经历了这么多世故变迁之后，变得是多么小心谨慎。已是临终之人，面对刚刚十八岁的惠帝，他也不愿直抒胸臆，而是等惠帝点出曹参，才表态全力支持。

萧何购置房产，一定要买在最荒僻的地方。而且从来不买有高大围墙的宅子。他说：后代贤能，会学习我的节俭；后代不贤，这种房子也不会被新权贵盯上夺走。（何置田宅必居穷处，为家不治垣屋。曰："后世贤，师吾俭；不贤，毋为势家所夺。"《史记·萧相国世家》）

相权与君权的矛盾总是在不断协调中相互博弈，因此，即便萧何与刘邦私交甚笃，也无法避免屡遭猜忌的命运。为了自保，萧何处心积虑，有时甚至不择手段，令人不齿，但他最终还算善终了。

至此，我们用了九章的篇幅详细讲述了刘邦分封列侯的情形。目的有两个：一是说明刘邦是遵守承诺的人；二是说明刘邦构建了一个受封集团。

兑现承诺是为了赢得功臣派的支持，这一派对于巩固西汉政权关系极大，是刘邦政权的基石。而且，当异姓诸侯王出现叛乱时，刘邦成功利用受封集团打败了异姓诸侯王。那么建汉后，除了大封列侯，为了巩固江山，刘邦还采取过哪些措施呢？

刘姓封王

刘邦在大封二十九位列侯的同时，还分封了四位同姓诸侯王。此前已经分封了七位异姓诸侯王，现在又封了四位同姓诸侯王，这是为什么？从分封异姓诸侯王到分封同姓诸侯王，他的分封思想发生了怎样的转变？这些转变又透露出什么样的信息呢？

小弟最受宠：不仅是手足

刘邦弟兄四个，老大死得早，老二最受太公喜爱，刘邦排行老三，小弟刘交与他关系最亲。

沛县起兵后，刘邦遭遇了造反以来的第一次大危机——雍齿叛变，大本营丰邑失守。为了夺回丰邑，刘邦决定投奔景驹。临走之前，他特意安排二哥刘仲、审食其留在家中照顾太公，自己则带上小弟刘交，和萧何、曹参一块儿去见景驹。无奈秦军来得太突然，这次投奔行动被迫终止，刘邦只好顺势改投项梁。项梁立楚怀王后，刘邦奉命西征——取南阳，进入武关；战蓝田，终至霸上。这一系列交战，刘交都全程参与，其间受封文信君。接下来的楚汉之争，刘交继续追随三哥刘邦。不管是灭秦，还是亡楚，刘氏兄弟中只有刘交一直陪侍着刘邦，备受其信任，他主要负责传达刘邦所下的各种指令，而事关机密的研究讨论会也总少不了他。征战七年，刘邦的卧室只有两个人可以自由出入，一个是卢绾，另一个就是刘交。（高祖既为沛公，景驹自立为楚王。高祖使仲与审食其留侍太上皇，交与萧、曹等俱从高祖见景驹，遇项梁，共立楚怀王。因西攻南阳，入武关，与秦战于蓝田。至霸上，封交为文信君，从入蜀汉，还定三秦，诛项籍。即帝位，交与卢绾常侍上，出入卧内，传言语诸内事隐谋。《汉书·楚元王传》）

高祖六年（前 201），韩信被刘邦诱捕，楚国也被一分为二。原楚国的淮西之地，包括薛郡、东海郡、彭城郡三十六个城统统划归新楚国，刘交被封为新楚王。

刘氏兄弟四人，只有刘交是位读书人，并对汉初《诗》学的发展贡献不菲。有哪些贡献呢？

一是重视师承。

刘交读书有道，年轻时候曾与鲁地的穆生、白生、申公一起求学于著名《诗》学专家浮丘伯。《诗》，即我们今天所讲的《诗经》，浮丘伯是先秦著名学者荀卿的门人，因遭逢秦始皇焚书坑儒，便和其他同门散了，各自流落。（少时尝与鲁穆生、白生、申公俱受《诗》于浮丘伯。伯者，孙卿门人也。及秦焚书，各别去。《汉书·楚元王传》）刘交的《诗》学是正宗师承的学识，而重视师承也是刘交《诗》学的特色之一，并逐渐成为整个汉代《诗》学的一大亮点。

二是重用申公。

楚王刘交一上任，立即利用自己手中的政治资源，延请穆生、白生、申公担任楚国的中大夫。这三位中，申公不仅是刘交的学友，更是西汉《诗》学大师、经学大师。申公，名培，亦称申培公，乃是今文经学中《鲁诗》的开创者，对《诗经》的保存、流传做出过重大贡献。汉初流传“三家诗”（齐、鲁、韩），加上后来的《毛诗》，被合称汉代“四家诗”。后来汉文帝听说申公的《诗》学最精，任命他为国家的《诗》学博士。于是，《诗》学成为西汉中央政府最早开设的正式课程。汉武帝初年，申公在八十多岁的高龄被请到中央政府讲学。他的弟子王臧则是武帝初年中央政府儒家思想的积极倡导者。

三是培养家学。

刘交不仅自己习《诗》，还让几个儿子也都学《诗》，曾派儿子郢客（或称郢）拜学申公。（元王遣子郢客与申公俱卒业。文帝时，闻申公为《诗》最精，以为博士。元王好《诗》，诸子皆读《诗》。《汉书·楚元王传》）

由此可见，刘交对西汉初年《诗》学的传播影响很大。

虽然刘邦不喜欢儒生，但他还是很厚爱研究《诗经》的弟弟，那么其他兄弟呢？他会不理不睬吗？

当然不会！

刘邦的大哥死得早，大嫂与刘邦的关系闹得很僵。曾经有几次刘邦与几位朋友到大嫂家吃饭，大嫂假装锅里的汤已经没有了，用铲子刮得锅底"噌噌"响，几位朋友不好意思，纷纷告辞，弄得刘邦很尴尬。后来刘邦功成名就伟业初定，开始大肆分封宗族内亲，兄弟和侄子被一一封为诸侯王，只有大哥的儿子被冷落。太公专为此事找刘邦，刘邦说：我不是忘了，而是因为这孩子的母亲不是位长者。一直拖到高祖七年（前200）十月，刘邦才封大哥的儿子刘信为"羹颉侯"。什么是"羹颉"呢？其实就是铲子刮锅的声音，很上不得台面。（初，高祖微时，常避事，时时与宾客过其丘嫂食。嫂厌叔与客来，阳为羹尽，轑釜，客以故去。已而视釜中有羹，繇是怨嫂。及立齐、代王，而伯子独不得侯。太上皇以为言，高祖曰："某非敢忘封之也，为其母不长者。"七年十月，封其子信为羹颉侯。《汉书·楚元王传》）

刘邦的二哥刘仲是太公的最爱，所以刘邦当初打算投奔景驹的时候，安排二哥刘仲在家照顾太公。高祖六年（前201），代王韩信（韩王信）叛变，投降匈奴，刘仲遂被封为新一任代王。

刘仲其实是一个老实巴交只想挣点小产业的人，说到政治才干，那是远不如刘邦。他所统辖的代国（王都在今山西太原）与匈奴接壤，常遭侵扰。高祖八年（前199），刘仲见坚守无望，竟弃国逃亡，抄小路跑回了洛阳。刘邦很无奈，虽说是自家兄弟，但毕竟是弃国逃亡的重大过失，所以只好将刘仲降为郃阳侯。（高帝已定天下七年，立刘仲为代王。而匈奴攻代，刘仲不能坚守，弃国亡，间行走雒阳，自归天子。天子为骨肉故，不忍致法，废以为郃阳侯。《史记·吴王濞列传》）

刘仲在汉代历史上无足轻重，可他却有一个赫赫有名的儿子，那就是吴王刘濞。高祖十一年（前196），黥布叛乱，东并荆国，杀荆王刘贾；

西击楚地，逼迫楚王刘交逃到薛地。此时的刘濞刚刚二十岁，身强力壮，以骑将的身份随刘邦平定叛乱，立下战功。刘邦给他打出不错的印象分。

由于被杀的荆王刘贾没有后人，吴郡、会稽郡的民风又极为彪悍，刘邦寻思着不找一个年富力强的刘姓诸侯王，很难镇住这块地方。最初，刘邦想任命自己的儿子来管理，但身为皇太子的刘盈，年纪太小无法兼任，庶长子刘肥又另有任命，其他儿子更是年幼，根本无法掌控一个王国。思前想后，刘邦选择了二哥家这位年富力强的侄子刘濞，让他担任吴王之职，统辖三郡五十三城。册封完成，刘邦将刘濞召来，本想交代几句，却猛然发现刘濞面有反相，心里很后悔，无奈木已成舟，不便再改。于是他抚着侄子刘濞的背说：五十年后东南地区将有叛乱者，难道会是你吗？你记着，天下同姓是一家，千万记着不要谋反！刘濞毫无准备，忽听此言，吓得一边叩头一边说：不敢不敢。（上患吴、会稽轻悍，无壮王以填之，诸子少，乃立濞于沛为吴王，王三郡五十三城。已拜受印，高帝召濞相之，谓曰："若状有反相。"心独悔，业已拜，因拊其背，告曰："汉后五十年东南有乱者，岂若邪？然天下同姓为一家也，慎无反！"濞顿首曰："不敢。"《史记·吴王濞列传》）

真作假时假亦真，假作真时真亦假。刘邦说这话，真真假假虚幻得很，他怎么可能看得出刘濞面有反相？如果他真会看相，怎么没看出吕后会杀他三个儿子？怎么没看出吕后会残害戚夫人？相面之说，大概多半是后人添油加醋的杰作。

儿子不会忘：庶出也是亲骨肉

除了庶长子刘肥，刘邦的其他几个儿子当时都太年幼，无法承担诸侯王的职责，因此在高祖六年（前 201）第一次分封的四位刘姓诸侯王中，只有刘肥是以刘邦子嗣的身份受封的。

刘邦麾下的第一任齐王是韩信。在剿灭项羽后，刘邦所做的第一件事就是袭夺韩信军权。当时韩信统领着三十万精兵，是消灭项羽军团的主力，同时也是刘邦最不放心的一支武装。因此，在敌我斗争结束后，收回军权至关重要。

韩信失了军权，齐王的头衔成了摆设，刘邦顺势将韩信徙封到楚地。齐地空了一年多，才在高祖六年到了刘肥手里。那么，刘肥缘何能受封齐王呢？

首先在于其庶长子的身份。刘邦的嫡长子刘盈在汉二年（前205）就被确立为王太子，汉五年（前202），随着刘邦称帝，刘盈成为皇太子。刘盈生于前211年，高祖六年时才11岁，还是一位少年，无法兼任诸侯王。而庶长子刘肥比刘盈年长不少，至于究竟有多大，史载不详。不过可以肯定的是，刘邦与吕雉结婚时他就已经存在了。（齐悼惠王刘肥者，高祖长庶男也。其母外妇也，曰曹氏。《史记·齐悼惠王世家》）

其次在于齐地战略位置的重要。齐国坐拥七十余座城池，在当时异姓诸侯王、同姓诸侯王并存的时代，无疑是最抢眼的诸侯国之一。

诱捕韩信那天，刘邦手下一位名叫田肯的谋士曾直言道：陛下抓了韩信，又建都关中，可谓双喜临门。秦地地势极佳，兼有河山之险，以两人之力便可抵挡一百之敌。另一个重要的地方是齐地，以两人之力便可抵挡十人之敌。所以，齐地相当于西秦。这个地方，若非自家亲兄弟、亲子嗣，千万不要轻易让他人称王。刘邦听了很是高兴，连声称好，并赏赐给田肯黄金五百斤。（田肯贺，因说高祖曰："陛下得韩信，又治秦中。秦，形胜之国，带河山之险，县隔千里，持戟百万，秦得百二焉。地执便利，其以下兵于诸侯，譬犹居高屋之上建瓴水也。夫齐，东有琅邪、即墨之饶，南有泰山之固，西有浊河之限，北有勃海之利。地方二千里，持戟百万，县隔千里之外，齐得十二焉。故此东西秦也。非亲子弟，莫可使王齐矣。"高祖曰："善。"赐黄金五百斤。《史记·高祖本纪》）

其实在此之前，刘邦对分封同姓诸侯王已经有了一些规划，现在听人这么一说，齐地的闲置问题陡然成为一块心病。对于刘邦而言，将韩信徙封为楚王后，齐地该如何处置一直困扰着他，只是当时不是分封刘姓诸侯王的时机，具体如何操作也没有考虑成熟，但田肯的一番话，触动了他的这根神经。

那么，究竟是哪句话打动了刘邦呢？我们来看看同时受封的几位同姓诸侯王就明白了。二哥刘仲被封为代王，管辖云中、雁门、代、太原四郡；

小弟刘交被封为楚王，管辖淮西三郡三十六城；刘贾被封为荆王，管辖淮东五十二城。这三位同姓王的封地都没有刘肥的齐国大，刘肥管辖胶东、胶西、临淄、济北、博阳、城阳、琅邪七郡七十三城。除此之外，刘邦还下令，凡是说齐语的百姓统统归齐王。多年以来，战乱频发，齐国百姓流离失所的非常多，这样强制流民回归故土是壮大齐国的重要举措，在汉初仅此一例，其用意不言而喻。（后十余日，封韩信为淮阴侯，分其地为二国。高祖曰将军刘贾数有功，以为荆王，王淮东。弟交为楚王，王淮西。子肥为齐王，王七十余城，民能齐言者皆属齐。《史记·高祖本纪》）

刘肥尽管是庶子，但他毕竟是刘邦的亲骨肉，比起兄弟这层关系，父子关系总要更私密几分。如此，我们就不难理解为什么田肯一句“非亲子弟，莫可使王齐矣”可以成功换得五百斤金了。

姓刘就沾光：没有办法的办法

刘邦诱捕了楚王韩信后，将原楚国一分为二，淮西三十六城封给了最宠爱的弟弟刘交，淮东五十二城封给了荆王刘贾。

刘贾是何许人也？《史记·荆燕世家》中仅介绍说，刘贾姓刘，不清楚具体来自刘氏家族哪个分支。总之，刘贾是刘邦的亲戚这一点是毫无疑问的。

那么，刘邦为何会封他为荆王呢？

原因有二：一姓刘，二有功。

刘邦诱捕韩信时就已经在考虑分封刘姓诸侯王以镇抚天下的事儿了，但他的儿子们都太小，兄弟又少，且都没什么大本事。主观上急欲封王，客观上又没有多少同姓族人能担当重任。就在此时，刘贾显露出来。他是刘邦的亲属，而且有战功。（当是时也，高祖子幼，昆弟少，又不贤，欲王同姓以镇天下，乃诏曰：“将军刘贾有功，及择子弟可以为王者。”群臣皆曰：立刘贾为荆王，王淮东五十二城；高祖弟交为楚王，王淮西三十六城。《史记·荆燕世家》）

刘贾到底有何战功呢？

捣毁粮道。

汉四年（前 203），刘邦成皋惨败，纪信、周苛、枞公以身相救，换来了他与滕公的侥幸突围。于是刘邦马不停蹄地渡过黄河，趁韩信、张耳还没有起床，夺下精锐的赵军。原打算带着这支精兵回转至荥阳、成皋和项羽再战，却被郎中郑忠劝阻。刘邦接受了郑忠的建议，筑深沟高垒，避免正面交战，派出最值得信赖的卢绾和刘贾，率两万步兵和数百骑兵渡河，深入楚地，攻击楚军粮道，烧掉其存粮，破坏项羽后方供给线。这次偷袭效果显著，楚军不得不转过头来对付刘贾。而刘贾则采用防守策略，“不肯与战”，并与彭越遥相呼应，攻下梁地十几座城，迫使项羽从荥阳回军。（汉四年，汉王之败成皋，北渡河，得张耳、韩信军，军修武，深沟高垒，使刘贾将二万人，骑数百，渡白马津入楚地，烧其积聚，以破其业，无以给项王军食。已而楚兵击刘贾，贾辄壁不肯与战，而与彭越相保。《史记·荆燕世家》）

合围项羽。

鸿沟议和后，刘邦单方面撕毁协议，下令追击撤退的项羽军团。可万万没想到，军至固陵，被撤退的项羽军团杀了个回马枪。汉军受挫，刘贾临危受命，南渡淮河，包围寿春，招降了西楚国大司马周殷。周殷是项羽手下为数不多的几个亲信之一，也是统率彭城以南楚军的总指挥。他的叛变，导致彭城以南的楚军几乎全盘崩溃。随后，周殷又协助刘贾攻下九江，迎接黥布，从垓下以南合围项羽。（汉五年，汉王追项籍至固陵，使刘贾南渡淮围寿春。还至，使人间招楚大司马周殷。周殷反楚，佐刘贾举九江，迎武王黥布兵，皆会垓下，共击项籍。《史记·荆燕世家》）

俘虏共尉。

共尉是临江王共敖之子。共敖是楚国贵族后裔，曾任楚怀王熊心的柱国（楚制最高武官）。项羽大封诸侯王时，共敖因为曾经攻下南郡而功封临江王，都江陵（今湖北江陵），统辖秦帝国的南郡（今湖北省）。共敖死得早，其子共尉继承了他临江王的王位。刘邦灭掉项羽之后，共尉坚决不肯投降。身在南方的刘贾奉命与卢绾一起讨伐共尉，终于将其俘虏。（初项羽所立临江王共敖前死，子尉嗣立为王，不降。遣卢绾、刘贾击虏尉。《汉书·高帝纪》）

刘贾的确有功，而且功不可没，但刘邦集团中拥有这样级别军功的功臣数不胜数，而刘贾之所以能被封为荆王，主要还是沾了姓刘的光！

封刘为哪桩：从“因功封王”到“因亲封王”

刘邦大封同姓诸侯王，这是为什么呢？

原因一，借此削弱异姓诸侯王的势力。

关于这一点，我们可以从以下两个方面来分析：

一是异姓诸侯王如何被封。

刘邦封异姓诸侯王是不得已而为之。从时间的阶段性来看，异姓诸侯王绝大多数受封于楚汉战争期间，只有燕王卢绾是个例外。

楚汉战争中，刘邦一直处于下风，彭城大败便是一个明证。荥阳战场上历时二十八个月的僵持，直到后期刘邦才逐渐控制局面，最终战胜项羽，统一天下。究其获胜原因，刘邦自己归功于“三杰”，大量史实也表明，韩信、彭越、黥布等人的助力，确实是刘邦最终取得天下的重要砝码。

韩信、彭越、黥布合围项羽于垓下，逼得西楚霸王乌江自刎。事实上，要韩信、彭越、黥布出兵围剿项羽也是有代价的，那就是封王封地——韩信被封为齐王，彭越被封为梁王，黥布被封为淮南王。即使如此，当刘邦被困在固陵的时候，还是乖乖听了张良的话，加封了齐王韩信、梁王彭越的封地，才得以让他们出兵相助。可见，刘邦灭掉项羽其实是依靠了封王封地的手段，汉初异姓诸侯王的出现也正是这种现实状况下合理存在的必然现象。

二是同姓诸侯王都封在哪儿。

刘邦分封同姓诸侯王时有一个共同点，那就是所封区域都集中在原异姓诸侯王的封地上。比如将原来的齐地封给齐王刘肥；将原来的楚国一分为二，分别封给楚王刘交和荆王刘贾；赵王张敖被废后，立爱子刘如意为赵王；杀梁王彭越后，立子刘恢为梁王，刘友为淮阳王；平定淮南王黥布后，立子刘长为淮南王；平燕王卢绾后，立子刘建为燕王。所有刘氏诸侯王，特别是皇子身份受封的，全部是在原异姓诸侯王的封地上。

弄清楚这两点以后，自然就可以搞清楚：异姓诸侯王是不得不封的，但这绝非刘邦的本意。同姓诸侯王是刘邦真心想封的，势在必行。从历史宏观变迁来看，封同姓以削弱异姓诸侯王是必然态势。

原因二，巩固刘姓政权。

刘邦分封异姓诸侯王是受形势所迫。早在高祖六年（前201）诱捕韩信时，刘邦心中就惦记着“王同姓”，特别是分封自己的儿子为诸侯王。庶长子刘肥受封齐王就是一个信号，它是刘邦大封诸子为诸侯王的开始。刘仲、刘交受封诸侯王是兄弟封王，刘贾受封荆王则是儿子年幼、兄弟稀少又不贤的无奈之举。

而大封同姓诸侯王是为了“镇抚四海，用承卫天子也”（《史记·汉兴以来诸侯王年表》）。这一目的，史书中也有许多相似的表述，譬如“欲王同姓以镇天下”（《史记·荆燕世家》），“大封同姓，以填天下”（《汉书·高五王传》）。

大封同姓诸侯王是汉初的一件大事，那么究竟它对西汉政权具有怎样的意义呢？

第一，稳定政局。

自从分封异姓诸侯王后，“十年之间，反者九起”（《汉书·贾谊传》），直到生命的终结，刘邦几乎没有过上几天消停日子。相反，分封同姓诸侯王后，高帝、惠帝、吕后三朝，从来没有发生过同姓诸侯王谋反的事情。高祖十二年（前195）黥布叛乱的时候，荆王刘贾、楚王刘交都坚定地站在了“政府”这一边，奋勇抵抗，荆王刘贾因此而殉难。吕后下世，齐王刘襄第一个举兵翦除诸吕，周勃、陈平得以成功翻盘，除了我们前面讲过的灌婴倒戈助阵，刘襄首义功不可没。所以说，如果没有刘邦分封的同姓诸侯王，就难有最后铲除诸吕的政局。同姓诸侯王确实在汉初起到了稳定政局的良好作用。

此外，这些同姓诸侯王与朝中的功臣派相互制衡，互相影响，也是维护政局稳定的重要因素。

第二，巩固政权。

吕后下世后，刘襄举兵，讨伐诸吕，天下郡县官吏都秉持着观望的态度，不积极不主动。当然，你也不能怪别人“坐山观虎斗”，毕竟是老刘家与老吕家在争天下，外人干吗非要蹚浑水呢？与此同时，齐王刘襄在外，朱虚侯刘章、东牟侯刘兴居、典客刘揭在内，也都大力协助周勃、陈平实施剿灭行动。

汉文帝刘恒麾下重臣宋昌在力劝刘恒（当时刘恒还只是代王）入主汉廷时曾说：

> 高帝封王子弟，地犬牙相制，所谓盘石之宗也，天下服其强。……今大臣虽欲为变，百姓弗为使，其党宁能专一邪？内有朱虚、东牟之亲，外畏吴、楚、淮南、琅邪、齐、代之强。（《史记·孝文本纪》）

宋昌对高祖刘邦分封同姓诸侯王这一决策，在巩固刘氏政权中的作用解析得非常透彻，可以看作当时人的点评。

第三，发展文化、经济。

分封同姓诸侯王后，刘邦赋予了他们较大的权力，大大调动了他们的积极性。汉初中央政府实行清静无为的政策，轻徭薄赋，诸侯王国大都贯彻执行了这一方针路线。尤其是曹参为相的齐国，率先实行了无为而治，九年之间，“齐国安集”，一时传为佳话。

诸侯王为了自身的发展壮大，招贤纳士，吸引了大批人才。汉初中央政府主要任用功臣为官，大批贤士纷纷流向诸侯王，或为王师，或为王友，或为王臣。譬如楚王刘交，接纳了一批经学之士，传播学术文化，《鲁诗》便是出自刘交楚国中大夫申公之手，刘交本人也著有《元王诗》一书传世。（申公始为《诗》传，号《鲁诗》。元王亦次之《诗》传，号曰《元王诗》，世或有之。《汉书·楚元王传》）

可见，在一定的历史时期，分封同姓诸侯王拥有着非同寻常的积极意义。

从分封异姓诸侯王到分封同姓诸侯王，刘邦的分封思想发生了一个重大的转变：由“因功封王”转变为“因亲封王”。从高祖六年（前201）分封四位同姓诸侯王开始，刘邦诸子相继登上王位。此后刘邦又与功臣盟誓——非刘不王，只有刘氏皇族才能受封诸侯王，这一条汉家定制，彻底推翻了异姓诸侯王存在的理论依据。

不管是分封同姓诸侯王还是分封异姓诸侯王，刘邦一直很热衷于这种活动，这又是为什么呢？既然分封异姓诸侯王是不得已而为之，那在解决了异姓诸侯王的问题之后，他为什么还要继续封同姓诸侯王呢？为什么不将这些诸侯王国直接改为郡县呢？

这是一个十分重要的问题。

刘邦之所以钟情于分封诸侯王，主要是他对西汉建立后应该采用什么形式的政体有一个非常明确的设想：在帝国的边远地区必须采用分封制建立诸侯国。

他的这一设想与其总结秦帝国二世而亡的教训密不可分。

周朝实行分封制，传国八百多年，周朝末年，中央权力削弱；秦朝实行郡县制，高度集权，中央权力得到加强，但二世而亡。这段历史，对大汉机制的建立影响很深。西汉政府的上层人士普遍认为：周、秦之间的根本区别就在于周朝实行分封制，秦朝实行郡县制。秦末大起义开始后，地方郡县各种功能很快陷入瘫痪。秦帝国没有一个同姓诸侯王，因而也没有任何一个地方机构拥有强大的兵力可以捍卫中央政府。除关中以外，整个天下立即被汹涌澎湃的起义浪潮吞噬。汉初人们总结秦帝国速亡的教训，都认为不设诸侯国是秦帝国速亡的重要原因。当然，汉初期的统治阶层也意识到暴政、苛法对秦帝国灭亡起到的推动作用，但说到底，这一切都抵不过这样的共识——郡县制不利于国家的长治久安。

不光是刘邦这样的创业者、领导者有这样的认识，后世力主中央集权的贾谊也认为：

> 高皇帝瓜分天下以王功臣，反者如猬毛而起，以为不可，故薪去不义诸侯而虚其国。择良日，立诸子雒阳上东门之外，毕以为王，而天下安。（《汉书·贾谊传》）

高皇帝把天下分封给功臣们，设立异姓诸侯王，结果反叛的诸侯王犹如刺猬毛一样多，于是将异姓诸侯王一一削去，选择良日，把自己的儿子全部封为诸侯王，天下很快就安定了。

可见汉初期，人们对在边远地区设立诸侯国，分封同姓诸侯王的问题是有共识的，这也导致刘邦在诛灭异姓诸王后，趁势在原异姓诸侯王的封国里分封同姓诸侯王。当然，无论是异姓还是同姓，都秉承着一个原则——地处偏远地区，而中央政府所在地及周边则一律实行郡县制，由中央政府直接领导。

刘邦当上了皇帝，他的兄弟、儿子、侄子也都坐上了诸侯王的位置，甚至到了但凡是个姓刘的都能捞个一官半职来当当的地步。那么，他的父亲太公呢？刘邦会如何安排自己的父亲呢？

太上皇

一人得道，鸡犬升天。刘邦当上了皇帝，他的兄弟、儿子、侄子，一个个也登上了诸侯王的宝座。刘邦陆续把亲朋好友们都安排得很“妥当”，对于自己的老爸，他又是如何安排的呢？

您老是老大：加封“太上皇”

高祖六年（前 201），刘邦急封雍齿，以此稳住了朝中大臣后，返回栎阳（今西安）。栎阳是战国时期秦国故都，秦献公迁都于此，孝公即位后也曾在这里定都。商鞅主政时，建都咸阳，秦孝公才搬走。

回到栎阳后，刘邦一般都是每隔五天前去看望自己的父亲太公一次。其实“太公”原本是对长辈的尊称，按今天的说法就是“老先生”的意思，《史记》《汉书》都用这一称谓特指刘邦的父亲。

有一天，太公的管家（家令）对太公说：天无二日，土无二王。皇上虽是您的儿子，但贵为天子；您虽然是他的父亲，但同时也是他的臣民，如今怎么能让皇上来拜见臣民呢？如果一直这样持续下去，皇上的威严就会受到损害。过了几天，皇上按照惯例前来拜见太公，却见太公手里拿着扫帚，亲自到大门口迎接，倒退而行——这是行大礼！刘邦见父亲如此举动，大吃一惊，连忙上前搀扶。太公坚持自己的行为，并说：皇帝是人主，怎么可以因为我乱了天下的法令？刘邦很了解自己的父亲，他知道父亲说不出这么高水平的话，便派人前去打听，得知管家才是这场“大戏”的编剧兼导演，刘邦心里很是感动，马上赏赐太公的管家五百斤黄金。（上归栎阳，五日一朝太公。太公家令说太公曰：“天亡二日，土亡二王。皇帝虽子，人主也；太公虽父，人臣也。奈何令人主拜人臣！如此，则威重不行。”后上朝，太公拥彗，迎门却行。上大惊，下扶太公。太公曰：“帝，人主，奈何以我乱天下法！”于是上心

善家令言，赐黄金五百斤。《汉书·高帝纪》）

五月的一天，刘邦亲自下了一道诏书：

> 人之至亲，莫亲于父子，故父有天下传归于子，子有天下尊归于父，此人道之极也。前日天下大乱，兵革并起，万民苦殃，朕亲被坚执锐，自帅士卒，犯危难，平暴乱，立诸侯，偃兵息民，天下大安，此皆太公之教训也。诸王、通侯、将军、群卿、大夫已尊朕为皇帝，而太公未有号。今上尊太公曰太上皇。（《汉书·高帝纪》）

人伦关系中最亲的莫过于父子，所以父亲拥有天下，一定传位给儿子；儿子有了天下，也一定把功劳归于父亲，这是人伦的最高境界。此前天下大乱，灾兵四起，万民受苦。我亲自披铠甲，执利器，率领士兵，平定暴乱，封立诸侯，息兵休民，天下大安，这全是太公教诲的结果。各位诸侯王、列侯、将军、众卿、大臣们已经尊我为皇帝，但到现在，我的父亲一直还没有封号，我今天就为太公上尊号为“太上皇”。

“太上”就是至高无上的意思，“太上皇”就是至高无上的皇上。从此，刘邦之父太公便被称为太上皇。

老大从哪儿来：史有前例

“太上皇”的称谓并不是刘邦发明的。据《史记·秦始皇本纪》记载，秦王赵政兼并六国后，不满足自己称王，下令让大臣们为他上尊号。包括廷尉李斯在内的众大臣经过商议，认为古有天皇、地皇、泰皇等尊称，而泰皇之称最尊，所以建议其称“泰皇”。（臣等谨与博士议曰：“古有天皇，

有地皇，有泰皇，泰皇最贵。”臣等昧死上尊号，王为“泰皇”。《史记·秦始皇本纪》)

秦王赵政对大臣们的建议加以修正，指示：“去‘泰’，著‘皇’，采上古‘帝’位号，号曰‘皇帝’。它如议。”自己称“皇帝”，同时“追尊庄襄王为太上皇”（《史记·秦始皇本纪》）。

可见，“太上皇”一词最早是秦始皇为其已经故去的父亲上的尊号。所以，“太上皇”指故去的皇帝之父，这是该词的最早意义。这里的“太上”，是最高、最尊贵之义。

秦始皇的父亲，名子楚，或名异人，史称庄襄王。他曾经作为秦国的质子（做人质的国君之子）被困在赵都邯郸很长时间。后来，靠着吕不韦的运作，说动了父亲安国君最宠爱的华阳夫人，异人终成嫡子，并在孝文王下世后，继承王位，是为庄襄王。赵政作为庄襄王的儿子，被立为太子。庄襄王故去后，赵政继承王位，兼并六国，自封秦始皇。

如果不是父亲身为秦王，赵政不可能继承王位，更不可能成为秦始皇。“太上皇”之称，自然就是为了尊贵其父。

干吗封老大：尊父即是尊己

刘邦为什么要称其父为太上皇呢？自然也是为了表示父亲地位的尊贵。那么，他们父子俩的关系究竟如何呢？说完下面这六件事，您心中自然就有答案了。

第一，安排留守。

当年雍齿叛变，丰邑失守，刘邦准备投奔景驹借兵，临行前不忘特意安排二哥和审食其留下来照顾太公。

第二，未能接父。

彭城大战前，刘邦曾打算接走太公、吕雉和一双儿女，却因为一时大意糊涂，未能成行。彭城兵败，刘邦在逃亡路上舍命绕道去接家人，但为时已晚，太公和吕雉等人最终落于楚兵之手，成为人质。

第三，烹了喝汤。

汉四年（前 203），刘、项两家在荥阳相持不下。因为受不了彭越屡断楚军粮道的游击战，项羽在情急之下把太公提出来，放在两军阵前的大锅上，要挟刘邦说：如果不投降，就要烹太公。刘邦左右为难：要救父亲，就得放弃和项羽争天下；要继续和项羽争天下，就救不了父亲。最后，他不得不做出了一个艰难的决定，说："吾翁即若翁，必欲烹而翁，则幸分我一杯羹。"

对于项羽企图烹杀太公的举动，刘邦的应对多少让人觉得太过无情。只顾自己争天下、当皇帝，完全不顾父亲的生死安危。然而，对刘邦而言，建国称帝是他的最高理想，并且他也在不遗余力地朝着理想奋斗，任何阻碍他前进的事情都必须让路。在这样的人生信念指引下，刘邦选择舍弃父亲是必然的。败走彭城后，他曾屡次将亲生女儿踹下车也是同样的道理。

项伯面对太公随时可能被杀的凶险局面，说道："为天下者不顾家，虽杀之无益，只益祸耳。"（《史记·项羽本纪》）这句话明显是在保护太公，但也确实是明理之言。两方交兵，拿人父为人质已属不道义，何况以此威逼对方投降，更是不义之举。项伯所讲的"为天下者不顾家"，自古皆然。刘邦不救父亲、舍弃儿女确实冷酷无情，但也不能因此就断定他不孝、不慈。

第四，未央夸富。

高祖九年（前198），未央宫落成。刘邦非常高兴，在未央宫的前殿举行了一场大型酒会，大宴朝臣诸侯。望着金碧辉煌的宫殿，刘邦端着一杯酒，兴致勃勃地来到太上皇面前敬酒，并且讲了一番颇为有名的话：

> 始大人常以臣无赖，不能治产业，不如仲力。今某之业所就孰与仲多？（《史记·高祖本纪》）

当初父亲大人总认为我不行，不能创业治家，不如二哥能干。现在您看看我的产业和二哥相比，谁的更多呢？

说完，"殿上群臣皆呼万岁，大笑为乐"。

相信熟悉汉史的人对这段话并不陌生，不过刘邦此时说这句话究竟有什么用意呢？是炫耀自己，还是拿太公开涮？

《史记》原文将"始大人常以臣无赖"一句与下文的"不能治产业"

相承而叙，对此，《史记集解》引用了许慎的解释：“‘赖，利也。’无利入于家也。”也就是说，“无赖”二字的指向是不能置产业。太公早年对刘邦颇为不满，认为他不能置家产，不如刘仲能赚钱。时过境迁，现在刘邦是治天下业，住黄金屋，自然难掩得意之情。因此，他这一席话绝非是嘲弄的意思，而是在炫耀自己的本事。

《史记·汉兴以来将相名臣年表》对未央宫夸富一事也有记载，我们可以引作旁证：

> 未央宫成，置酒前殿，太上皇辇上坐，帝奉玉卮上寿，曰：“始常以臣不如仲力，今臣功孰与仲多？”太上皇笑，殿上称万岁。

这条与《史记·高祖本纪》的记载相比较，多了“太上皇辇上坐”“太上皇笑”两句。显然，如果刘邦的话真是伤了太上皇的心，跌了太上皇的面儿，太上皇又怎么可能笑得出来呢？

前有“不救太公”，后有“取笑太上皇”，这两件事严重影响了人们对刘邦仁孝与否的判断，其实呢，“不救太公”是无奈，“取笑太上皇”是误读。

第五，营建新丰。

葛洪《西京杂记》里有这样的说法：

> 太上皇徙长安，居深宫，悽怆不乐。高祖窃因左右问其故，以平生所好，皆屠贩少年，酤酒卖饼，斗鸡蹴踘，以此为欢，今皆无此，故以不乐。高祖乃作新丰，移诸故人实之，太上皇乃悦。故新丰多无赖，无衣冠子弟故也。高祖少时，常祭枌榆之社。及移新丰，亦还立焉。高帝既作新丰，并移旧社，衢巷栋宇，物色惟旧，士女老幼，相携路首，各知其室。放犬羊鸡鸭于通涂，亦竞识其家。其匠人胡宽所营也。移者皆悦其似而德之，故竞加赏赠，月余，致累百金。

太上皇移居长安，住进深宫后，每天都闷闷不乐。刘邦很是奇怪，一打听才知道，原来太上皇喜欢和一些年轻的屠户、商贩结交朋友，卖酒卖饼，斗鸡蹋球，并以此为乐。现在换了环境，所有喜欢做的事儿做不了了，自然很抑郁。解决这个问题对于刘邦来说简直是小菜一碟。他一声令下，一座仿照沛县丰邑而造的新城拔地而起，名为新丰。刘邦还将太公的发小故交们全都迁了过来。太上皇一看，那是心花怒放。新丰城完全就是沛县丰邑的翻版，街道、房屋无不照旧，被迁来的人一看就知道自己的家在哪儿，连街上到处跑的狗、羊、鸡、鸭都能认出哪个是自己的窝。新丰城是匠人胡宽奉命建造的，所有从沛县迁居过来的人都很感谢他，争着给他送礼，一个多月下来，胡宽就收了很多金子。

唐人张守节的《史记正义》中，也曾征引有《括地志》的一段记载：

> 新丰故城在雍州新丰县西南四里，汉新丰宫也。太上皇时凄怆不乐，高祖窃因左右问故，答以平生所好皆屠贩少年，酤酒卖饼，斗鸡蹴踘，以此为欢，今皆无此，故不乐。高祖乃作新丰，徙诸故人实之。太上皇乃悦。

《西京杂记》不是信史，所载内容仅仅可作参考。但是，《括地志》的记载应当可信。参照两份史料来看，所说大体不差。

第六，立庙赦囚。

高祖十年（前 197）七月，太上皇驾崩，被安葬在万年（今西安）。刘邦大赦天下，栎阳死罪以下的囚犯得以赦免。八月，刘邦又下诏，命令各诸侯国在国都修建太上皇庙。

综上所述，刘邦对父亲确实是有无可奈何情急之下的不敬，但他尊父、敬父的情况也是有史可查的。不过，对刘邦不尊其父的议论始终不绝于耳。明人张萱《汉高祖尊母不尊父》一文明确表示：刘邦尊母不尊父。

张萱的说法有依据吗？有！

首先是封皇后、封太子，独不封太公。

汉五年（前 202）二月，刘邦在山东定陶即位称帝。当天，刘邦封吕雉为皇后，封刘盈为皇太子，追尊已故的母亲为昭灵夫人。唯独把父亲太公给撇到了一边儿。

其次是封兄弟、封儿子，仍不封太公。

据《史记·高祖本纪》记载，高祖六年（前201），刘邦封二哥刘仲、小弟刘交、庶长子刘肥、亲属刘贾四人为诸侯王，仍旧没有封太公。《史记·汉兴以来将相名臣年表》载刘邦于高祖六年“尊太公为太上皇。刘仲为代王”，似乎封“太上皇”先于封刘仲。不过二者比较起来，《史记·高祖本纪》的记载更为可信。如果没有太公管家的精心设计与太公的精彩表演，刘邦可能还想不到封太公为“太上皇”。

再次是未央夸富。

未央夸富尽管意不在讽刺，太公貌似也很开心，但在外人看来，这样的举动多少还是让太公很没面子，至少容易让人觉得，太公之前没有看出这位“不争气”的儿子竟能置下这么大的家业，有点儿鼠目寸光。

最后是以追尊死人的“太上皇”封活人，不敬。

张萱说的前三条都有一定的道理，这第四条就有些牵强了。刘邦尊太公为“太上皇”不能算是不敬。虽然刘邦本人读书不多，但他手底下有的是博学之士，至少陆贾、叔孙通等人都是饱读诗书之人，如果这个尊号太离谱，他们也会出面干预的。

老大影响大：开了在世加封的先例

秦始皇首创“太上皇”一词，用来追封已故的父亲秦庄襄王。而刘邦呢，将这个专有名词的外延扩大，使“太上皇”成为父皇的尊称，对后世产生了巨大影响。

中国古代史上的“太上皇”概念，在刘邦之后发生了很大变化，细细研究这些“太上皇”出现的前因后果，我们可以发现这个称谓形成的几大原因。

一是为了身后，提前退位。

后凉太祖吕光是中国历史上第一位真正的“太上皇”。吕光晚年病重，太子吕绍虽为正宫嫡子，但年轻仁弱，庶长子吕纂与次子吕弘既有能力又有野心。吕光担心自己死后吕绍掌控不了局面，所以生前传位给吕绍，自称太上皇帝，希望用既成事实来保住吕绍的位置。死前，他再三叮嘱吕纂、吕弘，要以国事大局为重，千万不要兄弟相残；否则，必然会被外人算计。谁知吕光刚死，吕纂、吕弘就立即发动政变，逼吕绍自杀，由吕纂继位。后来，吕隆（吕光弟吕宝之子）又杀吕纂自立。连续不断的内乱导致国势日衰。最终吕隆被后秦、南凉、北凉三国相逼，降于后秦，国亡。

二是年老有病，无法履政。

唐顺宗李诵是唐德宗的长子，贞元二十一年（805）以皇太子即皇帝位。即位后，久病不愈，只好立广陵王李纯为皇太子，下诏令皇太子全权处理国事。第二年，唐顺宗又下诏：让皇太子即皇帝位，自称太上皇。这样，李纯即皇帝位，为唐宪宗。元和元年（806），宪宗率百官为太上皇上尊号为“应乾圣寿太上皇”。不久，太上皇病死，年四十六。

三是迫于形势，不得不交权。

唐高祖李渊于武德元年（618）代隋建唐，即皇帝位于长安太极殿。武德九年（626）六月，秦王李世民以皇太子李建成与齐王李元吉“同谋害己”为借口，发动“玄武门之变”，迫使李渊下诏立李世民为皇太子。八月，李渊下诏传位于皇太子李世民，为唐太宗。李世民尊李渊为“太上皇”。李渊交出皇权，纯属不得已。

宣和七年（1125）十二月，宋徽宗赵佶以金兵逼迫，命皇太子赵桓为开封牧。不久，又下诏“内禅”，让皇太子即皇帝位，自称道君皇帝。皇太子赵桓登基为宋钦宗，尊徽宗为“教主道君太上皇帝”。靖康元年（1126），宋徽宗至镇江府躲避金兵。金兵撤退，徽宗又回到京师。靖康二年（1127），金兵攻破汴京，徽、钦二帝被俘，押至北方。

四是他人擅立，只能默认。

天宝十五载（756），因为安禄山叛乱，唐玄宗李隆基避乱到马嵬，太子李亨随驾。父老请留太子讨贼，李亨早有想法，趁机脱离玄宗，驻军朔方。大臣请太子李亨即位，李亨于是在灵武登基称帝，史称唐肃宗。唐肃宗尊李隆基为“上皇天帝”。唐玄宗无奈，只好自称太上皇。

正统十四年（1449），明英宗朱祁镇在宦官王振挑唆下亲征蒙古，酿成“土木堡之变”，他本人被蒙古瓦剌部俘获。他的弟弟朱祁钰在北京即位，尊朱祁镇为太上皇。第二年，朱祁镇被瓦剌放回，但朱祁钰已经做了皇帝，不愿还位。朱祁镇没有办法，只好做他的太上皇。景泰八年（1457），拥戴英宗的大臣抓住景帝朱祁钰生病的机会，发动兵变，迎立英宗复位。这是中国历史上唯一一位被迫退位后又成功夺回皇权的太上皇。

五是退居二线，实掌政权。

清高宗弘历，即乾隆皇帝，是清朝第六位皇帝。据说，弘历即帝位时曾焚香告天：如果能够在位六十年，即传位太子，不敢打破圣祖康熙在位六十一年的年限。乾隆六十年（1795），八十五岁高龄的乾隆皇帝，正式册立皇太子，并将第二年定为嘉庆元年（1796）。嘉庆即位后，尊乾隆皇帝为“太上皇帝”。但是，国家大政、重要的人事安排，太上皇都要亲自处理。所以，乾隆虽然名义上归政于嘉庆皇帝，实际上却大权在握。嘉庆四年（1799），太上皇弘历下世，终年八十九岁。乾隆皇帝是中国历史上少有的退居二线仍然握有实权的“太上皇”。他的训政长达三年，直到他下世为止。

六是淡泊政务，诚心内禅。

宋人洪迈对唐睿宗、宋高宗、宋孝宗大加褒奖，称他们“与尧舜合其德”。皇权以内禅的形式转移，是对皇位终身制的一种突破，但是，这种积极因素微乎其微。

不论如何，刘邦开创的尊皇父为“太上皇”的制度对后世的政局影响极大。“太上皇”的形式之所以如此复杂，实在是皇权的诱惑与重要使它很难内禅。

刘邦登基之后所以大封功臣、大封刘姓诸侯王，目的都是稳定政权，安定天下。那么，天下真的会因为他的这一系列举措而安定祥和吗？

白登之围

刘邦登基后，采取了一系列稳定政局的措施，包括大封列侯以满足功臣的诉求，大封刘姓诸侯王以巩固中央政府，同时对个别异姓诸侯王的封地也进行了调整。

其实，调整异姓诸侯王的封地对刘邦而言已经是轻车熟路。早些年将韩信从齐王徙封为楚王，就是一例。高祖六年（前 201），刘邦故技重演，将另一位异姓诸侯王也挪了个地方。但是，这一次的“拆迁”可是不得了，竟然酿成了一场大祸，不仅引发了异姓诸侯王的第一次叛乱，还差一点要了刘邦的老命。那么，这次危及刘邦生命的徙封到底是怎么回事呢？这次危机的最终结果又是怎样的呢？

都是“拆迁”惹的祸：防范过度

高祖六年（前 201），被刘邦瞄上的“拆迁户”叫韩信。此韩信非彼韩信，这个韩信是原韩襄王的孙子。司马迁写《史记》的时候，为了区别同时代的两个韩信，特意将此韩信称为“韩王信”。之所以称他为“韩王信”，是因为此人被刘邦封为韩王，而且任韩王的时间较长。这个韩王信有三大特点：一是身高“八尺五寸”，二是武功超群，三是遵奉“活命第一”的原则。

韩王信的命运转折于秦末大起义的时候。此前，战国七雄中第一个为秦所灭的就是韩国，韩国国君的后裔也大都被杀，韩王信隐姓埋名才得以苟全性命。秦末大起义爆发后，起义者们发现：如果立为秦所灭的六国国君后裔为王，反秦的事业可以事半功倍。毕竟这些政治名人在各地百姓心目中都有着相当高的知名度和巨大的号召力。于是，六国国君的后裔从被追杀的对象一跃成为炙手可热的抢手货。楚、燕、齐、赵、魏五国的国君后裔相继被立，唯独韩国国君被视为无后，人们只好立了韩国公子横阳君韩成为韩王，也就是人们熟知的韩王成。（及项梁之立楚后怀王也，燕、齐、赵、魏皆已前王，唯韩无有后，故立韩诸公子横阳君成为韩王，欲以抚定韩故地。《史记·韩信卢绾列传》）

不久，项梁战死于定陶，韩王成吓得投奔了楚怀王。

此时，刘邦派张良以韩国司徒的名义攻略韩地，张良意外地发现了韩王信，于是马上任命他为将领，带着他一起随刘邦入关。刘邦被立为汉王，韩王信又随刘邦去了汉中。（沛公引兵击阳城，使张良以韩司徒降下韩故地，得信，以为韩将，将其兵从沛公入武关。沛公立为汉王，韩信从入汉中。《史记·韩信卢绾列传》）

来到汉中后，韩王信对刘邦说：项王把追随他的将领们全封在了中原附近，却把您封到偏远的汉中、巴、蜀地区。这不是封赏，而是把您当犯人一样流放。再说，您手下的士兵们都是崤山以东的人，日夜盼望着回到故乡。借着他们的这股锐气东征，可以和项王一争天下。（项王王诸将近地，而王独远居此，此左迁也。士卒皆山东人，跂而望归，及其锋东向，可以争天下。《史记·韩信卢绾列传》）

韩王信这番话与大将军韩信劝刘邦还定三秦、争夺天下的主张如出一辙。如果说韩信汉中对策可比三国时诸葛亮的隆中对策，那么，我们就不能忘记韩王信的汉中对策同样精彩纷呈。我们赞扬韩信智深虑远，也不应忘记韩王信同样是具有战略眼光之人。

刘邦还定三秦后，许封韩王信为韩王。这次“许封”说明刘邦的分封策略已渐成熟，从求封到分封，再到先“许封”再实封，分封俨然已经成为刘邦争夺天下的特殊手段。韩王信被“许封”也印证了异姓诸侯王的出现是特殊历史条件下的产物，是当时形势发展的必然趋向。

刘邦“许封”韩王信时，还没有搞定韩地，所以，他先封韩王信为韩太尉，率兵攻打韩地。

刘邦许诺让韩王信做韩王，那么原来的韩王成又该怎么办？当项羽分封的十九位诸侯王各自回自己封国时，被项梁首封又被项羽再封的韩王成没有被批准返回故国。项羽明说的理由是韩王成“无功”，暗里起决定作用的原因是韩王成派自己的司徒张良随刘邦入关，张良运筹帷幄，让项羽深恨不已。这种情况下怎么可能再放韩王成归山呢？所以，项羽先把韩王成降格为列侯，不久又将其杀掉。这就为韩王信扫清了障碍。（韩王成无军功，项王不使之国，与俱至彭城，废以为侯，已又杀之。《史记·项羽本纪》）

项羽听说刘邦派出韩太尉攻略韩地，忙不迭地任命吴县县令郑昌为新任韩王，以对抗韩王信。

汉二年（前205），韩王信攻下了韩地十几座城。同时，刘邦也已出关到达河南。韩王信听说汉王出关了，急攻郑昌。等到郑昌战败降汉，刘邦兑现自己的承诺，封其为韩王。（汉二年，韩信略定韩十余城。汉王至河南，韩信急击韩王昌阳城。昌降，汉王乃立韩信为韩王，常将韩兵从。《史记·韩信卢绾列传》）

汉三年（前204），韩王信遭遇了一场意外。这一年，刘邦在荥阳作战失败。出逃时，留下了三位将领守城——御史大夫周苛被俘不降，后被项羽所杀；枞公亦是坚决不降，也被项羽所杀；韩王信呢，在其他两位同事慷慨就义的同时，选择投降，苟全了性命。不久，韩王信瞅到一个机会，偷偷从楚营逃归。刘邦虽然知道韩王信变节降楚，但考虑到他身份特殊，仍然恢复他韩王的身份。此后，韩王信便一直追随刘邦东征西战，灭项羽，夺天下，成为建汉的功臣之一。（三年，汉王出荥阳，韩王信、周苛等守荥阳。及楚败荥阳，信降楚，已而得亡，复归汉，汉复立以为韩王，竟从击破项籍，天下定。《史记·韩信卢绾列传》）

汉五年（前202），韩王信与刘邦剖符为信，正式成为韩王。

高祖六年（前201），刘邦突然下令，改任韩王信为代王，迁至代地。前一年刚立下丹书铁券，后一年就大玩儿变脸。对此，《史记》是这样记载的：第一，韩王信善于作战，作风勇猛。第二，韩王信所在的颍川郡是天下兵家必争之地。（明年春，上以韩信材武，所王北近巩、洛，南迫宛、叶，东有淮阳，皆天下劲兵处，乃诏徙韩王信王太原以北，备御胡，都晋阳。《史记·韩信

卢绾列传》)

第一点是夸耀之辞，刘邦肯定会大肆渲染。先要花点心思给别人戴高帽，后面的事情才好办。第二点是防人之心，刘邦打死也不会说出来。韩国故地是当时的战略要地，北靠巩县、洛阳，南近宛县、叶县，东有军事重镇淮阳。如此战略要地，怎能留给外姓人？所以，对不起，麻烦您挪个地方。

这次“搞拆迁”，刘邦明显是防范韩王信，绝不许异姓诸侯王控制战略要地。于是乎，韩王信被委屈地强迁到了代地。代地在哪儿？在今天河北西北，山西中部、北部，当时辖云中、燕门、代、太原四郡。单从辖地规模来看，韩王信这次貌似赚到了，原来韩地只辖颍川一郡而已，这次却拥有四郡之地。但是，颍川一郡虽小，战略地位重要，又没有军事风险。代国虽大，但需要对抗北面强大的匈奴，军事压力之大不言而喻。

准确地说，此时韩王信应当被称为代王韩信，但史书一直未改口，仍然称他为韩王信，原因是他只当了几个月的代王就投降了匈奴。之后，刘邦就封了他的二哥刘仲为代王。

代国的国都原在晋阳（今山西太原西南）。韩王信被“拆迁”过去之后，上书刘邦说：匈奴屡屡入侵代国，我要把国都迁到马邑（今山西朔州朔城区），以便更好地抵御匈奴。刘邦也没多想，大笔一挥就同意了。（信上书曰：“国被边，匈奴数入，晋阳去塞远，请治马邑。”上许之，信乃徙治马邑。《史记·韩信卢绾列传》）

至于韩王信迁都马邑的原因，历来有两种不同的看法：有人认为他这么做确实是为了更有效地抵御匈奴，但是也有人认为他只是为自己将来投降匈奴做准备。以我之见，韩王信此次迁都，应当被视为防御更合理。此时的韩王信刚刚到代地，跟匈奴打交道的机会还不多，不至于这么快就动了投降的念头。

不过事实证明，迁都马邑是个重大的失误，韩王信的建议有失考虑，而刘邦答应得也过于草率。此时的匈奴正值军事上的巅峰时期，在位的冒顿单于也是一位强大的领导，手握数十万精锐骑兵，实力实在是非同一般。而马邑呢，距离边地实在太近了，汉军的防守压力大大增加。

高祖六年（前201）秋，冒顿单于率二十万大军包围马邑，韩王信一面派人向汉廷紧急求援，一面多次派使者到匈奴军中谈判。派遣使者属于中央政府的外交手段，韩王信这样的举动显然已经越权，因而很容易引发汉廷高层的怀疑。

刘邦听说匈奴大举入侵，急忙“发兵救之”。随后又听说韩王信派遣使者和匈奴往来，怀疑他“有二心”，便接二连三地派使者警告韩王信：你应当全力御敌，既不可轻生，又不能惜死。（汉发兵救之，疑信数间使，有二心。上赐信书责让之曰：“专死不勇，专生不任，寇攻马邑，君王力不足以坚守乎？安危存亡之地，此二者朕所以责于君王。”《汉书·魏豹田儋韩王信传》）

面对匈奴的入侵，韩王信本来就害怕得要命，再加上刘邦三番五次地问责，更是整日提心吊胆，担心自己会被诛杀。

这年九月，韩王信在坚守了几个月后，率领马邑全军投降匈奴，而且还约定要一块儿对付汉军，攻打太原。

就这样，韩王信半推半就地成为七位异姓诸侯王中第一个公开叛乱的人。他叛乱的原因比较直接，也比较简单：本人贪生怕死，匈奴重兵围困，刘邦连续问责。但究其根本原因，恐怕还是他无法克服贪生怕死的本性。

全靠美女解了围：不能言说的妙计

高祖七年（前200）冬，刘邦亲率三十二万大军征讨韩王信。汉军先在霍人（今山西繁峙东北）大败代军，又在铜鞮（今山西沁县南）打败韩王信亲率的军队，并斩杀了韩王信的大将。韩王信狼狈地逃往匈奴地区。

匈奴的冒顿单于派左右贤王（单于手下两位次大君长，左贤王治西部，右贤王治东部）率领一万多骑兵和王黄等人驻守在广武（今山西山阴西南）到晋阳一带。汉军再次大败匈奴联军，一直追到离石（今山西吕梁离石区）。匈奴一直退兵至楼烦（今山西朔州）的西北，才重新集结起来。（匈奴使左右贤王将万余骑与王黄等屯广武以南，至晋阳，与汉兵战，汉大破之，追至于离石，破之。《史记·韩信卢绾列传》）刘邦派出车骑将军灌婴，率领燕、赵、齐、梁、楚四国的机动部队在马邑大败匈奴，随后攻克楼烦以北六县，并斩杀代国的左相。周勃攻克太原郡六城后，与灌婴会合，在晋阳城下大败匈奴与代军联军，攻克晋阳。灌婴、周勃继续追击匈奴联军，一直追到武泉（今内蒙古呼和浩特东北）。灌婴又攻占了楼烦的三座城，并在平城（今山西大同）城下大败匈奴骑兵。（击韩信胡骑晋阳下，破之，下晋阳。后击韩信军于硰石，破之，追北八十里。还攻楼烦三城，因击胡骑平城下，所将卒当驰道为多。《史记·绛侯周勃世家》）

而将军郦商和周勃一块儿平定了代郡、雁门郡，并俘虏了代国右相。

刘邦这次出兵，几乎动用了汉军的全部精锐，周勃、灌婴、樊哙、夏侯婴等大将轮番上阵。所以，汉军捷报频传，匈奴节节败退。

当时，匈奴冒顿单于驻守上谷（今河北怀来），刘邦驻守晋阳（今山西太原）。刘邦派出十几批使者去刺探军情，狡猾的冒顿单于故意把壮士、肥牛、良马都藏了起来，汉军使者看到的全是老弱的士兵和瘦弱的牲畜。于是，刘邦得到的情报汇总结果就是：匈奴可以打。最后，刘邦派出刘敬出使匈奴。刘敬回来之后对刘邦说：两军相争，理应炫耀自己的强项才对。可是我去匈奴大营，看到的都是老弱的士兵和瘦弱的牲畜，这里面一定有猫腻，肯定是匈奴故意做给我们看的，所以我认为，匈奴不能打。（使人使匈奴。匈奴匿其壮士肥牛马，但见老弱及羸畜。使者十辈来，皆言匈奴可击。上使刘敬复往使匈奴，还报曰："两国相击，此宜夸矜见所长。今臣往，徒见羸瘠老弱，此必欲见短，伏奇兵以争利。愚以为匈奴不可击也。"《史记·刘敬叔孙通列传》）

这时候，汉军的二十万人马都已经过了句注山（在今山西代县北）。一听刘敬这丧气的话，刘邦破口大骂：齐国的狗奴才，凭着伶牙俐齿做了个小官，竟然敢在这里涣散我的军心。于是下令将刘敬关了起来，戴上刑具，看押在广武。（是时汉兵已逾句注，二十余万兵已业行。上怒，骂刘敬曰："齐虏！以口舌得官，今乃妄言沮吾军。"械系敬广武。《史记·刘敬叔孙通列传》）

刘邦仗着自己有三十二万大军，向北边一直穷追。偏偏半道上遇到了极寒天气，许多士兵的手指都冻掉了。雨雪交加，烈风刺骨。途中，刘邦抛弃了大部队，自己率领小队人马心急火燎地追到了平城。而当他登上白登山（山西大同东北）的时候，冒顿单于突然率领四十万精锐骑兵窜了出来，将其团团围住。刘邦被杀了个措手不及，放眼望去，只见四周皆是匈奴的战马——西面是白马，东面是青马，北面是黑马，南面是黄马。（会冬大寒雨雪，卒之堕指者十二三，于是冒顿详败走，诱汉兵。汉兵逐击冒顿，冒顿匿其精兵，见其羸弱，于是汉悉兵，多步兵，三十二万，北逐之。高帝先至平城，步兵未尽到，冒顿纵精兵四十万骑围高帝于白登，七日，汉兵中外不得相救饷。匈奴骑，其西方尽白马，东方尽青駹马，北方尽乌骊马，南方尽骍马。《史记·匈奴列传》）

这阵势蔚为壮观，刘邦被困于此七天七夜，饥寒交迫，甚是悲惨，又格外紧急。所幸他采用陈平计谋，派使者私下拜访单于阏氏，并赠送大量礼物，再通过阏氏搞定单于，这才得以逃出包围圈。陈平用的计谋保密级别极高，一直都没人知道这条计谋的详情，只知道阏氏听了使者的话后，立即劝说单于：匈奴、汉族两主互不相困，而且现在就是得了汉地，我们也不能在这里长期居住。况且，汉王也有神灵护佑。冒顿单于一边听着阏氏的劝告，一边想着：韩王信的部将王黄、赵利和自己约好共同对付汉军，可一直也不来，他们是不是私下已经勾结起来了？冒顿单于心里没底，就顺势听取了阏氏的话，下令放开包围圈的一角。这一天，天降大雾，能见度极低。在得到阏氏那边的回信儿后，陈平向刘邦建议，让士兵们拉满弓，面向外，从解围的一角缓缓走出去。最终刘邦得以顺利进入平城，和大部队会合。冒顿单于率兵离去，汉军也撤兵，只留下樊哙平定代地。（高帝乃使使间厚遗阏氏，阏氏乃谓冒顿曰："两主不相困。今得汉地，而单于终非能居之也。且汉王亦有神，单于察之。"冒顿与韩王信之将王黄、赵利期，而黄、利兵又不来，疑其与汉有谋，亦取阏氏之言，乃解围之一角。于是高帝令士皆持满傅矢外乡，从解角直出，竟与大军合，而冒顿遂引兵而去。《史记·匈奴列传》）

据《史记·匈奴列传》记载，匈奴单于这次网开一面放行刘邦的原因有二：一是刘邦重礼收买单于阏氏。阏氏受贿之后对单于说：对我们匈奴而言，就是攻下了汉地，也无法长久居住，再说汉王也是有神灵保佑的君主。二是之前与单于约定联手对付刘邦的韩王信的部将未能如期而至，匈奴单于担心他和刘邦背地里有什么阴谋。于是，借阏氏之言顺水推舟，放了刘邦一条生路。

对这条解围之计，裴骃的《史记集解》引汉代学者桓谭《新论》，作出了一个另类的解答：

> 此策乃反薄陋拙恶，故隐而不泄。高帝见围七日，而陈平往说阏氏，阏氏言于单于而出之，以是知其所用说之事矣。彼陈平必言汉有好丽美女，为道其容貌天下无有，今困急，已驰使归迎取，欲进与单于，单于见此人，必大好爱之；爱之，则阏氏日以远疏，不如及其未到，令汉得脱去，去，亦不持女来矣。阏氏妇女，有妒媢之性，必憎恶而事去之。此说简而要，及得其用，则欲使神怪，故隐匿不泄也。

这里提到陈平亲自拜见单于阏氏，言汉朝欲献无数绝色美女给单于，以求汉王平安。单于一定会欣喜不已，但阏氏就会被疏远。不如趁现在汉朝美女没有到，赶快放走汉王，便不会有什么美女之忧了。单于阏氏毕竟是个妇人，听陈平这么一忽悠，肯定千方百计地游说单于放人。这样的“奇计”难登大雅之堂，所以一直被保密，世人莫知。

事实上，真正帮助刘邦脱险的并不是陈平的奇谋，也不是匈奴单于大发慈悲，而是汉、匈之间的关系。匈奴入侵不是要占领汉帝国的国土，也不是要俘虏汉帝国的皇帝。匈奴要的是汉帝国的人口和财富。刘邦率兵攻打匈奴，也不想跟匈奴作对，而是要平定韩王信的叛乱。这就注定了汉、匈之间不是谁吃掉谁的关系，而是掠夺与反掠夺的关系。

还是和亲最划算：凡事都得算算账

刘邦一回到广武，立即赦免了被拘押的刘敬，并对刘敬说：我不听你的话，所以被困平城。现在，我已经把那十几位说可以打的使者全杀了。同时，封刘敬为食邑两千户的关内侯，号建信侯。（高帝至广武，赦敬，曰：“吾不用公言，以困平城。吾皆已斩前使十辈言可击者矣。”乃封敬二千户，为关内侯，号为建信侯。《史记·刘敬叔孙通列传》）

白登之围后，刘邦多次向刘敬询问对付匈奴的办法。刘敬分析道：首先，尽量别动用武力。现在“天下初定”，士兵们疲劳不堪，不适合

动用武力来制服匈奴。（天下初定，士卒罢于兵，未可以武服也。《史记·刘敬叔孙通列传》）

其次，不能讲仁政。单于冒顿杀死自己的父亲取而代之，而且把父亲的姬妾娶为自己的妻子。你能和他讲什么仁义道德吗？对待这样的民族，只能用长远之计——让他们成为我们的子孙。办法倒是有一个，但是吧，我担心陛下不愿这样做。（冒顿杀父代立，妻群母，以力为威，未可以仁义说也。独可以计久远子孙为臣耳，然恐陛下不能为。《史记·刘敬叔孙通列传》）

刘邦一听，忙问刘敬：到底什么办法啊？如果真能收到成效，为什么不尝试一下呢？刘敬这才说：假如陛下能让嫡长公主嫁给匈奴单于，再送上厚礼，匈奴单于一定会让嫡长公主当阏氏，生下儿子就是未来的单于，那以后还发什么愁啊？至于说为什么匈奴一定会让咱们的嫡长公主做阏氏，因为他们贪图汉朝的重礼呀！只要皇上每年按季节给匈奴分配一些我朝的剩余物资，再派一些能言善辩之使臣去给他们灌输点礼仪道德方面的常识。冒顿活着，他是大汉的女婿；而冒顿一旦死了，皇上的外孙就是新单于。谁听说过外孙敢和自己的外祖父对着干呢？这样便可以不用出兵，而让匈奴俯首称臣。如果皇上不舍得长公主前去，而让其他宗室女子或后宫嫔妃假冒，匈奴那边一旦知道，肯定不会尊重和亲近这个假冒货，那就达不到效果了。刘邦觉得此计甚妙，说：好！就派长公主去吧。（陛下诚能以适长公主妻之，厚奉遗之，彼知汉适女送厚，蛮夷必慕，以为阏氏，生子必为太子，代单于。何者？贪汉重币。陛下以岁时汉所余彼所鲜数问遗，因使辩士风谕以礼节。冒顿在，固为子婿；死，则外孙为单于。岂尝闻外孙敢与大父抗礼者哉？兵可无战以渐臣也。若陛下不能遣长公主，而令宗室及后宫诈称公主，彼亦知，不肯贵近，无益也。《史记·刘敬叔孙通列传》）

谁知吕后知道了这件事，不干了。长公主是谁？那是后来大名鼎鼎的鲁元公主，吕后的亲闺女。吕后没日没夜地恸哭：我只有太子和这一个女儿，怎么能扔到匈奴呢？刘邦一看这阵势，最终没能把自己的亲生女儿派出去，只是选了宗室的一位女子，对外宣称是长公主，并派刘敬亲自前往匈奴，与匈奴缔结和亲协议。

用和亲的办法解决汉、匈之间的对抗，自高祖朝延续到惠帝、文帝、景帝朝。一直到汉武帝时期，大汉才开始对匈奴大规模用兵。

那么，对匈奴采用和亲之策到底有用没用呢？我们应当怎样看待汉初的和亲政策呢？关于这一问题，史学界有两种观点。

一种观点认为，和亲有利于恢复西汉经济，巩固新生政权的稳定。同时，有利于匈奴统一大漠南北，加快汉化进程。因此，汉初的和亲政策值得肯定。

另一种观点认为，西汉初年的和亲政策是综合国力尚未强大之时的妥协，中央政府试图通过和亲来“约束”匈奴的侵扰。而事实呢，匈奴一再违约，迫使后来的汉朝统治者对和亲政策做了反思和调整。文景之世，在继续与匈奴和亲的同时，还采取了向西北边地移民和入粟于边以拜爵、除罪，建立官营牧马苑和鼓励民间养马等积极防御措施，使汉朝在西北边塞的被动局面有所改变，从而为汉武帝武力反击匈奴创造了条件。

就在刘邦全力应对北方匈奴的时候，他的后院起火了。一场后宫之争硝烟四起。见惯了朝野大小国事的高帝刘邦，在面对钩心斗角的美人心计时，又会作何反应呢？

爱子封王

高祖六年（前201）九月，韩王信投降匈奴；三个月后（七年十二月），第二任代王、刘邦的二哥刘仲因为匈奴进逼，弃城逃归。高帝刘邦直接将刘仲降为郃阳侯，封刘如意为第三任代王。韩王信本来是楚汉战争中受封的韩王，后来被徙封为代王；刘仲的任命则是因为他刘邦二哥的身份。那么，作为刘邦第三子的刘如意，为什么能够接任代王呢？

得宠：不仅是皇子，而且是爱子

刘邦共有八子。老大是庶长子刘肥，高祖六年（前201）被封为齐王。老二是嫡长子刘盈，汉二年（前205）被立为皇太子，其母是吕后。刘如意排行老三，母亲是刘邦的宠妃戚夫人。

刘如意被封为第三任代王，这不仅是因为戚夫人深得帝宠，更因为他自己也深受宠爱。“如意”“如意”，如我所意，仅看名字就知道刘邦有多喜欢这个儿子。

刘邦是什么时候遇见戚夫人的呢？

陈胜、吴广在秦二世元年（前209）七月起义反秦，两个月后，刘邦起兵反秦。当时，刘邦手下只有两三千人；刚起兵，刘邦就丢失了大本营丰邑，为了夺回丰邑，刘邦费尽心思。最后，项梁给了他五千士兵、十员战将，这才收复丰邑。这段时间内，生存问题压倒一切，别说刘邦遇不上戚夫人，就是遇上了也顾不上风花雪月。

秦二世二年（前208），刘邦忙于四处征战，戚夫人长侍身边的可能性也不大。

秦二世三年（前207），刘邦攻入关中，秦亡。三年反秦，刘邦最迫切的需求是生存，要他革命、生产两不误，既与秦军作战，又不忘寻找美女，恐怕很难。而且，刘邦此时最关注的是先入秦关成为“关中王”。

汉元年（前206），刘邦被封为汉王，社会地位大大提高，生活也相对稳定。刘邦遇到戚夫人最有可能是在汉元年被封汉王以后。《史记·吕太后本纪》载：“高祖为汉王，得定陶戚姬。”这条记载合乎情理，应当可信。

刘邦度过了四年的汉王生涯，他究竟是在哪一年与戚夫人相遇的呢？

刘邦的第四子刘恒生于荥阳对峙之时，他的母亲薄姬仅被刘邦召幸一次便怀上了龙种，生下了刘恒；此后，“薄姬希见高祖”（《史记·外戚世家》）。薄姬原为魏王豹的嫔妃，魏王豹死于汉四年（前203）荥阳被围之时。

刘如意比刘恒年长，由此推算，戚夫人应当是在刘邦被封汉王，直到还定三秦这段时间里来到刘邦身边的。

戚夫人可谓是集万千宠爱于一身，如果我们把这样的宠爱具体化一些，它又达到了什么程度呢？我们看两个例子：

例子一：

“商山四皓”曾说过这样一段话：

> 今戚夫人日夜侍御，赵王如意常抱居前。上曰“终不使不肖子居爱子之上”。（《史记·留侯世家》）

戚夫人是“日夜侍御”，刘如意是“常抱居前”；刘邦扬言“终不使不肖子居爱子之上”。“肖”，像也；“不肖子”，不像自己的孩子。与“不肖子”相对的就是“爱子”。刘邦称太子刘盈是“不肖子”，显然是对其极度不满；称刘如意为“爱子”，表现出对刘如意极度喜爱。显而易见，刘邦与刘如意的关系绝对不一般，当然，刘邦对刘如意的疼爱颇有爱屋及乌的意味，很大程度上源于对戚夫人的宠爱。这样盲目而冲动的情感，衍生出的极端行为便是不假思索地随便易储——将原太子撤下，力捧刘如意上位。

例子二：

一天，御史大夫周昌进宫汇报工作，正赶上“燕时”，刘邦“方拥戚姬”（《史记·张丞相列传》）。

“燕”，就是“宴”，也就是进餐。刘邦倒是挺浪漫，吃饭的时候也不忘怀抱佳人。周昌果然是榆木脑袋，偏偏挑这种时候汇报工作。

这两条史料所记载的事情都发生在刘邦称帝之后，或直接或间接地印证了他和戚夫人的亲密关系。爱美之心人皆有之，从前的刘邦无权无财，见到美人恐怕只有垂涎三尺的份儿。一朝当上了皇帝，虽然身边佳丽无数，却只有戚夫人专宠后宫。

戚夫人为什么能够专宠后宫呢？

年轻、美貌，那是必需的。但仔细想想，天子后宫美女如云，哪一位不是年轻貌美？在如此激烈的竞争环境中，戚夫人凭什么能够脱颖而出呢？

《西京杂记》的相关记载道出了个中缘由：

第一，善歌。“歌《出塞》《入塞》《望归》之曲，侍婢数百皆习之。后宫齐首高唱，声入云霄。”让戚夫人领唱《出塞》《入塞》《望归》的曲子，数百位侍婢齐声伴唱，歌声响彻云霄。

第二，善舞。“夫人善为翘袖折腰之舞。”“翘袖”，是甩袖，跳长袖舞。“折腰”，是形容舞蹈时细腰婀娜。

第三，善乐器。“戚夫人善鼓瑟击筑。帝常拥夫人倚瑟而弦歌，毕，每泣下流涟。”刘邦常常怀抱戚夫人鼓瑟击筑，每每演奏完毕，总会被深深打动，流下眼泪。

戚夫人善歌、善舞、善乐器，论美色、论才艺都是顶级的，生生地把其他嫔妃们比了下去。刘邦喜爱击筑、作词、唱楚歌、跳楚舞，戚夫人恰是最优秀的演奏家、作曲家、歌唱家、舞蹈家，戚夫人所擅长的歌舞偏又是刘邦最爱的楚歌楚舞，二人可谓笙磬同音、珠联璧合——或许这才是戚夫人深得刘邦宠爱的真正原因。

因此，小小年纪的刘如意被高帝刘邦册封为第三任代王。和之前的两任代王不同，刘如意可以不用到边地任职。一是因为年纪太小尚不能主管边事，二也是最重要的，那就是刘邦舍不得，希望他能常年留在自己身边。

挑战：易储是一场战争

戚夫人得到皇帝宠爱的同时，也面临着严酷的人生抉择：恃宠挑战皇后，或者自抑服从皇后。

皇后是皇帝的正妻。后宫之中，皇后是君，嫔妃是臣。无论多么受宠的嫔妃，她的地位也无法和皇后相提并论。当然，皇后的地位也并非绝对不能撼动，甚至随时随地都面临着其他女人的挑战。毕竟皇后之位是皇帝敕封的，随时都有可能被皇帝废黜，改立他人。在汉代宫闱历史上，数立数废皇后之事并不鲜见。

皇后的崇高地位对嫔妃具有巨大的诱惑力，很多时候，得宠的嫔妃总会下意识地滋生出抢占皇后宝座的想法。这是不成功便成仁的举动。若成功，自然可以爬上后宫权力的巅峰；若失败，势必会引火上身，说不定还会遭遇灭顶之灾。然而，不少宠妃还是抵不住成功的诱惑，前赴后继地选择了挑战，最终踏上不归之路。

多才多艺的戚夫人会怎么做呢？

戚夫人是汉代历史上敢于挑战皇后地位的第一人。据《史记·吕太后本纪》记载，戚夫人利用深受刘邦宠爱的机会，力图让自己的儿子成为太子："如意立为赵王后，几代太子者数矣。"

戚夫人的努力没有白费，刘邦迅速做出了反应。

第一，刘盈"不类我"，刘如意"类我"。

一方面是备受宠爱的戚夫人百般怂恿，另一方面，刘邦自己也发现，逐渐长大成人的皇太子刘盈为人太过善良、性格软弱，太不像自己了。相反，刘如意在性格上与自己非常相似。

第二，欲废刘盈立刘如意。

面对性格迥异的两个儿子，废掉刘盈改立刘如意为太子的念头，在刘邦心中越来越强烈。（常欲废太子，立戚姬子如意。《史记·吕太后本纪》）

第三，吕后失宠，戚夫人受宠。

刘邦与吕后乃结发夫妻，但吕后毕竟年龄已大，且长期以来，吕后时常奉命留守后方，不能时时陪伴在刘邦身边。见得少了，两人的关系自然也就疏远了。（吕后年长，常留守，希见上，益疏。《史记·吕太后本纪》）

而戚夫人呢，伴随刘邦东征，“日夜”相伴，天天在刘邦眼皮子底下晃悠，毫不掩盖自己的欲望，没事儿就哭诉着撺掇刘邦易储。（戚姬幸，常从上之关东，日夜啼泣，欲立其子代太子。《史记·吕太后本纪》）

在吕后与戚夫人之间，刘邦为何会选择站在戚夫人这一边呢？

事实上，刘邦与吕后的关系更像是政治伙伴，名义上是夫妻，却没有情侣的爱意。维系两人关系的纽带是共同维护汉朝江山的传承，是一种理性的选择。刘邦和戚夫人之间才是货真价实的情侣关系，他俩在一起是感情的选择。

失宠的皇后，纵然依旧是后宫之主，但地位已经不再稳当。一旦太子被换了，恐怕皇后的位置也得拱手相让。

刘邦决意易储，确实带有一些家庭感情的因素：一个是得宠的戚夫人，一个是失宠的吕后。立爱妃之子为太子，体现出刘邦个人的情感取向。但是，这次易储也并非毫无道理：太子刘盈“不类我”，难以掌控天下，最终可能导致皇权旁落；刘如意“类我”，将来有能力掌控大局，可以保证刘氏皇权。因此，刘邦这次废长立幼，其实是理智和情感双重作用下的选择。

另外，随着刘邦的年龄越来越大，身体越来越弱，他意识到自己的时间已经无多，自然会将更多的心思和精力倾注到太子人选的问题上。

关于此次易储事件，史书中明确记载的有如下两条：

> 汉十二年，高祖欲以赵王如意易太子。（《史记·刘敬叔孙通列传》）
>
> 汉十二年，上从击破布军归，疾益甚，愈欲易太子。（《史记·留

侯世家》）

刘邦正是在“汉十二年”因平定黥布叛乱受箭伤后不久去世。病重之时，他对易储之事尤为关注。此时如果不行废立，就再也没有机会了。

应战：帝位与后位的双重竞争

刘邦决定易储的事情在朝廷上下引发了一场大震动，朝中大臣反应强烈。张良、周昌、叔孙通等人都明确表示坚决反对废长立幼。这其中，叔孙通在刘邦病榻前的一番慷慨陈词最具代表性。叔孙通对刘邦讲了五点：

第一，嫡长子继承制不可轻废。一旦开了废嫡立庶、废长立幼的先例，便会对整套君主继承制度造成巨大的破坏，最终会酿成大祸。叔孙通博古通今，为刘邦引述了两则前车之鉴：一是晋献公宠爱骊姬，废太子申生，立骊姬之子奚齐，导致国内大乱数十年，被天下人耻笑。二是秦始皇未能早立扶苏为太子，让赵高钻了空子，擅立胡亥，加速了秦朝的灭亡。（昔者晋献公以骊姬之故废太子，立奚齐，晋国乱者数十年，为天下笑。秦以不蚤定扶苏，令赵高得以诈立胡亥，自使灭祀，此陛下所亲见。《史记·刘敬叔孙通列传》）

第二，现在的太子是仁孝之人，且天下尽知。（今太子仁孝，天下皆闻之。《史记·刘敬叔孙通列传》）这样的太子，怎么能擅自废立呢？

第三，不能背叛吕后。吕后是与皇上共同打天下的功臣，怎么能够背叛她呢？（吕后与陛下攻苦食啖，其可背哉！《史记·刘敬叔孙通列传》）

第四，太子乃天下根基，不可动摇；根基一动，天下必然震动，怎么能够把废立太子一事视作儿戏呢？（太子天下本，本一摇天下振动，奈何以天下为戏！《史记·刘敬叔孙通列传》）

第五，如果皇上真要废长立幼，我情愿肝脑涂地，以死相谏。（陛下必欲废适而立少，臣愿先伏诛，以颈血污地。《史记·刘敬叔孙通列传》）

叔孙通此时担任太子太傅，也就是太子的老师。力谏刘邦勿行废立之事，乃他的分内职责。至于刘邦若是真废了刘盈，叔孙通会不会“以颈血污地”，我们就不便妄加猜测了。反正早年面对杀气腾腾的秦二世时，他通过阿谀奉承之举才得以逃出关中，并没有“以颈血污地”。我们前文讲过，叔孙通是非常现实的一个人。面对这样的事情，他是能劝则劝，若真不能劝就逃。要他为捍卫真理而献身，恐怕不大容易。

刘邦正在易储的劲头上，怎么可能这么轻易地就被叔孙通说服，他只是不屑于与叔孙通争辩，应付地说道：“公罢矣，吾直戏耳，吾听公言。”（《史记·刘敬叔孙通列传》）

以叔孙通为代表的朝臣们看重的是国家的制度。他们认为：一旦制度遭到破坏，治国便成了一纸空谈。张良、周昌等大臣之所以反对，皆缘于此。

周昌是站出来坚决反对易储的第二人。刘邦深知他为人耿直，也不计较他的言语和态度。

张良的反应在《史记》中没有明确记载，只略做了交代。可见，留侯虽然反对废立太子，但是他处理问题的方式更讲策略。

在这场轩然大波中，最大的受害者无疑是吕后。她最初得到这个消息时，非常震惊，一时间不知如何是好：“上欲废太子，立戚夫人子赵王如意。大臣多谏争，未能得坚决者也。吕后恐，不知所为。”（《史记·留侯世家》）

作为一国皇后，吕后她“恐”在何处？

一是担心儿子的太子之位；二是担心自己的皇后之位。

前者是夺嫡，后者是夺夫。因此，戚夫人既是政敌，又是情敌。

事实上，吕后俨然已经被戚夫人夺走了丈夫，但好歹还保留着皇后之位。但如果刘如意被立为太子，那就意味着不但儿子刘盈失去了皇帝之位，自己也将失去太后之位。

说到底，这场易储大战就是帝位与后位的双重竞争。

无论是夺嫡还是夺夫，都已经远远超出了吕后容忍的底线。吕后这样倔犟顽强的女人绝不会坐以待毙，一场绝地反击战即将打响。经过多年艰苦生活的磨炼，她早已不是尚未出阁的小家碧玉，而是成熟果敢的一国之后。于是，在短暂的惊恐之后，她稳住了自己的情绪，积极应对，想方设法维护自己的权益，有针对性地做了两件事：

一是密切关注。

《史记·张丞相列传》记载了有关吕后“跪谢周昌”的故事，前文我们也曾提到。周昌听说刘邦要废长立幼，非常恼火，劝谏道："臣口不能言，然臣期期知其不可。陛下虽欲废太子，臣期期不奉诏。"（《史记·张丞相列传》）

这句话成为《史记》用口语入文的一个代表性例子。《世说新语·言语》中记载了另外一个非常典型的例子。晋文帝司马昭手下有一员大将叫邓艾，这个人说话也口吃，一张嘴就是"艾艾"，所以晋文帝故意逗他："卿云'艾艾'，定是几'艾'？"

邓艾一说话就"艾艾"，周昌一说话就是"期期"，后来人们便把邓艾的"艾艾"和周昌的"期期"合起来称为"期期艾艾"，用来形容口吃。

因为废立太子一事关系到吕后和儿子的身家性命，所以，刘邦在殿中议论废立之事时吕后就躲在一边偷听。听见周昌激烈地反对刘邦另立太子，吕后深受感动，竟然在周昌下殿的时候伏地跪谢，并感激地说：今天如果不是您出面，太子的地位恐怕难以保全。（既罢，吕后侧耳于东箱听，见周昌，为跪谢曰："微君，太子几废。"《史记·张丞相列传》）

"跪谢"周昌不仅对吕后来说是人生中的唯一，放到中国上下五千年的历史长河中，皇后如此重谢大臣也仅此一例。

可见，吕后对易储一事是多么重视！

二是求计张良。

此时，有人为吕后出主意，让他找张良谋划。张良的足智多谋路人皆知，可是自从刘邦当了皇帝之后，他便一直以身体抱恙为由，请了长期病假。想见他一面，那可不容易。怎么办呢？吕后索性让自己的哥哥吕泽劫持张良，逼他献计。（人或谓吕后曰："留侯善画计策，上信用之。"吕后乃使建成侯吕泽劫留侯。《史记·留侯世家》）

吕泽一劫持张良，张良就心知肚明。他不愿卷入这种高度敏感的政治风波之中，但内心又是反对刘邦废长立幼的。他对吕泽说：皇上打江山的时候，确实愿意听我的意见，但现在是因爱而要易储，这已不是靠说就能解决的事了。这样吧，据我所知，皇上非常看重"商山四皓"（隐居在商山的四位年长的高士；"皓"，白，指发白），却一直请不到。因为这四位高士认为皇上对臣下的态度一贯傲慢。如果你们想办法把"商山四皓"

请出山，在上朝的时候，让皇上看到“商山四皓”居然在辅佐太子，应该会有些作用。（留侯曰：“始上数在困急之中，幸用臣策。今天下安定，以爱欲易太子，骨肉之间，虽臣等百余人何益。”吕泽强要曰：“为我画计。”留侯曰：“此难以口舌争也。顾上有不能致者，天下有四人。四人者年老矣，皆以为上慢侮人，故逃匿山中，义不为汉臣。然上高此四人。今公诚能无爱金玉璧帛，令太子为书，卑辞安车，因使辩士固请，宜来。来，以为客，时时从入朝，令上见之，则必异而问之。问之，上知此四人贤，则一助也。”《史记·留侯世家》）

吕后立即让吕泽带上一封太子亲笔书写的十分谦恭的信件，备上厚礼，请“商山四皓”出山。没想到，这四位高士竟然全来了。

关于此事，《万首唐人绝句》里有一首无名氏的《戚夫人》诗，这样写道：

> 自别汉宫休楚舞，不施妆粉恨君王。
> 无金岂得迎商叟，吕氏何曾畏木强。

这首诗是模仿戚夫人的口吻写的。“强（jiàng）”，质直刚强，这里指代为人耿直的周昌。《史记·张丞相列传》曰：“周昌，木强人也。”

前两句说，自从离开汉宫之后，我舞不跳了，妆也不画了，心中一直怨恨皇上。后两句说，要不是吕后用重金诱惑，怎么请得动“商山四皓”？皇上派周昌辅佐我的儿子，就可以保全他的性命吗？太天真了，吕后什么时候怕过周昌？

此诗最值得玩味的是“无金岂得迎商叟”一句。“商山四皓”是以操守名节著称的隐士，但“卑辞厚礼”却使“四皓”立即来到太子刘盈的门下。一份“厚礼”便可以改变人的初衷，真是人格不抵厚礼，名节败于金钱。“商山四皓”，不过是待价而沽的“高士”罢了。

出手：两招毙情敌

“商山四皓”到来后，立即为太子刘盈办了一件大事——阻止刘邦让太子率兵平定黥布叛乱。

高祖十一年（前 196），淮南王黥布造反。刘邦身体有恙，想让太子亲征。

“商山四皓”得知这个消息后，认为太子率兵平叛，风险太大，于是要求吕泽立即设法阻止刘邦的决定。（四人相谓曰：“凡来者，将以存太子。太子将兵，事危矣。”乃说建成侯。《史记·留侯世家》）

“商山四皓”提出了两条理由：

第一，从利弊看，太子率兵亲征，立了功对自己的地位没有任何好处；不立功却会因此受累。（太子将兵，有功则位不益太子；无功还，则从此受祸矣。《史记·留侯世家》）

第二，从成败看，太子统率的都是当初跟随高帝刘邦一块儿打天下的猛将，这就如同让一只羊去统率一群狼，恐怕没一个人会为太子尽心尽力。因此，太子必败。（且太子所与俱诸将，皆尝与上定天下枭将也，今使太子将之，此无异使羊将狼也，皆不肯为尽力，其无功必矣。《史记·留侯世家》）

“商山四皓”的建议，重点是要太子“藏拙”。刘盈生性软弱，立功的可能性微乎其微。能立功当然是好事儿，如果真能马到成功，肯定威望大增，易储的计划必定难以施行。问题是这件事情根本不靠谱，刘盈毫无胜算。“商山四皓”又不能直说太了无能，这才诡称立功对太子的地位没有任何好处。

吕后得到指点，立即向刘邦哭诉：

一是对手凶猛。黥布是天下闻名的猛将，善于用兵，如果让他知道皇上病重，领兵的是毫无作战经验的太子，黥布的气焰必然会更加嚣张，这次平叛任务肯定完不成。（黥布，天下猛将也，善用兵……且使布闻之，则鼓行而西耳。《史记·留侯世家》）

二是部下难管。跟随太子出征的将领都是当初打天下的猛将功臣，太子资历尚浅，难以服众，犹如以羊统狼。（今诸将皆陛下故等夷，乃令太子将此属，无异使羊将狼，莫肯为用。《史记·留侯世家》）

三是御驾亲征。皇上虽然还在病中，但只要您在场，将领们肯定会安心且尽力的。（上虽病，强载辎车，卧而护之，诸将不敢不尽力。上虽苦，为妻子自强。

《史记·留侯世家》）

刘邦叹了口气，说：我就知道他不是这块料！（吾惟竖子固不足遣，而公自行耳。《史记·留侯世家》）虽然再次让刘邦失望，但太子刘盈终究躲过了一场灾难——不必在父亲面前现丑了。太子之位是否换人来坐，完全取决于刘邦的一念之间，如果平叛失败，恐怕地位真的难保。

“商山四皓”的建议保全了太子刘盈的面子问题，但吕后请他们来是为了保全刘盈的太子之位，这件大事他们又是如何完成的呢？

高祖十二年（前 195），刘邦平叛归来，由于再次身受致命箭伤，新病旧疾彻底拖垮了他的身体。此时的刘邦已经预感到生命的尽头将至，易储的心情也越发强烈起来。张良劝阻无效，托病不再上朝。太子太傅叔孙通以死相谏，刘邦假装听从，实际上废立太子的想法毫无改变。（汉十二年，上从击破布军归，疾益甚，愈欲易太子。留侯谏，不听，因疾不视事。叔孙太傅称说引古今，以死争太子。上详许之，犹欲易之。《史记·留侯世家》）

一次朝宴，刘邦忽然发现太子身边多出四位八十多岁的老人，白眉白须，衣帽讲究。刘邦很奇怪，就问道：你们是谁啊？四位老人上前答话，并各自报了姓名：东园公、角里先生、绮里季、夏黄公。（及燕，置酒，太子侍。四人从太子，年皆八十有余，须眉皓白，衣冠甚伟。上怪之，问曰：“彼何为者？”四人前对，各言名姓，曰东园公，角里先生，绮里季，夏黄公。《史记·留侯世家》）

刘邦大为吃惊：这么多年我一直延请几位都没能如愿，现在为什么会跟随我的儿子呢？四位老人回答：陛下轻视读书，又爱骂人。我们不愿受辱，于是一直避而不见。如今听说太子仁孝恭敬，庇护天下的读书人，天下贤士都愿意为太子效力，所以我们就来了。（上乃大惊，曰：“吾求公数岁，公辟逃我，今公何自从吾儿游乎？”四人皆曰：“陛下轻士善骂，臣等义不受辱，故恐而亡匿。窃闻太子为人仁孝，恭敬爱士，天下莫不延颈欲为太子死者，故臣等来耳。”《史记·留侯世家》）

刘邦点点头，说：烦请诸位好好替我辅佐太子。四位老人敬完酒，就离开了。

刘邦指着四位老人的背影，对戚夫人说：我想更换太子，但他们四位高士竟然前来辅佐，太子的羽翼已经丰满，难以撼动了啊！吕后真是一位好主子啊！（上目送之，召戚夫人指示四人者曰："我欲易之，彼四人辅之，羽翼已成，难动矣。吕后真而主矣。"《史记·留侯世家》）

戚夫人当即失声恸哭，刘邦说：为我跳一曲楚舞，我为你唱一首楚歌吧：

鸿鹄高飞，一举千里。羽翮已就，横绝四海。横绝四海，当可奈何！虽有矰缴，尚安所施！（《史记·留侯世家》）

鸿鹄高飞啊，一飞千里。羽翼已成啊，横渡四海。横渡四海啊，还能做什么？即使有弓箭，对于高飞的鸿鹄还能有什么用呢！

这是刘邦生平创作的第一首楚声短歌——《鸿鹄歌》，抒发了刘邦忧心忡忡又无可奈何的情绪，也传达了其对戚夫人的绵绵情谊。

从此，刘邦再也不提易储之事。

为什么刘邦见到"商山四皓"辅佐太子，就彻底放弃了易储的打算呢？

学界有两种看法：

一是借机下台。

面对功臣派、外戚派的双重压力，刘邦原本早就想打退堂鼓了，"商山四皓"的出现正好给了他一个台阶，借这个机会结束这场易储风波。

二是刘邦割舍私爱。

"商山四皓"的身份是山林隐士，年龄是行将就木之人，连他们都愿意出山为太子效死力，这让刘邦看到了天下舆论并不在戚夫人一边。在公议与私爱的较量中，与其违背天下的公议，不如割舍自己的私爱。所以，刘邦悲歌徘徊，无可奈何。易储的战争就此被"商山四皓"所代表的公议阻止。

当然，谁也无法预知未来，"四皓安刘"的效果似乎并不美好。刘盈继位，吕后掌权，刘氏政权一度险被吕氏取代。因此，"四皓安刘"颇受后人质疑。其中，最有代表性的是唐人杜牧的一首诗：

题商山庙

吕氏强梁嗣子柔，我于天性岂恩雠。

南军不袒左边袖，四老安刘是灭刘。

在易储风波中，戚夫人原本占有很大优势，因为刘邦曾经坚定地站在她这边，且易储的决心很强烈，任凭众臣反对都毫不动摇。然而世事难料，“商山四皓”的出现瞬间逆转了一切，但这只是戚夫人失败的直接原因，其他更深层次的原因又有哪些呢？戚夫人的失败预示着什么样的灾难呢？

夺储之祸

戚夫人发起、刘邦鼎力支持的易储之战，终于在高祖十二年（前195）因“商山四皓”的出现宣告终结。不过，战争有战争的规律。这次易储战争，虽然最后因戚夫人一方的放弃而结束，但敌对方吕后会就此善罢甘休吗？刘邦下世后，吕后立即残害了戚夫人，戚夫人之子刘如意自然也难逃厄运。戚夫人为发动这场夺储之战付出了惨痛代价。那么，在这场悲剧中，谁该为戚夫人一方的失败买单呢？

谁该负责：当然是皇上

这次易储之战，最关键的人物自然是戚夫人、刘邦和吕后。刘邦易储的意愿最终落空，是这三个人相互角力的结果。要讨论戚夫人的失败，就必须要对这三人做出相应的评定和分析。

概括来说，戚夫人算计失误，刘邦难辞其咎，吕后应对得力。

先看戚夫人的算计失误。

一是判断有误。

戚夫人决定挑战皇后权力的时候，严重低估了吕后的能力，也严重高估了自己的能力，这一点至关重要，它直接导致戚夫人从根本上错误估计了事态的发展。

戚夫人选择的攻击方式是：利用自己的得宠先摆平刘邦，再利用刘邦去摆平朝臣，最后实现皇后梦。换句话说，戚夫人是打算先征服男人，再通过男人去征服世界。这一招是古今中外许多女人惯常使用的手法，且成功案例屡见不鲜。但是，运用这种手段获得成功必须有两个条件：一是女性自身具有巨大的杀伤力，二是她所依靠的男人果敢有力。

戚夫人自身确实具有较强的杀伤力，但这种杀伤力并没有表现在政治才能上，它仅仅对刘邦一人管用。而且，戚夫人对刘邦的估计也出现了偏差。刘邦是“外战内行，内战外行”。在解决权力问题时，刘邦非常果断，毫不迟疑；一旦涉及皇后宠妃、儿女兄弟的家庭问题，则马上变得优柔寡断、摇摆不定。他曾打算让女儿鲁元公主和亲匈奴，并在他人面前表现得很坚决，但他回头一看见吕后的眼泪立马就蔫了，随即改变了之前的决定。戚夫人这次挑战皇后的地位，刘邦刚开始时也是做坚定不移状，表示全力支持，当遭遇功臣派、外戚派的集体反对时，他却再一次选择了妥协。

二是阻力很大。

立太子是皇家私事，亦是朝廷大事。一旦立了太子，太子又没有大恶，随意废易太子是很难被朝臣接受的。太子可谓是国家的根本和未来，废易太子就是动摇国家的根本和未来。所以可想而知，这件事情的阻力会有多大，而如此大的阻力是刘邦和戚夫人都始料不及的。更何况，刘邦是废长立幼，更难被朝臣接受。

废长立幼历来是国之大忌。皇帝多子，皇权巨大，你争我夺是必然的。历代皇室或多或少都会在这一问题上犯难，弟杀兄、子弑父、勾结大臣、交通宦官，皇子为了争夺帝位可说是无所不用其极。历代帝王、大臣为了避免这些争端而绞尽脑汁，希望能找到一劳永逸的对策。在种种对策之中，嫡长子继承制最终胜出，为什么呢?

可以保证国有长君。

“长君”是指年长之君。古人常云“国赖长君”，是说通常情况下，“长君”阅历丰富，有处理复杂国事的能力。不是每个人生来都是天才，更多的人是从阅历中不断积累起经验的，“长君”的优势正在于此。

可以杜绝皇位之争。

皇子一旦继位为帝，他与其他诸子的关系就成为君臣关系。因此，皇子争夺帝位是帝国制度下难以根除的一大痼疾。立嫡立长一旦成为定制，皇子之间的争夺势必大大减少。

治国以规则、制度，而不以国君的个人好恶为基准，政权的稳定性必然会得到巩固。按照规章制度行事，本质上是按法制办事；以国君的个人好恶行事，带有浓重的个人色彩。“法”恒而“人”不均，法治显然比人治更稳定。

当然，嫡长子继承制虽然是祖宗成法，带有一定程度的法制色彩，但有时也会遇到尴尬——嫡长子年幼或嫡长子无能。

刘邦的难题就是嫡长子无能。

嫡长子继位是硬道理，但嫡长子无能则是一个很难量化、很难让朝臣都理解的命题。这种尴尬，说穿了是帝国制度下皇权世袭的死穴！要么让一个不适合做帝王的嫡长子继位，要么废掉他另选一个合适的人选。简单来说，就是废昏立明，废弱立强。但这样做的话，无疑又违背了嫡长子继承制，为废长立幼之举大开绿灯。这种制度的不合理性，在这里得到了充分的体现。

话说回来，嫡长子继承制在一定的历史时期内还是利大于弊的，大多时候它维系着权力交接的稳定，且该制度的可操作性强，人为干扰的因素相对较弱，因此在历代王室中备受重视。

历史也证明了这一点。废长立幼导致国家混乱的情况不乏其例。三国时刘表废长子刘琦立幼子刘琮，导致兄弟反目。袁绍废长立幼导致兄弟相争。曹操在曹丕、曹植之间的艰难抉择导致兄弟相残。清代皇帝甚至不敢在生前公布太子人选，只好在“正大光明”匾额后预储遗诏。

三是无党羽撑腰。

戚夫人毕竟不是刘邦的糟糠之妻，她在刘邦集团中没有重要的地位，与其他重要朝臣没有任何来往，更不懂得建立和经营自己的政治势力。政治斗争从来都是党派之争、派系之争，戚夫人以一己之力和整个功臣派、外戚派作战，失败是必然的。

再看刘邦的难辞其咎。

一是立储过早。

汉二年（前 205）的时候，刘邦还是汉王，当时他只有两个儿子，匆忙地立了刘盈为汉太子。汉五年（前 202），刘邦称帝，又匆忙立了刘盈为皇太子。多年之后，刘邦发现刘盈并不适合做自己的继承者的时候，为时已晚。如果他在有了八个儿子之后再立储君，一定比他过早地选择储君要好得多。

二是虑事不周。

刘邦过高估计了自己对朝中局面的掌控能力，他没有料到易储的阻力竟是如此之大。尽管作为刘氏集团的“总裁”，刘邦说话一言九鼎，但易储之事，夫人吕后很生气，事态发展很严峻。刘邦在尚未有绝对把握时公开了这个想法，向戚夫人发出了错误的信号，诱使戚夫人恃宠而肆意妄为，向吕后发出了威胁的信号，逼迫吕后立即采取了应急措施。

三是优柔寡断。

易储之事虽然阻力巨大，但历史上并不乏成功者。后来汉景帝废栗太子改立刘彻为太子，汉武帝废戾太子立幼子刘弗陵，都做得干脆利落。虽然废戾太子引发了一场血案，但汉武帝凭借果断强硬的态度及不惜一切代价的气势，终获成功。

而刘邦呢？朝臣反对、吕后反对，他都只当耳旁风，“商山四皓”一出马，轻易地让他改变了初衷。后人对此多不理解，甚至有人提出，杀了“商山四皓”又有何妨？

刘邦是戚夫人挑战皇后地位唯一的政治资本和靠山，可惜他在这件事上太过优柔寡断，终使戚夫人一败涂地，留下无穷后患。

最后我们来讲讲吕后的应对能力。

没有刘邦做后盾的吕后是如何化险为夷取得胜利的呢？

吕后在听闻刘邦提出易储之初，也曾惶恐不安过，但我们知道，吕后不是那种靠男人去征服世界的女人，这也是她和戚夫人最大的不同。在接下来的时间里，她私下做了大量工作。

一是懂得借力。

吕后巧妙地利用了三股势力：功臣派中反对易储的力量，以“商山四皓”为代表的舆论力量，外戚派的力量。

最初，吕后并没有想到功臣派会站在自己这一边，所以当她听到周昌在廷议时力阻刘邦易储，才会感激得放下身段跪谢周昌。此事被司马迁写入《史记》，足见在当时流传之广、影响之大。吕后的这种举动显然对功臣派是极大的鼓舞。

至于“商山四皓”，吕后压根儿就不晓得世上还有这四个人，更不知道他们有什么能耐，但她选择相信张良，并接受他的建议，为自己的抗争赢得了最重要的棋子。

功臣派和“商山四皓”两股势力左右开弓，迅速瓦解了刘邦易储的决心。

吕后的妻党势力也不容小觑。吕后为刘邦称帝做出过巨大贡献，她的两个哥哥吕泽、吕释之均立有军功，并已被封侯。这些嫡亲力量，在这次较量中起到了十分重要的作用：劫持张良，“卑词安车”，请“商山四皓”出山，都应该归功于吕泽。

与单枪匹马的戚夫人相比，吕后有着强大的后盾。

吕后借用这三种力量为自己争夺选票，做得非常成功。

吕后保住了刘盈的太子之位，是否说明刘邦废太子的选择本身就是错误的呢？刘盈和刘如意哪一个更适合当太子呢？

太子刘盈的确懦弱无能。由于赵王刘如意死得太早，实在无从考证他是否有成为一代明君的潜力。如果我们相信刘邦能识别出韩信、张良的才华，而且也从未因戚夫人与吕后争宠而做出过错误的决定，那么我们就有理由相信，他对自己两个亲生儿子的基本判断应该无大错。不排除刘邦确有私心，但他对自己两个儿子的综合考量是必需的，其中肯定涉及执政能力方面。

公正地说，刘邦决定易储除偏袒戚夫人之外，还有废弱立强之意。刘盈的懦弱性格限制了他将来的发展，注定难有作为，这应该是刘邦想要易储最重要的原因。

无奈整个事件都处于特殊的历史背景之下：年轻貌美的戚夫人得宠，患难之妻吕后失宠。刘邦此时这么一折腾，自然容易被人认为是“徇私枉法”。

在对两个皇子的一系列考量中，有两股势力束缚着刘邦的手脚：一是不支持废长立幼的传统制度，二是反对宠其母而立其子的社会舆论。

其实刘邦真正应该立的是第四任代王刘恒，只可惜刘恒的母亲薄姬不受宠爱、不被关注，刘恒自然也就入不了他的法眼。历史证明，刘恒是刘邦八个儿子中政治素养最高的皇子，刘邦没能发现他的才能，实在是一大遗憾。

综上所述，在刘邦、吕后、戚夫人三者中，刘邦是最应该为戚夫人、刘如意悲剧结局负责的人！

怎么负责：心到了才能负责

刘邦打消易储的想法之后，爱妃戚夫人和爱子刘如意陷入极其危险的境地。易储是一场没有硝烟的战争，一旦发动必有一方会万劫不复。皇后和嫔妃结下死怨，废立之事成或不成，败下阵来就意味着跌入深渊，更何况，这次失败的是嫔妃而非皇后。

刘邦能够在中止这场夺位大战后确保戚夫人和刘如意在自己百年之后的安全吗？他为此又做了些什么呢？

第一，周昌相赵。

刘邦的一句话发动了战争，又一句话结束了战争。然而吕后和戚夫人却成了生死冤家。此时的刘邦年老伤重，特别是荥阳之战和晚年平定黥布之战时两受致命箭伤，给他的健康埋下了隐患。

所以，战争虽然被叫停，刘邦却陷入一个巨大的隐忧之中：戚夫人和爱子刘如意都有生命危险，该怎么办好呢？吕后的残忍在诛杀韩信、黥布之时已经表现得非常充分了，戚夫人只是一个年轻的弱女子，如何应付得了这种局面？一旦自己去世，苦大仇深的吕后能不报复戚夫人和爱子刘如意吗？

积郁万分的刘邦每天都闷闷不乐，总是幽怨地唱着楚歌，大臣们不了解他心中的隐忧，自然也不知道如何去化解。一位年轻的符玺御史敏锐地捕捉到刘邦的心思，于是建议让一向耿直的御史大夫周昌担任此时已经改任赵王的刘如意的相国。

“周昌相赵”是刘邦保护刘如意的重要部署，他为何会选择这样一位中央级别的御史大夫呢?

周昌值得信赖。

周昌是刘邦任泗水亭长时的同事，他的堂兄周苛是汉帝国的烈士。周昌自刘邦起兵就一直追随，是刘邦集团的中坚力量之一，非常值得信赖。

周昌不辱使命。

周昌因为反对废长立幼，说了“臣期期知其不可”“臣期期不奉诏”而名闻朝中。他在保护太子刘盈时的直言不讳，深受刘邦欣赏，被视为直臣。刘邦相信他能够不辱使命，担当起保护爱子的重任。周昌在明白了刘邦一番良苦用心后，接手了这项棘手的工作。

周昌有恩于吕后。

周昌可谓是吕后和太子的恩人，吕后因为感谢他的劝阻易储而“跪谢”，刘邦认为吕后至少不会太为难周昌。

从“周昌相赵”可以看出：刘邦对刘如意的保护显然大大胜过对戚夫人的保护。

应当说，此时的刘邦已经清醒地意识到，自己支持戚夫人发动废立太子的战争是一大错误，但他只顾及爱子刘如意的安危，却忽略了同样凶多吉少的戚夫人。他并没有采取任何措施反制吕后，事实上，如果他真想有所作为的话，也并非毫无办法。比如说，他可以专门为戚夫人颁布一道诏书，也可以为戚夫人预留一道诏书，这些都是可行的。

我们对比一下“白马盟誓”就会发现，刘邦对戚夫人的保护，确实是无所作为。为了让刘氏江山世世代代延续下去，刘邦和所有功臣杀白马歃血盟誓：不是刘姓皇族之人不得封为王，没有功劳之人不得封为侯，无论谁违犯这两条原则，天下共诛之。这一约定显示出刘邦的果敢与机敏，也成为日后吕后封诸吕为王时最为顾忌的问题。可见，如果刘邦真动心思保护一种制度、一个人，一定可以做得到，至少可以做得更好一点。但是，刘邦在默允戚夫人挑战吕后后，却没有采取任何得力措施保护戚夫人。（高皇帝约“非刘氏不得王，非有功不得侯。不如约，天下共击之”。《史

记·绛侯周勃世家》）

第二，下令立斩樊哙。

高祖十二年（前195），刘邦在弥留之际突然听到小道消息称，樊哙要在自己百年之后诛杀赵王刘如意与戚夫人。他气得急火攻心，立即派陈平带领大将周勃，赶赴前线立斩樊哙。（是时高帝病甚，人有恶哙党于吕氏，即上一日宫车晏驾，则哙欲以兵尽诛灭戚氏、赵王如意之属。高帝闻之大怒，乃使陈平载绛侯代将，而即军中斩哙。《史记·樊郦滕灌列传》）

陈平没有杀樊哙，这个我们都知道了。陈平如何处理樊哙是一回事，刘邦下令立斩樊哙又是另外一回事。我们要讨论的是，刘邦为什么仅凭一面之词就要斩樊哙呢？

众所周知，樊哙是功臣加亲贵，素日里刘邦对他睁一只眼闭一只眼，此时却毫不手软，可见，在刘邦心中，爱子刘如意的生命安危是何等重要！

第三，嘱托太子。

刘邦临终时立下一封遗诏，敕令太子说：我身患重病，只能把如意母子拜托给你。其余各子，都能自立，最可怜的就是这个儿子还是那么年幼。（吾得疾遂困，以如意母子相累。其余诸儿，皆自足立。哀此儿犹小也。严衍《资治通鉴补》卷十二《汉纪四》，上海古籍出版社2007年版，第11页）刘如意这个时候确实年幼，刘邦是担心他将来会遭到迫害，才将其母子托付给即将继位的刘盈。一方面因为刘盈登基称帝之后，手中有权；另一方面他深知刘盈虽然性子柔弱，但仁孝有加，即使经历了易储的风波，孝顺的刘盈仍然是托付刘如意母子的最佳人选。

那么，刘邦对赵王刘如意和戚夫人的保护到位了吗？

以我之见，这样的保护远远没有到位，可是刘邦为什么没有做得更好一点呢？我想刘邦在放弃易储的打算时，绝对想不到吕后将来会残杀戚夫人和赵王刘如意，从这个意义上讲，刘邦并不完全了解吕后，特别是不了解掌握了皇权之后的吕后会多么霸道、多么残忍！一句话，刘邦不懂女人！更不懂手握大权的女人。

再说负责：一言难尽啊

戚夫人的一生是个悲剧。

夺储之战失败了，但失败并不意味着必然惨死！政权的争夺，本来应该是公平、公正、公开的，失败者和胜利者都可以在各自新的生活状态中继续走下去。但在帝国制度之下，胜利者往往会剥夺失败者生存的权利，这也是帝国制度的弊端之一。那么这一次，谁该为戚夫人的悲剧人生负主要责任呢？

一是“商山四皓”。

宋李觏（gòu）《盱江集》卷三十六《戚夫人》诗曰：

百子池头一曲春，君恩和泪落埃尘。
当时应恨秦皇帝，不杀南山皓首人。

《西京杂记》中写道：

戚夫人侍儿贾佩兰，……说在宫时见，见戚夫人侍高帝，……至七月七日，临百子池，作于滇乐。乐毕，以五色缕相羁，谓为相连爱。

当年戚夫人和刘邦每年七月七日，都要驾临百子池，用五色线相连，称为“连爱”。所以李觏才会在诗中说道：百子池边的春光已经不在，只恨当年的秦始皇，为什么没有杀死隐居商山的四个老人。李觏的观点很明确：戚夫人的悲剧是“商山四皓”造成的。

金人元好问的《戚夫人》诗也表达了同样的观点：

鸿鹄冥冥四海飞，戚夫人舞泪沾衣。
无端恨杀商山老，刚出山来管是非。

这首诗首句暗指刘邦《鸿鹄歌》中“鸿鹄高飞，一举千里。羽翮已就，横绝四海”。第二句是写刘邦看到“商山四皓”后，对戚夫人说放弃易储，戚夫人泪如雨下，忍痛跳舞。最后两句抛出观点，抨击“商山四皓”一出山就来管后宫易储之争。

二是推荐“商山四皓”的张良。

如果说“商山四皓”的出现导致戚夫人易储的愿望落空，最终惨死，那么推荐“商山四皓”的张良，是否也有责任呢？

三是戚夫人自己。

夺储之时，戚夫人日夜哭泣，拼死拼活，毫无顾忌；失败之后，却拿不出任何有效的应对之策，甚至没有向刘邦撒撒娇，提出任何保护自己、保护儿子的要求。这说明，她丝毫没有意识到自己和爱子刘如意所面临的巨大风险。

帝国制度是秦始皇创立的，始皇在世之时未立皇后，自然谈不上宫闱的争夺。这次戚夫人和吕后争夺储君之位，是中国帝制历史上的第一次。没有前车之鉴，缺少政治敏感度的戚夫人完全不知道这种争斗带来的后果会如此残酷。这样一位想法简单幼稚的女子，怎能敌得过凶悍的吕后呢？所以说，她的人生悲剧与她政治上的极度幼稚密不可分。

四是陷入“江山美人古难全”的刘邦。

“商山四皓”的出现，使刘邦被迫面临江山、美人的两难抉择。

当年西楚霸王项羽也曾遭遇过一回，最终他选择舍美人爱江山。如今这种事情落在了刘邦的头上，毫无悬念地，他也选择了江山而放弃了美人。两位英雄都是爱江山也爱美人，但江山与美人不能兼得，他们注定是不会为博得美人一笑而放弃大好河山的。

为什么这样讲呢？

美人易得而江山难打，这个道理很简单、很现实。无论是项羽还是刘邦，都是手握政治实权的强权人物。这些政治强权人物若不能确保自己的强权地位，任何美人对他们都没有意义。失去了权力就失去了一切。保证自己不失去政治权力是政治人物一生中处理一切问题的最高原则。因此，在政治权力与感情生活发生矛盾时，他们只能选择政治权力——这就是虞姬的悲剧，也是戚夫人的悲剧。

尽管她们一个是失败了的项羽的爱妾，一个是成功了的刘邦的宠妃，但是虞姬和戚夫人有一个共同点——她们所爱的男人都是政治领袖，这就注定了她们的命运。

清代诗人田雯《咏古》一诗，正是从这一角度咏叹了虞姬和戚夫人同样的命运：

谁教玉体两横陈，粉黛香消马上尘。
刘项看来称敌手，虞夫人后戚夫人。

诗中的“玉体”指虞姬和戚夫人。“两横陈”和“粉黛香消”，同是指代两位美人之死。

谁让两位绝代佳人相继惨死呢？刘邦、项羽看来真是天生的对手，虞夫人死后紧接着戚夫人也死去。

田雯意在讽刺刘邦能够灭项，却不能保护自己心爱的女人。他所宠爱的戚夫人竟和项羽宠爱的虞姬面临同样悲惨的下场。

从严格意义上来讲，虞姬比戚夫人头脑更清醒，也更果断。虞姬果断自决，戚夫人却浑浑噩噩，失败后也只会哭泣，毫无自全之术。两位美人虽然命运同悲，但虞姬尚能保全人格的尊严，戚夫人却被迫受辱而亡。

就在刘邦忙于应对后宫夺储之争时，一件让他痛心疾首的大事接踵而来。究竟是什么事呢？刘邦为何会深受打击呢？

封王之路

高祖九年（前 198），一起谋杀案震惊朝野。这场案件发生在赵国，谋杀对象正是高帝刘邦，已知主谋是赵相贯高，重要嫌犯还有赵王张敖。更重要的是，这个张敖不是别人，他是刘邦的女婿，鲁元公主的丈夫。刘邦得知详情后极为愤怒，一连串的疑问在他脑中挥之不去：这件事情到底和女婿张敖有没有关系？赵国君臣为什么要谋杀我？

娶妻暴富：忽然有钱是幸运，如何用钱是本领

要想说清楚这事儿跟张敖有没有关系，我们就得了解一下赵王张敖。要了解赵王张敖，又不得不从其父张耳封为赵王说起。没有张耳，张敖根本当不了赵王。当不了赵王，一切都无从谈起，更谈不上谋杀高帝刘邦。

张耳是大梁（今河南开封）人，年轻时曾是“战国四公子”之一信陵君的门客。其人很有能力，但他的封王之路除能力之外还有一个重要因素，那就是幸运。

张耳曾因为避祸而住在外黄（今河南民权）。外黄一户有钱人家，生有一位漂亮的女儿，却嫁了一个碌碌无为的丈夫。这位“富二代”小姐很明智，知道自己无法和平庸的丈夫生活一辈子，便离家出走，找到父亲的一位朋友。这位朋友非常了解张耳，便对小姐说：你要真想嫁一个有本事的人，就嫁给张耳吧。小姐接受了建议，请父亲的朋友出面解除了原来的婚约。此时的张耳独自在外漂泊，经济拮据，生活窘迫，正处在人生的低谷，他万万没想到会有千金小姐主动下嫁自己。张耳明白，这位小姐不但漂亮，而且有钱，美中不足的是有过短暂婚史。当然，他并不计较，立即答应了婚事。由于这场意外的婚姻，张耳一下子成为了富人，步入了上层社会。（张耳尝亡命游外黄。外黄富人女甚美，嫁庸奴，亡其夫去，抵父客。父客素知张耳，

乃谓女曰："必欲求贤夫，从张耳。"女听，乃卒为请决，嫁之张耳。张耳是时脱身游，女家厚奉给张耳。《史记·张耳陈餘列传》）

忽然有了钱是幸运，怎样用这些钱却是本事。张耳用这些钱广纳贤才，不久便声名鹊起，当上了魏国外黄县的县令。

一桩幸运的婚姻成为张耳人生的第一个幸运转折点。

速称王：遏制不住的冲动

张耳有一位忘年交的朋友——陈餘。

陈餘也是大梁人，喜欢儒术，曾多次游历赵国苦陉（今河北无极）。一位姓"公乘"的有钱人见他非同等闲之辈，便把女儿嫁给了他。

陈餘年轻，把张耳当作父辈，两个人成了生死之交。（陈餘者，亦大梁人也，好儒术，数游赵苦陉。富人公乘氏以其女妻之，亦知陈餘非庸人也。餘年少，父事张耳，两人相与为刎颈交。《史记·张耳陈餘列传》）

秦国灭掉魏国几年之后，才知道张耳、陈餘是魏国名士，于是悬赏重金抓捕。无奈，张耳、陈餘改名换姓，逃到了陈郡（今河南淮阳），当了里巷的看门人。一次，主管该里巷事务的小吏认为陈餘有过失，要鞭打他。陈餘愤愤不平想还手，张耳赶快踩了踩他的脚以示阻止。小吏走了，张耳把陈餘拉到桑树底下数落他：我当初怎么给你说的？现在受一点点羞辱就忍不住，是想把生命断送在区区一个小吏的手里吗？陈餘已经冷静下来，知道张耳说得在理。（秦灭魏数岁，已闻此两人魏之名士也，购求有得张耳千金，陈餘五百金。张耳、陈餘乃变名姓，俱之陈，为里监门以自食。两人相对。里吏尝有过笞陈餘，陈餘欲起，张耳蹑之，使受笞。吏去，张耳乃引陈餘之桑下而数之曰："始吾与公言何如？今见小辱而欲死一吏乎？"陈餘然之。《史记·张耳陈餘列传》）

秦二世元年（前 209），陈涉举旗反秦，为天下所有不被秦帝国所容之人创造了机会，刘邦和张耳都得益于此。

陈涉到达陈郡时，已拥有数万之众，张耳、陈餘立即求见。陈涉早就听说过这两人的大名，见面交谈后，对其很是欣赏。（陈涉起蕲，至入陈，兵数万。张耳、陈餘上谒陈涉。涉及左右生平数闻张耳、陈餘贤，未尝见，见即大喜。《史记·张耳陈餘列传》）

陈郡的豪杰们向陈涉建议道：将军披铠甲，执利器，率领士兵，诛伐暴秦，复兴楚国，这种功德可以称王。再说，将军若要统领天下众将，不称王也无法完成重任。希望将军自立为楚王。（将军身被坚执锐，率士卒以诛暴秦，复立楚社稷，存亡继绝，功德宜为王。且夫监临天下诸将，不为王不可，愿将军立为楚王也。《史记·张耳陈餘列传》）

陈涉咨询张耳、陈餘的意见，两人说：秦国无道，灭他人国家，绝他人后代，耗尽百姓财力，弄得民不聊生。将军挺身而出，不顾个人安危，历尽艰辛，扫除残暴。但是如果刚攻下陈郡就自立为王，这会让天下人觉得将军是为了个人富贵而起义。建议将军先不要称王，迅速率兵西进，再派人分封原来的六国后裔为王，多为秦国树敌，为自己广建盟友。敌人越多，秦军的兵力越分散，我们的力量就越强大。到时候就用不着野外作战了，也不会有死守的县城。诛讨暴秦，占据咸阳，号令诸侯，都将十分顺利。六国灭亡后再复兴，都会感激将军，这样一来，帝王之业便可以实现。现在就自立称王，恐怕会失去天下人心。（夫秦为无道，破人国家，灭人社稷，绝人后世，罢百姓之力，尽百姓之财。将军瞋目张胆，出万死不顾一生之计，为天下除残也。今始至陈而王之，示天下私。愿将军毋王，急引兵而西，遣人立六国后，自为树党，为秦益敌也。敌多则力分，与众则兵强。如此野无交兵，县无守城，诛暴秦，据咸阳以令诸侯。诸侯亡而得立，以德服之，如此则帝业成矣。今独王陈，恐天下解也。《史记·张耳陈餘列传》）

然而遗憾的是，这番“缓称王”的忠言陈涉怎么也听不进去，没过多久就迅速称王了。

陈涉揭开反秦大幕，是张耳人生的第二个幸运转折点。

秦末大起义是一场历史风暴。这场风暴对亡命江湖的张耳是一个千载难逢的机遇。张耳抓住了这个历史机遇，第一时间投奔陈涉，参加义军。

攻略河北：建立自己的地盘

陈涉称王后，陈餘主动向陈王提出一条重要建议：攻略河北。

陈餘说：大王您的目标是西进入关灭秦，无暇顾及收复河北。我去过河北，了解那里的英雄豪杰和地势地貌，希望您能给我一支奇兵攻略赵地。（大王举梁、楚而西，务在入关，未及收河北也。臣尝游赵，知其豪杰及地形，愿请奇兵北略赵地。《史记·张耳陈餘列传》）

陈涉觉得这的确是一个扩大义军地盘的好主意，于是命老友武臣任将军，邵骚任护军，张耳、陈餘担任左右校尉，率三千士兵，北取赵地。

参与攻略河北，是张耳人生的第三个幸运转折点。

攻略河北不仅开辟了一块新的反秦大战场，而且对张耳的一生影响重大。从此，张耳和赵地结下了不解之缘。他在赵地建立起反秦基地，最终成为一方义军的领袖。

张耳随武臣渡过黄河，到达河北，一路打得顺风顺水。武臣采用了军事斗争与政治攻势相结合的斗争方式，使赵地反秦根据地迅速壮大。

武臣的政治攻势主要针对当地豪杰与当地官员进行，卓有成效。

针对当地豪杰，武臣等人从三个方面进行宣传战：

一是扬秦朝之恶。

秦朝实行暴政几十年，北修长城，南戍五岭，内外骚动，民不聊生。各地官吏收缴军费，四方百姓财尽力穷。再加上严刑苛法，父子不能相安——这样的统治能不灭亡吗？（秦为乱政虐刑以残贼天下，数十年矣。北有长城之役，南有五岭之戍，外内骚动，百姓罢敝，头会箕敛，以供军费，财匮力尽，民不聊生。重之以苛法峻刑，使天下父子不相安。《史记·张耳陈餘列传》）

二是传义军之威。

陈王振臂而起，首义天下，楚地称王，方圆两千里群起响应。家家奋起，人人战斗，各自报仇。县杀县令、县丞，郡杀郡守、郡尉。现在陈王已经建立了大楚国，自立称王，派吴广、周文率百万大军向西攻秦——天下反秦大势已成。（陈王奋臂为天下倡始，王楚之地，方二千里，莫不响应，家自为怒，人自为斗，各报其怨而攻其雠，县杀其令丞，郡杀其守尉。今已张大楚，王陈，使吴广、周文将卒百万西击秦。《史记·张耳陈餘列传》）

三是宣利益之诱惑。

人生难得的是机遇，有了好的机遇却封不了侯建不了业，那就算不上豪杰！世人受秦祸害很久了，凭借天下人的力量，攻无道暴君，报父兄怨仇，成就裂地封王的功业，这可是豪杰们最好的机会——千载难逢啊！（于此时而不成封侯之业者，非人豪也。诸君试相与计之！夫天下同心而苦秦久矣。因天下之力而攻无道之君，报父兄之怨而成割地有土之业，此士之一时也。《史记·张耳陈餘列传》）

这番话得到了赵地豪杰们的广泛认同，纷纷协助武臣扩大队伍，连下赵地十几座城。

对于那些坚守不降的秦朝地方官员，武臣采纳了蒯通的意见，用争取、分化、瓦解的方法各个击破。前文中我们多次提到蒯通，他当年力劝韩信攻打齐国，破齐后又建议韩信保持中立。

作为以睿智著称的说客，蒯通一方面说服范阳县令向义军投降，一方面又说服武臣等人接受秦朝地方官员的投诚，最大限度地减少了敌军的抵抗，终使赵地江山迅速成为与齐地、楚地平起平坐的秦末大起义三大根据地之一。

蒯通是如何说服负隅顽抗的范阳县令的呢？

他对县令说：您担任范阳县令十几年，“杀人之父，孤人之子，断人之足，黥人之首，不可胜数”。范阳的百姓早就恨死你了，大家之所以容忍了十几年，是因为害怕秦法。现在天下大乱，义军将至，秦法无法实施，你如果还死撑着，范阳的年轻人都会争着杀了你去投奔义军，你说你这不是自寻死路吗？赶快派人投降义军，才可能保住你的性命。范阳县令以前坚决不降义军是因为怕被杀，但天下反秦大势已成燎原之火，他也看得清清楚楚。之前找不到别的活路才打算死守，这会儿听蒯通一说，立马派蒯通联系武臣准备投降。（今天下大乱，秦法不施，然则慈父孝子且倳刃公之腹中以成其名，此臣之所以吊公也。今诸侯畔秦矣，武信君兵且至，而君坚守范阳，少年

皆争杀君，下武信君。君急遣臣见武信君，可转祸为福，在今矣。《史记·张耳陈餘列传》）

搞定了范阳县令，蒯通又是如何说服武臣的呢？

蒯通对武臣说：打一仗得一城是下策，您听我的话，可以“不攻而降城，不战而略地，传檄而千里定”。

武臣一下子没明白过来，就问：你到底是什么意思啊？蒯通告诉他：目前，范阳县令正在加紧战备，你知道为什么吗？“怯而畏死，贪而重富贵”。他明知道抵抗是死路一条，为什么还要拼死抵抗？那是因为他害怕您把他当成秦帝国任命的官吏而诛杀掉，就像您前面攻下十几座城杀了十几位县令一样。范阳县城的年轻人也想杀了范阳县令，守住范阳城不让你们进入。您现在最明智的做法是准备好侯印，任命范阳县令为侯，这样他就会率全城投降，当地的年轻人也不敢再动杀心了。然后，再让范阳县令坐着豪车到燕、赵等地晃悠一圈，赵地的百姓们看到了就会说：瞧，那就是率先投降义军的范阳县令。燕、赵等地的地方官见到投降能得到这么大的好处，必定会不战而降。这就是我所说的“传檄而千里定”的良策。武臣一听，立即派蒯通赐给范阳县令一枚侯印，赵地各城听说了这件事，纷纷投降，三十多座城不战而降。（蒯通曰：“今范阳令宜整顿其士卒以守战者也，怯而畏死，贪而重富贵，故欲先天下降，畏君以为秦所置吏，诛杀如前十城也。然今范阳少年亦方杀其令，自以城距君。君何不赍臣侯印，拜范阳令，范阳令则以城下君，少年亦不敢杀其令。令范阳令乘朱轮华毂，使驱驰燕、赵郊。燕、赵郊见之，皆曰此范阳令，先下者也，即喜矣，燕、赵城可毋战而降也。此臣之所谓传檄而千里定者也。”武信君从其计，因使蒯通赐范阳令侯印。赵地闻之，不战以城下者三十余城。《史记·张耳陈餘列传》）

巧遇蒯通，是张耳人生的第四个幸运转折点。

拥立赵王：让自己获得实权

蒯通的分化、瓦解政策使赵地的秦国防线迅速崩溃，义军顺利进入邯郸，攻下整个赵地。武臣以三千人马便平定赵地数十城，不能不说是一个奇迹。此时，张耳伙同陈餘作出了一个重大决定：拥立武臣为赵王！

张耳、陈餘为什么要拥立武臣为赵王呢？

原因有三：一是张耳、陈餘曾建议陈涉“缓称王”，被否定后，对陈涉有所不满；二是他俩率先提出攻略赵地的方案却未被任命为将，只担任了左右校尉，心中更加不满；三是他俩听说陈涉派出去攻城略地的许多将领都受谗被杀。

在这样的形势下，张耳、陈餘的独立意识迅速增强，两人力劝武臣在赵地称王。此时，除了首义的陈涉自立为陈王，多数义军都采取复立六国后裔为王的策略。让一位义军领袖自己称王，在当时还是有不少顾虑的。

面对武臣的犹豫，张耳、陈餘劝道：第一，不一定是六国后裔才可以称王，陈王就是自己称王；第二，功高足以称王，将军您以三千士卒，拿下赵地数十城，独霸河北，不称王无法镇抚赵地；第三，回报陈王未必有好报，搞不好受人谗言还有被诛的危险；第四，机不可失，独霸赵地是称王的最佳时机，一旦失去这一机会，以后将未必再有这样的机会了。（陈王起蕲，至陈而王，非必立六国后。将军今以三千人下赵数十城，独介居河北，不王无以填之。且陈王听谗，还报，恐不脱于祸。又不如立其兄弟；不，即立赵后。将军毋失时，时间不容息。《史记·张耳陈餘列传》）

武臣最终接受了张耳、陈餘的意见，自立为赵王，任命陈餘为大将军，张耳为右丞相，邵骚为左丞相。

拥立武臣为赵王再次显示了张耳的政治能力。

张耳、陈餘的建议对反秦大势十分有利。拥有数十城的赵地成为和齐地、楚地鼎足而立的天下反秦重镇之一，大大加强了反秦势力的力量。对张耳来说，武臣称王使赵地的反秦武装成为脱离陈涉的一支独立武装，张耳的个人地位大大提升。陈餘担任大将军，独掌赵国军权；张耳任右丞相，成为秦汉之际历史舞台上的主角之一。

陈涉得到武臣称王的消息，气不打一处来，恨不得马上诛杀武臣全族，剿灭赵国。

此时，陈涉的相国劝道：诛杀武臣等人的家族，只能给您再树一敌，不如顺势封了武臣，让他率兵西进灭秦去吧。陈涉想了想，表示同意，随即将武臣等人的家属接到宫中，同时封张耳的儿子张敖为成都君。至此，张敖正式登上了历史舞台，迈出了人生的第一步。只不过，被安排在宫中起居的张敖，实际上是被软禁的人质罢了。（陈王相国房君谏曰："秦未亡而诛武臣等家，此又生一秦也。不如因而贺之，使急引兵西击秦。"陈王然之，从其计，徙系武臣等家宫中，封张耳子敖为成都君。《史记·张耳陈餘列传》）

同时，陈涉派出使者前往邯郸，恭贺武臣称王，敦促他西进灭秦。

张耳、陈餘告诫武臣：陈王封你赵王，绝不是他的本意，而是一种策略。假如陈王成功灭秦，一定会派兵剿灭赵国。因此，你千万不要西进灭秦，而应该北取燕代，南攻河内，努力扩大赵国的势力范围。一旦拥有了足够的实力和地盘，南有黄河，北拥燕代，就算陈涉灭秦也不敢动我们。（王王赵，非楚意，特以计贺王。楚已灭秦，必加兵于赵。愿王毋西兵，北徇燕、代，南收河内以自广。赵南据大河，北有燕、代，楚虽胜秦，必不敢制赵。《史记·张耳陈餘列传》）

此时已经荣登赵王宝座的武臣果断采纳了张耳的意见，不再考虑西入秦关，而是派出三路人马：韩广率兵攻取燕地，李良率兵攻占常山（秦郡，郡治东垣，今河北石家庄东北），张黡（yǎn）率兵攻打上党（秦郡，郡治长子，今山西长子西南）。

韩广到了燕地之后，燕人干脆拥立韩广做了燕王。赵王武臣深切地体会了一把当初陈涉的感受，勃然大怒之下，带领张耳、陈餘攻打燕国。

正在两国激烈交战的时候，发生了一件尴尬事。赵王武臣在出游时，竟不幸被燕军抓获。燕将通知赵国，分赵国一半土地换回赵王武臣。张耳、陈餘派出去的十几批使者，都为燕将所杀。张耳、陈餘为此大伤脑筋。（赵王间出，为燕军所得。燕将囚之，欲与分赵地半，乃归王。使者往，燕辄杀之以求地。张耳、陈餘患之。《史记·张耳陈餘列传》）

此时，赵军军中一位炊事员对同屋的人说：我能说服燕将放回赵王。同屋的人听了都笑：十几批使者全被杀了，你怎么就能让燕将放咱们的赵王回来呢？张耳、陈餘听说这件事后，决定死马当活马医，立即派这位炊事员前往燕军大营。（有厮养卒谢其舍中曰："吾为公说燕，与赵王载归。"舍中皆笑曰："使者往十余辈，辄死，若何以能得王？"乃走燕壁。《史记·张耳陈

馀列传》）

这位炊事员见到燕将，劈头就问：你知道我来干什么吗？燕将回答：你想让我放回赵王。这位炊事员并不回答，反问道：你们觉得张耳、陈馀是什么人？燕将回答：贤人啊。再问：那你知道张耳、陈馀现在到底怎么想的吗？燕将回答：想得到他们的赵王啊。这位火头军仰天大笑：你们太不了解这两个人的真实想法了。武臣、张耳、陈馀三个人拿下赵地几十座城，谁都想南面称王。难道他俩愿意一辈子就当个臣子？只不过现在大势初定，他们不敢三分赵地，于是选择先拥立武臣为王，稳住赵地。现在赵地已经安定下来，张耳、陈馀都想瓜分赵地称王呢，只是没有找到合适的时机。您现在囚禁了赵王，他俩表面上要您放了赵王，实际上心里巴不得您赶快杀了赵王，然后就可以瓜分了赵地。您想想，一个赵国就够您对付的了。倘若出现两个“贤王”，一左一右，联手攻击，灭燕是易如反掌啊。燕将一听，赶快放了赵王，这位炊事员驾车将赵王送归赵地。（赵养卒乃笑曰：“君未知此两人所欲也。夫武臣、张耳、陈馀杖马棰下赵数十城，此亦各欲南面而王，岂欲为卿相终已邪？夫臣与主岂可同日而道哉，顾其势初定，未敢参分而王，且以少长先立武臣为王，以持赵心。今赵地已服，此两人亦欲分赵而王，时未可耳。今君乃囚赵王。此两人名为求赵王，实欲燕杀之，此两人分赵自立。夫以一赵尚易燕，况以两贤王左提右挈，而责杀王之罪，灭燕易矣。”燕将以为然，乃归赵王，养卒为御而归。《史记·张耳陈馀列传》）

这位炊事员立了奇功。那么，他对燕将说的那些话是事实吗？应该不足为信。张耳、陈馀如果真想让燕将动手干掉赵王武臣，最好的办法是猛攻猛打。若惹急了燕将，武臣肯定遭殃。然而，张耳、陈馀相继派出十几批使者前往交涉此事，而不敢进兵攻燕，说明他俩投鼠忌器，害怕处理不慎而导致赵王武臣遇害。但是，这位炊事员对武臣和张耳、陈馀三人利害关系的分析确实十分透彻。燕将没有看懂张耳、陈馀的真实意图，被其一忽悠，便上了当。

武臣刚从燕军大营回到赵地，另一场横祸又从天而降。

原来，早前被派去攻夺常山的李良顺利拿下了常山后，又被派去攻打太原郡。由于秦兵在太行山的重要关口井陉布置了重兵，李良大军到了石邑（今河北石家庄）便无法前进。秦将诡计多端，给李良寄去了一封信。这封信一不密封，二是假借秦二世亲笔之名。信中说，假如李良能叛赵归秦，为帝国效劳，可以赦免其罪，并予以重用。李良看到信，将信将疑，于是回邯郸要求增兵。快到邯郸时，刚好遇到赵王武臣的姐姐外出，随从众多。李良乍一看，以为是赵王武臣本人，立刻伏在路边行礼。碰巧武臣的姐姐那天喝高了，不知道路边恭候的是大将李良，便派了一位随从给李良打了个招呼。你想啊，李良好歹是赵国高官，一向地位尊崇，得知自己恭候多时的并非赵王，而是赵王的姐姐，心中非常懊恼。这时，李良身边的一位侍从官说：天下大乱，“能者先立”。赵王的能力本来就在将军之下，现在居然连一个老娘们都不为将军下车，不如派人杀了她。李良此前已经得到“秦二世”来信，如果说当时是动了叛赵的念头，却一直无法说服自己，那么眼下这场羞辱，倒是给长了些胆量。他立刻派人杀了赵王武臣的姐姐，随即率兵突袭邯郸。邯郸方面毫无警觉，一点准备都没有，赵王武臣、左丞相邵骚全部被杀。张耳、陈餘的耳目甚多，两人侥幸逃出邯郸，又迅速收聚起数万散兵。（未至，道逢赵王姊出饮，从百余骑。李良望见，以为王，伏谒道旁。王姊醉，不知其将，使骑谢李良。李良素贵，起，惭其从官。从官有一人曰：“天下畔秦，能者先立。且赵王素出将军下，今女儿乃不为将军下车，请追杀之。”李良已得秦书，固欲反赵，未决，因此怒，遣人追杀王姊道中，乃遂将其兵袭邯郸，邯郸不知。竟杀武臣、邵骚。赵人多为张耳、陈餘耳目者，以故得脱出。收其兵，得数万人。《史记·张耳陈餘列传》）

赵王武臣被杀说到底是一场意外，但这场意外是张耳人生的第五个幸运转折点。

武臣被杀后，历史已将张耳推到了可以独自掌控赵国命运的位置上。这是武臣的悲剧，却是张耳的人生机遇。

赵王武臣被杀，赵国怎么办?

张耳的手下建议说：你俩不是赵国人，而是客居赵地，根基尚浅，实在难以稳住赵国。为今之计，只有先立一位赵王的后裔，高举赵王的旗帜才有可能成功。张耳、陈餘对此深表认同，于是找到一位赵国贵族赵歇，立他为赵王，建都信城（今河北邢台）。（客有说张耳曰：“两君羁旅，而欲

附赵，难；独立赵后，扶以义，可就功。”乃求得赵歇，立为赵王，居信都。《史记·张耳陈馀列传》）

李良杀了赵王武臣还不甘心，又率兵攻打新建立的赵国，结果被陈馀打得溃不成军，最后无奈投靠了秦军章邯集团。

武臣死后，张耳、陈馀实际上已经控制了赵国大权。赵歇名义上为赵王，但实权旁落。当然，一个人幸运指数总是有限的。就在张耳、陈馀两人春风得意之时，一场风暴不期而至，张耳即将面临命运的严酷考验。

一向幸运的张耳将怎样化解这场人生劫难呢？他的封王之路还有多远呢？

翁婿嫌隙

张耳遭遇的这场风暴缘自章邯围赵！章邯在秦帝国危亡之际受命镇压义军，在相继摆平了陈胜、项梁、田儋、魏咎等义军领袖之后，又移师北上，攻打义军最后一个重镇——赵国。

张耳和赵王歇逃到巨鹿（今河北平乡），被秦军长城军团困在城中。陈餘收聚了常山数万士兵，但面对秦帝国两支强大军团——章邯军团与长城军团，这点兵力根本无法逆转形势。

巨鹿城中的张耳多次请求陈餘出兵相救，但陈餘却说自己的兵力太弱，实在无法与强大的秦军对抗，所以不敢进兵。得不到陈餘的救援，困在巨鹿城中的张耳将如何解围呢？

反目为仇：误解与负气交织

转眼间几个月过去了，张耳被困在巨鹿城中是危在旦夕，生死之交陈餘却一直按兵不动。“张耳大怒”，怨恨之情油然而生。他派了两位将军张黡、陈泽前往陈餘兵营问责：我和你是生死之交，如今赵王和我随时都有可能丧命，你拥兵数万，却不肯来搭救，难道这就叫同生共死？如果你真讲义气，为什么不和秦军拼了，或许还有一点取胜的可能。（始吾与公为刎颈交，今王与耳旦暮且死，而公拥兵数万，不肯相救，安在其相为死！苟必信，胡不赴秦军俱死？且有十一二相全。《史记·张耳陈餘列传》）

陈餘回复说：我已经多次考虑这件事情了，贸然出兵绝不可能取胜，只能白白送死。我之所以不和您一块儿战死，是想日后为赵王和您报仇。如果非要现在共生死，那就像把肉扔给饿虎，有什么用处？张黡、陈泽催促陈餘：军情紧急，我们只能和敌人拼了，以此表明我们遵守信义，哪里还能考虑什么后事？陈餘说：我死了，不顶任何用；如果你们一定要拼命，我借兵五千，你们试试看吧。张黡、陈泽率兵杀到秦军阵前，全军覆没。（陈餘曰："吾度前终不能救赵，徒尽亡军。且餘所以不俱死，欲为赵王、张君报秦。今必俱死，如以肉委饿虎，何益？"张黡、陈泽曰："事已急，要以俱死立信，安知后虑！"陈餘曰："吾死顾以为无益。必如公言。"乃使五千人令张黡、陈泽先尝秦军，至皆没。《史记·张耳陈餘列传》）

此时，反秦义军和秦军主力全部集中在赵地巨鹿。燕将臧荼、齐将田都、楚将宋义也已经赶到巨鹿。原被陈涉置于宫中做人质的张敖，在陈涉被杀后逃归张耳，成为赵将。张敖此时也收聚到代地一万多士卒，赶到巨鹿救援。然而，各路诸侯慑于秦军两大军团的强大威势，都不敢贸然出兵，遂驻扎在巨鹿附近观望。

此种局面最终被项羽打破。项羽杀宋义、夺军权，率领楚军几番断绝章邯输送长城军团的粮道，致使王离军团军粮供应受阻。随后，项羽亲率大军打败章邯，各路救赵的诸侯军见此势头，才敢率兵出战，包围王离军团，大败秦军，俘虏王离。巨鹿之围，就这样被解开了。（项羽兵数绝章邯甬道，王离军乏食，项羽悉引兵渡河，遂破章邯。章邯引兵解，诸侯军乃敢击围钜鹿秦军，遂虏王离。《史记·张耳陈餘列传》）

项羽大败章邯，巨鹿大捷，也使张耳在必死之时意外获救。毕竟，在此之前谁也想不到屡战屡胜从未失手的章邯军团也会有大败的一天。

项羽大破巨鹿之围是张耳人生的第六个幸运转折点。

赵王歇、张耳走出巨鹿城，对各路救赵诸侯将领感激涕零，对不愿救赵的陈餘好一顿责备。张耳又问到张黡、陈泽的下落，陈餘怒气冲冲地说：他们逼着我出兵，我只好给了他俩五千士兵尝试冲击秦军，结果全部战死了。张耳不信，认为是陈餘挟私怨杀了张黡、陈泽，便多次责问陈餘。陈餘气得没办法，只说：真没想到你对我成见这么深。你以为我就这么看重将军的位置吗？说完，他解下身上的将军印，交给张耳。张耳一时愣了，没有伸手去接。陈餘起身如厕，张耳的门客悄悄劝张耳接收将军印：现在陈将军把将军印交给您，您要不接，恐怕不吉利，赶快收起来。于是，张耳佩带上陈餘的将军印，将陈餘的部下收归自己统领。（张耳与陈餘相见，责让陈餘以不肯救赵，及问张黡、陈泽所在。陈餘怒曰："张黡、陈泽以必死责臣，臣使将五千人先尝秦军，皆没不出。"张耳不信，以为杀之，数问陈餘。陈餘怒曰："不意君之望臣深也！岂以臣为重去将哉？"乃脱解印绶，推予张耳。张耳亦愕不受。陈餘起如厕。客有说张耳曰："臣闻'天与不取，反受其咎'。今陈将军与君印，君不受，反天不祥。急取之！"张耳乃佩其印，收其麾下。《史记·张耳陈餘列传》）

陈餘负气交出将军印，原本只是为了表明自己绝无见死不救之心而已，并非真的就不想继续干了。但当他回到座位，看见张耳并无挽留之意，反将兵权收回，于是一怒之下，头也不回地走了。

客观地说，陈餘绝不是不想去救赵王和张耳，实在是秦军气盛兵多。如果不是项羽打败章邯，巨鹿之战将会成为天下反秦义军的滑铁卢。张耳的儿子张敖也是诸侯联军之一，手握一万代兵，尽管父亲张耳就被困在巨鹿城中，但他同样不敢出兵。可见，张耳对陈餘不出兵的看法，确实有点委屈陈餘了。另一方面，面对张黡、陈泽的逼迫，明知道是送死，陈餘就不应当屈从于二将的威逼，不应当借出五千士兵，不但葬送了张黡、陈泽和五千士兵的生命，还造成了张耳日后的误解。这是陈餘犯下的一个错误，另一个错误则是负气交权。

张耳在敌众我寡的情况下，不顾客观现实，逼着陈餘和秦军拼命，实在是有失理智。巨鹿之战后，张耳对陈餘的怨恨有增无减，抓着张黡、陈泽之死严斥陈餘，实在有些过分。要是陈餘真杀了张黡、陈泽，岂能瞒得住？陈餘被逼无奈，借交出兵权以表清白，张耳听信谗言，抢夺兵权，亲手将两人的友谊画上了休止符。而转身离开的陈餘，带着与其关系极铁的数百名部下过起了隐居的生活。

冤冤相报：死了才了

此后，张耳率领赵军追随项羽入关。汉元年（前 206）二月，项羽大封天下诸侯，张耳平时人际关系搞得不错，这时很多人替他说话。而项羽呢，以前也早就听说张耳是位贤者，于是将赵国一分为二，立张耳为常山王，建都于原赵国都城信都（今河北邯郸），只是将信都改名为襄国。一些和陈餘友好的人对项羽说：陈餘、张耳功劳相当，也应当封王。项羽因为陈餘没有跟随自己入关，又听说陈餘现在南皮（今河北南皮），于是将南皮附近三个县封给了陈餘。原来的赵王歇，被项羽迁往代地，封为代王。（汉元年二月，项羽立诸侯王，张耳雅游，人多为之言，项羽亦素数闻张耳贤，乃分赵立张耳为常山王，治信都。信都更名襄国。陈餘客多说项羽曰："陈餘、张耳一体有功于赵。"项羽以陈餘不从入关，闻其在南皮，即以南皮旁三县以封之，而徙赵王歇王代。《史记·张耳陈餘列传》）

张耳到常山国走马上任，陈餘得知后气不打一处来。陈餘认为，张耳和自己功劳相当，现在张耳封王，自己却只被封侯，项羽分封不公。所以，当田荣叛楚的消息传来，陈餘便立即派人联络田荣：项羽主管天下政务不公，跟随他入关的将领全封到了好地方，原来的诸侯王个个被迁徙，被调到偏僻贫瘠的地方。赵王竟然被赶到代地，希望大王能借兵给我，我愿追随你。田荣正张罗着多树党羽，建立反楚联盟，当即决定派兵支援陈餘。陈餘率领他受封的三县的军队和田荣派来的齐军偷袭常山王张耳。张耳措手不及，大败。（张耳之国，陈餘愈益怒，曰："张耳与餘功等也，今张耳王，餘独侯，此项羽不平。"及齐王田荣畔楚，陈餘乃使夏说说田荣曰："项羽为天下宰不平，尽王诸将善地，徙故王王恶地，今赵王乃居代！愿王假臣兵，请以南皮为扞蔽。"田荣欲树党于赵以反楚，乃遣兵从陈餘。陈餘因悉三县兵袭常山王张耳。张耳败走。《史记·张耳陈餘列传》）

战败的张耳考虑再三，觉得诸侯之中只有刘、项两人值得投靠。刘邦是张耳的老朋友，但是项羽的势力大，且立他做了常山王，所以打算投奔项羽。

这时候，善于占星术的甘公劝张耳说：汉王入关时，金、木、水、火、土五星齐聚井宿，这是真龙天子出现的吉兆，而且井宿对应的正是秦地，意味着先入关者必能称霸。西楚目前势力虽强，但将来必被汉所取代。张耳听了这话，心动了，马上改变主意，投靠了刘邦。

这次“跳槽”是张耳人生中第七个幸运转折点。

当年，刘邦还是布衣百姓时，曾经多次到张耳家，一住就是几个月。那段时期的交往成为张耳此时最重要的政治资源。张耳之所以会投靠刘邦，究竟是不是因为甘公的话我们无从知晓，不过可以确定的是，他投奔刘邦事出偶然。天下高官都是跟出来的，张耳在楚汉战争之初跟了刘邦，便为他的人生铺就了一条不同的道路。

当时刘邦还定三秦，大军围困章邯。见到自己的老朋友、常山王张耳来投奔自己，十分高兴，自然厚待张耳。

话说两头，这陈餘打跑了张耳，收复了赵地全境，派人到代地迎回了赵王歇。赵王歇十分感谢陈餘，立陈餘为代王。代王陈餘没有到自己的封国去，而是留下来辅佐赵王歇，派自己的部下以相国的身份守卫代国。（陈餘已败张耳，皆复收赵地，迎赵王于代，复为赵王。赵王德陈餘，立以为代王。陈餘为赵王弱，国初定，不之国，留傅赵王，而使夏说以相国守代。《史记·张耳陈餘列传》）

汉二年（前 205），刘邦联合各地诸侯伐楚。派人出使赵国，力邀赵国参加反楚联盟。陈餘提出条件：“汉杀张耳乃从。”非要刘邦杀了张耳才加入联盟。刘邦为了争取赵国，找了一位长得酷似张耳的人杀了，派人将假张耳的头，送给赵国。陈餘这才决定出兵助汉。然而到刘邦彭城大败时，陈餘发现张耳活得好好的，随即叛汉。（汉二年，东击楚，使使告赵，欲与俱。陈餘曰：“汉杀张耳乃从。”于是汉王求人类张耳者斩之，持其头遗陈餘。陈餘乃遣兵助汉。汉之败于彭城西，陈餘亦复觉张耳不死，即背汉。《史记·张耳陈餘列传》）

汉三年（前 204），韩信平定魏地。刘邦派张耳协助韩信攻赵。韩信在井陉大败赵军，斩杀陈餘，追杀赵王歇，平定了赵地。

汉四年（前 203）夏，刘邦封张耳为赵王。

至此，张耳终于完成了他的封王之路。

张耳、陈餘原为生死之交，却因为误解而反目为仇。陈餘非要杀了张耳才加入反楚联盟，发现张耳没死又立即叛汉。可见，此时的陈餘已视张耳为必杀的仇敌。张耳最终在井陉之战中大败赵军，杀了陈餘。这对势利之交从此成为千古笑谈。张耳的封王之路是以刎颈之交的生命为代价换来的。

可惜天不假年，张耳只做了一年赵王就病死了。

汉五年（前 202），张耳去世，儿子张敖即位。张敖能够成为赵王，一是因为他的父亲张耳是赵王，二是因为他是刘邦的女婿。刘邦与吕后只有一个女儿——鲁元公主。这位皇家千金嫁给了张耳的儿子张敖。不过，张敖却远没有他的父亲张耳那么幸运，称王后遇到了一场大麻烦，还差点要了他的小命。这又是怎么回事呢?

祸从口出：老大说话更要当心

前文我们提到的皇室谋杀案，便是险些要了张敖小命的大劫难。

高祖七年（前 200），刘邦被困在平城七天才得以突出重围，路过赵地的时候暂做停留。赵王张敖每天都脱去外衣，戴上皮套袖，亲自为他端上饭菜，以尽翁婿之礼。可刘邦却表现得极为傲慢无礼，目中无人，动不动就对张敖破口大骂。（汉七年，高祖从平城过赵，赵王朝夕袒韝蔽，自上食，礼甚卑，有子壻礼。高祖箕踞詈，甚慢易之。《史记·张耳陈餘列传》）

刘邦表现出这样的态度，原因很复杂：一是因为他平素就是这个作风，特别喜爱骂人；二是因为张敖虽为赵王但却是自己的女婿；三是在平城被困七天七夜，内心很不平衡。谁也没有想到，这种粗暴态度，会给刘邦惹来大麻烦。

赵国相国贯高等几十位大臣，原来都是赵王张耳的部下，一向重气节、讲义气。眼见赵王张敖对刘邦如此谦恭，刘邦却对赵王如此傲慢，都气愤地说：我们大王真是个软骨头！便游说张敖说：“天下豪杰并起，能者先立。”现在，大王对皇帝恭敬有加，但皇帝却极为无礼，请允许我们杀了他。张敖一听，马上将手指咬出血，说道：你们说得太荒唐了！先父亡国，仰仗着皇上才得以恢复，让我们晚辈受惠。这全是皇上的恩德！希望你们再也不要说这样的话。贯高等人私下说：我们大王是厚道人，不忘旧恩；但我们绝不受辱，现在皇上羞辱大王，我们一定要杀他，为什么要玷污大王的清白呢？事办成了，好处归大王；事办砸了，我们自己扛着。（赵相贯高、赵午等年六十余，故张耳客也。生平为气，乃怒曰："吾王孱王也！"说王曰："夫天下豪杰并起，能者先立。今王事高祖甚恭，而高祖无礼，请为王杀之！"张敖啮其指出血，曰："君何言之误！且先人亡国，赖高祖得复国，德流子孙，秋豪皆高祖力也。愿君无复出口。"贯高、赵午等十余人皆相谓曰："乃吾等非也。吾王长者，不倍德。且吾等义不辱，今怨高祖辱我王，故欲杀之，何乃污王为乎？令事成归王，事败独身坐耳。"《史记·张耳陈餘列传》）

高祖九年（前 198），贯高的仇家知道了这件事，立即向刘邦举报。刘邦马上抓捕了赵王张敖、赵相贯高。十几位参与密谋的人都准备自杀。贯高气愤地说：谁让你们自杀的？大王没有参与此事却被逮捕，你们都死了，谁为大王洗掉不白之冤呢？（十余人皆争自刭，贯高独怒骂曰："谁令公为之？今王实无谋，而并捕王；公等皆死，谁白王不反者！"《史记·张耳陈餘列传》）

刘邦派了囚车押送赵王张敖、相国贯高进京，并下诏：敢跟从赵王进京者，一律灭族。于是，只有孟叔、田叔等十几位参与谋反的人打扮成家奴，跟随进京。

贯高入狱，交代说：这事是我们下面的人策划的，赵王完全不知情。廷尉不信，遂严刑拷打，皮鞭、棍棒、锥子轮番上阵，以致贯高身上没有一块完好的皮肤，但贯高始终不改口。吕后多次劝说刘邦：张敖是自家女婿，不会这样干。刘邦气呼呼地说：假如他张敖得了天下，难道还会缺少像你女儿那样的女人吗？

廷尉把贯高的"口供"报给刘邦。刘邦看后大为震惊，不禁感慨道：壮士啊！快去查查谁和贯高是朋友，让他以个人的名义找贯高谈谈，了解一下情况。中大夫泄公说：贯高是我的同乡，我和他很熟。他在赵国很有名气，很守信义。于是，刘邦便让泄公带着皇帝的旌节前去探监。狱卒用担架将贯高抬了出来，贯高看了看来人，问道：是泄公吗？泄公像平时老朋友见面一样安慰了一番，气氛一时放松下来。泄公问道：张敖真的没有参与谋划吗？贯高回答：谁不爱自己的父母、妻子？现在我家三族都要为这项大罪掉脑袋，难道我会用他们的性命去换赵王的性命？关键是赵王真的没有谋反，是我们这些人私下干的事。接着，贯高将他们一帮人如何为赵王抱不平，如何策划报复行动，以及赵王不知内情的缘由本末一一向泄公道来。泄公把这次谈话的详情报给了刘邦，赵王张敖得以赦免。（上使泄公持节问之箯舆前。仰视曰："泄公邪？"泄公劳苦如生平驩，与语，问张王果有计谋不。高曰："人情宁不各爱其父母妻子乎？今吾三族皆以论死，岂以王易吾亲哉！顾为王实不反，独吾等为之。"具道本指所以为者王不知状。于是泄公入，具以报，上乃赦赵王。《史记·张耳陈餘列传》）

刘邦非常欣赏贯高的为人——讲气节，重信用。他让泄公告诉贯高，赵王已无罪获释，对他也予以赦免。贯高兴奋地问：我们赵王真的被开释了吗？泄公说：真的被放了。皇帝非常看重你，也赦免了你的罪过。贯高说：我之所以没有选择自杀，宁愿饱受刑讯之苦，没有其他目的，只为了能证明赵王没有参与谋反。现在，赵王已出狱，我的使命也已完成，死而无憾了。身为人臣却背负谋逆恶名，还有什么脸面再见皇上呢？即使皇上不杀我，难道我心里就不惭愧吗？说完，自刎而亡。（贯高曰："所以不死一身，无余者，白张王不反也。今王已出，吾责已塞，死不恨矣。且人臣有篡杀之名，何面目复事上哉！纵上不杀我，我不愧于心乎？"乃仰绝肮，遂死。《史记·张耳陈餘列传》）

贯高的所作所为，不是常人能做到的，他的仁义之举也使他名闻天下。

张敖被释放。因为女婿的身份，也因为有吕后帮忙说好话，刘邦最后免了他的赵王，仍封他为宣平侯。

这场让刘邦勃然大怒的赵国谋逆案，最终水落石出。刘邦在处理这场谋逆大案中看到了贯高等赵国臣子的忠诚，这让他备感可贵。

刘邦称帝以后，越来越重视臣子的气节与忠诚。这种重视，一方面是来自阅历的积累，一方面是来自对身后之事的考虑。贯高自杀后，张敖向刘邦推荐了当年以家奴身份随他进京的臣子们。刘邦召见了孟叔、田叔等十几人，发现他们个个都是人才，便把他们全部任命为郡守或诸侯王的相国。（贯高事明白，赵王敖得出，废为宣平侯，乃进言田叔等十余人。

上尽召见，与语，汉廷臣毋能出其右者，上说，尽拜为郡守、诸侯相。《史记·田叔列传》）后经惠帝、高后、文帝、景帝朝，这些赵国臣子的子孙们，大多数都做了两千石的高官。

女婿谋反的事件就此完结，结局可悲可喜也不悲不喜。没等刘邦喘口气，又传来一个惊人的消息。究竟是什么事让刘邦震惊不已呢？

成也萧何，败也萧何

韩信谋反，吕后杀之——这当然是足以让所有人震惊不已的事。韩信怎么会谋反呢？当年武涉、蒯通两人力劝他和大汉保持距离，他坚决不干，为什么会在此时谋反呢？即便他有谋反的举动，处理此事的一定是高皇帝刘邦，可是现在竟然是吕后摆平了此案。那么，刘邦此时在干什么呢？

爱将变叛臣：逼反

刘邦晚年身体相当不好，一身伤病，所以大部分时间都在宫里养病。不料，统一监管赵、代两国军队的将领突然叛变，刘邦不得不前往赵地平定叛乱。

这头刘邦一心对付着赵地的叛乱，哪里想得到后院又失火了——淮阴侯韩信趁机谋反。

韩信在高祖六年（前201）被降为淮阴侯后，一直居住在京城内，虽然有“软禁”之嫌，但安度晚年应该不会有任何问题，他怎么会突然谋反呢？当年韩信大权在握的时候，忠心耿耿事奉汉王，武涉、蒯通力劝他保持中立都那么费劲，现在手中一无所有，怎么竟会和谋反牵连呢？

这一切都和一个无名小卒有关。此人本非名将，亦非大功臣，却最终成为刘邦诛杀三位异姓诸侯王的导火索。他一个人牵连到三位异姓诸侯王，制造了古代历史上的三大奇案。

此人叫陈豨。陈豨是宛朐（今山东菏泽）人，早年率五百人起兵，后投奔刘邦。进入关中后，刘邦封陈豨为游击将军。

平定燕地臧荼叛乱时，陈豨立了功，所以，高祖六年大分封时受封阳夏侯。

高祖七年（前200）冬，韩王信叛乱，逃入匈奴。刘邦率兵追至平城，命陈豨以赵国相国的身份统领赵、代两国军队。这个职位实在是太重要了。代地是汉、匈两军交兵的重要战场，而赵地又毗邻代地，为中原重镇。陈豨一人统率赵、代两军，权力极重。虽然此时名义上只是赵国相国，但他统领的重兵事关西汉北部的边防。（及高祖七年冬，韩王信反，入匈奴，上至平城还，乃封豨为列侯，以赵相国将监赵、代边兵，边兵皆属焉。《史记·韩信卢绾列传》）

那么，刘邦为什么会把如此重要的职位安心交给陈豨呢？一是因为陈豨是刘邦的老部下，值得信任。二是陈豨熟悉代、赵二国形势，便于统领边地。

然而，高祖十年（前197）九月陈豨叛乱。消息传至京城，刘邦大为震惊。深得刘邦信任与重用的陈豨怎么说叛乱就叛乱了呢？

陈豨的叛乱真不是他的本意，而是一步步被赶到那个地步了。

这话怎么讲呢？

陈豨这个人有个嗜好——养士。养士之风盛行于战国时期，著名的“战国四公子”平原君、信陵君、春申君、孟尝君都好这口儿。秦末汉兴之际，士人还延袭着战国遗风。陈豨生长在这个时期，也耳濡目染了当时养士的盛况。当他受命监管赵、代两地并建立起自己威势的时候，便开始广招门客，大力养士。所以每到一地，门客们都前呼后拥，陈豨那是威风八面。

有一次，陈豨回京，路过邯郸城。手下门客的车辆有一千多辆，而且这些门客包下了整个邯郸城的客栈，一直喧嚣不已，也颇有些仗势欺人的苗头。此时的赵相正是刘邦特意委任的原御史大夫周昌。他冷眼目睹了这一状况，当周昌进京见到刘邦时，便详细讲述了陈豨门客的盛况。特别强调：陈豨统重兵数年，门客如此众多，担心有变。相较而论，周昌更得刘邦信任。听周昌这么一说，刘邦心里也嘀咕上了，于是连忙派人核查了一番，这一查不要紧，发现陈豨的门客还真有不少违法之事，而且很多事还牵连到陈豨。（豨常告归过赵，赵相周昌见豨宾客随之者千余乘，邯郸官舍皆满。豨所以待宾客布衣交，皆出客下。豨还之代，周昌乃求入见。见上，具言豨宾客盛甚，擅兵于外数岁，恐有变。上乃令人覆案豨客居代者财物诸不法事，多连引豨。《史记·韩信卢绾列传》）

陈豨一听说皇上派人调查自己，大为惊慌，赶快派人和叛王韩信的部将王黄、曼丘臣取得联系，因为陈豨深知，一旦被皇上怀疑，必死无疑。

陈豨怎么会和韩王信的部将联系起来呢？原来，之前韩王信叛乱时曾派王黄等人劝说陈豨投降匈奴。虽然陈豨当时没有被韩王信拖下水，但是表现出的态度很暧昧，其实是给自己留了条后路。所以刘邦这一查，陈豨马上派人联系王黄。

高祖十年（前 197）七月，太上皇病故。刘邦派人召陈豨进京治丧，陈豨一听皇上召自己进京，更加惊恐不安，谎称自己病重，不能进京。

刘邦得到这样的答复还能怎么想，立即断定陈豨反了。于是，他赦免赵、代两地被陈豨劫持的官吏，并亲自带兵到达邯郸。到达邯郸后，刘邦高兴地说：陈豨南面不占领漳水，北面不据守邯郸，我断定他不可能有什么大作为了。（九月，遂与王黄等反，自立为代王，劫略赵、代。上闻，乃赦赵、代吏人为豨所诖误劫略者，皆赦之。上自往，至邯郸，喜曰："豨不南据漳水，北守邯郸，知其无能为也。"《史记·韩信卢绾列传》）

赵相周昌向刘邦建议，应当处死常山郡的郡守、郡尉。为什么呢？因为常山郡二十五座城，竟然丢了二十座。刘邦反问周昌：常山郡的郡守、郡尉参与谋反了吗？周昌回答：没有。刘邦马上说：那是因为郡守们兵力不够，无法平叛，赦免他们，官复原职吧。（赵相奏斩常山守、尉，曰："常山二十五城，豨反，亡其二十城。"上问曰："守、尉反乎？"对曰："不反。"上曰："是力不足也。"赦之，复以为常山守、尉。《史记·韩信卢绾列传》）

刘邦又问：赵国有壮士可以担当将军的吗？周昌回答：有四个人。周昌举荐的四位壮士前去拜见刘邦。刘邦只看了一眼，立马怒骂道：你们这帮小子能当将军吗？四个人一听，惭愧得伏在地下。刘邦封他们四个人每人千户食邑，作为偏将。刘邦身边的近臣劝阻说：当年跟随入蜀、伐楚的功臣还没有封完呢，这四个人有什么功劳可封？刘邦说：这个你们就不懂了。陈豨谋反，邯郸以北全部被陈豨攻占。我紧急征调全国部队，至今没有一支部队到达。目前只有邯郸的兵力可用，我怎么能吝啬这四千户呢？封他们四个人其实是在安抚赵地青年啊！左右一听，都齐声喊好。（上问周昌曰："赵亦有壮士可令将者乎？"对曰："有四人。"四人谒，上谩骂曰："竖子能为将乎？"四人惭伏。上封之各千户，以为将。左右谏曰："从入蜀、汉，伐楚，功未遍行，今此何功而封？"上曰："非若所知！陈豨反，邯郸以北皆豨有，吾以羽檄征天下兵，未有至者，今唯独邯郸中兵耳。吾胡爱四千户封四人，不以慰赵子弟！"皆曰："善。"《史记·韩信卢绾列传》）

刘邦再问：陈豨的爱将有谁？答：王黄和曼丘臣，他俩原来都是商人。刘邦一听，马上说：我明白了。于是悬赏千金抓捕王黄、曼丘臣等人。（于是上曰："陈豨将谁？"曰："王黄、曼丘臣，皆故贾人。"上曰："吾知之矣。"乃各以千金购黄、臣等。《史记·韩信卢绾列传》）

高祖十一年（前196）冬，汉军在曲逆县大败叛军，杀了陈豨手下大将侯敞和王黄，接着又在聊城拿下陈豨部将张春的军队，斩首一万多。同时，太尉周勃也平定了太原郡。

十二月，刘邦率兵攻打东垣（今河北石家庄），一时没能攻下。东垣有一位守城的士卒在城上臭骂刘邦。后来东垣投降，刘邦杀了骂他的那位士卒，其余的士卒全部受黥刑，并将东垣改名为真定。（十二月，上自击东垣，东垣不下，卒骂上；东垣降，卒骂者斩之，不骂者黥之。更命东垣为真定。《史记·韩信卢绾列传》）

不久，刘邦悬赏的策略生效，王黄、曼丘臣的部下所有被悬赏的一律都被活捉了。就这样，陈豨的叛军被彻底击败。

刘邦回到京城洛阳，任命第四子刘恒为代王，并把代郡、雁门郡都归代国管辖，以扩大代王刘恒的实力。（上还至洛阳。上曰："代居常山北，赵乃从山南有之，远。"乃立子恒为代王，都中都，代、雁门皆属代。《史记·韩信卢绾列传》）

高祖十二年（前195）冬，樊哙的军队杀死陈豨，陈豨叛乱全部平定。

陈豨本人不是汉初的异姓诸侯王，但他监管赵、代两地军队，手中握有军权。加之陈豨盘踞的代地毗邻匈奴，又和叛王韩信的部将有勾结，叛军声势颇大，最终历时三年才被刘邦完全平定。

陈豨作为刘邦的爱将，原来没有背叛刘邦的想法，他最终走上叛乱之路是多种原因促成的。

第一，陈豨手握重兵。

陈豨监管赵、代两军，手握重兵。手握重兵者必须万分谨慎，皇帝将兵权交给你，固然是信任，但信任的背后隐藏的是提防和监视。没有哪个皇帝会对手握兵权的将军百分之百信任。当年王翦奉命率六十万大军灭楚，一而再、再而三地要地、要钱、要房，以此打消秦王政对自己的怀疑。为什么这么说呢？要地、要钱、要房，正好说明自己无意谋反。若真打算谋反，凭手中的军队，秦王宫也攻下来了，哪里需要伸手去要？

可惜的是，陈豨对此一无认识，比王翦差远了。

第二，陈豨为人张狂。

陈豨羡慕战国时期四公子养士数千的风尚，也东施效颦，殊不知战国争雄那会儿，养士是用来储备人才的。而如今刘邦称帝后，天下一统，大规模养士的话必然会招来非议，甚至被人认为是图谋不轨。握有重兵，手下再养数千门客，一出行便是浩浩荡荡的车队，的确是威风凛凛。但是，在风光无限的背后隐藏着巨大的危机：会不会有人看不惯陈豨这一套作派？会不会有人告陈豨谋反？果然，赵相周昌向刘邦告发陈豨。陈豨是否想到自己这么张扬会有人告发？应该没有想到！他要是想到了，早就把数千门客赶走了。这些门客不是帮忙，而是添乱。

第三，陈豨经不起查。

常言道：林子大了什么鸟都有。陈豨养了上千门客，谁能保证这些门客都是老实本分的人？万一有仗势欺人、违法乱纪的怎么办呢？这就是隐患！细想想，这些门客为什么会投靠陈豨？图的就是陈豨有军权、有强大的后台，这些门客中难保有人不嚣张。如果事情闹大了，最后还得陈豨去收场。时间一长，陈豨也和违法之事沾上了。

第四，陈豨与叛军联手。

刘邦开始对陈豨非常信任，所以才会委任他掌管赵、代两军。但是经周昌一说，三查两查的，就查到陈豨头上了。但这时他最不应当做的就是立即联系叛军。韩王信叛乱后，曾经派人联络过陈豨，当时陈豨手握重兵，备受刘邦信任，站在高地上当然不愿蹚浑水。而现在他担心朝不保夕，马上想到和叛军联手。于是终究走上了谋反的不归之路。

第五，刘邦的作派。

陈豨尽管是刘邦的爱将，但是他也担心落个韩信那样的下场。刘邦诱捕韩信，活干得漂亮、利索，但是，伪游云梦，抓捕韩信，夺爵削王，后果极为严重。无论是封疆大吏，还是南面之君，一听说刘邦召见，下意识地就想到谋反。

心态决定命运：此一时，彼一时

那么，陈豨叛乱怎么会把韩信扯进来呢？

原来，韩信被人诬告谋反后，被降为淮阴侯，住在京城。韩信认为这是刘邦害怕、防备、厌恶自己的结果，于是心生怨恨，常常以有病为借口不上朝，更耻于自己和绛侯周勃、颍阴侯灌婴等同朝为官。（信知汉王畏恶其能，常称病不朝从。信由此日夜怨望，居常鞅鞅，羞与绛、灌等列。《史记·淮阴侯列传》）

韩信有一次去樊哙的府上。樊哙是刘邦的连襟，又是军功卓著的将军，但一看到韩信到访，连忙“跪拜送迎”，甚至对其说：大王竟然光临寒舍，实在是大出臣的意外。樊哙的表现说明了什么？说明在刘邦集团中，韩信的地位无人可及。樊哙既亲且贵，见到韩信，还一改常态，“跪拜送迎”。樊哙一生对谁这么做过？这是生平第一次，也是最后一次！原因在于，韩信的军事才能让樊哙等列侯佩服得五体投地。韩信出了樊哙的府第，自嘲地说：我现在和樊哙等人平起平坐了。（信尝过樊将军哙，哙跪拜送迎，言称臣，曰：“大王乃肯临臣！”信出门，笑曰：“生乃与哙等为伍！”《史记·淮阴侯列传》）

陈豨被任命为巨鹿郡守时，曾到韩信府上辞行。韩信拉着陈豨的手，命令身边的随从全退下去，然后在庭中仰天长叹：可以和你说几句话吗？想和你说几句心里话。陈豨说：愿听将军之令。韩信说：你就职的地方是天下精兵驻扎之地，你又是皇上最信任的将军。要是有人说你造反，“陛下必不信”；第二次传来消息，皇上才会怀疑；第三次说你反了，皇上一定会愤怒，说不定会亲自率兵出征。到时候，我在京城作内应，天下将大有可图。陈豨一向知道韩信本事极大，非常相信他的判断。他回答说：遵命！（淮阴侯挈其手，辟左右与之步于庭，仰天叹曰："子可与言乎？欲与子有言也。"豨曰："唯将军令之。"淮阴侯曰："公之所居，天下精兵处也；而公，陛下之信幸臣也。人言公之畔，陛下必不信；再至，陛下乃疑矣；三至，必怒而自将。吾为公从中起，天下可图也。"陈豨素知其能也，信之，曰："谨奉教！"《史记·淮阴侯列传》）

高祖十一年（前196），陈豨果然叛变，刘邦亲自率兵出征。韩信托辞有病没有跟随刘邦出征，暗中派人给陈豨报信：你一出兵，我就在京城助你一臂之力。（汉十年，陈豨果反。上自将而往，信病不从。阴使人至豨所，曰："弟举兵，吾从此助公。"《史记·淮阴侯列传》）

韩信和家臣商议，连夜诈称皇上下诏，赦免了京城各个官府的奴工，将他们武装起来准备偷袭吕后、太子。全部部署完毕，只等陈豨的消息。可关键时刻竟枝节杂生，韩信的一个门客犯了罪，被关了起来拟处死。这位门客的弟弟得知哥哥将要被杀，立即上书告发韩信谋反。吕后接到举报，想召韩信入宫，但又担心韩信的心腹不会听从，便召集相国萧何商议。萧何建议：不如这样，你诈称皇上从前方传来消息，陈豨已被杀，召集全体列侯、大臣入宫祝贺。然后，萧何亲自到韩信府上邀请韩信入宫，韩信自然不愿去。萧何说：就是有病在身，还是去一下比较好。韩信见萧何诚心相邀，而自己又一向多受其关照，便同意入了宫。韩信一入宫，吕后立即命令武士将其抓起来，并押送到长乐宫的钟室处死。韩信被杀之前，悔恨地说：我真后悔当初不听蒯通的话，竟然被一女子骗了，天意啊！遂被诛灭三族。（信乃谋与家臣夜诈诏赦诸官徒奴，欲发以袭吕后、太子。部署已定，待豨报。其舍人得罪于信，信囚，欲杀之。舍人弟上变，告信欲反状于吕后。吕后欲召，恐其党不就，乃与萧相国谋，诈令人从上所来，言豨已得死，列侯群臣皆贺。相国绐信曰："虽疾，强入贺。"信入，吕后使武士缚信，斩之长乐钟室。信方斩，曰："吾悔不用蒯通之计，乃为儿女子所诈，岂非天哉！"遂夷信三族。《史记·淮阴侯列传》）

刘邦平定陈豨叛乱归来，听说韩信被杀，既高兴又感慨。问起韩信死前说过什么，吕后回答：韩信临刑前说，真遗憾自己没有用蒯通的计谋。刘邦听后说：蒯通是齐国的善辩之人。于是下诏抓捕蒯通。蒯通被抓到京城，刘邦亲自审问：你教韩信谋反了吗？蒯通利索地回答：是啊，我让他中立，不要听你的，这家伙不听我的话，所以今天被杀。如果他按我说的办，陛下怎么能够杀了韩信呢？刘邦一听，气得浑身直哆嗦，下令说：烹了他！蒯通一听，大呼：冤枉啊！刘邦说：你教韩信谋反，杀你有什么冤枉？蒯通回答：秦国崩溃，山东大乱，英雄并起。秦帝国失去政权，天下人都可以争夺，但只有跑得最快的人才能得到。古时有盗跖骂尧，这并不是尧不好，是因为狗本来就会咬陌生人。当时，我只认韩信为主，不知道皇上，这有什么好奇怪的！天下愿意为皇上效劳的人很多，只是力量达不到，你怎么能够把不为你效力的人全杀了呢？刘邦一听，倒吸了一口凉气，不得不佩服蒯通讲得非常有道理。于是下令免其一罪。（高祖已从豨军来，至，见信死，且喜且怜之，问："信死亦何言？"吕后曰："信言恨不用蒯通计。"高祖曰："是齐辩士也。"乃诏齐捕蒯通。蒯通至，上曰："若教淮阴侯反乎？"对曰："然，臣固教之。竖子不用臣之策，故令自夷于此。如彼竖子用臣之计，陛下安得而夷之乎！"上怒曰："亨之。"通曰："嗟乎，冤哉亨也！"上曰："若教韩信反，何冤？"对曰："秦之纲绝而维弛，山东大扰，异姓并起，英俊乌集。秦失其鹿，天下共逐之，于是高材疾足者先得焉。跖之狗吠尧，尧非不仁，狗因吠非其主。当是时，臣唯独知韩信，非知陛下也。且天下锐精持锋欲为陛下所为者甚众，顾力不能耳。又可尽亨之邪？"高帝曰："置之。"乃释通之罪。《史记·淮阴侯列传》）

一代名将韩信就这样走完了自己悲剧的一生。

女人的野心：读懂有阅历的女人不容易

遥想当年，在汉中时，凭借萧何力荐，韩信一跃而成为刘邦的大将军，开始了他光辉的军事生涯；再看今朝，功成名就后，却因萧何诱骗，入了吕后的长乐宫，上了悲壮的断头台。此后的历史上遂有了"成也萧何，败也萧何"八个字，道出了韩信与萧何一生的纠缠。

据《史记·淮阴侯列传》记载，关于韩信被杀一事，刘邦是在平定叛乱回到京城之后才得知的，但据《史记·萧相国世家》的记载，其实刘邦在平叛的前线就已经知道了。

《史记·萧相国世家》这样记载此事：

汉十一年，陈豨反，高祖自将，至邯郸。未罢，淮阴侯谋反关中，吕后用萧何计，诛淮阴侯，语在淮阴事中。上已闻淮阴侯诛，使使拜丞相何为相国，益封五千户，令卒五百人一都尉为相国卫。

刘邦在邯郸平定陈豨叛乱时，淮阴侯韩信在关中谋反，吕后用萧何之计诱杀韩信。刘邦听说后，立即派使者慰问萧何，加封五千户，还专门为其配了五百人的卫队。

《史记》中的这两条记载相互矛盾，哪一条更可靠呢？我个人认为《史记·萧相国世家》的记载更为可靠，《史记·淮阴侯列传》的记载可能有误。为什么这么说呢？吕后虽然有胆量自作主张，紧急处理掉了韩信，但她绝对不敢隐瞒实情，不上报给高帝刘邦。为什么不敢隐瞒呢？

第一，事关重臣。

韩信在刘邦集团中的军功是绝对的第一位，他的地位、功勋、声望绝非一般功臣可比。所以，诛杀韩信是一件大事。况且，此次吕后诛杀韩信，并没有刘邦的手令，属于擅杀大臣。吕后在摸透刘邦心思的前提下，可以事前不请示，但绝不敢事后不汇报。

第二，事关易储。

刘邦此时正在酝酿易储，吕后的地位朝不保夕，万一处理失当，惹恼了刘邦，自己的皇后位、刘盈的太子位，都极有可能易主。

第三，邀功心切。

在刘邦决意易储的关键时刻，吕后诱杀韩信可以展示自己的政治头脑，彰显她对刘姓江山的特殊作用。既然如此，她必定会火速通报给在前方平叛的刘邦，刷一下自己的存在感。若是等刘邦平叛归来再汇报，岂不是失去了显摆邀功的大好机会？

从各个方面看，吕后都会立即将此事上报刘邦。

就这样，韩信走完了他辉煌而短暂的一生。据《史记·淮阴侯列传》的记载，韩信最后被定罪为与陈豨联手谋反，夷灭三族。然而，自古至今的许多人都不相信韩信谋反，这是为什么呢？

宁可错杀一千，不可放过一个

韩信之死的话题备受后人关注。一来是因为他是西汉天字第一号的开国功臣，二来因为牵涉到对刘邦的评价。韩信之死不仅仅是个人的悲剧，更拉开了刘邦剪除异姓诸侯王的序幕。我们究竟应该如何看待这样的历史事件呢？刘邦又是为何要向昔日的战友们下手呢？

狡兔死，走狗烹：历来如此

对韩信之死历来有两种截然不同的观点：第一，谋反被杀，咎由自取；第二，冤杀功臣，实在可惜。韩信冤还是不冤，关键就在于是否谋反上。

断定韩信谋反者认为：《史记·淮阴侯列传》对韩信谋反之事有明确记载，而且韩信谋反有一个长期的发展过程。

韩信灭齐后，项羽便派武涉游说韩信中立，韩信断然拒绝，坚决不愿背叛刘邦，甚至讲出"虽死不易"的话。此后，蒯通又多次游说韩信，最终也一无所获。那时候，韩信是坚若磐石，一心跟随刘邦。我们不妨来看一下蒯通力劝韩信时的说辞。

蒯通首先告诫韩信，你别以为帮汉王打下江山，立有大功，就应当称王，而且还可以世世代代传承下去，你这是痴人说梦。蒯通这一点抓得非常准，彻底洞穿了韩信誓不叛汉的危险所在。

为什么说韩信的这种想法是错误的呢？因为历史无数次地证明：没有永远的朋友，只有永远的利益。韩信死心塌地地对刘邦寄予厚望，实在是单纯幼稚。

蒯通为了说服韩信，还引用了两个例证：

第一，张耳、陈餘反目成仇。

常山王张耳与成安君陈餘那可是半个饼都得分着吃的生死之交啊，但却在巨鹿之战中反目成仇。在楚汉之争中，陈餘以张耳的人头作为出兵支持刘邦的条件。后来张耳降汉，率兵灭赵，斩了陈餘。要说这交情，张耳和陈餘可是一起出生入死的兄弟，为何终究还是分道扬镳、势不两立？因为一切灾难与罪恶都源于欲望太多而人心难测。您现在效忠汉王，但您和汉王的交情显然不及张耳、陈餘两人，而矛盾却远比那两位将军更深、更复杂。所以，您认为汉王一定不会杀害您，这绝对是错误的判断。（始常山王、成安君为布衣时，相与为刎颈之交，后争张黡、陈泽之事，二人相怨。常山王背项王，奉项婴头而窜逃，归于汉王。汉王借兵而东下，杀成安君泜水之南，头足异处，卒为天下笑。此二人相与，天下至驩也。然而卒相禽者，何也？患生于多欲而人心难测也。今足下欲行忠信以交于汉王，必不能固于二君之相与也，而事多大于张黡、陈泽。故臣以为足下必汉王之不危己，亦误矣。《史记·淮阴侯列传》）

第二，文种功成被杀。

文种当年帮助越王勾践富国强兵，称霸天下，立下盖世奇功，最终却被杀害。俗话说：飞鸟尽，良弓藏，狡兔死，走狗烹。从交情上来说，天下没有人能胜过张耳和陈餘曾经拥有的情谊；从忠诚方面来说，天下没有人能超过大夫文种的忠诚，但他们最终都没落得好下场。（大夫种、范蠡存亡越，霸句践，立功成名而身死亡。野兽已尽而猎狗亨。夫以交友言之，则不如张耳之与成安君者也；以忠信言之，则不过大夫种、范蠡之于句践也。《史记·淮阴侯列传》）

除了朋友关系的不牢靠，蒯通还明确指出，自古以来功高震主的人没有一个有好下场的。韩信的功劳太大：渡西河、虏魏王、擒夏说、下井陉、杀陈餘、胁燕国、定全齐，消灭楚兵二十万，斩杀楚将龙且。在当时，不敢说后无来者，但绝对是前无古人。立下不赏之功，身在人臣之位，坐拥

“震主之威”，归顺项羽，项羽不信任，归顺刘邦，刘邦也会心有不安的。（且臣闻勇略震主者身危，而功盖天下者不赏。臣请言大王功略：足下涉西河，虏魏王，禽夏说，引兵下井陉，诛成安君，徇赵，胁燕，定齐，南摧楚人之兵二十万，东杀龙且，西乡以报，此所谓功无二于天下，而略不世出者也。今足下戴震主之威，挟不赏之功，归楚，楚人不信；归汉，汉人震恐：足下欲持是安归乎？夫势在人臣之位而有震主之威，名高天下，窃为足下危之。《史记·淮阴侯列传》）

一番慷慨陈辞之后，蒯通得到的回答很出人意料：“先生且休矣，吾将念之。”

过了几天，蒯通见韩信还在犹豫，没有任何行动，于是再次游说韩信。其实，蒯通要讲的道理已经讲完讲透，他还能再讲出什么高见呢？

一是人要善于听劝。

蒯通告诉韩信，善于听取正确意见是成功的征兆，反复考量是把握成功的关键。一旦作了错误的决定，想长保平安就会非常困难。能广泛听取意见而又能做出正确判断的人，就不会被花言巧语迷惑。（夫听者事之候也，计者事之机也，听过计失而能久安者，鲜矣。听不失一二者，不可乱以言；计不失本末者，不可纷以辞。《史记·淮阴侯列传》）

二是奴仆思想后果严重。

甘心屈人之下必然会失去当帝王的可能，满足于做个普通臣子定然会丧失做卿相的机遇。（夫随厮养之役者，失万乘之权；守儋石之禄者，阙卿相之位。《史记·淮阴侯列传》）

三是犹豫不决将会丧失良机。

聪明人善于决断，多疑者易误大事。只盯着眼前的小事，必然会忽视天下的大局。看得很清楚却不敢行动，必然会遭遇祸患。所以说，猛虎犹豫，不如蜂虿（chài）螫（shì）人；骐骥徘徊，不如劣马悠闲前进；勇士犹豫不决，不如庸人果断行动；有圣人的智慧却闭口不言，不如哑巴以手示意。这些例证都告诉我们：说得再多，不如马上行动，机不可失，失不再来。（故知者决之断也，疑者事之害也，审豪氂之小计，遗天下之大数，智诚知之，决弗敢行者，百事之祸也。故曰“猛虎之犹豫，不若蜂虿之致螫；骐骥之蹢躅，不如驽马之安步；孟贲之狐疑，不如庸夫之必至也；虽有舜禹之智，吟而不言，不如

痦聋之指麾也”。此言贵能行之。夫功者难成而易败，时者难得而易失也。“时乎时，不再来”。《史记·淮阴侯列传》）

韩信仍然不忍心背叛刘邦，再加上自认为功劳极大、地位稳固，于是谢绝了蒯通的劝告。

蒯通看韩信主意已定，便不再劝，但他知道自己惹下了大祸，便装疯为巫了。

这个时期，韩信不谋反取决于以下四个因素：

一、对刘邦仍存幻想。

二、没有称霸之志。

三、对刘邦臣服的惰性。

四、遇事徘徊犹豫。

先说韩信对刘邦仍存幻想。

韩信灭齐后对刘邦仍然充满幻想是有两方面考虑的。

一方面是韩信对自己的战功充分自信。灭魏、亡代、破赵、胁燕、占齐，韩信一生最值得骄傲的经典战例都是在这段时间内发生的，这是他最为辉煌的一段时光。他的才能天下无人不知，功勋天下无人可比。对此，韩信充满自信。

另一方面是韩信知恩图报。当年漂母的一饭之恩，韩信当楚王后以千金相报；令他蒙受胯下之辱的无赖，韩信也没有打击报复，而是用为中尉（管理社会治安）。（信至国，召所从食漂母，赐千金。及下乡南昌亭长，赐百钱，曰：“公，小人也，为德不卒。”召辱己之少年令出胯下者以为楚中尉。告诸将相曰：“此壮士也。方辱我时，我宁不能杀之邪？杀之无名，故忍而就于此。”《史记·淮阴侯列传》）寄食裹腹之情，尚且要涌泉相报，隆恩浩荡之义，韩信更是念念不忘。

正是因为韩信一生以知恩图报作为为人准则，所以他相信刘邦也绝对不会亏待他。这种幻想让他不可能此时和刘邦分道扬镳。灭掉项羽后，刘邦立即剥夺了韩信三十万精兵的兵权，这是极为凶险的信号，韩信却没有提升任何警觉。

再说韩信没有称霸之志。

韩信是一个胸有大志的人，但韩信的大志，不是项羽的霸主之志，更不是刘邦的帝王之志，而是裂土封王之志。他在汉中对策时建议刘邦“以天下城邑封功臣”（《史记·淮阴侯列传》），既是一种笼络人心的手段，也是他自己的人生追求。灭齐后，韩信其实有两个选择：一是甘心交出兵权，当顺臣；二是与刘邦、项羽鼎足三分天下。前者，韩信不甘心；后者，韩信不敢想。求封“假齐王”正是韩信裂土封王志向的外在表现，所以武涉、蒯通都无法说服他。

再说韩信对刘邦臣服的惰性。

韩信有着浓厚的传统主仆思想，正因为如此，他才会对刘邦愚忠到底。

最后说韩信遇事徘徊犹豫。

高祖六年（前 201）刘邦凭借陈平伪游云梦之计谋，突然出现在韩信面前，夺去了他的兵权。这件事，让韩信蒙了。

面对刘邦的突然造访，韩信甚至想到了“欲发兵反”。原因有两点：一是刘邦曾夺自己的齐王军权，二是自己收留了钟离眜。前者是远因，后者是近因。远有教训，近有祸根。（高祖且至楚，信欲发兵反，自度无罪，欲谒上，恐见禽。《史记·淮阴侯列传》）

韩信被剥夺齐王兵权之事，虽然《史记》没有记载韩信的不满，但这件事在他心中肯定留下了挥之不去的阴影，否则他此时就应当毫无顾忌地去陈地拜见皇帝才对。“欲发兵反”，说明韩信此时已经不再自信了，开始动摇了。那么，韩信究竟在顾忌什么呢？他顾忌的是，自己会不会判断错了。既然如此，为什么又“恐见禽”呢？因为韩信担心刘邦真会对自己动手。可见，此时韩信的内心极为矛盾。想反，害怕估计失误；想见，担心为刘邦所抓。

此时韩信谋反了吗？没有！有没有证据呢？有！

自度无罪。

如果韩信真的谋反了，他会“自度无罪”吗？如果韩信“自度无罪”，肯定就不会谋反。

韩信尽管“自度无罪”，但刘邦会放过这次削弱韩信的机会吗？不会，刘邦毫不犹豫地将韩信降王为侯。

仅仅削去楚王之位，降为淮阴侯。如果韩信真有谋反行为，刘邦会轻易放过他吗？怎么可能，一旦谋反那就是你死我活的斗争！

韩信收留钟离眜是出于义气和交情，并不是想要谋反。

韩信甘心为臣为奴，却没有修炼好为臣为奴的心态。和萧何比一比，这点就可以看得很清楚。萧何从来不在刘邦面前逞强争胜，时时低调，处处自危；而韩信则毫不避讳，被封为楚王后，千金酬漂母，高官待少年，出行则陈列军阵，威风八面，一副衣锦还乡的架势。其实，刘邦对韩信已经处于高度戒备状态，韩信此时如能韬光养晦，不再张扬，低调做人，或可保性命。可惜韩信陈列军阵保持戒备，而这恰恰是最招惹刘邦忌讳的行动。加之收留钟离眜，更是触动了刘邦的大忌。

说到底，韩信的军事天才天下无人能及，对登上帝位之后的刘邦来说，韩信已成为刘氏江山的最大威胁。这才是刘邦对韩信下手的根本原因。

明摆着一桩冤案，刘邦当然找不到任何证明韩信谋反的证据。所以，他只能将韩信带到京城后无罪释放。失去了封国的韩信，居住京城，手中无一兵一卒，完全赋闲在家，怨恨之情从此萌生。

韩信此时的怨恨之情表现在两个方面：一是拒不上朝；二是耻于和绛、灌为伍。被袭捕时，韩信高喊：“‘高鸟尽，良弓藏；敌国破，谋臣亡。’天下已定，我固当亨！”（《史记·淮阴侯列传》）这说明他已经开始觉醒了。被降为淮阴侯之后，他更是痛切地感受到刘邦对自己的不公正。

诱捕械囚、削王降侯，让韩信一生为之奋斗的人生目标彻底丧失，也让他大失脸面，无法抬头，此前的感恩心态化为此后的仇恨。韩信由不反，到“欲发兵反”，再到与陈豨谋反，一步步走上了谋反之路。

关于韩信谋反之事，史料中还有一条佐证，《史记·高祖功臣侯者年表》里提到，慎阳侯栾说被封侯是因为告发韩信谋反：

为淮阴舍人，告淮阴侯信反，侯，二千户。

与此相似的还有一个期思侯贲赫，因为告发黥布谋反被封侯：

> 淮南王布中大夫，有隙，上书告布反，侯，二千户。布尽杀其宗族。

诬告彭越谋反者并没有被封侯，因为那是彻头彻尾的诬告，是受吕后指使所为。三个异姓诸侯王的谋反有真有假，三个告发者也依照实情论功行赏，这从一个侧面证明了韩信谋反属实。

对于韩信谋反一事，从古至今读《史记》者不相信的居多。既然史有明载，为什么大家还是不相信呢？

第一，策反陈豨不合情理。

韩信又不傻，他当然了解陈豨是刘邦的“信幸臣”，正备受重用，以代相的身份监管赵、代两国军队。陈豨自己没有透露出任何谋逆之意，韩信怎么敢冒昧策反？此时的韩信已经是闲人一个，备受冷遇，轻言谋反岂不是自找倒霉？就算他真的有意劝说陈豨谋反，前途一片光明的陈豨又怎么会轻易答应呢？

所以，即便是韩信对刘邦的怨恨日深，打算铤而走险，也不应当联合地处赵、代，能力低下的陈豨，而应当去联络黥布、彭越这样久经沙场、大权在握的诸侯王！至少这些诸侯王能与韩信产生鸟尽弓藏的共鸣。

第二，谋反时机不合情理。

退一万步说，韩信有反叛之心，为什么不选择在楚汉胜负未卜、可以坐收渔人之利的时机？当时韩信拥有全齐，兵锋正盛，是上位的绝好机会。刘邦、项羽两方在荥阳、成皋相持二十八个月，兵疲力尽。项羽的说客武涉游说韩信时说：“当今二王之事，权在足下。足下右投则汉王胜，左投则项王胜。”（《史记·淮阴侯列传》）蒯通献计也说：“莫若两利而俱存之，参分天下，鼎足而居。”（《史记·淮阴侯列传》）

武涉、蒯通对形势的分析相当中肯，韩信此时反叛当是最佳时机！但是他并没被武涉、蒯通两个人的话打动，不愿意“乡利倍义”，反而感谢刘邦的知遇之恩。而此时此刻，天下已定，自己又手无实权，只能整天称病闲居，这样的状况下，韩信怎么会跳起来谋反呢？

唐代诗人许浑的《韩信庙》一诗对此有精彩表述：

朝言云梦暮南巡，已为功名少退身。
尽握兵权犹不得，更将心计托何人。

此诗第一句说，高皇帝清晨的时候说要游云梦，晚上便已经出发了，表明刘邦志在铲除韩信，所以行动迅速。第二句慨叹韩信为功名所累，不知功成身退。后两句为韩信鸣冤，当年“尽握兵权”时不谋反，怎么可能在削王夺爵后再反呢？

第三，动用的兵力不合情理。

韩信降为淮阴侯后，手中没有兵权，凭什么去袭击重兵保护着的吕后和太子呢？即使“赦诸官徒奴”，也不过是一帮乌合之众，其中有多少人真可用？一位列侯，根本无法弄到天子的符玺节信，没有皇帝的“诏书”，谁会相信你？谁会听从呢？

第四，动手的条件不合情理。

韩信在京城谋反最重要的条件是：刘邦得知“陈豨果反”后“上自将而往”。刘邦离开京城就是动手的最佳时机。可是在刘邦离京之后，却不见韩信有任何具体行动。假如韩信真和陈豨约定谋反，就应该趁此良机赶紧拿下吕后、太子才对。千钧一发之际，还要等陈豨报信后才采取行动，难道不担心节外生枝、走漏风声吗？作为天才军事家的韩信难道连这些都不懂吗？

第五，诛杀韩信的过程不合情理。

事实上，告密者衔私仇而诬告是完全有可能的。吕后、萧何为什么对此案涉及的其他重要证人，比如参与谋划的其他人都一律不闻不问，只轻信一人之言呢？而且将韩信骗到即缚，缚住即诛，不审讯、不对质。如此匆忙，是什么道理呢？

第六，刘邦得知韩信被杀后的态度不合情理。

韩信对西汉帝国的建立有不赏之功，如果没有刘邦的暗示或默许，吕后怎么敢轻举妄动？何况，此时的刘邦万千宠爱都给了戚夫人，本来就对吕后心有不满，如果吕后再擅杀重臣，刘邦岂能饶了她？吕后这一步棋若是走错，易储之事将更成定局。

刘邦对吕后的先斩后奏有何反应呢？《史记·淮阴侯列传》记载：

> 高祖已从豨军来，至，见信死，且喜且怜之，问："信死亦何言？"吕后曰："信言恨不用蒯通计。"

这里的一个"喜"字活脱脱地揭示出刘邦得知心腹大患终于被铲除时的欣喜神态。至于"怜"，不仅仅是怜惜其才，更重要的是，刘邦很清楚韩信是无罪被杀。

对开国功臣被杀这样的重大事件，刘邦的态度是三不问：一不问韩信谋反的具体情况，二不问韩信谋反案的真伪，三不问惩处韩信的轻重。明知韩信死不瞑目定有怨言，所以才问韩信死前说了什么。当他得知蒯通曾经煽动过韩信反汉时，竟然在审问蒯通后赦免了他。无罪者被杀，有罪者赦免，你说怪也不怪？凡此种种，无不证明"谋反"是假，"谋害"是真。

面对质疑派的观点，力主韩信谋反者也作出了相应的解释：

第一，韩信谋反为什么找上陈豨？

从陈豨方面说，他在委以重任之时专程拜访已是闲人一个的韩信，说明他已有异志，但他的心思轻易不会被人发现。从韩信方面说，如果他联手手握重兵的彭越、黥布则更加不妥。这些人本就是刘邦防范的对象，一有异动，马上会引起刘邦的高度重视，反倒不容易得手。其实陈豨的实力不容小觑，不仅手握重兵，而且身处赵、代重镇，一旦行动，足以牵制刘邦。

第二，韩信任齐王时手握重兵不反，为什么降为淮阴侯后手无军权却反了？

这是质疑派最重要的一个理由。但是力主韩信谋反者却从逻辑推理的角度认为韩信任齐王时不反与后来联手陈豨谋反，两者之间没有必然性因果关系，只是或然性因果关系。我们不能用韩信任齐王不反来否定他饱受凌辱之后谋反的可能。再说，谋反是由量变到质变的过程，心理上由不反到想反，由想反再到真反。

第三，韩信手无一兵一卒。

韩信居住京城期间确实手中无兵，但是他的计划是诈称皇帝有诏，释放京城各衙署所拘管的苦役和官奴，然后利用这些底层贫民对自身卑贱地位的不满，起兵偷袭吕后和太子。韩信是军事家，动员和武装这些人发动突然袭击，未必不能成功。更何况，韩信一生都是以奇兵制胜的高手。

第四，韩信和陈豨的密谋应该是高度机密，怎么会被司马迁知道？

这里牵涉到一个重大问题，即司马迁所写韩信和陈豨密谋造反一事到底可靠吗？我们无从知晓这段描写的原始材料出自何处，但我们可以肯定地说，司马迁所载绝非空穴来风。史书中只有两个人的秘密商议，往往见诸史家笔端，这的确让人心生疑问，但白纸黑字，证据确凿，不容轻易否定。

第五，抓捕韩信的手段。

吕后和萧何采用了诱骗的方式抓捕韩信，因为韩信已经聚集了一部分力量。假如韩信没有聚集一定的力量，吕后完全可以霸王硬上弓，用不着萧何骗韩信入宫了。

第六，彭越、黥布的传记的记载。

司马迁在彭越、黥布的传记中直接宣扬两位诸侯王是被诬陷的，但在《淮阴侯列传》中却没有为韩信鸣冤抱屈，可见韩信的确是谋反了。

历史的误读：正常

为什么那么多学者会认为韩信是被冤杀的呢？

首先，韩信的军事才能有目共睹，功劳无人能及。

韩信是兴汉灭楚的大功臣。司马光在《资治通鉴》中称：“世或以韩信为首建大策，与高祖起汉中，定三秦，遂分兵以北，禽魏，取代，仆赵，胁燕，东击齐而有之，南灭楚垓下，汉之所以得天下者，大抵皆信之功也。”刘邦自己也盛赞韩信的战功：“连百万之军，战必胜，攻必取，吾不如韩信。”正是因为韩信的才能与功劳已至“不赏”的地步，后人自然而然就会想到功高震主的危机，同时，历朝历代的文人学士难免会对这样一位军事天才抱有惺惺相惜的赞许与同情，更愿意相信他是无过而被冤杀的典型。

其次，韩信曾被刘邦夺权夺王。

韩信在被杀之前，并非从未遭受过打压，除削王为侯外，汉五年（前202），韩信刚刚助刘邦打下天下时，刘邦就曾收夺了他的兵权，后改封为楚王。由此可见，韩信的遭遇并非都是因为自己的所作所为而咎由自取的结果，很有可能是皇权危机的牺牲品。

再次，韩信死得太惨。

韩信的死太突然、太潦草、太匆忙，以至于连韩信自己恐怕都来不及反应，先抛开韩信当时是否正准备谋反不说，单是被对自己有恩的伯乐萧何骗至宫中，又遭吕后毒手，就足以令其痛哭流涕了。萧何当初多次向刘邦引荐韩信，终于使得韩信有机会施展自己的军事才华，结束了之前寄食遭嫌、胯下受辱、不受重用的郁闷人生。按照韩信以德报怨的性格，他对萧何也应是深怀感恩之心的。可就是这样一个自己信赖、感激的人，竟然骗了自己，把自己送上了断头台，韩信怎能不痛心！汉初最杰出的军事家，临死之前无法面圣，欲辩白不知该向谁诉，只能生生死于一女子之手，怎能不让后世文人学士为其掬一把辛酸泪，喊一声冤乎哉呢！

最后，七位异姓诸侯王中有六位被剪除，只有势力最弱的长沙王保留了下来。

七位异姓诸侯王的命运，除韩信备受争议外，其余的可以分为三类：一类是并没谋反，也无他罪，而终以“谋反”借口被杀贬者，如梁王彭越、赵王张敖；一类是由于刘邦的怀疑、逼迫以致走上反叛道路的，如淮南王英布、燕王卢绾；一类是免于杀戮活下来的，如势力最小的长沙王吴芮。这样看来，功高震主的将领，不管是否谋反，皇帝总是要找理由杀掉的。后人得以综观几位异姓诸侯王的命运，很容易明白韩信免不了一死的结局，自然会认为韩信很有可能是被冤杀的了。

韩信像项羽一样，死后成了不朽的艺术典型。中国古代诗歌中咏叹韩信的诗篇有很多，在此我们举三首为例：

第一首，唐人胡曾的《云梦》：

汉祖听谗不可防，伪游韩信果罹殃。
十年辛苦平天下，何事生擒入帝乡。

这首诗首句写刘邦听信谗言防不胜防，次句写刘邦伪游云梦韩信遭殃，第三句写韩信多年奋战平定了天下，历尽了辛苦，第四句带着情绪低声反问——韩信为什么被刘邦抓到京城？诗人对刘邦伪游云梦诱捕韩信一事充满了不平的疑问与无奈的叹息。

第二首，唐人刘禹锡的《韩信庙》：

将略兵机命世雄，苍黄钟室叹良弓。
遂令后代登坛者，每一寻思怕立功。

这首诗写韩信之死令后世功臣心有余悸，不敢立功。首句写韩信的将帅之才堪称举世无双，次句写韩信在长乐宫钟室被杀时慨叹鸟尽弓藏，第三、四句写韩信功高被杀，令后世登坛拜将的人们都有所顾忌，担心自己也会功高被杀。这里借后代功臣大将的疑虑与恐惧，表达了对韩信遭遇的叹惋及对刘邦大肆杀功臣行径的暗暗讽刺。

第三首，唐人罗隐的《韩信庙》：

翦项移秦势自雄，布衣还是负深功。
寡妻稚女俱堪恨，却把余杯奠蒯通。

罗隐这首诗首句夸韩信居功至伟，第二句写布衣刘邦太厉害，末两句将视角转向韩信的家人，韩信死后，其寡妻幼女也当忿恨悲痛，在祭奠韩信的同时，将残酒分给蒯通一杯。韩信被诛三族，怎么还会有寡妻幼女呢？诗人只不过借他们之口表达了自己对韩信不听蒯通的劝告，竟落得如此下场的悲愤之情。

韩信具有义士的气质、任侠的雄豪、大将的风度、元帅的韬略，唯独缺少政治家的狡诈。最终，这位旷世奇才被刘邦、吕后夫妻联手杀害。

对韩信之死的评价，历史上一直众说纷纭，具有代表性的说法层出不穷。那么，这些说法都表明了怎样的态度和观点呢？说得有没有道理呢？

盖棺未必定论

作为中国古代最著名的军事家，韩信就像一颗耀眼的流星一闪而过，引发了无数后人长期的争论，并形成了对韩信之死几个颇为有名的观点，这些观点不仅影响着世人对韩信的评价，也影响着人们对刘邦的评价。那么，关于韩信之死，后人都提出过哪些著名的观点呢？这些观点到底有没有道理呢？

武力灭齐：埋下祸根

第一个著名观点是，齐降后赶尽杀绝埋下祸根。

韩信攻下赵国后稍作休整，便准备向齐地进军。而与此同时，刘邦手下的顶级说客郦食其已经单车独骑，游说齐国，一番利害得失分析之后，田横决定降汉了。消息传来，韩信准备罢兵，蒯通却力劝韩信继续伐齐。

既然齐国已经投降，为什么蒯通还要赶尽杀绝呢？他讲了两个理由：第一，郦食其动动嘴皮子就拿下齐地七十多座城，将军您打了这么久，才拿下赵国五十多座城，功劳明显不如郦食其；第二，齐国虽然降汉了，但汉王还没有给您下达停止灭齐的军令，所以原来的命令依然有效。（将军受诏击齐，而汉独发间使下齐，宁有诏止将军乎？何以得毋行也！且郦生一士，伏轼掉三寸之舌，下齐七十余城，将军将数万众，岁余乃下赵五十余城，为将数岁，反不如一竖儒之功乎？《史记·淮阴侯列传》）

蒯通说的第一点，点燃了韩信和郦食其一争高下的决心；第二点则给了韩信发动灭齐之战的借口。于是，韩信立即决定继续向齐地进发。

已经降汉的齐国，完全放松了历下军团的战争准备。韩信大军一阵突袭，齐国一败涂地。最后，韩信武力灭齐，恼羞成怒的齐王将郦食其烹杀。

有些研究者认为：韩信此举，刘邦极不高兴。因为这不但使刘邦失去了一位超一流的说客，还令刘邦背上了不信守承诺的恶名。从此，刘邦和韩信的关系渐行渐远。韩信军功虽大，但让人觉得心太贪。所以韩信执意灭齐，成为他最终被杀的一个重要原因。

事情真的是这样的吗？想得到准确答案，我们需要正视三个关键问题。

一是刘邦为什么不给韩信下达停止灭齐的军令？

二是刘邦为什么在命令韩信灭齐后又派郦食其前去游说？

三是刘邦到底是否赞成韩信的灭齐行动？

韩信灭赵后，刘邦明确下令，让新任赵王张耳留守赵地，韩信继续率兵灭齐。此时郦食其主动请缨前往齐地游说，刘邦没有多想便批准了。郦食其果然不辱使命，马到成功。齐国慑于韩信灭魏、亡代、下赵、胁燕的威势，考虑到自身势单力薄，决定降汉。

既然如此，刘邦为什么不下令给韩信让他停止灭齐之战呢？

有两种可能性：第一，刘邦有意为之；第二，刘邦忘记下达停止攻击的命令。哪一种可能性更大呢？我个人认为应该是第二种。为什么这样讲？

刘邦若是有意为之，无非只有一个原因，那就是借此机会试探韩信。这种可能性大吗？不大。因为这样做是拿郦食其的生命做赌注。郦食其自加入刘邦集团后，多次奔走于敌营，为刘邦立过大功。刘邦西入秦关时遇阻峣关，多亏郦食其、陆贾两人游说秦将，达成共同灭秦的协议，才得以偷袭成功，顺利过关，消灭了关中秦军最后的主力。

高祖十二年（前 195），郦食其的弟弟郦商平定黥布叛乱。刘邦由郦商念及郦食其，由郦食其又念及郦食其之子郦疥。郦疥虽然多次率军参战，但“功未当侯”，刘邦怀念自己与郦食其当年的情分，封郦疥为高梁侯。可见，虽然在郦食其被烹杀之时，刘邦没有多说什么，但他终究对郦食其之死感到悲痛。所以，刘邦不顾郦食其的性命而有意试探韩信的可能性不大。

那么，事情的真相更可能是——刘邦忘记了。有这种可能吗？从理论上讲，只有这一种可能；从实践上讲，有此可能吗？不好说，这么大的事怎么可能忘了呢？可是不忘了又怎么解释呢？只能理解为忘了。

刘邦为什么在命令韩信灭齐之后，又批准郦食其的请缨呢？

原因有两个：第一，说降的方式简单快捷。第二，避免韩信功劳过大。

韩信出马，灭齐不在话下，但费时费力。采用说降的方式，显然更便捷、更省时省力。

在韩信灭魏、代两国后，刘邦调走了韩信的精兵。（信之下魏破代，汉辄使人收其精兵，诣荥阳以距楚。《史记·淮阴侯列传》）在韩信灭赵后，刘邦再一次调走了韩信的精兵。（汉王夺两人军，即令张耳备守赵地，拜韩信为相国，收赵兵未发者击齐。《史记·淮阴侯列传》）刘邦之所以这样做，一是为了方便自己调度军队。毕竟荥阳的战线吃紧，自己常常打到手无寸兵，需要不断补充实力。二是防止韩信坐大。韩信善于带兵，他能够迅速将一批新兵训练成能征善战的精兵，不能不防患于未然。这里涉及刘邦对韩信的一个基本态度——边用边防。

说了这么多，刘邦到底赞不赞成韩信发动灭齐之战呢？

在我看来，刘邦对此事的态度很不明确，想必他心里也非常矛盾。

降齐与灭齐是两个截然不同的概念。降齐，是让齐国自愿降汉，其军事武装并无损失，齐国的实力派人物田横也安然无恙，仍然有巨大的影响力。而灭齐，是通过暴力彻底打掉齐国的政权，消灭齐国的军事武装，将齐国实力派田横打垮，以绝后患。

二者相比，自然是灭齐更有利于刘邦集团的长远利益。

韩信在郦食其已经说降齐国的背景下，突然出手，一举灭掉了齐国全部的军事力量，还顺便消灭了项羽大将龙且率领的楚军。此后，韩信拥兵三十万，严重威胁到项羽的西楚国国都彭城，扰乱了楚军的后方根据地和军需供应，这种效果远远超出了郦食其的口舌之功。

但是，韩信发动的灭齐之战牺牲了郦食其。刘邦对此非常惋惜，却没有因此责罚韩信。毕竟韩信是受命伐齐，而且，灭齐的巨大效果也有目共睹。

这么一来，韩信的实力大增，声望大增，俨然成为当时天下最强的一支武装力量。刘邦很不放心，但也很没办法，因为他还要依靠韩信聚歼项羽，不能和其闹翻。

总之，韩信灭齐之战功大于过，刘邦对他顶多是埋怨与防备，还不至于怀恨在心，也就是说，韩信的死和当年灭齐之战并没有太大的关联。

邀功求封：启衅杀心

第二个著名观点是，求封假齐王惹下祸端。

韩信灭齐，意味着战争的天平再次向刘邦集团倾斜。因为韩信可以出兵荥阳，帮助刘邦打垮项羽。

刘邦左等右等，就是等不到韩信的大军。直到韩信的使者到来，才知道韩信要求封“假齐王”。刘邦当时就火了，破口大骂。多亏张良、陈平一人给了他一脚，又一阵耳语，才让他冷静下来：此时不能得罪韩信！于是，刘邦立即派张良赶赴齐地，封韩信为齐王。

古今许多论者都认为，韩信攻占全齐后没有立即发兵荥阳，帮助刘邦灭掉项羽，反而派使者面见刘邦要求封“假齐王”，是一大政治失误。

宋人钱昆的《题淮阴侯庙》一诗便专讲了此事，诗中写道：

> 筑坛拜日恩虽厚，蹑足封时虑已深。
> 隆准早知似鸟喙，将军应有五湖心。

首句写刘邦登坛拜韩信为大将军恩重如山，次句写韩信要求封“假齐王”，张良、陈平踩刘邦的脚劝刘邦先封韩信为齐王以稳住他时，韩信已惹下大祸。“虑已深”，指刘邦此时已对韩信恨之入骨，只是自己此时无法制约对方，不得已而为之。第三句，“隆准”，高鼻梁，特指刘邦；“鸟喙”，嘴长得像鸟，指代越王勾践。此句的意思是说，韩信早就应当明白，刘邦就像当年的越王勾践，只能共患难，不能共富贵。最后一句便是慨叹韩信不如范蠡，不懂得功成身退，遨游五湖，远害全身。

这首咏叹韩信的诗非常有名。尤其是“蹑足封时虑已深”一句，最能体现作者的观点：韩信求封“假齐王”，又惹祸了。

那么，韩信求封，究竟算不算惹祸呢？这又涵盖了两个小问题：

第一，韩信求封“假齐王”错了吗？

第二，刘邦是因为韩信求封之事才动了杀心吗？

我们先说第一问。

韩信在汉中对策时，曾明确向刘邦提出：

> 任天下武勇，何所不诛！以天下城邑封功臣，何所不服！以义兵从思东归之士，何所不散！（《史记·淮阴侯列传》）

这三个“何所不”的句子中，最关键的是第二句——“以天下城邑封功臣，何所不服”。

汉中对策谈的不是战役，而是战略；不是局部，而是全局。“以天下城邑封功臣”是韩信为刘邦制定的打败项羽的战略部署，日后也成为了刘邦战胜项羽最重要的法宝之一。韩信本人既是这一方针的提出者、制定者，又是这一方针的受益者。他希望能通过立功而封王，这个想法在汉中对策中体现得很明确，并得到刘邦的高度认同：“汉王大喜，自以为得信晚。”（《史记·淮阴侯列传》）

所以，韩信求封“假齐王”并不为过，何况他是求封，又不是自封。《汉书·陈平传》记载韩信是“自立为假齐王”，这似乎有点不妥，不过退一步说，即便此时韩信自封齐王，刘邦又能怎样？和项羽打了两年多，胜少负多，如果再树韩信为敌，这日子简直没法过了。

而第二个问题，其实很难说清楚。

韩信不愿出兵协助，的确是令人头疼的事儿，但刘邦生气归生气，是不是就此打定主意日后要灭掉韩信？这一点我们谁也不能肯定，不过防范之心更加强烈倒是真的。项羽自刎后，刘邦做的第一件事就是夺了齐王韩信三十万精兵的军权。防范之心，路人皆知。

韩信派使者求封：“齐伪诈多变，反复之国也，南边楚，不为假王以镇之，其势不定。愿为假王便。”（《史记·淮阴侯列传》）这话说得很清楚：首先，齐国是多变之国；其次，齐国临近西楚国；最后，不封我为代理齐王就很难镇抚。这三点理由讲得都有道理，更有道理的是，功大如此者应当封王。

那么，韩信的错误究竟在哪里呢？错在他不知在帝国专制政体下，臣子的官位、待遇都是君王所赐，不是臣下去申请。韩信公开向刘邦申请，尽管在道理上并没有错，但作为领导，刘邦的面子上可过不去。一句话，韩信违反了专制政体下君臣之间的游戏规则。

宋人黄庭坚《韩信》一诗中写道：

> 成皋日夜望救兵，取齐自重身已轻。
> 蹑足封王能蚤寤，岂恨淮阴食千户。

这首诗说的是，刘邦在成皋日夜盼望韩信出兵，韩信却要请封齐王，当他以此“自重”时“身已轻”。假如韩信在“蹑足封王”时能早日醒悟，岂会到最后怨恨自己只当了个食邑千户的淮阴侯？

这首诗把韩信求封假齐王与夺爵削王联系起来，直言求封齐王是韩信人生的一大败笔！

连连惹祸：自大自恋心态作祟

第三个观点是，先要求扩大封地再出兵灭项，又一次惹祸了。

无奈地封韩信为齐王之后，刘邦马不停蹄地追赶一路败逃的项羽，遭遇反击，刘邦的二十万人马被项羽的十万军队打得龟缩在固陵（今河南淮阳西北）城中，不敢出战。刘邦约齐王韩信、梁王彭越合围项羽，韩信、彭越竟然都不赴约。

张良直言不讳地说：项羽现在已经是穷途末路，韩信和彭越他们都看在眼里，拒绝出兵是因为汉王您马上就可以夺得整个天下，但他们两个的封国还那么小，心里不痛快。只要加大他们的封地，他们立马就会出兵合围项羽。刘邦依计而行，果然合围项羽于垓下，逼得项羽自刎。

韩信求封“假齐王”已经惹火上身，此番在关键时刻再次向刘邦讨价还价，岂不是火上浇油？

韩信在刘邦大面积地加封自己的封地后才出兵助汉，这确实让刘邦感到非常难堪。这件事很明显地暴露出两人之间的雇佣关系。你出价合理，我就帮忙；你出价不合理，我就不管。这样的讨价还价充满了市井的气息，有英雄之才，却怀市井之心，这大概才是真实的韩信。以市井之心追求自己的利益最大化，又以君子之心企望别人能够厚待自己，现实中会有这么称心如意的事儿吗？

面对韩信的待价而沽，《史记》并没有记载刘邦的表现，但我们相信他这一次定然是恼到骨子里去了。之前的张口大骂是在发泄惊讶与意外的情绪，而这次经张良的点拨，刘邦不再骂了。但是，不骂比大骂更可怕！骂，是出乎刘邦的意外；不骂，是在其意料之中——你韩信就是趁火打劫的人！

功高盖主：不懂自全

第四个著名观点是，功高盖主惹大祸。

从蒯通开始，人们常说：韩信死于挟不赏之功，戴震主之威。简单来说，就是功劳太大，而且已经是王爵，再也没有什么可以封赏的了，从而令君主猜忌，危及自身安全。事实是这样吗？恐怕未必！

与韩信一样功高者还有张良与萧何。

张良一生平平安安，从未受过刘邦的任何猜忌。为什么呢？因为他懂得“运筹帷幄之中，决胜千里之外”。客观上来讲，张良既没有韩信的军权，也没有萧何的政权，他就是刘邦身边的一位高参，刘邦不需要对张良有任何防范。张良自己也“愿弃人间事，欲从赤松子游”，置身于功名利禄之外，明哲保身，优哉游哉。

萧何一生兢兢业业，治国理财，管理天下，民望甚高，曾两次惹来刘邦猜忌。但他深谙专制制度下的官场之道，或令子孙兄弟参军，或以家财佐军，或自毁声名，即使买地买房，也都尽挑穷乡僻壤，以免招来他人的非议或妒忌。萧何不仅功勋卓著，而且特别善于吸取他人的意见，知道怎么跟刘邦斗智，得以保全身家性命。

可见，功高震主者未必一定会被杀，关键看自己如何趋利避害，正确应对。

韩信是典型的高智商、低情商之人，精明于战场，愚笨于官场。战场上指挥若定，千军万马，视若无物。但是，一听说刘邦要游云梦，就方寸大乱，全无应对之策。一会儿要反，一会儿又“自度无罪”，一会儿又杀友求荣，十足的政治小白。

纵观韩信一生，他始终有四件事没搞懂：

一、不懂开国君王与功臣的关系——打天下是手足，共天下是心患。

二、不懂谋反不一定要有谋反的证据，只要有谋反的能力就可认定。

三、不懂功臣被杀无关个人恩怨，而关乎江山的安危。

四、不懂冒犯君王是为臣大忌。

刘邦夺了天下，当了皇帝，确保刘姓江山千秋万代是他应有的使命。韩信先为张耳请封赵王。刘邦与张耳关系颇深，韩信之请立即得到恩准。其实，韩信为张耳请封赵王是为自己请封“假齐王”埋下伏笔。韩信这两次请封，一是越权，二是邀功。封不封赵王是刘邦的事，犯得着韩信管吗？封不封齐王也是刘邦的事，用得着韩信要吗？

韩信不仅在灭齐前后两次触怒汉王刘邦，更在被诱捕夺爵后直言不讳，冒犯已身为皇帝的刘邦。

某次，刘邦和韩信讨论诸将的军事能力。刘邦突然问韩信：像我这样的人能带多少兵？韩信直言：皇上不过能带十万大军。刘邦再问：那你能带多少军队？韩信立即回答：我带兵自然是越多越好。刘邦听后笑着说：既然你带兵“多多益善”，你为什么会被我抓了呢？韩信回答：陛下不能带兵却善于用将，所以我韩信为你所用。何况，帝王乃天授，不是人力所能达到的。（上常从容与信言诸将能不，各有差。上问曰：“如我能将几何？”信曰：“陛下不过能将十万。”上曰：“于君何如？”曰：“臣多多而益善耳。”上笑曰：“多多益善，何为为我禽？”信曰：“陛下不能将兵，而善将将，此乃信之所以为陛下禽也。且陛下所谓天授，非人力也。”《史记·淮阴侯列传》）

这番话倒是实话，刘邦带兵确实不如韩信。不过，韩信在自己被诱捕夺爵后还如此出言不逊，丝毫不顾忌皇帝的感受，实在是有些傲慢自负。

尽管他补充了“将兵”和“将将”的区别，承认刘邦是“天授”“非人力”之类的话，但刘邦心里绝不会舒畅。

韩信的一生是一出令人扼腕的悲剧，其悲剧具有多重性：

一是社会的悲剧。韩信生活在帝国专制的社会中，专制帝王不允许才高功大的臣僚威胁到一家一姓的江山，“国士无双”的韩信同样无法走出这个魔障。

二是人性的悲剧。依附性的人格使得韩信滋生出“甘心为奴”的心态，让他当主子他都不敢。

三是政治的悲剧。韩信不懂政治，最终就死于此。一个人可以不搞政治，但最好要懂一些政治。特别是那些在各个领域中获得了巨大成就的人，不能不懂点政治。

韩信因联手陈豨发动叛乱而命丧黄泉。城门失火，殃及池鱼。其实，陈豨叛乱影响所及不仅有韩信，还有其他诸侯王。那么，究竟还有谁被株连了呢？

将星陨落

陈豨叛乱不但导致韩信被杀，还牵连到另外两位异姓诸侯王梁王彭越和淮南王黥布，最终导致彭越、黥布被杀。韩信因谋反被杀，彭越、黥布又是如何被卷入陈豨叛乱案中的呢？

不白之冤：没有谋反也得杀

彭越在刘邦消灭项羽之前就已经被封为梁王。西汉建国后，彭越作为大功臣，继续在梁地称王。虽然他曾在楚汉战争后期收留过齐国大将田横，但后来田横自动消失，刘邦也就没有再追究下去。最后田横和五百壮士上演了集体殉国事件，一切恩怨到此为止。

韩信谋反被杀，原本也与彭越了不相干。但人不找麻烦，麻烦却主动找上门。就在彭越优哉游哉地当着梁王时，一起突发事件把他卷进了陈豨的叛乱，并让他陷入灭顶之灾。

原来，刘邦听说陈豨叛乱后，立即亲临平叛。到达赵地邯郸后，刘邦发现自己的兵力明显不足，可能会吃亏。于是，他立即向天下诸侯征兵，当然也包括梁王彭越。彭越称病没有亲自去，仅派了一位将军带兵前往邯郸参战。刘邦见此勃然大怒，立即派人前往梁国责备彭越不遵皇命。彭越一见这架势，有点吓蒙了，便想亲自赶去邯郸向刘邦解释。此时，彭越手下的一位将领扈辄说：大王您一开始不应诏，现在被严厉批评后再去解释，去了还能回来吗？不如趁此机会反了。彭越一听，也不敢去邯郸请罪了，可是造反吧，也不能同意，于是只好继续称病。（十年秋，陈豨反代地，高帝自往击，至邯郸，征兵梁王。梁王称病，使将将兵诣邯郸。高帝怒，使人让梁王。梁王恐，欲自往谢。其将扈辄曰：“王始不往，见让而往，往则为禽矣。不如遂发兵反。”梁王不听，称病。《史记·魏豹彭越列传》）

就在这个关键时刻，一件意想不到的事将彭越推入了万劫不复的境地。原来，彭越手下的太仆得罪了彭越，彭越就想杀他。太仆一得知消息，撒腿就逃。他逃到邯郸，向刘邦告发了彭越和部下扈辄谋反的事情。刘邦得到消息后，立刻派人抓捕彭越。彭越毫无准备，一下子被逮个正着，被押送到洛阳。司法官审理后报告刘邦：彭越谋反证据确凿，请求依法惩办。刘邦下令，将其贬为百姓，押送到蜀地青衣县（今四川雅安）居住。（梁王怒其太仆，欲斩之。太仆亡走汉，告梁王与扈辄谋反。于是上使使掩梁王，梁王不觉，捕梁王，囚之洛阳。有司治反形已具，请论如法。上赦以为庶人，传处蜀青衣。《史记·魏豹彭越列传》）

彭越这个委屈啊，窝囊啊，那滋味就甭提了。然而，他万万没有想到，前面还有更大的旋涡等着自己。押送的队伍一路走到郑县（今陕西渭南华州区），刚好遇见从长安前往洛阳的吕后。彭越向吕后好一通哭诉，鼻涕一把泪一把，一再强调自己是被冤枉的。吕后貌似为其所动，答应为他洗清冤情。于是，吕后把西行的彭越又带回了洛阳，并马上去见刘邦：彭王是豪杰好汉啊，现在把他贬到蜀地，这不是给自己留下隐患吗？不如借这个机会杀了他，我已经把他带回来了。刘邦幡然醒悟，表示同意。吕后暗地里指示彭越的手下再次告发其谋反，并命廷尉审理此案。廷尉遵照吕后的意思，定了彭越的罪，请求灭族。刘邦批准。就这样，彭越三族被诛，梁国也随之撤销。（西至郑，逢吕后从长安来，欲之洛阳，道见彭王。彭王为吕后泣涕，自言无罪，愿处故昌邑。吕后许诺，与俱东至洛阳。吕后白上曰："彭王壮士，今徙之蜀，此自遗患，不如遂诛之。妾谨与俱来。"于是吕后乃令其舍人告彭越复谋反。廷尉王恬开奏请族之。上乃可，遂夷越宗族，国除。《史记·魏豹彭越列传》）

与韩信相比，彭越那可是真冤，他是一点儿谋反之心都没有啊！把《史记·淮阴侯列传》和《史记·彭越列传》做个对比，我们可以看到司马迁对梁王彭越的不白之冤讲得极为清楚明白。

男女双打：为了一个共同的目标

彭越之死直接源于称病，没有亲自参加刘邦征兵平定陈豨叛乱。刘邦为什么会对彭越不亲自参加平定陈豨叛乱这么敏感呢？

事出有因啊！

如前文所言，高祖十年（前197）九月，陈豨勾结叛王韩信的部将王黄谋反，“自立为代王”，攻略了赵、代大片土地。刘邦亲自出征平叛，在邯郸召见了周昌举荐的四位赵地好汉，这四人才干并非十分出众，也没有什么功劳，可刘邦封给他们每人一千户食邑，众人不解，刘邦解释道：“陈豨反，邯郸以北皆豨有，吾以羽檄征天下兵，未有至者，今唯独邯郸中兵耳。吾胡爱四千户封四人，不以慰赵子弟！”（《史记·韩信卢绾列传》）陈豨一反，整个邯郸以北都归陈豨了。我用加急羽檄征调天下军队，没有一支军队到来。现在只有邯郸的兵力可用。用这四千户封四个赵国将军，可以慰劳赵国的子弟啊。

可见，刘邦平定陈豨叛乱之时，天下诸侯态度消极。除中央政府掌管的军队外，其他诸侯国的军队根本调遣不动。可以临时应急的，只有赵国的本土军队。

梁国和赵国相邻，彭越又是能征善战的大将，久经沙场。刘邦本对彭越寄予厚望，但彭越接到征兵令，竟然来都不来，刘邦能不上火吗？

上火还不至于杀人。梁国太仆的告密才是重磅炸弹，它让彭越吃了一个大亏。眨眼之间，夺爵削王，发配蜀地。

这是彭越一生中的第一大冤案。彭越没有谋反，虽然他未处罚劝自己谋反的部将扈辄，但并不代表他真有反心，而且他也确实没有任何行动啊。刘邦接到告密，突然袭击，逮捕彭越，夺爵迁蜀，彻底暴露了刘邦打击开国功臣的阴暗内心，也暴露了刘邦铲除异姓诸侯王的真实意图。

吕后假意带回彭越，说服刘邦斩尽杀绝。这对政坛上的“男女双打”冠军的目的最终实现了，但他们的卑鄙手段也永远被钉在历史的耻辱柱上了。

吕后为什么对诛杀彭越的事情这么积极呢？

其实吕后无时无刻不在琢磨刘邦的身后之事。韩信、彭越、黥布是帮助刘邦诛杀项羽打下江山的三员虎将。刘邦活着的时候，吕后可以得过且过。但是，刘邦与吕后有较大的年龄差距，而刘邦的身体状况，吕后比任何人都清楚。一旦刘邦下世，继承帝位的是自己的儿子刘盈。以刘盈的年龄、阅历、能力，能驾驭韩信、彭越、黥布这些猛将吗？当然不能！所以，在刘邦在世之时，将这些猛将除掉一个算一个。这样，太子刘盈继位后的阻力自然会小得多。这就是刘邦不杀彭越，吕后却不愿放过彭越的原因。

灭了彭越三族后，刘邦还办了两件事：第一，下令谁敢为彭越下葬，一律逮捕！第二，将彭越的尸体剁成肉酱，分送天下诸侯王，要求他们当着皇帝使者的面吃下去。

刘邦这两手又引发了两件大案：一是栾布哭祭，一是黥布谋反。

生活经常这样，越是怕什么，越是来什么。

刘邦冤杀了彭越，最忌讳有人为彭越发丧。但是，偏偏有这么一位不顾皇帝的严令哭祭彭越的人。这个人就是栾布。

梁王彭越被杀之前，曾派他手下的大夫栾布出使齐国。栾布回国复命时，才知道梁王彭越被杀，而且头还被砍下来悬挂在洛阳城头示众。栾布知道刘邦下了死令，但他仍跑到彭越的人头下哭祭自己的主子，汇报出使情况。守卫的士兵立即将栾布抓起来，报告了刘邦。（使于齐，未还，汉召彭越，责以谋反，夷三族。已而枭彭越头于洛阳下，诏曰："有敢收视者，辄捕之。"布从齐还，奏事彭越头下，祠而哭之。吏捕布以闻。《史记·季布栾布列传》）

刘邦见到栾布，气不打一处来：你想和彭越一块儿谋反吗？我命令禁止任何人为彭越收殓，你为什么还要去哭祭？给我烹了！左右一拥而上，要把栾布架走行刑。栾布回头冲着刘邦说：我希望能讲完话再死。刘邦厉声问：你还有什么可讲的？栾布说：当年您困于彭城，败于荥阳、成皋时，项羽之所以不能西进，全靠梁王彭越驻扎梁地，和汉兵合作，搞得楚军苦不堪言。那时候，梁王若和西楚联手，汉军就会失败；若和汉军联手，西楚军就会失败。垓下之战时，若是没有梁王，项羽不会败亡。天下安定，彭王受封梁王，本希望能够传承给子孙。如今皇上征兵，彭王因病不能亲征，陛下就怀疑他谋反。谋反的迹象没见，仅因为一点小事就杀了梁王。我担心从此以后，天下功臣"人人自危"。现在，梁王死了，我也生不如死，请让我受烹吧！（方上之困于彭城，败荥阳、成皋间，项王所以不能西，徒以彭王居梁地，与汉合从苦楚也。当是之时，彭王一顾，与楚则汉破，与汉而楚破。且垓下之会，微彭王，项氏不亡。天下已定，彭王剖符受封，亦欲传之万世。今陛下一征兵于梁，彭王病不行，而陛下疑以为反，反形未见，以苛小案诛灭之，臣恐功臣人人自危也。今彭王已死，臣生不如死，请就亨。《史记·季布栾布列传》）

刘邦闻言，有所动，遂下令放了栾布，并任命其为都尉。

栾布为什么会为彭越鸣冤呢？

彭越和栾布曾是布衣之交的好朋友。栾布家里穷，到齐地打工，当了几年酒保。彭越还在当强盗那会儿，栾布被人劫卖到燕地为奴。因为主人被杀，栾布为主人报了仇。燕将发现了栾布，就推荐他当了都尉。后来臧荼做了燕王，升任栾布为将。臧荼谋反，栾布被汉军抓获。此时，彭越已经当上了梁王，听说自己当年的好友栾布被抓，便请示刘邦，用重金将他赎了出来，任命为梁国的大夫，并派其出使齐国。（始梁王彭越为家人时，尝与布游。穷困，赁佣于齐，为酒人保。数岁，彭越去之巨野中为盗，而布为人所略卖，为奴于燕。为其家主报仇，燕将臧荼举以为都尉。臧荼后为燕王，以布为将。及臧荼反，汉击燕，虏布。梁王彭越闻之，乃言上，请赎布以为梁大夫。《史记·季布栾布列传》）

在栾布看来，彭越对自己有救命之恩、知遇之恩。所以，彭越被冤杀，栾布要哭祭。当然，这只是问题的一个方面；另一方面，彭越也确实是战功赫赫！

栾布哭祭彭越的行为触犯了刘邦的旨意，在栾布义正词严的质问下，刘邦为什么又宽恕了他呢？

最重要的原因在于刘邦此时需要提倡忠诚之风。栾布作为彭越的部下，敢于冒死哭祭彭越，为其申冤，充分显示了他对主人的忠诚。刘邦不杀策动韩信谋反的蒯通，不杀策动谋杀自己的贯高，不杀哭祭彭越的栾布，都和此时重视臣子的忠诚密不可分。

谋反？激反：全反了

刘邦冤杀彭越的举动不但没有震慑住异姓诸侯王，反而激起了一位诸侯王的反心。这人是谁呢？他就是淮南王黥布。此时，异姓诸侯王中，燕王臧荼、韩王信、楚王韩信、梁王彭越相继被杀，衡山王吴芮和赵王张耳病死，侥幸苟活下来的只剩下淮南王黥布一人。刘邦杀了彭越，株连三族后还不过瘾，又将彭越的尸体剁成肉酱分送天下诸侯吃掉。这事让淮南王黥布心中更加不安，原来没想过要谋反，此刻也实在熬不下去了。

黥布和韩信、彭越乃是“同功一体”，三人的命运息息相关。高祖十一年（前196），吕后杀韩信，消息传到黥布耳中，已经令他十分忐忑。同年夏天，又传来彭越被杀的消息。接着，“肉酱”被送到淮南，黥布震惊不已。震惊之余，黥布开始暗中布防，高度戒备，时刻监视着临近各郡县的军队调动。（十一年，高后诛淮阴侯，布因心恐。夏，汉诛梁王彭越，醢之，盛其醢遍赐诸侯。至淮南，淮南王方猎，见醢，因大恐，阴令人部聚兵，候伺旁郡警急。《史记·黥布列传》）

自从刘邦称帝以来，黥布一直恪守己任奉法行事。高祖七年（前200），他到陈地拜见刘邦。高祖八年（前199），又到洛阳拜见刘邦。虽然在秦末大起义之前，黥布是江洋大盗，但当了淮南王后，他毫无违法之事。

人要倒霉起来，喝口凉水都塞牙缝。就在刘邦瞄上黥布之时，黥布的后院不争气地“失火”了。

原来，黥布的一位爱姬病了，黥布安排了一位医生为她诊病。这位医生刚好和中大夫贲赫是邻居。爱姬多次到医生家就诊，贲赫见到后便给医生送了厚礼，讨好爱姬。这位爱姬在和黥布谈话时偶然提到贲赫，称他是个厚道人。常言道，说者无意，听者有心。一听自己喜欢的女人夸耀别的男人，黥布的心里就不舒服了，厉声问道：你怎么知道他是个厚道人？爱姬害怕了，一股脑儿将自己知道的情况都说了起来。黥布听后，怀疑贲赫和自己的爱姬私通。贲赫听说了，吓得称病在家，不敢露面。结果适得其反，黥布更恼了，想抓贲赫。贲赫知道后直奔京城，向朝廷递交了一封告密信，告发黥布叛乱，并建议刘邦趁其没有起兵前先出兵讨伐。（布所幸姬疾，请就医，医家与中大夫贲赫对门，姬数如医家，贲赫自以为侍中，乃厚馈遗，从姬饮医家。姬侍王，从容语次，誉赫长者也。王怒曰：“汝安从知之？”具说状。王疑其与乱。赫恐，称病。王愈怒，欲捕赫。赫言变事，乘传诣长安。布使人追，不及。赫至，上变，

言布谋反有端，可先未发诛也。《史记·黥布列传》）

刘邦看了告密信，征询相国萧何的意见。萧何说：黥布不应该反啊，恐怕是他的仇人陷害他。先把贲赫关押起来，再派人暗中查一查吧。（上读其书，语萧相国。相国曰："布不宜有此，恐仇怨妄诬之。请系赫，使人征验淮南王。"《史记·黥布列传》）

萧何为黥布辩护，这点让人很不解。当初韩信被诱杀是萧何下的套，彭越被冤杀萧何一言不发。唯独黥布被告发，他竟肯为黥布辩护。之所以这么做，估计萧何无非是想改善一下自我形象罢了，毕竟诱杀韩信让自己的正面形象大打折扣。何况黥布和韩信不同，韩信是萧何力荐之人，韩信谋反，萧何必须得有个明确态度。黥布却和自己毫不相干，说一两句慎重起见的场面话，无关紧要。

黥布得知贲赫逃到京城，还向朝廷上了奏折，担心他告发自己那点见不得人的事儿。碰巧来核查的汉使也搜罗到一些蛛丝马迹，于是黥布干脆一不做二不休，先派人杀了贲赫全家，随即宣布造反。（淮南王布见赫以罪亡，上变，固已疑其言国阴事；汉使又来，颇有所验，遂族赫家，发兵反。《史记·黥布列传》）黥布叛乱的文告送呈刘邦，刘邦放了贲赫，任命他为将军。

接着紧急召集众将商议：黥布反了，怎么办？众将齐声说：派兵打，灭了这家伙，他还能有啥作为？

就在刘邦匆忙问计众将时，滕公召见了项羽手下原来的宰相（令尹）薛公，向他打听黥布的事。薛公说：黥布应当反！滕公奇怪地问：皇上让他称王，他面南当了万乘之君，为什么还要反呢？（汝阴侯滕公召故楚令尹问之。令尹曰："是故当反。"滕公曰："上裂地而王之，疏爵而贵之，南面而立万乘之主，其反何也？"《史记·黥布列传》）

薛公说：先杀韩信，再杀彭越。黥布、韩信、彭越三个人功劳相同，休戚与共。他现在怀疑大祸将要落到自己头上，当然要反了！（令尹曰："往年杀彭越，前年杀韩信，此三人者，同功一体之人也。自疑祸及身，故反耳。"《史记·黥布列传》）

滕公把薛公推荐给刘邦，说：我有一位客人，原来是项羽西楚国的宰相，此人有运筹帷幄的本领。刘邦召见薛公，询问他相关情况。薛公说：

黥布叛乱没有什么大不了。假如黥布采用上策，崤山以东的土地恐怕就不归汉了。假如黥布采用中策，谁胜谁败恐怕一时难以断定。如果黥布采用下策，皇上就可以高枕无忧了。（滕公言之上曰："臣客故楚令尹薛公者，其人有筹策之计，可问。"上乃召见问薛公。薛公对曰："布反不足怪也。使布出于上计，山东非汉之有也；出于中计，胜败之数未可知也；出于下计，陛下安枕而卧矣。"《史记·黥布列传》）

刘邦听得一头雾水，问薛公：什么叫上策？薛公回答：向东攻占吴国，向西攻取楚国，吞并齐鲁，发文让燕赵投降，稳守本土，崤山以东就不归汉了。（上曰："何谓上计？"令尹对曰："东取吴，西取楚，并齐取鲁，传檄燕、赵，固守其所，山东非汉之有也。"《史记·黥布列传》）

什么叫中策呢？薛公说：向东攻占吴国，向西攻取楚国，吞并韩、魏之地，据守敖仓的军粮，堵住成皋的通道，谁胜谁负不好说。（"何谓中计？""东取吴，西取楚，并韩取魏，据敖庾之粟，塞成皋之口，胜败之数未可知也。"《史记·黥布列传》）

下策又是什么呢？薛公说：向东攻占吴国，向西攻取楚国，把辎重运到越地，自己带人投奔长沙王。黥布要是这样干，皇上就可以安安稳稳地睡大觉了。（"何谓下计？""东取吴，西取下蔡，归重于越，身归长沙，陛下安枕而卧，汉无事矣。"《史记·黥布列传》）

刘邦又问：黥布到底会怎么做呢？薛公答：黥布肯定采用下策。刘邦不明白了：黥布为什么不用上策、中策而选择下策呢？薛公答：黥布原来不过是骊山的刑徒罢了，凭战功成为一方诸侯。此人原本就是一个只顾眼前利益，从不为子孙后代更不会为黎民百姓考虑的人。所以说，这次他必定只会取下策。刘邦听后大喜：讲得好！立即封薛公为关内侯。（上曰："是计将安出？"令尹对曰："出下计。"上曰："何谓废上中计而出下计？"令尹曰："布故丽山之徒也，自致万乘之主，此皆为身，不顾后为百姓万世虑者也，故曰出下计。"上曰："善。"封薛公千户。《史记·黥布列传》）

于是，刘邦先立了自己的儿子刘长为淮南王，然后率兵东征黥布。

黥布叛乱开始时，对手下的将军们说：皇上老了，不愿打仗，一定不会亲自来！汉军中的将领，我只担心韩信和彭越，现在他俩都死了，其他将领不值得一提。（布之初反，谓其将曰："上老矣，厌兵，必不能来。使诸将，诸将独患淮阴、彭越，今皆已死，余不足畏也。"故遂反。《史记·黥布列传》）

黥布起兵后，果然像薛公估计的那样，向东攻打荆地，荆王刘贾战死，黥布借机劫持了荆国的军队。然后渡过淮河，攻打楚军，楚王刘交把楚兵分成三拨，轮番出战，相互救应。有人对楚王说：黥布善于用兵，将士们都怕他，何况士兵们在家乡本土作战，特别容易溃散，现在还兵分三路，他要是打败我们三拨中的一拨，其余两拨肯定会逃散，怎么可能相互救援呢？楚王不听劝。黥布果然集中兵力打败楚兵的一拨，其余两拨四散奔逃。（楚发兵与战徐、僮间，为三军，欲以相救为奇。或说楚将曰："布善用兵，民素畏之。且兵法，诸侯战其地为散地。今别为三，彼败吾一军，余皆走，安能相救！"不听。布果破其一军，其二军散走。《史记·黥布列传》）

于是，黥布与刘邦两军在蕲县（今安徽宿州）相遇。黥布的军队十分精良。刘邦驻扎下来后，远远看见对方摆出的阵势酷似当年项羽的军阵，心中很厌恶。他朝远处的黥布喊道：你为什么造反呢？黥布回答得很痛快：想当皇帝啊。刘邦气得跳脚，两军大战。黥布手下的将领们原以为刘邦年老体衰，未必亲临战场，才同意谋反。现在见刘邦亲自督阵，个个心里直打鼓。军心不稳，再精良的部队也打不了胜仗。最后，黥布只率一百多人逃到今天的长沙一带。（遂西，与上兵遇蕲西会甀。布兵精甚，上乃壁庸城，望布军置陈如项籍军，上恶之。与布相望见，遥谓布曰："何苦而反？"布曰："欲为帝耳。"上怒骂之，遂大战。布军败走，渡淮，数止战，不利，与百余人走江南。《史记·黥布列传》）

长沙王吴芮的女儿是黥布的妻子，吴芮的儿子给黥布送来一封信，伪称要和他一起流亡，实则是想引诱其逃往南越。黥布和他一块儿逃到番阳（今江西鄱阳），在一户百姓家中被杀。黥布叛乱，就这样结束了。（布故与番君婚，以故长沙哀王使人绐布，伪与亡，诱走越，故信而随之番阳。番阳人杀布兹乡民田舍，遂灭黥布。《史记·黥布列传》）

事后，刘邦的第七子刘长正式到任淮南王，告发黥布谋反的贲赫被封为期思侯。

黥布是楚汉战争时期的一代枭将，英勇善战，项羽能成为诸侯上将军和黥布有着极为密切的联系。巨鹿之战，第一个过河与秦军作战的楚军将领是黥布。他打得足够勇猛，项羽才敢破釜沉舟，渡河击秦。战后，救赵的诸侯们服从楚兵的原因之一，也在于黥布常常能够以少胜多，打败占有优势的秦军。刘邦彭城大败后，张良为刘邦下邑画策时提到的三大将领是韩信、黥布、彭越，直接肯定了他不俗的战力。

黥布如此骁勇善战，这一次为何会一败涂地呢？

一是见利忘义。

黥布跟随项羽灭秦，立下不世之功。项羽分封十八诸侯王，对自己的手下仅封了九江王黥布一人，其他功臣如范增、钟离眛、龙且、周殷等众多亲信都没有被封王。可见，项羽对黥布相当不薄。然而，田荣叛乱，彭城失守，本应积极助项羽一臂之力的黥布却冷眼旁观。项羽兵发齐地，向九江王黥布征兵，“九江王布称病不往”，只派了一位部将带了几千人参加平叛。这使项羽非常不快。等到项羽回师，发动彭城之战时，黥布还不派兵参战。项羽终于忍无可忍，屡次派使者责问。事实上，黥布完全有实力帮助项羽，也理应伸出援手，但他的消极态度令项羽失望之极。但是，为了争取黥布，项羽没有发兵征讨，仅是派使责问。即使如此，黥布最后还是叛楚投汉了。其实不难理解，黥布当年跟随项羽南征北战，为的是立功封王，并不笃信什么忠孝节义，一旦目的达成，自然见利忘义，有什么好顾忌的呢！（汉二年，齐王田荣畔楚，项王往击齐，征兵九江，九江王布称病不往，遣将将数千人行。汉之败楚彭城，布又称病不佐楚。项王由此怨布，数使使者诮让召布，布愈恐，不敢往。项王方北忧齐、赵，西患汉，所与者独九江王，又多布材，欲亲用之，以故未击。《史记·黥布列传》）

二是素无大志。

黥布从一介布衣混到南面称王，乃时代和个人两方面原因合力促成。布衣之时，有一位年轻人为黥布相面说：你啊，将来受刑后称王！黥布听了不以为然。后来果然因犯法而遭受黥刑，他笑着说：有人说我受刑后便能称王，大概说的就是这个吧。在当时，“王”是何等概念？众人听后，都拿这事儿取笑他。黥布被判押往骊山服役。当时在骊山服役之人有几十万，黥布借机交往了一大批犯人中的人尖儿，并带着这帮人成功逃亡，成为江湖上一伙知名的强盗团体。（秦时为布衣。少年，有客相之曰：“当刑而王。”及壮，坐法黥。布欣然笑曰：“人相我当刑而王，几是乎？”人有闻者，共俳笑之。布已论输丽山，丽山之徒数十万人，布皆与其徒长豪杰交通，乃率其曹偶，亡之江中为群盗。《史记·黥布列传》）

黥布受黥刑，沦为骊山役夫，再变身为强盗，和陈胜、吴广有什么区别？同样是秦帝国的罪犯，陈胜、吴广面临死亡敢于起兵反秦，黥布却没有这种胆量，他也没有政治远见，仅以个人力量对抗社会，缺乏“王侯将相宁有种乎”的勇气。

黥布的一生曾有过三次机遇：一是他聚兵参加了反秦大起义；二是起兵后他投靠了项梁集团，功封九江王；三是他归汉被刘邦封为淮南王。参加反秦大起义给了他转变身份的机会，加入项梁集团让他登上历史舞台，归汉使他成为西汉的开国功臣。

可惜黥布的理想仅仅停留在“南面称王”的阶段。刘邦质问他为何谋反，他脱口而出：“欲为帝耳。”其实，他的谋反只是一种自救。韩信、彭越相继被杀，逼得他不得不反，哪里是为了当皇帝？黥布既没有称帝的宏愿，又没有称帝的才能，起兵反秦时，身边没有一个优秀的谋士，也没有一位能征惯战的勇将，这哪能成事啊？“欲为帝耳”只是气气刘邦、过过嘴瘾罢了！

薛公对刘邦讲解的那套上策、中策、下策的分析未必是先知先觉的定论，但黥布对刘邦不会亲征的预判显然是错误的。涉及异姓诸侯王谋反，刘邦怎会懈怠？在巩固西汉帝国政权的问题上，刘邦向来不会掉以轻心！

陈豨的叛乱导致韩信、彭越、黥布三位开国功臣相继被杀。刘邦杀戮开国功臣的愿望被点燃、燃烧，终于酿成汉初异姓诸侯王的集体覆灭！

高祖十二年（前 195）冬十月，在击败黥布的主力之后，刘邦回到阔别已久的故乡。从秦帝国的小小亭长成为大汉帝国的开国皇帝，算是绝对的荣归故里，不想这次回乡却上演了他一生中最为悲壮的一幕。刘邦在他的家乡到底遭遇了什么呢？

高祖还乡

高祖十二年（前195）十月，刘邦大败黥布主力，令手下继续追杀，自己则率军回到故乡沛县。

刘邦于秦二世元年（前209）九月起兵，以故乡丰邑作为大本营作战。加入项梁军团后便离开了故乡，算起来距他此次回乡已有十五年。功成名就衣锦还乡，刘邦将会怎样度过这段在故乡的时光呢？

荣归故里：风光无限

刘邦一回到沛县就做了四件事：

一是开怀畅饮。

当初的刘邦只是一位混吃混喝的基层小吏，现在富有四海，衣锦还乡，不显摆一下真对不起父老乡亲。于是，他特意安排了盛大的酒宴，召集了所有的故交好友一起畅饮。一天不能尽兴，最后竟持续了十几天之久。准备返京之时，沛县的父老乡亲再三挽留，刘邦对乡亲们说：这次我们来的人太多了，你们供应不起啊。临别之时，沛县百姓空城相送，献上酒肉。刘邦为此又在沛县城西设帐畅饮了三天。（十余日，高祖欲去，沛父兄固请留高祖。高祖曰："吾人众多，父兄不能给。"乃去。沛中空县皆之邑西献。高祖复留止，张饮三日。《史记·高祖本纪》）

二是载歌载舞。

返乡期间，刘邦创作了生平第二首楚声短歌——《大风歌》。他亲自挑选了一百二十名沛县少年，组成了一个少年合唱团，教他们演唱，每到酣畅之时，亲自击筑，放声高歌：

大风起兮云飞扬，威加海内兮归故乡，安得猛士兮守四方？（《史

记·高祖本纪》）

情至深处，刘邦不禁翩翩起舞，“慷慨伤怀，泣数行下”。

三是施恩沛邑。

酒宴上，刘邦对沛县乡亲们说：外出的游子永远都会揣着悲凉之情怀念自己的故乡。我现在虽然住在关中，但百年之后我的灵魂仍然会思念着故土。当年我以沛公的身份起兵，诛灭暴逆，拥有天下，现在我决定将沛县作为我的汤沐邑，永久免除这里百姓的赋税和徭役。（游子悲故乡。吾虽都关中，万岁后吾魂魄犹乐思沛。且朕自沛公以诛暴逆，遂有天下，其以沛为朕汤沐邑，复其民，世世无有所与。《史记·高祖本纪》）

四是加恩丰邑。

沛县的乡亲们纷纷向刘邦请求：我们有幸得以永久免除赋税徭役，可是您故乡丰邑的百姓并没有这样幸运，恳请皇上怜悯丰邑的百姓，让他们也享受到您的恩泽。刘邦说：丰邑是我出生的地方，我绝对不会忘记，但当年雍齿叛乱时，丰邑百姓都反对我，投靠了魏国，这一点我也不会忘记。在沛县百姓的再三恳请下，刘邦最终答应：丰邑百姓也世世代代免除赋税徭役，和沛县的百姓享受一样的待遇。（沛父兄皆顿首曰：“沛幸得复，丰未复，唯陛下哀怜之。”高祖曰：“丰吾所生长，极不忘耳，吾特为其以雍齿故反我为魏。”沛父兄固请，乃并复丰，比沛。《史记·高祖本纪》）

衣锦还乡，刘邦着实风光了一把；快意恩仇，也借机报复了一把；施恩丰沛，更是得意了一把。

刘邦对这次还乡很是重视。从时间上看，前前后后共停留了近二十天。从健康上看，他的身体状况良好。在出征讨伐黥布之前，刘邦的病情已经相当严重，还曾下严诏不见大臣。后来樊哙闯宫，大臣规劝，吕后相托，才逼得刘邦打消了让太子挂帅出征的念头，亲自率兵出征。征伐黥布很顺利，但刘邦不幸第二次身受致命箭伤。（高祖击布时，为流矢所中，行道病。《史记·高祖本纪》）旧病新疾积于一身，导致他回到京城五个月后就与世长辞。而在沛县的近二十天时间里，他兴致勃勃地与乡亲们痛饮、长歌、击筑、起舞，不能不说是奇迹。从活动上看，他的一系列安排都规模浩大、情真意切，足见其对故乡的怀念与感恩之心。

到底是什么原因让刘邦如此重视这次还乡之旅呢？

一是布衣出身。

只有布衣出身的开国皇帝才会如此激情隆重地庆祝自己的衣锦还乡。从父辈手中顺承王位的君王大都没有这样的情怀，因为他们从小生活在深宫之中，与故乡几乎没有什么联系，甚至终生都没有回过故乡。布衣出身的开国之君则不一样，他们本来就是一介平民，在故乡生活了多年，对其自然有种眷恋之情。刘邦在故乡生活了四十八年，在外面打拼不过十五载，对故乡的眷恋之情自然比世袭的皇帝们浓厚许多。如果说他的儿子、孙子们都没有这般浓烈的故乡情谊，那是情有可原的。

二是衣锦还乡。

所谓布衣天子，也就是说天子原本是一介平民。他们从小的玩伴、亲戚在故乡。一朝成为天子，渴望回乡看看，不只是为了炫耀，更为了满足自身的情感需求。尤其是刘邦打小就生活得不得意，连父亲都看不起他，使他更需要得到故乡民众的认可。

《大风歌》：胜利者的悲歌

此次刘邦荣归故里，沛县、丰邑的百姓们深受皇恩，遗憾的是，这段君民关系在历史上并没有留下太多痕迹，反而是刘邦在这期间创作的《大风歌》备受后人关注。

据《新唐书·礼乐志》载，唐太宗李世民出生于陕西武功郡的庆善宫。贞观六年（633），李世民回到他的出生地陕西武功郡，在那里，“宴从臣，赏赐闾里，同汉沛、宛”，还写下了《幸武功庆善宫》一诗。

唐太宗将自己这次还乡与高祖还乡相比："共乐还乡宴，欢比大风诗。"可见，刘邦的还乡宴和《大风歌》在后世皇帝心中有着非同一般的地位。

据李世民的"共乐还乡宴"诗句可知，李世民觉得自己的"还乡宴"堪比汉高祖刘邦，自己诗歌中的"欢乐"堪比《大风歌》的欢乐。

《大风歌》真像唐太宗李世民所理解的那样，是胜利者的"欢"歌吗？

在我看来，它其实更像是胜利者的悲歌。

为什么这样说呢？

首先，刘邦还乡时谁在欢乐呢？

这二十几天，刘邦自己当然也很放松很愉悦，但真正感到欢乐的是沛县的父老乡亲。（沛父兄诸母故人日乐饮极欢，道旧故为笑乐。《史记·高祖本纪》）

其次，刘邦的真实内心写照是什么？

高兴是肯定的，但高兴之余，刘邦却两度生悲。

第一次是刘邦起舞，"慷慨伤怀，泣数行下"；第二次是在众人都很亢奋的情形下，他却说着"游子悲故乡"。情系故土可以理解，但这份悲情似乎有点过了头，在不知不觉中又说到了死，乍一看是无意，细想想却隐藏着对命运的某种预感——刘邦深知自己大限将至。

可见，刘邦还乡时的心情极为复杂，核心情绪是对刘姓江山能否永世长存的隐忧。具体而言，大致有三点：

一是对臣子忠诚方面的担心。

《大风歌》是高祖十二年（前195）十月创作完成的，刚好是击败黥布主力之后。过去的一年里，陈豨、韩信、黥布相继叛乱，韩信、彭越被杀，黥布逃亡。刘邦诛杀项羽的三大功臣如今一个个成为"叛臣"，无论是铁了心要反叛，还是被逼上了梁山，这都让刘邦痛苦不堪。如果说这三位功臣变"叛臣"刘邦还能想得通，那么爱将陈豨的叛乱让他实在不能接受。陈豨作为刘邦的信臣爱将，备受信任，被委以重任，统率重兵，最终却也反了，这让刘邦的精神受到沉重打击。

六个月后（高祖十二年三月），刘邦下了一道明诏：

吾立为天子，帝有天下，十二年于今矣。与天下之豪士贤大夫共定天下，同安辑之。其有功者上致之王，次为列侯，下乃食邑。而重臣之亲，或为列侯，皆令自置吏，得赋敛，女子公主。为列侯食邑者，皆佩之印，赐大第室。吏二千石，徙之长安，受小第室。入蜀汉定三秦者，皆世世复。吾于天下贤士功臣，可谓亡负矣。其有不义背天子擅起兵者，与天下共伐诛之。布告天下，使明知朕意。（《汉书·高帝纪》）

这道诏书的中心意思是说，我刘邦没有亏待任何功臣！有功之臣，上等封为王，中等封列侯，下等有食邑。两千石的高官都在京城有自己的小宅。入蜀汉、定三秦的士兵们世世代代都免除了徭役。所以，我对天下功臣贤士没有任何亏欠。如果仍然有人擅自起兵造反，我将和天下之人共同诛伐他。

这些都是刘邦早就想说的话，在奔命各地平定叛乱之后，他终于有机会作一次“真情告白”。连年的平叛让他感到困惑和不安，手下的大臣将领们，还有谁可信？还有谁可用？就连一向忠诚的萧何也难免要遭受怀疑。

韩信叛乱的消息传到正在赵地征伐陈豨的刘邦耳中，他首先想到的“犯罪同伙”便是萧何。刘邦立即给萧何加封五千户，另派去五百人的卫队。此事被秦国故东陵侯召平一语点破，萧何巧妙地让封，并以家财佐军，这才化解了信任危机。

高祖十二年（前 195），刘邦亲征黥布，再次对萧何产生疑惧，萧何不得不委曲求全，以自辱的方式化解危机。

萧何不仅有开国之功，而且对刘邦忠心耿耿。连如此忠诚的重臣刘邦都将信将疑，更何况其他人。

此后，刘邦听信谗言下令立斩樊哙。纵然樊哙跟他沾亲带故，也无法赢得他的信任。

刘邦不相信异姓诸侯王、不相信萧何、不相信樊哙，把身边所有的将相大臣都拉进了黑名单，这到底是什么心态？四个字——草木皆兵！

二是对继承人的忧虑。

刘邦衣锦还乡那年，正是易储想法最强烈的时期。太子刘盈为人仁弱，刘邦对他越来越失望，爱子刘如意被格外看好。说到底，刘邦关心的不是选哪个儿子来继位，而是选哪个儿子可以让刘氏江山永存。爱子“类我”，太子“不类我”，成为刘邦易储最过硬的理由。当然，对爱妃戚夫人和赵王刘如意的宠爱也是原因之一。身在故乡的刘邦，难免不被这些烦心事牵动心绪。

三是对自己健康的隐忧。

刘邦不仅比吕后年长二十多岁，而且两次致命箭伤给他的健康造成严重损害。此时，对自己生命不永的隐忧，成为刘邦挥之不去的又一个阴影。乡亲们的盛情所带来的欣慰，无时无刻不反衬其内心的焦灼与抑郁。

综上所述，刘邦的《大风歌》并非胜利者的欢歌，而是胜利者的悲歌。

刘邦不是知识分子，更不是诗人，他不会也不必掩饰自己灵魂深处的悲恐之情。《大风歌》之所以能赢得后人的推崇，完全得力于其所抒发的真情实感。

《大风歌》久负盛名，刘邦当年吟唱它时的遗址，也成为今天著名的“歌风台”。中国文学史上有关“歌风台”的诗篇不胜枚举。我们在此选读其中的两首：

第一首，唐人胡曾《沛公》：

汉帝辛苦事干戈，帝业兴隆俊杰多。
犹恨四海无壮士，还乡悲唱大风歌。

这首诗说，高祖刘邦一生辛苦征战，最终成就帝业，拥有了众多的名臣猛将。即使如此，他还嫌手下可用之人不多，回乡时悲唱《大风歌》。全诗抒发了和刘邦一样的对刘氏江山能否长期保有、忠贞之臣能否再得的忧虑。

第二首，宋人张方平《歌风台》：

落魄刘郎作帝归，樽前感慨大风诗。
淮阴反接英彭族，更欲多求猛士为？

这首诗说，称帝之后的刘邦好不容易回趟故乡，竟然饮酒高唱《大风歌》，说要寻求更多壮士。淮阴侯韩信、淮南王黥布、梁王彭越相继因为“谋反”被灭族，再找更多的猛士还有何用？这首诗以反讽的语调质问：刘邦你虽然在回乡之时高唱《大风歌》表达四海求贤的感慨，但是别忘了韩信、黥布、彭越这些跟随你打江山的功臣都已经被你杀了，你再求猛士是为了什么呢？辅国还是遭忌？

《高祖还乡》：文学作品的反讽

与大量的《歌风台》诗词相比，元代著名散曲作家睢景臣的【般涉调·哨遍】《高祖还乡》更为世人所熟知。这支散套由八支曲子组成，描写了高祖还乡的情形，借还乡一事敷衍成曲，极尽讽刺之能事。该散套的内容可以分成三部分：第一部分是第一曲，描述村里为迎接刘邦还乡忙忙碌碌地做着准备；第二部分是从第二曲到第四曲，写刘邦车队进村；第三部分是第五曲到第八曲，揭露刘邦早年的所作所为。

第一部分：迎驾。

> 社长排门告示，但有的差使无推故。这差使不寻俗，一壁厢纳草也根，一边又要差夫索应付。又言是车驾，都说是銮舆。今日还乡故。王乡老执定瓦台盘，赵忙郎抱着酒葫芦。新刷来的头巾，恰糨来的绸衫，畅好是妆么大户。（杨朝英选《朝野新声太平乐府》卷九，中华书局1958年版，第348页）

社长挨家挨户通知有差事要做，且不准以任何借口请假。这件差事不寻常，一是要缴纳草料，还必须把草根除掉；一是要出差夫，还要上交接待的物件。有的说是车驾来了，有的说是銮舆到了，反正今天会回乡。只见喧嚣的集市上，王乡老拿着个陶托盘，赵忙郎抱着个酒葫芦，装模作样地冒充有钱人。

第一句“社长排门告示，但有的差使无推故”，造成了一种紧张气氛，这次的差事是社长亲自挨门挨户通知的，而且不管什么理由都不能推托。什么差事这么“不寻俗”呢？缴纳喂牲口的草料，草料必须除根，还要支应服劳役的苦力。这事情，村里人一个都不能少。为什么呢？“又言是车驾，都说是銮舆。今日还乡故”，点出缘由——皇上回去了。

百姓忙着干活儿，有钱人在干什么呢？也忙，忙应酬。王乡老托了个呈献礼物的盘子，赵忙郎抱着个献酒的葫芦，一个个戴着新洗的帽子，穿着刚浆过的绸衫，准备接驾。

第二部分：接驾。

【耍孩儿】瞎王留引定火乔男女，胡踢蹬吹笛擂鼓。见一彪人马到庄门，匹头里几面旗舒：一面旗白胡阑套住个迎霜兔，一面旗红曲连打着个毕月乌，一面旗鸡学舞，一面旗狗生双翅，一面旗蛇缠胡芦。

【五煞】红漆了叉，银铮了斧。甜瓜苦瓜黄金镀。明晃晃马镫枪尖上挑，白雪雪鹅毛扇上铺。这几个乔人物，拿着些不曾见的器仗，穿着些大作怪衣服。

【四】辕条上都是马，套顶上不见驴。黄罗伞柄天生曲。车前八个天曹判，车后若干递送夫。更几个多娇女。一般穿着，一样妆梳。（杨朝英选《朝野新声太平乐府》卷九，中华书局 1958 年版，第 348—349 页）

突然，瞎王留领着一帮不务正业的男女，胡吹笛、乱擂鼓，宣告皇帝车驾已到。先来的是仪仗队，众多彩旗引头，旗帜迎风舒展，有月旗、日旗、凤凰旗、飞虎旗，还有蟠龙戏珠旗。紧接着一队兵器，用红漆刷过的叉，用银镀过的斧，有金瓜锤、朝天镫，耀眼夺目。引道的鹅毛宫扇后便是皇帝的专车。拉车的是清一色的马匹，车上用黄色丝绸做成圆盖，车前站着八个像判官一样的导驾，车后跟着一群捧着御用物品的内侍，以及漂亮的嫔妃宫女们。统一的穿着，统一的打扮，气派非凡。

这个没见过世面的农民，自然不懂得其中奥妙，他用自己掌握的那点知识来观察和理解着眼前的一切，就像哈哈镜映出的世界，走了形，变了样。在他眼里，那些代表着吉祥如意的旗帜，只不过是白环套住个兔子，红圈内住着个乌鸦；凤凰，不过是跳舞的鸡；飞虎，是狗插上了翅膀；象征皇帝的龙，和蛇没啥区别。那些闪光锃亮的武器，他也从未见过，只能拿自己所熟知的事物去类比，于是金瓜锤成了甜瓜、苦瓜，朝天镫成了倒放的马鞍。不光东西不伦不类，人也奇怪，尽穿了些稀奇古怪的衣裳。

经他这么一“理解”，这支威风凛凛的皇家仪仗队，更像是要把戏的马戏团，让人忍俊不禁。

睢景臣用一种反复铺陈、欲抑故扬的手法，营造出戏剧性的效果。车驾来到以前，全村男女老少穷人富户都忙得不可开交。看这忙乱劲儿，这位农民料想，定是来了大人物，没想到这位大人物的行为竟是这么“奇怪”。

第三部分：骂驾。

【三】那大汉下的车，众人施礼数。那大汉觑得人如无物。众乡老屈脚舒腰拜，那大汉那身着手扶。猛可里抬头觑。觑多时认得，险气破我胸脯。（杨朝英选《朝野新声太平乐府》卷九，中华书局1958年版，第349页）

那个大汉下了车，人们马上行礼，但他却目中无人。见乡亲们跪拜，他赶紧上前用手搀扶。我抬头一看，才发现这个人我认识，气得我差点背过气去。

第五曲的时候，主角终于上场，但作者并未点明他的身份。皇上驾到，老百姓都得跪迎，自然来不及辨认。最初的印象只是一个大汉，架子极大。等到跪拜后抬头看，才认出那人是谁。

【二】你须身姓刘，您妻须姓吕。把你两家儿根脚从头数。你本身做亭长，耽几盏酒，你丈人教村学，读几卷书。曾在俺庄东住。也曾与我喂牛切草，拽坝扶锄。

【一】春采了桑，冬借了俺粟。零支了米麦无重数。换田契强秤了麻三秤，还酒债偷量了豆几斛。有甚胡突处？明标着册历，见放着文书。

【尾】少我的钱差发内旋拨还，欠我的粟税粮中私准除。只道刘三谁肯把你揪摔住？白甚么改了姓更了名唤做汉高祖！（杨朝英选《朝野新声太平乐府》卷九，中华书局 1958 年版，第 349 页）

你本姓刘，你妻子姓吕，我把你的底细从头说起。你以前是亭长，喜欢喝酒。你丈人在村里教书，你曾在俺庄儿东头住，也曾给我家割草喂牛，扶耙耕地。

春天你偷摘了我的桑叶，冬天你借了我家的米，平日里借的东西不知其数。趁着换田契，强称了我三十斤麻，还酒债时偷着少给我几斛豆。装什么糊涂？这些都清清楚楚地写在账簿上，现成的放着字据文书。

少我的钱你在官差内赶紧偿还，欠我的粮你要从粮税里给我扣出来。刘三啊刘三，真该有人上去把你揪住，让你好好解释一下，为什么改了姓、换了名，叫什么汉高祖。

第六曲写刘邦的出身，曲文直截了当：你本姓刘，妻子姓吕。什么皇帝、天子，什么汉高祖或其他尊号都瞒不了我。这样立刻就给读者一种印象："我"是个知根知底的人物，所说的事都是真实可信的。然后接着叙述刘邦的身世，一家都是平民百姓，种过地、喂过牛，丈人读过几卷书，但也只不过是个教村学的。今天你"耍大牌"，目中无人，我恭恭敬敬，下跪叩头，怎能叫人不气恼？

第七曲叙述刘邦当年在村里的作为。春采桑，冬借粟，其间零零星星借支的米麦不计其数。说是借，实是拿，从来没见归还过。趁着换田契，借机勒索三秤麻！说是还酒债，又乘机偷去几斛豆！这些不是"我"的瞎编乱造，都有账本、借据可查。至高无上的皇帝，原来竟是如此劣迹斑斑，剥开神圣的外衣，这皇帝还不如一个正直的平民。

结尾一曲是全组套曲的高潮，特别是最后三句，"白甚么改了姓更了名唤做汉高祖"，更是妙不可言。

结尾明确表明欠债要还，而且提出了还债的办法；同时又故意揶揄刘邦，不想还债可以堂堂正正叫刘三，没必要偷偷摸摸改姓更名，"唤做汉高祖"。在这位知根知底的老百姓看来，刘邦改姓换名就是想赖账。

其实，“汉高祖”是刘邦下世之后的称呼，作者故意把其放在刘邦生前使用，一是因为“汉高祖”的称谓已为大家所熟悉；二是暗指大活人为了赖账竟要用死后的称谓作掩护，具有强烈的讽刺意义，也增加了喜剧的效果。

不论如何，高祖这次还乡是他人生闭幕前难得的美好时光。回京之后他将面临什么样的状况呢？又会做些什么事情呢？

英雄末路

从汉五年（前202）二月在山东定陶登基称帝开始，刘邦一直在为稳定西汉政权四处征战。从高祖十年（前197）陈豨叛乱开始，刘邦进入了一生中最繁忙、最揪心的时刻。

高祖十二年（前195）十月，打垮了黥布的主力后，刘邦回到故乡短暂休整。从这一个月算起，刘邦的生命只剩下短短六个月。在生命的最后时刻，高祖刘邦都做了些什么呢?

萧何入狱：被怀疑已不是第一次了

衣锦还乡，显摆完了，兴致正高的刘邦刚刚回到关中，就遇上数千百姓拦路告状，称相国萧何强行用低价购买了数千田宅。不久，当萧何觐见刘邦时，刘邦却笑呵呵地说：身为相国，强夺百姓田宅，人家都告到我这里来了，状纸在这儿，这件事我就不管了，你自己去搞定，给百姓一个说法。（上罢布军归，民道遮行上书，言相国贱强买民田宅数千万。上至，相国谒。上笑曰：“夫相国乃利民！”民所上书皆以与相国，曰：“君自谢民。”《史记·萧相国世家》）

萧何说：长安土地稀少，上林苑有许多空地，闲着也是闲着，希望皇上能恩准百姓进入上林苑种地，庄稼秸秆留在地里作为上林苑中动物的食物。刘邦一下子恼了：你这人真不知足啊，刚占了百姓的田地，现在又打起我的土地的主意。你收了商人多少财物，现在又替他们说话请求开放我的皇家林苑，这到底唱的是哪出啊？随即下令给萧何带上了镣铐，下到狱中，交付给廷尉审理处置。（相国因为民请曰：“长安地狭，上林中多空地，弃，愿令民得入田，毋收稾为禽兽食。”上大怒曰：“相国多受贾人财物，乃为请吾苑！”乃下相国廷尉，械系之。《史记·萧相国世家》）

数天后，一位姓王的皇宫卫队队长在侍奉刘邦的时候借机问道：萧相国犯了什么大罪，皇上怎么突然把他关起来呢？刘邦回答说：李斯担任秦始皇丞相的时候，有了善举，全部归功于皇帝；有了坏事，自己全部承担。现在我的这位相国，背地里收人财物不说，还请求开放我的皇家林苑讨好百姓，我当然要治他的罪。王队长说：凡是职责范围内利民惠民的事一定要为之请命，这是相国应当做的，陛下怎么会怀疑相国收受贿赂呢？您和西楚国打了那么多年，后来陈豨、黥布叛乱，您也都是亲征。当时，相国镇守关中，只要随便搞点小动作，关中以西的地方就不属于您了。相国不在那时谋求大利，现在会贪图商人送的那点小钱吗？秦帝国的皇帝因为认识不到自己的过失最终丢了天下，李斯为皇帝分担过失又有什么可值得仿效的呢？皇上为什么将萧相国估计得那么坏呢？（夫职事苟有便于民而请之，真宰相事，陛下奈何乃疑相国受贾人钱乎！且陛下距楚数岁，陈豨、黥布反，陛下自将而往，当是时，相国守关中，摇足则关以西非陛下有也。相国不以此时为利，今乃利贾人之金乎？且秦以不闻其过亡天下，李斯之分过，又何足法哉。陛下何疑宰相之浅也。《史记·萧相国世家》）

刘邦心中五味杂陈，当天就赦免了萧何。萧何虽然年迈，但一向对刘邦恭敬有加，进入大殿谢恩时还光着脚（古人请罪的一种姿态）。刘邦见此情形赶紧说道：相国别这样，相国为天下百姓请求开放上林苑，我不答应是我不对，就像夏桀、商纣一样，相国却是贤相。我有意囚禁相国，其实也是为了让百姓知道我的过失啊。（相国年老，素恭谨，入，徒跣谢。高帝曰："相国休矣！相国为民请苑，吾不许，我不过为桀纣主，而相国为贤相。吾故系相国，欲令百姓闻吾过也。"《史记·萧相国世家》）

萧何怎么会被刘邦投入狱中呢？只能说是，冰冻三尺非一日之寒。刘邦对萧何的不放心，不是一朝一夕的事情，这次算是爆发了。

前文提到过萧何一生经历三次信任危机，第三次便是这次刘邦亲征黥布之时。多置田产民宅，自泼污水便是一位门客为萧何提出的化解危机之道：“今君胡不多买田地，贱贳贷以自污？上心乃安。”（《史记·萧相国世家》）

说起来也很有趣，但凡刘邦出征，留守关中的必是萧何。萧何越是兢兢业业，勤政为民，越让刘邦放心不下。萧何贪婪了，刘邦反倒放心了。这就是皇权下的生存法则。一方面，皇帝是要反腐败的；另一方面，皇权却容许一定程度的腐败。官员的腐败实际上是授人以柄，皇帝只要想整谁，查一查他的腐败就可以将大臣整倒。这种“法则”最大的风险在于，纵容腐败必然会动摇帝国的根基，担着亡国的风险。

萧何听了门客的意见，靠自污勉强过关，最终却由于为民请命被下了大牢，成为汉初“三杰”中第二个徘徊于鬼门关的人。这一次，萧何已经无法靠自己的力量化解危机了，帮他大忙的是“王卫尉”。这个在历史上不知姓名的人物，一番话直击要害，说服了刘邦。

萧何的三次信任危机，以第三次最为凶险。不久于人世的刘邦似乎进入了抓狂的状态，绝不放过任何一个可能危及大汉政权的人。在这样的背景下，萧何的自污实属无奈，毁了自己十几年来在关中百姓心中树立的美好形象，也失去了在关中一呼百应的威信。这样的人还有什么可怕的？所以，刘邦“大说”。

挚友叛乱：“利害”二字害人不浅

刘邦在生命的最后时刻仍然不得安宁。先是关押相国萧何的事情令他颜面尽失，随后还遇上了一场最预料不到的叛乱——自己的铁杆兄弟、异姓诸侯王卢绾谋反，这让刘邦心力交瘁，心痛不已！

我们前文已经交代过，卢绾与刘邦的关系是君臣中最铁的，不仅是街坊，还同年同月同日出生，父辈们是世交，上学后两人又是最要好的同学，真是铁得不能再铁了。

被刘邦视为知己的卢绾为什么会反叛呢？这事儿还得从陈豨叛乱说起。

陈豨叛乱后，曾派人向匈奴求救。卢绾作为燕国国君，参加了军事打击陈豨的行动，同时派出使者张胜去往匈奴，力图阻止匈奴救援陈豨。（汉十一年秋，陈豨反代地，高祖如邯郸击豨兵，燕王绾亦击其东北。当是时，陈豨使王黄求救匈奴。燕王绾亦使其臣张胜于匈奴，言豨等军破。《史记·韩信卢绾列传》）

张胜到达匈奴后，巧遇已故燕王臧荼之子臧衍。而正是臧衍的一番话，彻底改变了卢绾的命运！

臧衍对张胜说：您受燕王卢绾的重用是因为您熟悉与匈奴的外交事务。燕国可以长存的原因在于其他诸侯屡屡反叛，战事不断。如果你们急于打败陈豨，那么燕国无疑将会成为下一个被整顿的对象，你也将成为囚徒。如果放缓对陈豨的军事行动，再和匈奴人联手。只要陈豨在，燕王便可长存，即使受到皇上的猜疑，仍可长治久安。（公所以重于燕者，以习胡事也。燕所以久存者，以诸侯数反，兵连不决也。今公为燕欲急灭豨等，豨等已尽，次亦至燕，公等亦且为虏矣。公何不令燕且缓陈豨而与胡和？事宽，得长王燕；即有汉急，可以安国。《史记·韩信卢绾列传》）

臧衍的话确实杀伤力很强，而且够直白。他讲了一个很简单的道理：一个人的价值根本上取决于他的使用价值！

张胜被深深折服，于是暗中与匈奴联手，帮助陈豨攻击燕军。此前，燕王卢绾已经对张胜产生了怀疑，便急忙上书朝廷请求族诛张胜。张胜回到燕国，将出使匈奴的情况向卢绾做了详尽的汇报。卢绾听后恍然大悟，赶快处决了一些人，谎称是杀了张胜的家族，并立即决定：让张胜作为间谍长期潜伏于匈奴，为自己传递消息；再派使者范齐协助陈豨，设法让平叛之战久拖不决。（张胜以为然，乃私令匈奴助豨等击燕。燕王绾疑张胜与胡反，上书请族张胜。胜还，具道所以为者。燕王寤，乃诈论它人，脱胜家属，使得为匈奴间，而阴使范齐之陈豨所，欲令久亡，连兵勿决。《史记·韩信卢绾列传》）

但是，卢绾的这两件事竟然意外地暴露了。

这么机密的事怎么会暴露呢？

原来，陈豨被周勃斩杀后，其副将降汉，透露了范齐协助陈豨叛乱的事情。刘邦派人召卢绾进京以查明事实，卢绾称病不敢前往。（汉十二年，东击黥布，豨常将兵居代，汉使樊哙击斩豨。其裨将降，言燕王绾使范齐通计谋于豨所。高祖使使召卢绾，绾称病。《史记·韩信卢绾列传》）

刘邦让辟阳侯审食其和御史大夫赵尧前往燕国迎接卢绾，并就地调查此事。卢绾更害怕了，干脆躲起来不见天子使者，并对近臣说：现在的异姓诸侯王只剩下我和长沙王了。之前韩信、彭越被灭族，都是吕后在作祟。现在皇上病得很重，无法处理朝政，国家大事都由吕后操控。这个女人一心想诛灭异姓诸侯王和功臣。（上又使辟阳侯审食其、御史大夫赵尧往迎燕王，因验问左右。绾愈恐，闭匿，谓其幸臣曰："非刘氏而王，独我与长沙耳。往年春，汉族淮阴，夏，诛彭越，皆吕后计。今上病，属任吕后。吕后妇人，专欲以事诛异姓王者及大功臣。"《史记·韩信卢绾列传》）

审食其在燕国打听到卢绾的怨言，据实上报，刘邦更生气了。

恰在此时，一位投降的匈奴降人又透露出张胜奉卢绾之命勾结匈奴的情报。刘邦长叹道：卢绾果然反了！

二月，刘邦废掉卢绾的燕王，任命皇八子刘建为燕王，并派樊哙率兵攻燕。卢绾带着全体部下、家属，以及数千骑兵驻扎在长城边上，想等刘邦的病情好转一些再入朝解释。（使樊哙击燕。燕王绾悉将其宫人家属骑数千居长城下，候伺，幸上病愈，自入谢。《史记·韩信卢绾列传》）

四月，刘邦下逝。卢绾在绝望中率领部下逃入匈奴，被匈奴任命为东胡卢王，一年后病逝。（四月，高祖崩，卢绾遂将其众亡入匈奴，匈奴以为东胡卢王。绾为蛮夷所侵夺，常思复归。居岁余，死胡中。《史记·韩信卢绾列传》）

错上加错：实质是为了权力

在汉初的所有大臣中，卢绾最受刘邦宠信，他们俩经常"出双入对"，一起吃喝，萧何、曹参等重臣都无法和卢绾相比。卢绾最终走上了反叛之路，投降了匈奴，对刘邦精神上的打击无以言表。卢绾作为刘邦"因亲封王"的第一人，为何会选择背叛呢？

第一，私欲膨胀。

臧衍对西汉初年政局的分析让卢绾在公私之间选择了一己私利。

卢绾作为刘邦的亲信重臣，身处边地，处理一切问题的出发点应当是国家利益。在个人利益与国家利益之间进行抉择，是大是大非的原则问题。

但卢绾自私得很，梦想长期保持自己的荣华富贵，为此不惜出卖国家利益，消极应对平叛任务，暗中帮助叛将陈豨，最终走上不归之路。

卢绾一生的悲剧就是从他为确保燕王之位勾结陈豨、匈奴开始的。这一步走错了，下面一步一步全错了！

第二，疑惧之心。

我们这里说的疑惧之心包含两层意思：一是刘邦对天下异姓诸侯王的疑惧，二是天下异姓诸侯王对高皇帝刘邦的疑惧。这两种疑惧之心，前者是因，后者是果。二者交互作用，愈演愈烈，直至异姓诸侯王被铲除殆尽，刘邦本人病死为止。

刘邦对汉初异姓诸侯王的疑惧不言而喻：在没有任何理由的情况下剥夺了齐王韩信的兵权，在没有任何实证的情况下诱捕了楚王韩信，在没有任何过失的情况下降楚王韩信为淮阴侯。特别是伪游云梦抓捕韩信，造成了极为严重的后果。谁都怕被刘邦猜忌！无论谁被刘邦盯上，此人除了反叛，无路可走！所以刘邦的召见成为形势的风向标，而托词不见也成为当时天下诸侯王和在外领兵者的通病。

这两种疑惧相互作用，导致一个又一个的异姓诸侯王走上叛乱之路。

臧荼担心被刘邦做掉，第一个跳出来反叛。

楚王韩信因受猜忌被降为淮阴侯，于是与陈豨勾结谋反。

韩王信被强行迁往代地，迫于匈奴军队的巨大压力，投降匈奴。

梁王彭越受到刘邦责难后，不敢面见刘邦解释缘由，消除顾虑，最终被夷三族。

淮南王黥布见楚王韩信、梁王彭越等人一个个被杀，为求自保铤而走险，先下手为强，举旗叛乱。

卢绾做好了投降匈奴的准备，但心中念及和刘邦的旧情，不愿轻易叛汉。即使被刘邦定性为谋反，并被汉军追杀到长城下，他仍然抱有侥幸心理，“幸上病愈，自入谢”。直到刘邦下世才痛下决心，率部投降匈奴。

对卢绾的叛乱，后人多认为是西汉政府对功臣不厚道所致。

“唐宋八大家”的提出者、明人茅坤曾说过：

然亲爱如绾而犹为臧衍、张胜所诖误，至于亡入匈奴，亦由汉待功臣太薄，数以猜忌诛之，故反者什七八耳，悲夫！

南宋黄震在《黄氏日钞》中则认为卢绾叛乱是自身顾虑太多所致：

卢绾与帝居同里，生同日，学同师，平生至相得，非有大功而王之燕，帝之于绾厚矣。亦以贰心自成疑惧而走匈奴，此则绾之罪也。

韩王信、陈豨、卢绾等上层人物相继投降匈奴，还与匈奴单于的拉拢有一定关系。匈奴对投降的汉朝官员始终坚持“宜皆降之”的政策，表现出十足的信任，授予实权，委以重任，使汉朝降官甘心为匈奴所用。这种宽松的政治环境对汉朝失意官员有着很强的诱惑力。

临终遗言：看人的眼光很毒

刘邦在平定黥布叛乱时又受伤了，而且伤得极重。回到宫里，吕后很着急，赶紧请御医给他看病。刘邦问御医：我的病还能治好吗？御医当然得说能治好——保住脑袋要紧啊！刘邦气道：我以布衣之身提三尺剑夺取天下，这不是天意吗？如今我的天命已尽，就算是扁鹊再世也没有救了。从此以后，刘邦就怎么也不肯让御医给他看病了。（高祖击布时，为流矢所中，行道病。病甚，吕后迎良医。医入见，高祖问医。医曰：“病可治。”于是高祖嫚骂之曰：“吾以布衣提三尺剑取天下，此非天命乎？命乃在天，虽扁鹊何益！”遂不使治病。《史记·高祖本纪》）

吕后是个很精明的女人，她不但担心刘邦的身体，更担心刘邦下世以后的国家大事。有一天，她看刘邦心情还不错，就趁机问他：陛下觉得谁能接替萧相国管理国家呢？（已而吕后问：“陛下百岁后，萧相国即死，令谁代之？”《史记·高祖本纪》）

刘邦说：可用曹参！（上曰：“曹参可。”《史记·高祖本纪》）

吕后再问：再往后呢？

刘邦说：那就王陵。不过这个人比较直，可以让陈平当他的副手。陈平智慧有余，但难以单独负责。周勃忠厚，文采稍弱，可让他担任太尉。（上曰："王陵可。然陵少戆，陈平可以助之。陈平智有余，然难以独任。周勃重厚少文，然安刘氏者必勃也，可令为太尉。"《史记·高祖本纪》）

吕后再问：再下面呢？

刘邦说：下面的事，你也不用知道了。

这是刘邦最后的遗言，也是刘邦这辈子做的最有远见的决策。

高祖十二年（前195）夏四月甲辰（二十五日），刘邦在长乐宫驾崩，享年六十二岁。

刘邦下世后，吕后忠实执行刘邦的遗言，萧何、曹参、王陵、陈平相继为相，保证了汉帝国初年政局的稳定。

秘不发丧：防来防去，唯独忘了一人

刘邦刚一咽气，吕后立即召见审食其说：朝中诸将当年都是和先帝共患难过的，现在要让他们辅佐小皇帝，恐怕心里不会痛快！如果不将他们全部灭族，天下就不会安定！（吕后与审食其谋曰："诸将与帝为编户民，今北面为臣，此常怏怏，今乃事少主，非尽族是，天下不安。"《史记·高祖本纪》）

于是吕后一直秘不发丧，长达四天之久。

有人将这件事告诉了将军郦商。郦商与审食其的关系一向不错，他立即求见审食其。一见面，郦商就说：我听说皇帝已经病故，四天秘不发丧，吕后想杀尽朝中将领。假如真有这样的计划，天下就完了。陈平、灌婴率领十万大军驻守荥阳，樊哙、周勃率兵二十万大军驻守燕、代。如果听说皇上病故，朝中诸将被杀，一定会立即攻打关中。大臣内叛，猛将外叛，朝廷马上就会灭亡。（人或闻之，语郦将军。郦将军往见审食其，曰："吾闻帝已崩，四日不发丧，欲诛诸将。诚如此，天下危矣。陈平、灌婴将十万守荥阳，樊哙、周勃将二十万定燕、代，此闻帝崩，诸将皆诛，必连兵还乡以攻关中。大臣内叛，诸侯外反，亡可翘足而待也。"《史记·高祖本纪》）

审食其一听，赶快进宫，将郦商的话告诉了吕后。吕后被说服，取消了诛杀功臣的计划，并于丁未日（二十八日）宣布高皇帝病故，“大赦天下”。

刘邦下世后第一场政治风暴因为郦商的劝阻、审食其的及时报告、吕后的妥协而未能发生。

无论如何，刘邦在生前肯定预想不到，第一个差点儿搞乱刘氏江山的竟然是他的发妻吕后。刘邦对相国人选的安排极富知人之明，可偏偏对吕后掉以轻心。从他下世到吕后下世的十五年间，年轻的汉帝国深受伤害。当然吕后胡作非为的初衷并非要推翻西汉政权，而是一门子心思地想着：怎样让年轻的儿子汉惠帝平稳过渡，掌握政权。

好在吕后的荒唐举动有惊无险，刘邦的下世最终没有引发朝政的大动荡。然而有关刘邦的话题才刚刚拉开帷幕，他究竟是怎样的一个人？我们该如何看待汉高祖刘邦呢？

市井之气

刘邦是中国古代历史上第一位布衣皇帝，正是由于他出身平民，后人对他的印象才多了一分亲切。也正是由于这个出身，刘邦的形象在人们的心目中更加多姿多彩，印象最深的莫过于他的市井之气，这也是他饱受后人诟病的重要原因之一。刘邦身上的这股市井之气有什么表现？又是怎么形成的？为什么一身市井之气的刘邦最终竟然能够成为秦末大起义的直接受益人呢？

市井之气很纠结：管用就好

刘邦这个人有三大特点：一是骂人，二是说谎，三是傲慢。

刘邦爱骂人是出了名的，他骂人一不分对象，二不论关系远近，三不分场合地点，四不管有无理由。嬉笑怒骂，变化无常。

骂人不分对象。刘邦手下最受器重的莫过于“三杰”，但是，“三杰”之中唯一没有被刘邦骂过的只有张良。韩信、萧何都曾惨遭痛骂——韩信因求封“假齐王”，萧何因替关中百姓求开放上林苑。这两人都被骂了，还有谁能不挨骂？栾布、郦食其、魏豹，无一幸免。一句话，要想跟着刘邦混，首先就得学会挨骂。

骂人不论关系远近。赵王张敖是刘邦唯一的女婿，却被刘邦骂惨了，骂得连张敖的国相贯高都看不下去了，非要杀刘邦。如果不是骂得凶、骂得狠，贯高无论如何也狠不下心去杀自己君上的老丈人啊！这可是于国不忠、于家不义的大逆之罪啊！

骂人不分场合地点。刘邦当着韩信使者的面骂韩信，当着两个洗脚的下人骂郦食其，当着张良的面骂郦食其分封六国诸侯后人是馊主意，当面骂陆贾张口闭口说《诗经》《尚书》。这种当面指着鼻子的羞辱最让人难堪，但是刘邦毫不在乎，丝毫不顾及挨骂人的个人感受。

骂人不管有无理由。刘邦病重，吕后出于善意请御医为他看病，刘邦毫无道理地把看病的医生痛骂一顿。郦食其提出分封六国国君后人，本意是想分散项羽打击刘邦的力量，结果张良一个“八不可”就让刘邦把郦食其骂个狗血淋头。部下犯了错，刘邦骂两句，可以理解，但是没有错也要挨骂，谁受得了？

不过话说回来，刘邦骂人也并不能全怪他。怎么说呢？物以类聚，人以群分啊！

刘邦身边和他一起起事的人，多数出身于社会下层。灌婴是卖布的，樊哙是卖肉的，周勃是编草席的，这些人市井之气都很浓。刘邦好骂人，正好和这些人的生活习气相近。从这个意义上讲，刘邦的一口脏话恰是和这帮出身社会底层的人打成一片的一种独特方式，也是驾驭这帮人的最佳方式。如果换个文质彬彬的书生，也许反而会被这帮人视为异类。

周勃是刘邦信任的大臣之一。在大分封中，周勃得到的食邑是八千一百户，比萧何还多一百户。周勃平日就粗野得很，找文人来商议战事时，他总是坐在面东的尊位上，颐指气使地对文人们说：有话快讲！你是向别人求救的，找别人问计的，竟然以这种态度待人，太不近情理了。

和周勃这样的粗鄙之人相处，正好用上了刘邦的市井之气。所以刘邦和周勃、樊哙等人相处得非常好。

刘邦说谎成性。一句“贺钱万”混了一顿饭，骗了一个老婆。鸿门宴前，大战一触即发。惊慌失措的刘邦听了张良一句“请往谓项伯，言沛公不敢背项王也”，立即就明白如何对付项伯了，下面也不用张良教了。不就是骗骗项伯吗？这可是刘邦的看家本领，临场发挥好得出奇，大大超出了张良的想象。

刘邦的满嘴谎言也成就了他的传奇人生。试想，如果刘邦从不说谎，一说谎就脸红心跳，鸿门宴前怎么忽悠项伯？鸿门说辞中怎么忽悠项羽？不仅刘邦需要说谎，跟他混的人还得配合他一块儿忽悠，樊哙闯帐忽悠项羽，搞得项羽竟无言以对。

在你死我活的政治斗争中，能全讲实话吗？刘邦要是承认自己封堵函谷关是不想让项羽入关，项羽能放过刘邦吗？刘邦恐怕早在鸿门宴前就命丧黄泉了。“十罪项王”尽管不全是事实，但是在政治上非常成功，刘邦得以继续高举着正义的大旗，讨伐“罪恶滔天”的项羽。

汉四年（前 203），刘邦在广武大讲项羽“十罪”之时，愤怒的项羽用埋伏的机弩一箭射中刘邦胸部，刘邦疼痛钻心，但是他却立即用手握着脚大喊：“射中我的脚啦！”本来是一箭中胸，楚汉将士全看见了；但是刘邦一个动作、一句谎言将此事掩盖下去，还忍着巨痛，坐着车视察了各个军营。如果不是反应快，不是张口一句谎言，刘邦能够稳定军心吗？谎言有时候也是一种特殊的斗争手段。

刘邦最让人受不了的就是他的傲慢无礼，“商山四皓”死活不见刘邦，其最大的理由就是不受辱，魏豹叛汉所言的原因也是刘邦待人太无礼。刘邦确实有才，但有才并不代表可以肆无忌惮地恃才傲物。

那么，刘邦身上的这股市井之气是怎么形成的呢？一是家庭影响；二是自身所致。

刘邦的家庭是个典型的市井之家，他的父亲太公一生喜爱酤酒卖饼、斗鸡蹴踘一类的游戏，住进刘邦专门为他修建的宫殿以后都感到不快活，非要和家乡的那帮市井之徒混在一起才开心。

当然，“出身”不好不要紧，人的脾气秉性是可以在成长的过程中改造好的。但是刘邦呢？他改造好了吗？他这个人从小不像四弟刘交酷爱读书，也不像二哥刘仲勤劳致富，而是游手好闲，整日交往三教九流，经常触犯秦律，需要有人不断从狱中向外捞人，甚至令他的妻子为他入狱。这种生活过了整整四十八年，他身上能够没有市井之气吗？

市井成功发人省：道德关不住权力

这样一个浸润着浓厚市井之气的人，怎么会在众多的起义领军人物中成为笑到最后的人呢?

刘邦的成功是多种因素造成的，特别是他既懂得追求手段的高明，又明白追求道德高尚的重要性。道德高尚和手段高明二者往往很难协调，刘邦将二者完美地结合起来了。

一入关，刘邦也不管实用不实用就来了个“约法三章”。他通过“约法三章”获得了关中父老的民心，让他们都认为刘邦是明主！民心有了，这就是成功！民心难得啊！秦帝国那么强大，一旦失去民心，顷刻间烟消云散。刘邦却一入关便获得关中民心，这是大本事!

一个“怀王之约”，让全天下的人都知道刘邦应当做关中王。项羽把刘邦封到了巴、蜀、汉中，这叫“汉王失职”。刘邦杀回关中，也就成了理所当然的事了。相反，项羽因为把刘邦封到了巴、蜀、汉中，就成了“负约”，成为项羽的一大罪状。这也是大本事啊!

刘邦自己的道德就很完美吗？未必!

一个浑身市井之气，张口就骂人，开口就说谎，又不懂得尊重人的人，能是道德楷模吗？显然不是。

如果与项羽相比，二人差别就很大了。

项羽易怒，但是他不骂人、不说谎，待人不但不傲慢，还很厚道、讲义气，这正好和刘邦相反。

项羽讲义气。临终之前，项羽发现追杀他的汉兵中有吕马童。吕马童原是项羽的部下，后来归降了刘邦。项羽对吕马童说：我听说汉王用千金、万户邑来悬赏我的头颅。我为你做件好事。于是自刎而死。项羽宝马赠亭长、头颅送故人的作派，流传千古，令人动容。而刘邦呢？他遇到危难自己先跑，彭城大败逃命时扔下亲生儿女，鸿门宴后扔下一百多位随从，荥阳被围危急时让纪信为自己送命，自己却开西门逃之夭夭。这实在和项羽的英雄本色差太远。

项羽不说谎。广武对阵时，项羽为了不让天下百姓受苦，情愿与刘邦单打独斗一决胜负。项羽说的全是实话。刘邦历数项羽“十罪”，其实顶多也就一条半罪，其他至多是错，或者是各自的利益冲突。项羽不会用这种办法来争取同情票。

项羽厚道。刘邦老拿项羽“负约”说事，项羽从未说过刘邦也“负约”。其实，刘邦智取峣关是立约于前，“负约”偷袭于后；鸿沟议和后合约也很快在刘邦的进攻中成为一纸空文。

项羽不负爱姬。虞姬一直追随项羽，垓下败亡之前，项羽泪别虞姬，高唱《垓下歌》。其情其境，令人唏嘘。虞姬之死是项羽已经没有力量保护虞姬的无奈选择。（有美人名虞，常幸从；骏马名骓，常骑之。于是项王乃悲歌慷慨，自为诗曰：“力拔山兮气盖世，时不利兮骓不逝。骓不逝兮可奈何，虞兮虞兮奈若何！”歌数阕，美人和之。项王泣数行下，左右皆泣，莫能仰视。《史记·项羽本纪》）刘邦不同，他是胜利者，是皇帝，他有足够的能力保护爱姬戚夫人。最终戚夫人被吕后残害，爱子刘如意被杀，刘邦难辞其咎。

人们常常会想：历史为什么会眷顾一位道德操守远远不达标的人呢？为什么让这么一个人成为笑到最后的人？

在帝国制度的约束下，权力遵循的是权力运行的法则，道德充其量只是一个人的操守，无关权力。道德是高尚的，权力是现实的。刘邦这样在道德操守上有诸多亏欠的人，把全部精力都用到了夺取最高权力之上。在其过程中，往往不在乎手段是否道德。唐太宗李世民夺取最高权力之时，杀兄逼父，他顾及道德了吗？顾不上！

在中国古代的帝国制度下，为争夺皇权上演的闹剧太多了。所有追求成功的人，追求的都是手段的高明，绝不是手段的高尚。高尚不实用，高明才实用。汉武帝为了立八岁的幼子刘弗陵，杀了刘弗陵年轻的母亲、自己的爱姬钩弋夫人，保证了汉昭帝继位后没有一位年轻的太后胡作非为。这道德吗？肯定不道德，但很实用，避免了如秦王政母亲赵姬的祸事，也避免了如吕后专权的威胁。

笑到最后唯一人：实力与命运的结合

陈涉是首义第一人，他是最有资格笑到最后的一个起义军领袖。但是，他却死在了自己的车夫手里。陈涉之所以被杀的原因颇多，俗话说得好，枪打出头鸟。陈涉作为秦末起义第一人，无论他是否自己称王，他都是秦帝国的头号要犯，是秦军打击的第一对象。

陈涉称王后，一心维护自己的王权。滥杀故人，滥杀义军将领，开始了由农民起义领袖向帝王的蜕变。他没有利用秦末大起义迅速发展的有利形势，乘胜前进，或亲率大军西征，或深谋远虑，运筹帷幄，统筹全局，争取更大的胜利；而是逐渐消失披坚执锐、身先士卒的气概，深居简出，唯我独尊，沉醉于奢侈享乐之中。特别是重用了不该用的人，导致众叛亲离，人心尽失。

一旦遭到空前的军事打击，失败在所难免。

陈涉虽然失败了，但是他已经很不简单了：一是敢于首义；二是对“天下苦秦久矣”的大势有明确认识；三是认识到王侯将相不可能世代相传（王侯将相宁有种乎！《史记·陈涉世家》）；四是利用了扶苏、项燕的旗号；五是迅速建立自己的政权，没有将领导权拱手让给六国国君后裔；六是派出多路人马点燃全国反秦大火。可惜的是他没有笑到最后。

项梁是继陈涉之后最有希望笑到最后的人。项梁早就做好了灭秦的准备：他以“万人敌”教项羽兵法，使项羽成为秦末最能打仗的战神。他暗中以兵法安排丧事与徭役等事，了解每个人的能力，以备不时之需。他果敢地发动起义，夺取吴地兵权，并在平日了解的基础上迅速组织起吴地反秦武装。他及时率领吴中八千子弟渡江而西，扩大了义军的影响，依靠项氏家族在楚地的巨大影响，使项梁集团成为楚地实力最强的反秦武装。他不搞帮派，慧眼识刘邦，助刘邦五千士兵、十员战将，帮助其收复丰邑。他具有大局意识，无条件地救出了田荣的齐军。但是，项梁在一系列胜利之后产生了轻敌思想。

项梁失败的原因有三点：

一是章邯得到增援。章邯是秦帝国后期能征善战的大将，他先后在戏水、渑池两次大败周文，一一击败了陈涉、魏咎、田儋等反秦武装。尽管在各路义军的共同努力下，项梁在山东定陶战胜了章邯，但是，战败的章邯迅速得到了秦帝国的全力增援，实力大振。

二是义军的分散。尽管项梁经过苦战，战胜了章邯，救出了被困在定陶的田荣，但是田荣作为六国贵族的后裔，只关注自己的利益。田儋战死，齐地另立田姓国君，这使田荣不顾大局，撤兵回齐争夺王位。同时，项梁集团中的项羽、刘邦此时都在外地作战，没有和项梁的军队合兵，导致义军力量分散。

三是项梁的骄傲轻敌。章邯战败后迅速得到补充恢复，项梁却在连续的胜仗后变得骄傲轻敌。所以，当章邯率军前来偷袭时，项梁猝不及防而遭受灭顶之灾，一战而亡。项梁的阵亡是反秦义军的重大损失，也使得作为项梁部下的刘邦得到了一个出头的机会。

陈涉被杀，项梁战死，天下义军中能够成气候的人不多了。

田荣虽然据有齐地，但是此人心胸狭隘，既无眼光又无大志，不可能成为笑到最后的人。

武臣占领了赵地，但是他竟然为叛变投敌的部将所杀。

田广踞燕地称王，毫无争夺天下的大志。

这些人都成不了气候，无法笑到最后，那么笑到最后的就只能是刘邦了。

刘邦笑到了最后，成为秦末大起义中的胜利者。一个这样的人怎么可能完成统一天下的大业呢？

自信人生

古人有两句诗："世味酸咸谁自信，人生声利古难全。"前一句说的是江湖险恶，世路艰难，很少有人能一生自信；后一句说的是人生难以名利双收。人为什么难以自信一生？因为每一个人都有自身无法避免的弱点和死穴，由此滋生出不同程度的自卑感。面对艰难的人生道路，恐怕很少有人能够将自信进行到底。

刘邦恰好是少数人中的典型，是中国历史上少有的将自信一以贯之的人物，他的一生是不折不扣的"自信人生"。

不知"怕"字怎么写：敢做敢当

为什么说刘邦的一生是不折不扣的"自信人生"呢？

第一，敢为沛公。

沛县起兵，萧何、曹参等人官阶比刘邦高得多，可是他们"恐事不就，后秦种族其家"，都不愿出头，"尽让刘季"。刘邦倒毫无惧色，利利索索接下造反队伍的领导职务。刘邦是光脚的不怕穿鞋的，他之前已经在芒砀、山泽之间落草为寇，何惧再当个土匪头头呢？而且刘邦从起兵反秦之日起，压根儿就没想过造反可能会失败，以及失败以后该怎么办。

刘邦奉命西入秦关，陈胜部将周文战死，陈胜、项梁相继被杀，整个楚地义军被秦军打得群龙无首，谁都不敢再进关中。刘邦却不以为意，直入秦关。当时楚军之中只有两个人这么胆大，一个是项羽，一个是刘邦。项羽因为叔叔项梁被杀而急于入关复仇，刘邦入关为哪门子呢？为当关中王？那可是提着脑袋干革命。刘邦此时根本没有想过西入秦关会失败。

刘邦没想到造反会失败是因为他看清了秦帝国灭亡的必然吗？是！刘邦在芒、砀山泽之间落草为寇时，并未看清天下大势。但是，秦二世元年

（前 209）七月陈涉首义后，九月刘邦沛县起兵时，他对天下大势已经看得比较清楚了。

再一点，刘邦敢于落草、敢于当头，都缘于他天不怕地不怕的心态，缘于他不相信失败的自信。做大事成大事者没有敢为天下先的精神成不了事，刘邦就是一位敢为天下先的勇士。

第二，失败不垮。

秦二世二年（前 208）十月，刘邦据守丰邑。十一月，他从丰邑出兵，派雍齿留守。十二月，雍齿叛变投魏。

雍齿叛变与周市有关。周市是最早追随陈胜起兵的将领之一。陈胜起兵后，为了分散秦军的力量，便派人到各地去发动起义，形成了“陈胜、吴广举陈，武臣、张耳举赵，项梁举吴，田儋举齐，景驹举郢，周市举魏，韩广举燕”（《史记·平津侯主父列传》）的局面。周市奉命前往魏地发动起义，到达魏地之后，发动魏地百姓举兵，迅速点燃了魏地反秦之火。

周市平定了魏地，很多人都怂恿他自立为魏王。周市回答：“天下昏乱，忠臣乃见。今天下共畔秦，其义必立魏王后乃可。”（《史记·魏豹彭越列传》）齐、赵两国甚至派出车各五十乘，立周市为魏王，但他始终推辞不接受，反而打算将此时在陈胜手下的原战国时代魏王后裔魏咎接回来，立其为魏王。经过五次交涉，陈胜才勉强同意魏咎回魏地当魏王。可见，周市其实是一位忠于职守、安分守己的人。但是为了扩大新建魏国的地盘，周市兵发丰邑。

这时候，刘邦顺利拿下了胡陵（沛县北）、方与（丰邑北）两座城。而周市在拿下魏地之后，立即出兵攻打方与、丰邑，对刘邦形成不小的威胁。曹参为刘邦守住了方与，周市没有得逞，转而主攻丰邑。

周市对固守丰邑的雍齿说：丰邑本来是魏国辖地，如今魏地十几座城已经平定，你要是能降魏，我可以封你为侯；如果你坚守不降，我要对丰邑屠城。雍齿虽然受刘邦重托据守丰邑，但他内心本不想归顺刘邦，现在周市来招降，雍齿立即投靠了魏国。（陈王使魏人周市略地。周市使人谓雍齿曰："丰，故梁徙也。今魏地已定者数十城。齿今下魏，魏以齿为侯守丰。不下，且屠丰。"雍齿雅不欲属沛公，及魏招之，即反为魏守丰。《史记·高祖本纪》）

刘邦得到雍齿叛变的消息，气得牙痒痒的，马上回兵攻打丰邑，未果。积劳成疾，气急攻心，刘邦生了一场大病，只好回沛县调养。病愈之后，他发誓有朝一日要夺回丰邑。从此，刘邦对雍齿和丰邑百姓的怨恨几乎贯穿了他的一生。

一攻丰邑失败之后，刘邦意识到自己的力量不足以夺回失地，需要借力。找谁呢？此时陈胜已死，楚国贵族后裔景驹被拥立为假王，驻守在留（今江苏沛县东南）。于是，刘邦直奔景驹而去，打算向他借点兵攻打丰邑。但秦军并没有给他留时间。章邯军团出关之后，立即将矛头对准了陈胜，同时派一员偏将北定楚地。刘邦不得不与景驹联手对付杀来的秦军，很快败退下来，回驻留。秦二世二年（前208）二月，刘邦再次出兵，总算拿下了砀郡，收编了败军五六千人，军团兵力达到九千人之众。刘邦率领这九千人二攻丰邑，仍遭失败。（闻东阳宁君、秦嘉立景驹为假王，在留，乃往从之，欲请兵以攻丰。是时秦将章邯从陈，别将司马𡵂将兵北定楚地，屠相，至砀。东阳宁君、沛公引兵西，与战萧西，不利。还收兵聚留，引兵攻砀，三日乃取砀。因收砀兵，得五六千人。攻下邑，拔之。还军丰。《史记·高祖本纪》）

项梁集团是此时南方最重要的反秦力量。刘邦听说后，前去投奔。这次加盟给刘邦带来了切实的好处：项梁赠他士兵、战将，刘邦得以第三次攻打丰邑，并且收复成功。

这个时期的刘邦才刚刚起兵，但是他已经表现出屡败屡战的韧性，这种韧性正来源于他超强的自信。

汉三年（前204）七月，刘邦被困荥阳，无奈之下狼狈出逃，他只带了几十名随从逃回关中，然而刘邦似乎丝毫不把这些失败放在心上，休整过后南出武关再战。

这是刘邦第一次败逃荥阳，没想到第二次逃跑的时候更惨，他只带了太仆滕公一人从成皋北门逃出，不过他飞奔至韩信军营，夺了军权，又立马打了回来。

整个楚汉战争期间，刘邦为“屡战屡败、屡败屡战”这句话做了最好的诠释。四年来始终坚韧不拔，直到最后诛灭项羽，全靠自身非凡的毅力，实在可敬可叹。

第三，敢于称王。

刘邦攻入关中，子婴投降，秦朝灭亡。当时有人劝他称王关中，派兵守住函谷关，不许诸侯入关，再征关中兵力，以抵挡项羽入关。刘邦一听，好计！照办。结果这个昏招差点让刘、项之间的火并提前，最终诱发了鸿门宴事件。事后，刘邦懊悔不已。

其实细想一下，刘邦这件蠢事还干得挺有意思。刘邦并不傻，他是要当定了关中王，对实际情况的误读也只能算是自信十足的表现，只不过有些幼稚罢了。

刘邦当时拥兵十万，项羽率军四十万，力量悬殊。没有军事实力，拿什么当关中王？刘邦可爱的地方就是有勇气、豪气、霸气，敢于守关称王。

历来的史学家都认为项羽是霸王，身上透着一股霸气，而刘邦的霸气却鲜为人知。项羽的霸气写在脸上，刘邦的霸气却深藏在骨子里。

第四，短期灭楚。

楚汉战争，刘、项的第一次交手是彭城之战。这一仗刘邦败得很惨：五十六万大军败于项羽三万人马。刘邦一边向西拼命逃命，一边却在计划迅速翻盘。当时的天下大势乃是“诸侯见楚强汉败，还皆去汉复为楚”（《史记·高祖本纪》），项羽分封的天下十八路诸侯王，在刘邦得势时倒向刘邦，彭城一败后各路诸侯又倒向项羽。此时刘邦“西过梁地”，形势对他非常不利，于是派随何去劝降九江王黥布。刘邦对随何说：“公能令布举兵叛楚，项羽必留击之。得留数月，吾取天下必矣。”（《史记·高祖本纪》）好一个“得留数月，吾取天下必矣”！

刘邦对劝降黥布有三点基本判断：一是黥布只要叛变，项羽定会留在楚地平叛；二是项羽一旦和黥布交上手，一定会折腾好几个月；三是只要争取到这“数月”的时间，他刘邦一定可以平定天下。

随何则有两大本领，一是智慧，二是游说。他果然不负众望，诱使项羽手下最著名的悍将黥布叛楚归汉。但是，刘邦那三条判断一个也没有实现，为什么没能实现呢？

一是项羽听说黥布降汉之后，并没有像刘邦所估计的那样亲征，而是“使项声、龙且攻淮南，项王留而攻下邑”（《史记·黥布列传》）。

二是既然项羽没有出征，自然谈不上与黥布交手。项声、龙且倒是折腾了“数月”才搞定了黥布。

三是“数月”的确是有了，可项羽没让刘邦闲着，怎可能在“数月”内平定天下。别说平定天下，只在荥阳一线就跟项羽僵持不下。

刘邦为什么判定自己“数月”之内可以平定天下？彭城之战时，项羽的主力陷于齐地，楚军留守都城（彭城）的部队非楚军主力，所以刘邦轻松拿下彭城。攻占彭城后，刘邦头脑膨胀，自认为打败项羽了。其实，刘、项二人还未正式交手，刘邦对项羽的英勇善战还没有切身体会。彭城之战，刘邦一败涂地，应当说此时他该比较清醒了，至少会知道自己不可能在短时间内战胜项羽。但是，刘邦经此一战毫无改变，派自己的特使随何策反九江王黥布时竟扬言“得留数月，吾取天下必矣”。这话我们今天听起来还十分可笑。但是，你不能不佩服刘邦在刚吃了大败仗，别人信心全失之时却能信心十足地盘算着“数月”之内平定天下。这种超人的自信非常人可比。至于这样的自信是否可取，倒可另议。

第五，建国立制。

西汉建国后施行的是郡国并行制：“郡”，指设立郡县；“国”，指封地为国。在这之前，刘邦其实一直都用的是这种制度，只不过这个制度还没有一个正式名分。

汉二年（前 205），刘邦从汉中杀回关中，塞王司马欣、翟王董翳、河南王申阳相继降汉，韩王昌不降，被灭。刘邦将刚刚占领的土地设置为陇西郡、北地郡、上郡、渭南郡、河上郡、中地郡、河南郡。三月，刘邦俘虏了殷王，增设了河内郡。

汉二年二月，刘邦下令废除秦帝国的社稷，“立汉社稷”，从祭祀制度上终结了秦帝国，确立了汉帝国的天下。

汉三年（前204），刘邦俘虏魏王豹，“定魏地，置三郡，曰河东、太原、上党”（《史记·高祖本纪》）。后来的西汉设郡就是在此基础之上的完善。

汉三年六月，刘邦立刘盈为太子，确立了父位子承的制度，且“令太子守栎阳”，关中地区的诸侯王之子“皆集栎阳为卫”。刘邦称帝后，汉太子为皇太子，延续了子承父业的制度。

刘邦设立郡县的时候，项羽尚雄拥九郡，力量未见削弱，也就是说，刘邦距离统一天下那天还久远着呢。即使这样，刚刚杀回关中就在关中和关东设立郡县，真是“胆大包天”，不过这种行政建制为之后西汉的政权性质（帝国制）、行政设置（郡县制）等都奠定了很好的基础。

这些举措作何解释？恐怕只有一种说法：刘邦始终都确信自己终有一天能战胜项羽，创建帝国。

第六，平叛远见。

高祖十年（前197）八月，赵相国陈豨叛乱，刘邦亲征。“至邯郸”，刘邦高兴地说：“豨不南据邯郸而阻漳水，吾知其无能为也。”（《史记·高祖本纪》）又听说陈豨手下的将领有很多商人，于是“多以金啖豨将”，重金收买那些人。

刘邦绝对不是楚汉战争时期卓越的军事家。此期一流的军事家只有两位，一位是项羽，一位是韩信。刘邦的军事才能在项羽、韩信在世之日丝毫未得显现，不过在平定陈豨叛乱时倒是小小地展示了一下。刘邦根据陈豨没有南据邯郸利用漳水设防的情况，断定陈豨成不了气候。后来形势的发展证明刘邦说得很正确，也显示出他对自己判断能力的信心。

综上来看，除了平定魏豹、陈豨叛乱这两次，刘邦的自信大都没有建立在客观分析的基础上，带有相当严重的盲目性。

自信不是那么简单：气场与能力的结合

刘邦为什么会如此顽固地盲目自信？

首先，自命不凡。秦末大起义还没有开始，刘邦已经在沛县一带小有名气了，“刘季”这个名字的曝光率相当高。所以沛县起兵时，尽管刘邦数次推让，但是有资格的人都不愿意承担风险，刘邦最终还是当上了沛公。不仅仅是胆大，名气、人气、力量和自信等综合实力，共同成就了这个义军首领。

楚怀王熊心计划派人西入秦关，将领们都不敢领命，因为“当是时，秦兵强，常乘胜逐北”（《史记·高祖本纪》），只有两个人除外：一个是刘邦，一个是项羽。项羽愿意西入秦关是因为“怨秦破项梁军”（《史记·高祖本纪》），替叔父项梁报仇；刘邦想西入秦关则缘于他宏大的抱负和极为自负的心理。

彭城大败之后，刘邦在败逃路上就已经策划好了新的灭项计划：策反黥布！他对身边的人说：“如彼等者，无足与计天下事。”（《史记·黥布列传》）

这句话乍一听实在太刺耳了，也太看不起人了吧？转念一想，刘邦的抱负、眼光、自信都远超他人，这种伤人自尊的话从他口中蹦出来倒也不奇怪。尽管刘邦太过于自命不凡，但能在逃亡路上谋划大事，的确不是一般人能做到的。

高祖十二年（前 195），刘邦病危，吕后请来医生诊治。刘邦拒绝说：“吾以布衣提三尺剑取天下，此非天命乎？命乃在天，虽扁鹊何益！”（《史记·高祖本纪》）可见，刘邦自始至终都对自己夺取天下乃天命所赐深信不疑。

其次，认知大势。刘邦起兵之初，曾被沛县县令召来又被拒绝入城。刘邦不慌不忙，只书写了一封信射到城上，鼓动沛县父老说：“天下苦秦久矣！”

在西入秦关的途中，郦食其求见，看到刘邦一边洗脚，一边接见自己，于是激问刘邦：你是为天下人攻秦呢，还是为秦灭天下义军呢？情急骂人的刘邦又提到了“天下同苦秦久矣”。

这两次说到“天下苦秦久矣”，是刘邦对秦末大起义的基本判断，也是对天下大势的正确认知。

据《史记》记载，当时能说出这句话的仅有四个人：

第一人是陈胜。陈胜在鼓动九百戍卒首举义旗之时对部下说：“天下苦秦久矣。”由于形势所逼，陈胜所讲的天下大势得到戍卒们的认同，众人合力制造了震惊世人的大起义。

第二人是武臣。陈胜起兵之后，采取分头动员的战略，派武臣北略赵地。武臣到赵地之后对当地的豪杰们说："夫天下同心而苦秦久矣。"赵地的豪杰们表示认同和支持，随武臣举兵，点燃了赵地反秦起义的熊熊大火。

第三人便是刘邦。

第四人是武涉。汉四年（前203），项羽派武涉游说韩信，武涉也曾说："天下共苦秦久矣！相与戮力击秦。"

"天下苦秦久矣"是当时诸多先知先觉者对天下大势的共同认知。基于这一认知，人们才自觉地组织起来对现状进行反抗。

陈胜和武臣具备相同的认知并不难理解，毕竟同属一个集团；而武涉说这句话的时候秦帝国早已被推翻，楚汉战争也已经进入尾声，所以他不能算是先知先觉。刘邦是独立获得这一认知的人，来之不易，这也是他强大内心的坚实基础。

秦帝国的暴政苛法已经逼得老百姓无法存活，反秦是大势所趋、人心所向。刘邦虽然读书不多，但长期的底层生活经验，让他对秦帝国生存基础已经完全被毁这一点看得很清楚，因此它的认知完全符合社会现实，并建立在民心唯上的基础之上。

究其根本，刘邦非同寻常的自信力，源于自命不凡的气场与审度大势的能力。从古至今，能抢先把握天下大势的人很少，因而他们必然是历史变迁过程中最大的受益者。

除了自信，刘邦成功的主观因素还有哪些呢？

魅力四射

刘邦，一个小小的泗水亭长，在秦末农民大起义中脱颖而出，成就布衣天子的传奇。其实，无论从哪个角度来讲，刘邦和其他起义军将领比起来，他都不具备优势，但是上天偏偏垂青于他。历史为什么会选择这个人？是什么因素成就了他？为什么在其起事之初众人愿意追随他？他身上究竟有着怎样的人格魅力呢？

敢于担当：胆大

敢于担当，这是在任何历史变革期间群众领袖最需要具备的素质之一，而刘邦在这一点上表现得尤为突出。

刘邦押解骊山徒去服役，一出发便出现大规模的逃亡事件。刘邦见局面实在无法控制，索性将剩余的骊山徒全部开释，自己也走上了逃亡之路。谁料这帮骊山徒被他的果敢感动，竟都跟着他落了草。

刘邦这一举动确实是胆大妄为！但在社会大动荡时期，他的这种敢于豁出去的精神又恰恰是最受人钦佩的。

沛县起兵，萧何、曹参等当时的沛县“高官”不愿领衔起事，于是刘邦挺身而出当了沛公。这是刘邦人生中得到的第一个“创业平台”，也是他敢于担当的第二个具体体现。

刘邦率先入关，立即封堵函谷关，这个举动虽然有失妥当，但从另外一个角度看，其敢于担当的精神着实可嘉。当时谁敢抗拒楚霸王项羽？唯有刘邦！

灭掉项羽后，刘邦没有重蹈项羽的覆辙，彻底放弃了做霸王的政治主张，大胆地开创了西汉帝国，继承了秦始皇的帝国制度。秦帝国的速亡使当时大多数人对帝国制度心存芥蒂，只有刘邦，勇敢地选择了如此高难度的挑战。这同样需要政治勇气和政治眼光！

共享成果：领导的艺术是分钱的艺术

许多人跟随刘邦出生入死，反秦、灭项、平叛，义无反顾，无非是期望最后能得到相应的功名、地位和财富。作为领导者，能让手下人得其所愿，才会有人愿意追随于你；反之，则会导致人才流失。

刘邦在这一点上就做得很到位。他用金千斤、邑万户悬赏项羽的人头，并最终兑现承诺，赐赏封侯。这是刘邦灭楚后做的第一件事，由此取信于臣民。

高祖六年（前201），刘邦封侯六十六人。高祖七年（前200），封侯十二人。高祖八年（前199），封侯十九人。高祖九年（前198），封侯六人。高祖十一年（前196），封侯二十人。高祖十二年（前195），封侯二十人。直到刘邦下世，共封列侯一百四十三人。这些数据都出自《史记·高祖功臣侯者年表》，这个表的记载不一定翔实完备，也就是说，刘邦实际所封的列侯应当比一百四十三人还多。大功臣们都先后被封官加爵，其他没有受封的人也得到了相应的回报。

能与他人共享胜利成果是领导艺术和人格魅力最重要的组成部分。刘邦在求封、分封的人生征途中逐渐认识到分享的重要性，所以，他也将分封作为自己和项羽争夺天下的最有力的措施之一，而且获得了极大的成功。

容人雅量：克制私怨

刘邦手下文臣武将人才济济，来自五湖四海，每个人的情况、身份都不一样，但刘邦却能一一接纳，主要表现有四：不计前嫌，不计易主，不计言语冲撞，不计来自何方。

关于不计前嫌这件事儿，刘邦做得最地道的莫过于善待雍齿。

雍齿是最早追随刘邦的将领之一。秦二世元年（前 209）九月，刘邦在沛县刚刚起兵时，手下仅有三千士卒。秦二世二年（前 208）十一月，刘邦出兵击秦，雍齿奉命留守丰邑。十二月，雍齿叛变投魏。丰邑是刘邦的故乡，也是根据地，被刘邦视为生命线，所以深“怨雍齿与丰子弟叛之”（《史记·高祖本纪》）。

雍齿背叛之时正好是刘邦集团发展最为困难的阶段，因此刘邦对这段记忆一直挥之不去。

后来机缘巧合之下，雍齿又吃回头草，继续追随刘邦，并且屡立战功，成为刘邦手下的功臣。虽然具体过程《史记》和《汉书》都没有记载，我们也不清楚雍齿缘何去而复返，但是刘邦不计前嫌接纳他实属不易。

高祖六年（前 201），刘邦论功行赏，封了三十多位功臣。为了平息将领们争功之乱，刘邦接受张良的建议，先封雍齿为侯，以安抚人心。朝臣们一见雍齿被封，“皆喜”，都说：“雍齿且侯，吾属亡患矣！”（《汉书·高帝纪》）刘邦不因个人私恨而乱开杀戒，还是值得称道的。当然，封雍齿为侯带有浓厚的权谋色彩，另当别论。

高祖十二年（前 195），刘邦平定黥布叛乱后，回到阔别多年的故乡，并下令：沛县作为刘邦个人的汤沐邑，免除全县百姓世代的赋税。（沛为朕汤沐邑，复其民，世世无有所与。《史记·高祖本纪》）

沛县百姓恳求刘邦：沛县有幸免除赋税，可丰邑百姓不能同享，恳请皇上哀怜丰邑，也赐他们免税。刘邦说：丰邑是我出生的地方，最不能忘。我之所以不免他们的赋税，是因为当年雍齿居然背叛我而投魏。不过，刘邦在沛县百姓的再三恳求下，最终妥协，也免除了丰邑世世代代的租税。

此时，距离雍齿封侯已经过去六年了，刘邦仍对雍齿背叛之事耿耿于怀，可见他对雍齿一直怨恨在心啊!

刘邦是个凡人，也有七情六欲，所以他记仇，但同时他又肩负国家重责，凡事要从大局出发，他不得不克制己怨，于是也就赢得了人们的信任，获得了多数将领的认可。能够做好这一点，就意味着能够成就一番大作为。刘邦的不计前嫌往往为世人所忽略，而这恰恰是他的性格魅力所在!

跟雍齿相关的事，还涉及王陵。王陵有两件事让刘邦很不爽。

第一件事，就是他对刘邦的蔑视。

这个王陵怎么蔑视刘邦了呢?

一是入伙极晚。刘邦在大起义中当上了沛公，沛县多数反秦志士都追随刘邦，萧何、曹参更成为刘邦的左膀右臂，王陵却自己拉起一支队伍，驻扎在南阳，成为一支独立的反秦武装。直到刘邦率先进入咸阳，楚汉战争开始后，王陵才率兵加入刘邦集团。二是被动入伙。前文已提过，王陵加入刘邦集团后心却不稳定，还是项羽抓捕了王陵的母亲，逼迫王陵倒戈。王母以死激励王陵忠于刘邦。王陵这才铁了心追随刘邦，为汉家天下奉献了一生。

王陵为什么看不起刘邦，史书没有记载，但分析起来，无非因为身份、地位和个人性格：王陵是沛县出名的豪强，刘邦只是个小兄弟，大起义前也没有什么突出的表现。王陵的社会地位比刘邦高得多，为人又耿直，不是趋炎附势之徒，自然看不起刘邦。

王陵让刘邦不爽的第二件事就是他和雍齿关系极好。

雍齿降魏，让刘邦吃了很多苦头，被刘邦记恨在心。这件事刘邦集团无人不知，无不有所忌讳，所以大家都不敢与雍齿交往，更不敢深交。然而王陵却毫不在乎，偏偏与雍齿走得很近，这让刘邦心里极不舒服，所以很晚才封王陵为侯。（以善雍齿，雍齿，高祖之仇，陵又本无从汉之意，以故后封陵，为安国侯。《汉书·张陈王周传》）

然而，刘邦临终遗言却尽释前嫌，钦定王陵在曹参之后任相国。这是为什么呢？因为刘邦看中了王陵的耿直可靠，这样的容人之量绝非一般人可比。

刘邦手下有两个人曾多次易主，一是陈平，二是叔孙通。陈平三易其主，他的前两任“老板”分别是魏王咎、项羽。叔孙通六易其主，前五任“老板”分别是秦始皇、秦二世、项梁、楚怀王熊心、项羽。

对这样的人，一般人都会认为他们“不忠诚”，可刘邦却很另类，对陈平委以重任。哪怕绛侯周勃和颍阴侯灌婴对陈平一再中伤，多次在其面前说陈平不忠，刘邦也不动摇。说起陈平屡遭周勃、灌婴的激烈攻击，这真是人生的悲剧：人的一生中真正关心你的人非常少，只看结果、不问原因的人太多太多，因此，不要指望会有人真正关心你，即使是非常欣赏你的人，他也会因为各种原因忽视你。在这一点上要学会理解，不要抱怨。陈平明明知道周勃、灌婴说了他很多坏话，但是，他不计较，非常理智地处理了自己和周勃、灌婴的关系，最终三人联手灭了诸吕。

刘邦开始时也曾产生过怀疑，但在陈平坦言三易其主的缘由后，刘邦反而开始信任他了。陈平很感激刘邦，所以竭尽其能为刘邦献计献策，六出奇谋，解燃眉之急，最终立功封侯。

叔孙通六易其主，更是饱受后人诟病。刘邦对他却是信任有加，连其一百多个弟子也悉数封官。张良虽然算是一出道就跟了刘邦，但中间也曾两次“出轨”，但好在之后一直坚定追随，成就人生大业。

我们深知明主择士的道理，但很少有人能理解良士择主也是人生的选择。陈平和叔孙通一生中不断地更换主人，这在一般人看来是大缺点；而事实上，正是由于人们的这种看法在无形之中放大了他们的缺点，掩藏了他们的长处。刘邦不计较这些，所以能将眼光关注到他们的优势上，并为自己所用，所谓“不拘一格降人才”即是此。

刘邦的魅力还在于他能不计较臣子的言语冲撞，当然这有一个前提——你是真心诚意在帮他。比如易储之时，周昌与刘邦发生过激烈的言语冲突，他在朝堂之上信誓旦旦地说：“臣期期知其不可……臣期期不奉诏。”（《史记·张丞相列传》）差点把刘邦顶翻。然而刘邦并没有因此迁怒于他，仍然予以重用。还是这个周昌，在刘邦死后，为了维护赵王而被吕后大骂：“尔不知我之怨戚氏乎？而不遣赵王，何？”（《史记·张丞相列传》）周昌只好一言不发。他敢于顶撞刘邦是因为刘邦有容人之量，不惹恼吕后是因为吕后心胸狭窄。臣子态度再恶劣，刘邦也可以不计较，这种宽容的心境独具魅力。

郦食其初见刘邦时，劈头就问：“足下欲助秦攻诸侯乎？且欲率诸侯破秦也？”刘邦一听就急眼了，骂道：“竖儒！夫天下同苦秦久矣，故诸侯相率而攻秦，何谓助秦攻诸侯乎？”（《史记·郦生陆贾列传》）郦食其不慌不忙，一番言辞讲得刘邦心服口服，又是让座又是道歉。若是换成他人，比如秦始皇、项羽什么的，臣子们敢这样与他说话吗？肯定不敢！

高人、高士、义士往往都有着极强的自尊心，若是你不尊重他，他岂能为你所用？“商山四皓”在回答刘邦问题时直言不讳：“陛下轻士善骂，臣等义不受辱，故恐而亡匿。”（《史记·留侯世家》）一语道破刘邦延请不来“商山四皓”的真正原因。

刘邦的市井之气确实是引进高端人才的阻碍，但他的容人雅量又弥补了这一不足，使得天下英才纷纷归顺而来，终于成就了四百年的汉家江山。

任何集团聚集人才都是一个漫长而又艰难的过程，刘邦集团也是如此。起初虽有萧何、曹参、周勃、灌婴等人坐镇，但这些人的能力尚未得到真正释放，更多英才尚未汇集。

好在刘邦并不计较英雄出处，他把圈子画得很大很大，不仅有丰沛故人作为集团的核心力量，还吸纳五湖四海的人才为其所用，大将军韩信、智多星陈平更是来自死敌项羽集团。

当然，刘邦的容人雅量具有浓厚的政治色彩，而这样的气量也只有政治家才具备。那么，这位布衣天子到底有多大的政治才华呢？

政坛高手

三年反秦，四年灭项，刘邦取得了政治和军事上的双重成功。事实上，一个只会打仗不懂政治的人，是做不了皇帝的。刘邦不但会打仗，他还是一个了不起的政治家，虽然一身市井之气，却仍然无法掩盖他的光芒，后世的史学家们对此都有共识。那么，刘邦的政治才能都表现在哪些地方？他的政治才能从何而来？

善度大势：一半缘于天分，一半缘于实践

“天下苦秦久矣”是刘邦对当时天下大势的一个基本判断。政治家想在政治舞台绽放光芒，必须要认清并迎合时代大势，这一点我们在“自信人生”一章中已经详加讲述。而刘邦这样布衣出身的政治家，更需要审时度势量力而行。当社会发展到一个转型期，整个社会的权力格局、财富分配将会面临大调整，谁最先觉察到、把握到，谁就能在大变革中成为最大受益者。

千百万农民揭竿而起，群起响应陈胜、吴广的大泽乡起义，历史给了刘邦“七年夺得天下”的机遇。也正是借助了这股时代巨潮，刘邦才推翻了强大的秦帝国，建立起西汉政权。可见，善度大势是这位政坛高手最突出、最重要的政治才能。

善举大旗：哪里善举？分明是利用

刘邦非常注重政治舆论宣传。楚汉之争中，刘邦一直打着楚怀王这张政治牌，前期宣扬“怀王之约”，后期渲染“义帝之死”。

“怀王之约”是当年项梁战死后，楚怀王作为刘邦和项羽的共主，定

下的“先入定关中者王之”的约定。其实这样的约定打一开始就厚此薄彼：楚怀王特许刘邦西行入关，却要求项羽作为副将北上救赵，对明里暗里争夺“关中王”的刘、项二人来说，是在起跑线上就有了很大的差距。取得巨鹿之战的决定性胜利后，项羽企图让楚怀王更正之前的不公正待遇，无奈，楚怀王轻描淡写的“如约”二字，把项羽内心最后一丝希望无情地砸碎了。此后，项羽和楚怀王反目成仇。

鹬蚌相争，渔翁得利。刘邦乐得坐山观虎斗，充分利用“怀王之约”的效力，在率先入关后，召集秦地百姓公开宣称：“吾与诸侯约，先入关者王之，吾当王关中。”（《史记·高祖本纪》）“吾当王关中”是刘邦从舆论上打击项羽的杀手锏，所以他屡屡强调以突出自己当关中王的合法性。刘邦的鸿门说辞也委婉而明确地告诫项羽：“然不自意能先入关破秦，得复见将军于此。”（《史记·项羽本纪》）这话听起来是恭维，实际上是绵里藏针，潜台词是在警告：我先入关，我应当做关中王。樊哙闯帐时也再次重申：“怀王与诸将约曰‘先破秦入咸阳者王之’。”（《史记·项羽本纪》）

项羽在政治舆论上陷入了十分被动的境地，不得不将怀王尊为“义帝”，再行暗杀。这一招虽然解了燃眉之急，却留下了后遗症，成为刘邦第二波舆论战的话题焦点。

义帝被杀的时间有三说：《史记》的《项羽本纪》《高祖本纪》记载为汉元年（前206）四月；《史记》的《黥布列传》记载为汉元年八月；《史记》的《秦楚之际月表》及《汉书》《汉纪》记载为汉二年（前205）十月。

汉元年八月，刘邦杀回关中。汉二年，刘邦东出函谷关，三月到达新城，遇见“三老董公”。“三老董公”向刘邦哭诉了义帝惨遭杀害的事情，刘邦灵机一动，立即“袒而大哭”，为义帝发丧。

我们前文说过，义帝之死当在汉二年（前205）三月之前。无论怎样，都先于刘邦哭祭。也就是说，刘邦出关前理应知道义帝被杀的事情，之前没有哭祭，是因为还没有悟出这是一张可用之牌。

公开打出为义帝复仇的旗号，乃是刘邦为自己征伐项羽立下的道义根据。在声讨项羽的“十罪”中，第一条就是“负约”，违背“怀王之约”；第九条是“杀义帝”；第十条是“为人臣而弑其主”和“主约不信”。十罪之中有三罪提到了楚怀王熊心，可见刘邦的确是有计划地在利用义帝把争夺天下的楚汉战争包装成替民伐罪的正义之战。

相对于刘邦的大肆宣扬，项羽在社会舆论方面简直无所作为。分封十八诸侯王的时候，将刘邦封到巴、蜀，无奈做出声明：“巴、蜀亦关中地也。”(《史记·项羽本纪》)这句话有多大分量？这说明项羽迫于舆论压力，不得不表面上承认“怀王之约”，可见刘邦在舆论上获得了极大的主动权。

同样，杀义帝一事，项羽也没有做任何舆论准备，甚至面对刘邦对此事的大肆宣传，竟然毫无应对。项羽的不回应只能使人们认为他是理亏词穷。

战争历来都是政治的延续，宣传和舆论从来都是最重要的政治手段。任何时候，两军交战，战场内外有诸多因素皆能决定成败。一个真正的政治家，不仅能在战场上做文章，在战场之外也要会做文章。民心向背关乎天下的归属，要得到民心，不仅要有正确的方针政策，也得有强大周密的舆论导向。刘邦就是如此。他既拼武力，又比智慧，搞得项羽在舆论上很被动。

善结联盟：政治就是让拥护自己的人多多的

刘邦非常注重建立统一战线，特别是在楚汉战争期间，彭城大败令刘邦冷静下来，认真琢磨打败项羽的战略方针，最终提出了“吾欲捐关以东等弃之，谁可与共功者”的主张。

这个主张的提出，基于对三个关键问题的理解分析：谁是刘邦夺取天下最大的敌人？怎么改变楚强汉弱的局面？联合谁可以打败项羽？

认识不到谁是最大的敌人，无法提出这种战略；没有宏大的气魄，无法提出这种战略；没有远大的目标，无法提出这种战略；没有对现实状况的深刻认识，也无法提出这种战略。

作为一位优秀的政治家，刘邦首先认识到项羽是他夺取天下最大的敌人。这一认识是他人启发刘邦封堵函谷关获得的，彭城大败让他彻底明白仅凭自己无法战胜项羽，必须广结同盟才能夺取天下。

与刘邦相比，项羽则糊涂透顶。刘邦入关灭秦后，项羽认识不到刘、项两家的关系发生了根本性的变化，由并肩作战的战友转变为争夺天下的两大对立集团。因此，在鸿门宴上他才轻纵对手。

刘邦屈封汉王后，接受张良的建议，烧毁了栈道，迷惑项羽。还定三秦后，又让张良给项羽寄去两封信：一封是告诉项羽，汉王“失职”，只想回到关中，并无争夺天下之意。一封是告发田荣、赵歇怂恿自己联合反项，言下之意，搅乱天下的是田荣，不是我刘邦。这一招障眼法让项羽更迷糊了。结果，项羽不顾章邯在关中坚守十个月等待他的有利条件，放弃出兵关中，将第一把火烧到了齐王田荣的头上。此后，项羽深陷齐地，错过了集中兵力在关中打击刘邦的良机。等到刘邦攻占彭城，项羽再从齐地回兵，刘邦已经做大做强，想一举歼灭再无可能。

刘邦提出“捐关以东”的策略，以大片土地、官位厚待盟友，重用了韩信，策反了黥布，利用了彭越，结成反项灭楚的统一战线。楚强汉弱的局面终于被打破，亡楚灭项成为可能。

善立机制：无非利用人性

每一个政治集团的成功都离不开良好的机制。借助有效的机制可以调动集团成员的积极性和主观能动性，自觉自愿地为集团奋斗。而这样的机制主要由两大因素构成：信念与制度。

刘邦把这个道理想得很明白，适时地在集团内部制定了论功封赏的制度，至于实际效果如何，我们可以看几个例子。

第一例，项羽自刎后，吕马童、王翳等五人因得到项羽的遗体而受封为侯。之前为了争夺项羽的遗体，刘邦集团的追兵们自相残杀，死了数十人。（余骑相蹂践争项王，相杀者数十人。《史记·项羽本纪》）自相残杀是为了争功，争功又是为了封侯，可见论功封侯的诱惑力不容小觑。

第二例，刘邦称帝后向大臣们提问：我为什么能够战胜项羽？日后成为汉家第三任相国的王陵说："陛下使人攻城略地，所降下者，因以予之，与天下同利也。"（《汉书·高帝纪》）显然刘邦并不认同这种看法，但王陵的观点又极具代表性。重臣们几乎都认为"与天下同利"是刘邦成功的诀窍。什么叫"与天下同利"？说白了，就是分封，不论尊卑，就算是最普通的士兵，也同样拥有成为功臣的机会。

刘邦之所以对分封有如此深刻的认识，是因为他也曾是一位热衷于分封关中王的普通战将。

善树形象：让自己再伟大一点

刘邦处处都表现出一个成熟政治家应有的基本素质，这也是其他起义将领不具备的，或者说是他们还不成熟的地方。正由于具备这样的素质，他才能逐渐走向成功。然而，在刘邦身上还有一种重要的政治才能是别人无法比拟的，那就是善于树立良好的形象。

政治家的形象就是公权力的符号。一旦形象被毁，政治家的政治生命也就终结了。古今中外，没有哪一位政治家不注意自己的公众形象。刘邦则是秦亡汉兴之际，最注重而且最懂得维护个人形象的政治家。

"长者"的形象。

刘邦树立的第一个形象是"长者"。项梁战死后，楚怀王熊心和身边的"诸老将"都认为：项羽为人残暴，而刘邦是"宽大长者"，因此派刘邦西行入关。

刘邦对"长者"的形象非常重视。他率先进入咸阳后，秦王子婴降汉。刘邦手下的众多将领都建议杀掉子婴，刘邦却说：当初楚怀王派我西行入关，看中的就是我的"宽容"，再说"人已服降，又杀之，不祥"。刘邦没有杀子婴，只是将子婴关押拘禁。项羽入关后，一刀斩了子婴，倒是被刘邦抓到了把柄，成为“十罪项王”的罪证。

入关之前和入关之后，天下形势发生了巨大的变化。秦帝国的覆亡，让刘邦产生了更高的政治追求。他对“长者”形象的认识与关注，也和以前大不相同。譬如，“约法三章”虽然不完全具备可操作性，但对获得关中父老对自己“长者”形象的认同意义非凡。

“受害者”的形象。

项羽入关后企图否定“怀王之约”，刘邦却誓死不从，将自己“受害者”的角色演绎到了极致。他在鸿门第一次面见项羽时就委婉地表示：“然不自意能先入关破秦，得复见将军于此。”（《史记·项羽本纪》）暗示项羽，自己第一个入关，应封关中王。后来项羽无奈宣称“巴、蜀亦关中地也”，就是担心背负“负约”的恶名。

此后，刘邦一直宣扬自己王巴、蜀是“失职”，被封汉王是不公。韩信在汉中对策时说：“大王失职入汉中，秦民无不恨者。”（《史记·淮阴侯列传》）可见，刘邦对自己“受害者”形象的宣传很到位。

刘邦兵出三秦时，还派张良给犹豫不决的项羽写了一封信：“汉王失职，欲得关中。如约，即止，不敢东。”（《史记·项羽本纪》）这封信中，刘邦仍然将自己装扮成一位大分封的受害者，并表示自己只想得到关中，“不敢东”向挑战项羽。正是因为这封信和转送的“齐、梁反书”，将项羽的怒火引向了齐国，让刚刚入关的刘邦得到了宝贵的喘息机会。

“正义者”的形象。

汉二年（前 205），刘邦趁新城“三老董公”哭诉义帝之死的机会，哭祭义帝，树立起了“正义者”的形象，将与项羽争夺天下偷换概念为“击楚之杀义帝者”。在以后的军事行动中，刘邦小心翼翼地维护着自己“正义者”的形象，公开指出项羽背信弃义的行径，以激起将士们的共鸣。汉四年（前 203），楚汉双方在广武山对峙，项羽提出与刘邦单挑，刘邦却从当时的社会伦理道德出发，指责项羽的十桩大罪，将项羽推到社会公义的对立面。

“胸怀博大者”的形象。

刘邦是个凡人，他也像凡人一样记仇，只不过他不得不以“胸怀博大者”的形象自居。如前文所提到的刘邦忍恨封雍齿，就是一例。

刘邦初当皇帝时，还曾下令追杀项羽旧将季布，原因是季布曾经多次把自己打得落花流水、惨不忍睹。滕公受朱家之托，晓之以理，动之以情，告诉刘邦不可以徇私枉法。刘邦立即领悟，自己胜利后如果继续挥舞屠刀，的确不利于自己的形象建设。于是下令：赦免季布。

自古以来的帝王都深谙形象工程的重要性，也定然会把自己树立为长者、受害者、胸怀博大者，甚至是天命圣君之人。可刘邦出身布衣，他的这些政治才能从何而来呢？

善于学习：布衣天子的难能可贵之处

刘邦非常善于学习，不仅向实践学习，同时也向书本学习。

向实践学习，比较好理解。每当遇到麻烦之时，总有人为刘邦指点迷津，而他也虚心接纳，不负众望。

刘邦向书本学习，鲜为人知。一直以来，刘邦给世人的印象就是一个不读书的人。一个不读书的人怎么可能从书中学习呢？

其实刘邦是读过书的人。他和卢绾居同里、生同日、学同师，明明是上过学、读过书的人，人们为什么会对一个读过书的刘邦有不读书的看法呢？

一是市井之气。哪个读书人会有刘邦这样一身浓厚的市井之气呢？

二是文化影响。唐人章碣《焚书坑》诗：

竹帛烟销帝业虚，关河空锁祖龙居。
坑灰未冷山东乱，刘项原来不读书。

这首传唱千古的诗歌对刘邦形象的影响巨大。

三是鄙视儒生。刘邦不喜欢儒生的服装，甚至不愿见到儒生。一个读书人会这样做吗？

四是不爱《诗》《书》。据《史记·郦生陆贾列传》记载：“陆生时时前说称《诗》《书》。高帝骂之曰：‘乃公居马上而得之，安事《诗》《书》！’”

有了上述四条耳熟能详的记载，人们自然会认为刘邦是个不读书的人。可是，气势磅礴的《大风歌》又岂是腹无经纶之人可以写得出来的？真实的刘邦到底对读书持怎样的态度呢？

今传《古文苑》中记录了刘邦给太子刘盈的几封书信，其中两封《手敕太子》讲述了自己对读书的认识：

> 吾遭乱世，当秦禁学，自喜，谓读书无益。洎践祚以来，时方省书，乃使人知作者之意。追思昔所行，多不是。
>
> ……吾生不学书，但读书问字而遂知耳。以此，故不大工，然亦足自辞解。今视汝书，犹不如吾。汝可勤学习，每上疏，宜自书，勿使人也。

这段话的意思是：我早年遭逢乱世，赶上秦始皇的焚书令，心里暗暗高兴，自认为“读书无益”，就不好好学习，所以文章写得不好，勉强能传情达意。称帝之后，懂得了读书的重要，理解了古人的意思。现在回头看看，过去有不少事做得并不好。如今看你写的文章还不如我。你应当勤奋学习，每次上疏，应当自己写作，不要找人代笔。

刘邦流传下来的家书极少，仅存于世的家书有一大特点：实话实说。因为是写给亲人看的，就免去了不必要的官话、假话、大话。言辞中可以看出，刘邦当了皇帝以后非常注重学习。

刘邦从什么时候开始读书的呢？据《史记·郦生陆贾列传》记载，陆贾奉刘邦之命，撰写秦帝国为什么失天下，刘邦为什么得天下，以及古代诸朝成败兴亡的原因。陆贾遵照刘邦的旨令撰写了十二篇：“每奏一篇，高帝未尝不称善，左右呼万岁，号其书曰‘新语’。”可见，刘邦此时已经主动自觉地读书了。四十八岁以前的刘邦或许无所作为，但与时俱进的学习让刘邦有了长足的进步，懂得了自己过去的种种不足。我们应该看到刘邦的这样一种转变，既不要美化，也不要丑化，要实事求是。

刘邦读书还有一个特点，善于独立思考。他对尧舜禹的禅让制有着一套自己的观点：尧舜禹的禅让是迫不得已，因为儿子不成器，无法胜任。刘邦以己推人，断定禅让是不得已而为之的事情。对不对我们不妄作评判，但至少可以看出他独立思考的能力。

刘邦确实是一位杰出的政治家，不过正像他自己所说，天下是“居马上而得之”。守天下用政治，打天下是要用军事的，那么，刘邦又具备怎样的军事才能呢？

兵家奇才

作为大汉王朝的开国君主，刘邦是地地道道的马上皇帝，然而世人在评价他时似乎更承认其政治才华，而对其军事才能颇有微词。楚汉战争期间，刘邦经常被项羽打得落荒而逃，这更成了他在军事上乏善可陈的有力证据。在众人眼中，辉煌的军事成就似乎与刘邦毫无干系，而应归功于军事天才韩信等人。作为征战四方的一代枭雄，刘邦为什么会给世人留下这种印象？他的军事才华究竟怎样？他在军事指挥上到底有没有独到之处？又是什么原因将他的军事才华掩埋在了历史深处呢？

刘邦自称是马背上得天下的开国皇帝，但事实上很少有人认同他会打仗，这是因为他的对手太会打仗，比如项羽；他的手下呢，更能打仗，比如韩信。由于项羽和韩信的存在，外加一大批英雄豪杰，着实把刘邦的光芒掩盖了不少。

事实上，身经百战的刘邦在军事上也颇有作为，可谓是兵家奇才，具体表现在哪些方面呢？

一是懂得战争特点。

二是懂得“庙算”的重要性。

三是懂得指挥艺术。

懂得战争特点：这一点，了不起

刘邦很能打，最重要的一个原因是他懂得分析战争的特点，他一生经历了三种性质的战争：反秦、灭楚、平叛。

反秦之战是天下反秦武装和秦帝国双方的战争。秦帝国派出的是能征惯战的大将章邯，率领的是训练有素的帝国精兵。天下义军极少具有军事指挥才能的战将，士兵则是被逼起义的农民。这场战争本来是一场不对称的战争。义军的胜利靠的是天下群起响应的反秦大势。这个大势是强大的秦帝国无法抗拒的，也是历史上任何一个帝国都无法抗拒的。不过，摧毁秦帝国主力军的是项羽，刘邦在反秦之战中并没有显示出太大的军事才华，而平叛的时候，刘邦已经是游刃有余，所以真正能够展示刘邦军事才华的是楚汉战争。

刘邦在楚汉战争中表现出了卓越的军事才华，其最突出的一点是他对这场战争特点的深刻认识。

每一场战争都有自己的特点，认识和把握一场战争的特点是克敌制胜的最大胜算。那么，楚汉战争有什么特点呢？

首先，楚汉之争是一场世纪大混战。

楚汉战争从字面上看，貌似是楚汉两家、两个集团的生死对决，而事实上，这场大战把天下所有诸侯都卷了进来，各方势力不断分化，天下面临重新洗牌。因此，楚汉战争不仅仅是一场军事对决，而且也是一场政治、经济的综合对决。谁善于利用矛盾，谁能在复杂的格局中争取多数，谁就能壮大自己。只有同时进行政治、军事、经济三方面的战争，才能最终打赢这场战争。

这场混战是怎么开始的呢？

刘邦从汉中先杀回关中，关中的三个诸侯王——雍王章邯、塞王董翳、翟王司马欣想躲也躲不了。他们三个只有两种选择，要么降，要么打。章邯选择打，最后兵败自杀；司马欣和董翳选择投降，很快就解决了。

刘邦出兵函谷关后，河南王和西魏王被卷进混战。河南国是以今天的洛阳为都城，国君为河南王申阳；西魏国就是今天山西地区，国君西魏王魏豹。两人都选择了投降。其后，殷王司马印、代王陈餘、赵王歇、齐王田广相继被杀，燕王臧荼投降，九江王黥布被刘邦策反。天下几乎没有一个诸侯王可以躲过楚汉战争而独善其身。

楚汉战争这一特点决定了这场战争必须放眼整个天下。

项羽始终认识不到楚汉战争的这一特点。在整个楚汉战争中，我们很少看到项羽对其他诸侯王的争取、团结，而是听之任之，实在忍不下去的，才派兵去打。九江王黥布就是因为项羽忽略了对其的团结，才成为刘邦的策反对象的。刘邦联合黥布、彭越，利用韩信，合围项羽，项羽对此却毫无反制措施。十八诸侯王就这样被刘邦或击灭，或策反，或拉拢，或威胁，一个一个击破，项羽成了孤家寡人，最终兵败于刘邦。

其次，楚汉战争是正面战场和侧面战场相互配合的立体战。

楚汉战争的正面战场在今天郑州以西的荥阳，这里恰好是个分界线——往西是绵延不绝的山峦和丘陵，往东是一马平川的豫东平原。场地实在不够宽裕，只能容纳下刘、项两家在此火并。而侧面战场那就广大多了，光是北方就包括魏、代、赵、燕、齐五个诸侯国的地盘，再加上南方的部分区域。若是能把侧面战场收拾好了，最后的正面战场也就十拿九稳了。刘、项两家在荥阳相持了二十八个月，打到最后刘邦只剩二十万人马，项羽只剩十万人马，谁也吞不了谁。刘邦在正面战场苦苦煎熬，侧面战场却捷报频传——韩信平定了整个北方战场，黥布搞定了整个南方战场，最终形成南、北、西三面夹击之势。

功夫不负有心人，虽然赢得不容易，但刘邦终究还是灭掉了多年的死对头。话说回来，对楚汉之争的精准分析，刘邦是如何做到的呢？其实他自己原本不甚了解，是韩信找到刘邦说："请兵三万人，愿以北举燕赵，东击齐，南绝楚粮道。"（《汉书·高帝纪》）你给我三万精兵，我负责北伐灭燕赵，东征灭齐，再把楚军的粮道给断了。这实际上就是占领侧面战场的意思。刘邦悟性极高，立马心领神会，采纳了韩信的建议。

虽然三面夹击的战略部署是在军事天才韩信的提醒下完成的，但通过战略部署的果断实施和结果来看，此时的刘邦已经对楚汉战争的形势了然于胸。作为一方统帅，刘邦在军事上的领悟力、决断力和大局观绝非常人可比。他对影响战争走势的各种因素的变化，具有超乎寻常的敏锐嗅觉和判断力。

那么，没有第二个人看出这个特点了吗？有，这第二个人就是赵国的败将李左车。我们讲过韩信灭赵，打井陉之战，以几万人对赵国的二十万人，凭借背水列阵取胜。当时韩信活捉了李左车，李左车对韩信说："燕齐相持而不下，则刘项之权未有所分也。"（《史记·淮阴侯列传》）意思是说，燕国和齐国你拿不下来，刘、项两家就分不出胜负。这时候韩信已经拿下魏国、代国和赵国，但李左车强调了燕、齐两国。换句话说，李左车也知道，只要侧面战场打赢，正面战场也就赢了。可见，李左车也是个了不起的战略家，但他很不幸，赵王不信任他，陈餘不重用他，最后终于兵败。《史记》在这以后也未再写他，这位著名的战略家慢慢被历史忽略掉了，这是非常可惜的。

最后，楚汉之争是经济实力、后勤保障的大比拼。

这场历时四年的战争归根结底是烧钱之战。谁能在兵员、武器、军粮上得到及时补充，谁就是这场战争的最后赢家。特别是兵员与军粮，是这场战争最为关键的要素。要有源源不断的兵员、物资补充，就必须要有巩固的后方。谁有稳固的后方，谁就能最终拖垮对方，获得胜利。

刘邦的有利条件是据守荥阳，背靠关中。荥阳有秦帝国的大粮仓，巴、蜀是天府之国，萧何又是最善于经营的职业经理，而且刘邦还时常从韩信手下直接抢兵员，一抢就是二十万的精兵。所以刘邦打了四年，越打越强。项羽呢？项羽的大后方在彭城，也就是今天的江苏徐州，正面战场在河南郑州以西的荥阳，这么长的补给线，又面临北部彭越的威胁。项羽是防不胜防，最终彭越、韩信两人合力断了项羽的粮道，项羽不得不同意鸿沟议和。

认识楚汉战争的特点，正确把握住楚汉战争的特点，这是刘邦军事才能的集中表现。我们不要只看谁的武功高强，谁的蛮力大，谁会谈兵法。即使在冷兵器时代，真正决定战争胜负的也不是主将个人的武功，而是对战争特点的准确认识、精到把握。谁做到了这一点，谁就会成为战争的最大赢家！

懂得“庙算”成败：无师自通

“庙算”是什么？这个词最早出现在《孙子兵法·始计第一》中：“夫未战而庙算胜者，得算多也；未战而庙算不胜者，得算少也。”是指战争之前，众人聚在一块儿商议和分析战争形势、特点、策略的战前会议。刘邦打仗时是特别重视“庙算”的，我们来看两个例子。

刘邦称帝后，封韩信为齐王，后徙封为楚王。有人告韩信谋反，刘邦便想借机解决韩信的问题，但是，他并没有擅自决定，而是召集众将和群臣开会，商议对策。那些平时对韩信毕恭毕敬的大臣们，一听说韩信谋反了，全部都亢奋了起来，一个个摩拳擦掌，喊着“亟发兵坑竖子耳”。意思就是赶快出兵，把这家伙给灭了。可是刘邦心知这帮人声高手软，没一个是韩信的对手。最后问计陈平，用了伪游云梦之计，诱捕韩信。

出兵平定黥布叛乱之前，刘邦也召开了军事会议。滕公引荐的薛公为刘邦分析了对手的情况，并且断定黥布不会有所作为，因为他只是一位骊山刑徒，没什么眼光。平叛的结果果然不出所料，刘邦完胜。这样集思广益，认真分析敌我形势的“庙算”，可以说场外成败事关场内功夫。

懂得指挥艺术：其实就是懂得人性

所谓刘邦懂得指挥艺术，直白一点儿就是说他作战不择手段，光明的、阴险的、高尚的、卑鄙的，只要能获胜就行了。正如我们前文所讲，刘邦追求的是高明，而非光明。

刘邦的高明之处在于，他非常清楚地意识到，决定战争成败的因素绝不仅仅局限于军事对垒。高手过招，贵在出奇制胜，以最小的代价获得胜利是刘邦军事指挥的不二法则。在这方面，刘邦可以说是鲜招频出，屡试不爽。

首先，政治攻心，先礼后兵。平定西魏王魏豹叛乱之时，刘邦先是派顶级说客郦食其去劝降，劝不动，才派韩信动武。灭齐之时，又是先派郦食其一个人过去，到那儿把齐国田广说降了。但是后来很不幸，说降了之后，韩信搞了个突然袭击，把郦食其也给害惨了。但起码刘邦知道，如果能不战而屈人之兵，当然再好不过了。政治攻心、政治争取是最好的办法。

其次，控制战略要地。刘邦在楚汉战争中充分注意到了战略要地的重要作用，充分利用了战略要地荥阳和成皋。这里是关东通往关中的必经之路，又是豫西丘陵和豫东平原的分界线，地理位置非常重要。平定三秦之后，刘邦打败了项羽分封在这一地区的诸侯王，把这一地区改成自己直接管辖的河南郡和河内郡。彭城大败后，刘邦与项羽在这一带周旋了二十八个月，挡住了项羽西入关中的通道，确保了关中和汉中成为稳固的后方根据地。这为刘邦最终战胜项羽提供了极大的便利。

我们再来看一个例子。汉帝国建立后，异姓诸侯王中韩王信的封地离刘邦的首都洛阳太近，东面又有兵家要地淮阳，让刘邦很没安全感。于是刘邦借口防御匈奴，把韩王信迁封到了和匈奴交界的今山西一带的代地，当了代王。这次迁封导致韩王信后来的叛乱。即使如此，刘邦也绝不能让韩王信在韩地这个战略要地称王。

再次，建立巩固的后方根据地。楚汉战争既然是一场拼财力、拼物力的消耗战，必然要有巩固的后方。刘邦从还定三秦开始，一直把巴、蜀、汉中、关中作为自己的根据地。他最终战胜项羽，后方强有力的支持功不可没。

最后，攻敌软肋。一个集团有一个集团的软肋，一个人有一个人的软肋。比如说项羽集团，它的软肋在什么地方呢？就在后勤补给线太长。西楚国国都彭城在今天江苏徐州，而前线却远在荥阳，补给线跨越了江苏、安徽、河南三个省。打蛇打七寸，刘邦就专攻项羽的后勤补给线，断了他的粮道。如彭越的不断骚扰迫使项羽不得不屡次回兵打通粮道。还有一次，刘邦见项羽命大司马曹咎守城，曹咎这个人的软肋就是脾气急，受不得气，耐不住辱。于是刘邦找了一帮人在城下辱骂，骂一天、骂两天，终于骂到第五天，曹咎把项羽交代的守十五天不出兵应战的事儿抛到九霄云外，硬是带兵冲了出去，最后兵败自杀。刘邦得以顺利夺回成皋和敖仓。

想拿住别人的软肋，还得有看穿人心的本事，刘邦在这方面道行颇深。平定陈豨叛乱的时候，刘邦获知陈豨的部将多是商人出身，便用金钱战术，导致陈豨的很多部将被收买。

不仅用金钱收买人心，刘邦还抓住项羽猜忌心重的软肋，用重金支持陈平使用反间计，迷惑了项羽，逼走了范增，搞垮了钟离眛。

除了以上这几个鲜招，刘邦还懂得集中优势兵力为己所用的重要性。楚汉战争的定鼎之战是垓下之战。这一仗项羽只剩下十万军队，刘邦却集结了自己亲率的二十万大军，韩信的三十万精兵，南方黥布、北方彭越的数万军队，总数在六十万左右。所以，垓下一战，项羽必定败亡。

平定韩王信叛乱之时，刘邦带兵三十二万，韩王信只有几万人。其实刘邦丝毫没有把韩王信看在眼里，但他仍然集中了几乎十倍于韩王信的军队平叛，以保证万无一失。可以说，刘邦的每次平叛几乎都是集中了大量优势兵力来打的。

刘邦指挥作战的宗旨只有一个：只求目的，不计手段。尽管如此，我们不得不承认，这个人是懂得战争特点、懂得“庙算”的重要性、懂得指挥艺术的。所以最终刘邦平定天下还是有他的道理的。

当然，刘邦最终能够称霸天下，韩信等一大批具有卓越军事才华的将领功不可没，一时的锋芒甚至盖过了刘邦。但统观全局，刘邦在军事指挥上手段之丰富、考虑之细致还是无人能及的。仅仅是一介亭长出身，能有如此卓越的军事才能实在不易，他究竟是从哪里学来的呢?

懂得边打边学：干中学，学中干

其实，刘邦是边学边打、边打边学，彻底从实践中磨炼出来的。我们可以来看看以下四个方面：

一是悟性极高。这话从何说起？你看，张良经常拿《太公兵法》跟人探讨，他说给刘邦听，刘邦立马就能明白，说给别人听，别人都云里雾里。这么说的话，刘邦至少比一般人的悟性高多了。

二是身边高手云集。韩信、张良、陈平、彭越、黥布，个个都堪称著名军事家，他整天和手下这帮会打仗的人切磋，就像打麻将一样，搓得时间长了，熟了，能和牌的机会就多了。

三是见多识广。见得多了，经验也就多了。刘邦晚年平定黥布叛乱时，一眼就认出黥布摆的军阵和当年项羽摆的军阵非常相似，心里非常厌恶。之所以如此，是因为刘邦和项羽打了四年仗，对项羽的军阵非常熟悉。这就叫见多识广。

四是长期实践。从反秦到开创西汉帝国，再到马不停蹄地平叛，刘邦打了半辈子仗，从四十八岁一直打到六十二岁。长期的战争实践，不会打仗的人也会打了。

汉三年（前 204）平定魏王豹叛乱的时候，刘邦先派郦食其去劝降。郦食其失败归来，刘邦问道：魏国大将是谁？郦食其回答：柏直。刘邦说：乳臭未干的小子，挡不住我的韩信。接着又问：骑兵将领是谁？食其答：冯敬。刘邦说：他是秦将秦无择的儿子，是个贤才，但是挡不住我的灌婴。步兵统帅呢？项它。刘邦说：他挡不住我的曹参。刘邦松了口气："吾无患矣。"我没什么可担心的了。果然，韩信带着曹参、灌婴横扫西魏，战争结果完全印证了刘邦的话。这就是军事家的预见能力。

我们不深究刘邦的仁义，也不说他的痞性，这里展现给大家的是一个政坛高手、一个兵家奇才。不过，刘邦之所以能成为著名的政治家、军事家，最根本的原因是手下有人——打政治仗有张良，打军事仗有韩信，打经济仗有萧何，打口水仗有郦食其——打什么仗有什么人，安能辨其手中牌？那么，刘邦手里面怎么会有那么多牌呢？

用人有道

在秦亡汉兴的历史剧变中，雄霸一方的诸侯王比比皆是，却只有刘邦活了下来，成为最后的赢家。在后人看来，刘邦之所以能够成就此番霸业，最重要的原因还在于他卓越的用人之道。

刘邦征讨天下的过程中，才华出众的贤能之士不断地加入他的队伍中，文有萧何、张良、陈平等人，武有韩信、彭越、黥布等人。凭借这些人的卓越表现，刘邦最终灭秦、灭项，建立起雄霸天下的大汉王朝。那么，在其他竞争对手不断流失人才的情况下，为何会有如此多的天才人物纷纷投奔刘邦，成为他手下的谋臣战将呢？刘邦在识人用人上究竟有着哪些独到之处呢？

在政治方面和军事方面，刘邦都表现出了杰出的才能，这一切都跟他的知人善用密切相关。说起这用人之道，刘邦可谓是“骨灰级”人物，很值得我们分析一番。

在我看来，刘邦的知人善用有几个大前提：一是有一双好眼睛，二是有一对好耳朵，三是有一副好头脑，四是有一支好队伍，五是有一个好心态。

一双好眼睛：知人识人

有一双好眼睛，能慧眼识珠。这一点说起来容易，其实做起来相当困难。

在“汉初三杰”中，刘邦最先发现了萧何的才华和忠诚，在相处一段时间后慢慢发掘出张良的才干，在萧何的引荐下寻到了韩信这匹“千里马”。所以，刘邦作为一个集团的领袖，一个杰出的政治家，拥有一双慧眼。

军事奇才韩信当初投奔项梁，项梁不认他；改投项羽，项羽不认他；

转到刘邦那儿，刘邦也不认他。他最终能得到刘邦的重用，是因为萧何的发现，而刘邦又信任萧何的忠诚、才华与眼力。在萧何的鼎力推荐之下，刘邦任命韩信做了大将军，登坛拜将结束后找他谈话，这才确信萧何没有看走眼。

刘邦不仅看人独到，他还专门制定了一个人才信用评级制度，出了问题就把等级降低，有好的业绩就晋升。那么，他是按什么标准来评判级别的呢？一是才干，二是忠诚。

关于才干，这个比较容易判断，有大才，有中才，有小才，有专才，相对应的，大才大用，中才中用，小才小用，专才专用。那么，忠诚又该如何考量呢？刘邦自有办法，虽然司马迁没有告诉我们，但有一点可以肯定，在刘邦看来，一个人是否忠诚可靠与他的威胁性直接相关。这个人如果威胁到我，那就不可靠；如果极大地威胁到我，那就很不可靠；如果完全没有威胁到我，那就可靠啦！听起来或许太过儿戏，事实上却是高招，现实中刘邦也是这样干的。

韩信大才，战功卓著，无人可比，刘邦对他大用大疑。和韩信同病相怜的还有彭越、黥布等，都是才华出众，但都被刘邦视为极具威胁的一方诸侯。

萧何有才也有权，把后方根据地经营得很到位，即便他毫无二心，但刘邦还是对他有过三次猜疑。总的来说，刘邦对萧何还是很了解的，所以是大用小疑。

张良大才，肯定要大用。张良只是一位谋士，没有任何兵权、政权，既不同韩信有军权，又不像萧何有政权，在刘邦看来没有任何威胁，所以一直大用不疑。

周勃、灌婴、夏侯婴，这些人是中才，手中的权力都不足以对刘邦构成实质性的威胁，所以刘邦对他们是重用不疑。

疑和信都取决于刘邦自己的认定，认定又取决于判断，判断又取决于大臣们的表现和能耐。每个人都有特长，在基本评级完成之后，就需要用其所长。譬如，张良点子多就担任身边的谋士；萧何会治国理财就负责管理后勤；韩信会领兵打仗就派去第一线；郦食其巧言善辩就做个说客；陆贾能说会写就尽其所长，或为说客，或著书立说……

这就是我们所说的"有一双好眼睛"所带来的好效果。刘邦知道怎么判断一个人，并用其所长。当然，他偶尔也有看走眼的时候。他老婆吕雉，他就始终没看明白。吕后曾经为刘邦建立帝业、铲除异姓诸侯王做了不少事，深得刘邦信任。然而，就在刘邦下世不久，工于心计的吕后就想尽诛功臣，差一点酿成国家大乱。当然，刘邦对吕后的误判只是个案，他的眼力依然是常人远不能及的。

一对好耳朵：分辨是非正误

刘邦不仅有一双好眼睛，还有一对好耳朵，为什么这样说呢？

一是善听下级意见，二是善听不同意见，三是能听出谁的意见正确。这三条都不容易做到。

先来看善听下级意见。娄敬作为普通新兵求见刘邦，直言不讳地说：洛阳不适合做都城，应当建都长安。刘邦将信将疑。经过张良的论证，证明娄敬所言极是，刘邦当天就迁了都。通常情况，一个士兵是见不到皇上的，更何况意见还被皇上采纳，这是相当不易的。

娄敬不是一个特例。刘邦在攻打南阳之前，听取了南阳郡守门客陈恢的建议，用"约降"的办法和平解放了南阳。一个门客给他提建议，他照样能听进去，的的确确是善听下级意见。

再来看善听不同意见。不同意见是很难听的，毕竟忠言逆耳。刘邦进入咸阳，原本想住进秦宫，好在听了人劝，最后依依不舍地离开。再比如，刘邦曾说过，儒生最没用，能带兵打仗才是硬道理。随何站出来质问他：当年你派兵五万，加上五千骑兵，能把九江王黥布打下来吗？刘邦说：不能。

随何说：你五万步兵、五千骑兵都搞不定一个九江王黥布，而我一个人带上二十个随从，到那儿一游说，九江王黥布就归降于你，你为什么说儒生没有用呢？刘邦听后立马放下身段："吾方图子之功。"刘邦虽然说他正在考虑随何的功劳，实际上他早给忘了，现在人家一提，他便想起来了，当年随何的确立了大功，于是任命随何为护军中卫。刘邦能认账，能听取不同意见，的确不易。（上折随何之功，谓何为腐儒，为天下安用腐儒。随何跪曰："夫陛下引兵攻彭城，楚王未去齐也，陛下发步卒五万人，骑五千，能以取淮南乎？"上曰："不能。"随何曰："陛下使何与二十人使淮南，至，如陛下之意，是何之功贤于步卒五万人骑五千也。然而陛下谓何腐儒，为天下安用腐儒，何也？"上曰："吾方图子之功。"乃以随何为护军中尉。《史记·黥布列传》）

最后来看能听出谁的意见正确。当领导并不是言听计从就是好的，还需要辨别是非，做出正确判断。韩信被人告发谋反之时，刘邦手下所有将领都说"亟发兵坑竖子耳"。众人意见完全一致，可刘邦一听就知道这个意见绝对不正确，这些叫得响的没有一个是韩信的对手，所以当即予以否定，然后找到陈平商量，用陈平的计谋把问题解决了。

一副好头脑：知道该干什么

除了要眼观六路耳听八方，拥有聪明的头脑也很重要。这意味着什么呢？意味着能做到收放自如，该放权的时候要放，该收权的时候要收。

众所周知，楚汉战争的时候，刘邦放手叫韩信去打，但中间也先后收了两次军权。第一次是荥阳大败后，第二次是垓下大败项羽后。对韩王信也是如此，楚汉战争时放任他折腾，战争一结束就赶紧把他迁到太原北边。刘邦这方面头脑极是清醒，虽然谈不上光明正大，但实际效果很不错。

一支好队伍：打不垮、拖不散的老乡帮

拥有一支忠诚可靠的队伍是很重要的。在刘邦的队伍中，有一大批才智卓越、勇冠三军的能人，有韩信、黥布、彭越、周勃、夏侯婴、樊哙、

灌婴等军事家，有张良、陈平这样的谋略家，有管理家萧何，还有理论家陆贾，他们大都来自五湖四海，有老家丰沛起兵带来的老班底，有半路加入的，有来自敌方阵营的。在吸纳人才方面，刘邦具有海纳百川的气度和胸怀。然而在对这些人才的使用问题上，刘邦并非等而视之，其中有一个核心阶层最为他所倚重，这是一个什么团队？它又反映了刘邦怎样的用人策略呢？

这个核心阶层我们叫它丰沛故人团队，顾名思义，就是来自丰邑、沛县的老乡故友们。这是个什么概念？鲁西南、皖东北和苏北是刘邦起义之初的活动地点，来自这几个区域的革命者因为参加得早，立的功劳也较大，逐渐就形成了刘邦集团的核心阶层，并在刘邦集团中起到了凝聚人心、稳定队伍的功效。因此刘邦大军无论胜败，无论遭遇什么样的挫折，有多少人叛逃，有多少人阵亡，却始终打不垮。

这种在血与火的斗争中建立起来的关系，使丰沛故人团队在刘邦心目中地位很高。汉帝国建立后，刘邦当了皇帝，这个团队中的功臣都得到了丰厚的回报。张良曾对刘邦说：陛下“所封者皆萧、曹故人所亲爱，而所诛者皆生平所仇怨”（《史记·留侯世家》）。

在此，我们不妨一起来看看相国、太尉、御史大夫这三个最为重要的职位的情况。

相国之位先后由谁担任呢？萧何、曹参、王陵、陈平，然后是张苍。从西汉第一任相国，一直到汉文帝的丞相陈平、张苍，只有最后的陈平和张苍不属于丰沛故人团队，可见刘邦把这个最重要的行政权力都交给了他的核心阶层成员。

再来看太尉。太尉是最高的军职，不轻设。先后担任太尉的卢绾、周勃、灌婴全是丰沛故人团队成员。

御史大夫又被称为副相国或副丞相。第一任御史大夫是周苛，在荥阳保卫战中战死后，周苛的堂弟周昌继任。周昌之后先后为赵尧、任敖、曹参的儿子曹窋，以及张苍。周苛、周昌，是沛人，曾为泗水卒史，是刘邦的老部下。任敖也是沛人，“少为狱吏”，“素善高祖”。曹窋是曹参之子。赵尧的籍贯不明，但他是周昌的属吏，和丰沛故人团队关系应当很近。

汉帝国成立后，刘邦把战争中与丰沛故人团队唇齿相依的亲密关系移植到政权建设中，使他们成为政权结构的主体，他们在后来的平定异姓诸侯王叛乱中发挥了巨大的作用。

刘邦在楚汉战争中根据形势的发展，封了七个异姓诸侯王：韩王信、赵王张耳、燕王臧荼、齐王韩信（后为楚王）、梁王彭越、淮南王黥布、长沙王吴芮。刘邦所封诸侯王大多数不是出于本心，而是为了壮大自己的力量、孤立项羽、结交政治同盟的产物。

楚汉战争中，异姓诸侯王的作用巨大，他们为西汉帝国的建立做出了重大贡献，也成为西汉政权下的一股强大势力。

这股势力对西汉帝国来说是有利还是有害呢？刘邦怎么看待势力强大的异姓诸侯王呢？

赵王张耳、长沙王吴芮、燕王臧荼三个诸侯王的实力弱，当年他们有较大的号召力，刘邦封他们为诸侯王，主要是不想让他们投靠项羽，增强项羽的力量。

张耳是刘邦的旧友，才能平庸，但是深得刘邦信任，还将女儿鲁元公主嫁给其子张敖。

长沙王吴芮远离权力斗争中心，国小势弱，不可能对中央政权构成威胁。吴氏父子一直努力迎合刘邦，深得刘邦好感，因此，长沙王得以传国。

燕王臧荼处于楚汉相争的边缘地带，在整个楚汉战争中他没有发挥过任何实际作用，韩信灭赵后他就归顺了刘邦。刘邦任命臧荼为王，只是一种政治手段。

韩信、彭越、黥布三位诸侯王，每个人都有很强的军事实力，他们是楚汉战争胜负的关键人物。韩信曾经处于助楚楚胜、助汉汉赢的重要地位。彭越的倾向直接关系到楚汉兴亡，黥布是当时诸侯王中的名将。

他们三个人的地位和作用比其他诸侯王大得多。刘邦对他们，起初是重在利用，兼有防备，后来发展到以铲除为主。

在这个过程中，朝廷中身居要职的丰沛故人封侯者们始终坚定地支持刘邦，参与打击诸侯王叛乱。从某种意义上说，刘邦是利用丰沛故人团队铲除了异姓诸侯王。

一个好心态：既能当爷，又能装孙子

刘邦的识人策略有很多独到之处，但最关键的还是他的心态。正如我们常说的，心态决定一切。那么，刘邦到底有着怎样的好心态呢？

第一，愿意向臣子认错。

犯错容易认错难。身居高位，面子很重要。要皇帝认错，难；要皇帝向大臣认错，难上加难。然而刘邦却能做到。

白登之围，娄敬曾阻止刘邦跟匈奴决战，刘邦不听，认为他的话有损军威，还把娄敬关了起来，准备打完仗回来再收拾他。结果刘邦被匈奴包围了七天七夜。刘邦回来以后，立即向娄敬道歉，封其为建信侯。

类似的情况还曾发生在萧何身上。刘邦平定黥布叛乱回京后，萧何建议他开放皇家园林，允许百姓耕种。刘邦想歪了，认为萧何此举是在讨好百姓，勃然大怒，将萧何关进了大牢。后来经一位王姓卫队长的劝解，刘邦把事情搞清楚，释放了萧何，并且主动向其表达了歉意。

第二，敢于承认自己判断有误。

这点我们在此不作详述，前面讲了，白登之围，刘邦最后向娄敬道歉，实际上就是承认自己判断有误。

第三，敢于承认自己能力有限。

韩信和刘邦有一场精彩对话。韩信被刘邦诱捕后，居住京城。一次，刘邦问韩信，自己能带多少兵。韩信实话实说："陛下不过能将十万。"刘邦再问：你能带多少兵？韩信毫不迟疑地回答："臣多多而益善耳。"虽然刘邦反问韩信，你能带兵为什么被我抓住，但是总体上承认自己的军事能力不如韩信。（上常从容与信言诸将能不，各有差。上问曰："如我能将几何？"信曰："陛下不过能将十万。"上曰："于君何如？"曰："臣多多而益善耳。"上笑曰："多多益善，何为为我禽？"信曰："陛下不能将兵，而善将将，此乃信之所以为陛下禽也。且陛下所谓天授，非人力也。"《史记·淮阴侯列传》）

刘邦提出"三杰"之说时说过："连百万之众，战必胜，攻必取，吾不如韩信。"对张良、萧何，刘邦也说过"吾不如子房""吾不如萧何"。敢于承认堂堂皇帝不如臣下的能力，了不起啊！

鸿门宴前夜，张良问刘邦："料大王士卒足以当项王乎？""沛公默然，曰：'固不如也。'"（《史记·项羽本纪》）韩信汉中对策时问刘邦："大王自料勇悍仁强孰与项王？""汉王默然良久，曰：'不如也。'"（《史记·淮阴侯列传》）张良、韩信的问题都让刘邦很没面子，但是刘邦心态极好，尽管"默然""默然良久"，最终还是坦承自己"不如也""固不如也"。

刘邦的成功是时代的选择，也是个人努力的结果。

刘邦是中华民族的时势英雄，也是大汉帝国的缔造者。

刘邦的一生就是一首《大风歌》。

望华车市井夺未央，尘沙起鸿门巧对王，纳贤良无畏得天下，三章法垓下定汉疆，大风起兮云飞扬，威加海内兮归故乡，安得猛士兮守四方，大风起兮云飞扬，威加海内兮归故乡，安得猛士兮守四方，守四方。

后记

《大风歌：王立群讲高祖刘邦》易名为《大风起兮云飞扬：汉高祖刘邦》，由大象出版社再版发行。

这次再版做了两方面的重大修改：一是二级标题，二是内文表述。应当说，这次再版的修改幅度相当大。

原来各章的二级标题都非常简单，一句话而已。这次再版，对二级标题进行了大幅度的修改。这种修改，不仅是文字上的改动，而且是理解和表达的深化。

比如"白登之围"一章，原来的二级标题分别是：都是拆迁惹的祸，全靠美女解了围，还是和亲最合算。这次再版分别改为：都是"拆迁"惹的祸：防范过度，全靠美女解了围：不能言说的妙计，还是和亲最划算：凡事都得算算账。

对比一下新版和旧版的二级标题，可以清晰地看出，改动后的二级标题对读者理解该章起到了画龙点睛的作用。刘邦对异姓诸侯王的过度防范，导致了韩王信的叛乱。刘邦平定韩王信叛乱时的轻举冒进，使自己陷入白登之围。陈平的妙计虽然实用，却摆不到台面之上。因此，在"都是拆迁惹的祸"之后加上评论性的"防范过度"四个字，在"全靠美女解了围"之后加上"不能言说的妙计"七个字，既交待了刘邦破解白登之围的无奈，又交待了陈平这位大谋士，其实只有一些应急之策，并无安定天下的大战略。在“还是和亲最划算”之后加上“凡事都得算算账”的解释性文字，让读者更清楚地领悟作者的表述，加深对事件的理解。

这种修改贯穿全书，读者只要看看再版的《大风起兮云飞扬：汉高祖刘邦》的二级标题，就会对全书有一个大致的理解。

在内文表述方面，原版的解读文字，虽然通俗易懂，但是偏离古籍原典的成分太多。这次修改，对偏离原典的文字部分做了大幅度修改，让表述更贴近原典，同时保留生动、活泼的语言风格。

相信这次再版的两方面重大修改，能够让此书更为读者所喜爱，也让读者更深一层地理解一个真实的汉高祖刘邦。

王立群

戊戌年五月于北京